우리 법인세법의 성립과정 연구

황남석 저

마인드탭
MIND TAP

이 저서는 2012년 정부(교육부)의 재원으로 한국연구재단의 지원을 받아 수행된 연구임(NRF-2012S1A6A4021124).

머리말

올해는 저자가 대학교로 직장을 옮긴지 11년째가 되는 해이다. 그 동안 저자는 공부를 하고 논문을 쓰는 과정에서 상대적으로 법제사적·비교법적 방법론에 많이 의지하였다. 그 이유는 우리나라의 근·현대사적 특수성으로 인해 우리 현행법의 여러 규정들이 우리 입법자들에 의해서 고안된 경우보다는 외국의 것이 여러 경로를 거쳐서 그대로 혹은 변형되어 수용된 경우가 많았다고 생각했기 때문이었다.

따라서 저자는 우리가 계수한 특정 규정의 입법의도를 정확하게 파악하기 위해서는 주요 국가의 현행 법규정보다는 우리가 계수한 '그 당시' 해당 국가의 법규정을 우선적으로 연구해야 하는 것이 아닌가 하는 나름대로의 결론에 이르게 되었다(물론 입법자의 입법의도해명은 법해석의 한 가지 방법일 뿐 절대적인 것이 아니라는 점을 부인하는 것은 아니다). 이런 목적의식에 따른 연구는 다른 실정법에서는 적지 않게 살펴 볼 수 있지만 유독 세법, 특히 저자의 주된 연구 분야인 법인세법의 경우에는 찾아보기가 어려웠다. 법인세법 분야에서도 그런 연구가 필요하지 않을까 하는 생각에 처음에는 막연한 호기심으로 자료를 모으기 시작했고 자료가 모이다 보니 작은 논문 수준의 글을 목표로 하게 되었다. 그러나 보이는 대로 꾸준하게 자료를 모으다 보니 작업의 규모가 커졌고 단행본을 궁리하던 찰나에 고맙게도 한국연구재단의 저술출판지원사업에 선정되어 이런 책의 형태로 결실을 맺게 되었다.

저자는 우리 현행 법인세법상의 특정 제도가 문제가 될 때 이 책이 해당 제도의 연원을 쫓아갈 수 있는 안내자 역할을 할 수 있도록 하는 것을 목표로 하여 연구를 진행하였다. 그리하여 연혁적으로 영국의 소득세제로부터 시작하여 독일의 소득·법인세제, 일본의 소득·법인세제 순서로 법인세제의 발달과정을 개관한 후에 우리 법인세법이 다른 주요 실정법과 마찬가지로 일본법제를 거친 독일법제의 계수결과일 것이라고 전제하고 우리 법인세법을 구성하는 여러 요소에 초점을 맞추어 그 비교법적인 계보를 규명하고자 하였다.

이 책을 마무리하는 시점에서 저자는 당초 전제한 가설이 일부는 맞지만 일부는 그르다는 잠정적인 결론에 이르게 되었다. 즉 저자가 연구한 결과에 따르면, 우리의 법인세제가 일본 법인세제의 절대적인 영향하에 성립한 것은 맞지만 정작 일본의 법인세제는 초기에는 독일 법인세제로부터 큰 영향을 받았음에도 이후 독자적인 역량을 축적하였고 이미 1930년대를 전후해서는 독자적인 발달과정을 거쳤다는 점을 시사하고 있었다. 결국 저자는 다른 실정법과 비교해서 우리 법인세법이 독일 법인세제로부터 받은 영향은 제한적이지만 일본 법인세제로부터의 영향은 깊을 뿐만 아니라 현재 진행형이라는 결론을 내리게 되었다. 물론 이와 같은 결론은 개별 제도 차원에서의 법제사적 연구가 보다 깊이 있게 이루어진다면 바뀔 수도 있을 것이므로 저자는 '잠정적'이라는 단서를 붙여두고자 한다.

이와 같은 일본 법인세제의 발달과정은 우리의 입법자들에게도 '우리 현실'에 맞는 독자적인 입법의 길을 모색하도록 한다는 의미에서 무거운 숙제를 던진다고도 할 수 있다. 2017년도에 입법을 목표로 하고 있는 법인세법 전면 개정안은 정부가 의욕적으로 추진하여 온 「조세법령 새롭게 다시 쓰기」 작업의 결실인데 이것이 진정한 '우리의 법인세법'으로 나가는 첫걸음이 되기를 희망한다.

책을 마무리하는 시점에서 아쉬움이 있다면, 당초 욕심과 달리 개별 제도 차원에서 깊이있고 풍부한 연구를 하지 못했다는 점과 1949년 우리 법인세법 제정 이후의 시기에 관한 법제사적 연구가 여전히 공백이라는 점이다. 그 두 점에 관하여는 이후의 개정 작업과 후속 연구를 통해 보완할 것을 약속드린다.

마지막으로 저자가 대학교에서 공부를 업으로 할 수 있도록 학은(學恩)을 베풀어 주신 강남대학교 김완석 교수님, 서울대학교 김건식 교수님께 감사드린다. 이 책을 내는데 직접적인 도움을 주신 한국연구재단측에도 감사드린다. 그리고 상업성이 '거의' 없는 이 책의 출판을 위해서 애써 주신 김중용 사장님과 마지막 단계에서 세심하게 작업을 처리해 주신 편집부 여러분들께도 감사의 말씀을 드린다.

2017. 4.

黃 南 奭

차 례

제 4 장 일본의 소득세제 창설

제 5 장 일본의 법인세제 성립과 발전

제 1 장

서 론

CHAPTER 01 서 론

이 글은 우리 법인세법의 성립과정 또는 제정과정을 연구한 결과물이다. 우리 법인세법은 1949년 11월 7일 법률 제62호로 제정되었다(이하 '제정 법인세법'이라고만 한다). 기본법률인 민법, 상법이 각각 1958년, 1962년에 제정된 것에 비하면 상당히 이른 시기에 제정된 셈이다. 제정 법인세법은 이후 거의 매년 개정되었고 그 중 3번은 전면개정이었다(1962년, 1968년, 1999년). 그리고 현재는 조세법령 새롭게 다시쓰기 작업이 진행중이다.[1] 그러나 이와 같은 잦은 개정에도 불구하고 제정 법인세법의 기본틀은 현행법의 토대로서 현재까지 영향을 미치고 있다.

그렇다면, 특히 법인세법의 제정과정을 연구하는 것은 어떤 의미를 갖는가?

우리 세법 중에는 외국, 특히 일본의 입법례를 무비판적으로 계수한 조문이 적지 않다. 그런 까닭에 우리 세법의 법조문이지만 어떤 이유에서 그런 조문이 들어와 있는 것인지 이유를 분명하게 알 수 없는 것들이 적지 않다. 따라서 이러한 조문들이 해석상의 문제를 야기하는 경우에는 그 입법 연혁을 추적하여 당초 입법 의도와 계수한 국가에서의 '그 당시' 입법취지 및 해석론 등을 충분하게 검토할 필요가 있다. 그러나 실제로 특정한 세법 규정의 해석론이 문제가 되는 경우 그와 같은 충분한 고려를 베푸는 경우는 많지 않다고 판단된다. 물론 최초 입법자의 의도를 반드시 존중하여야 하는 것은 아니라는 반론도 가능하겠지만, 적어도 그 의도를 분명하게 검토하는 것은 모든 해석론적 작업의 첫 단계에서 가장 중요하게 다루어져야 할 문제라고 생각한다.[2] 요컨대 제정 법인세법

1) http://www.taxlawreform.co.kr/(2012년 9월 27일 최종방문). 2017년 전면개정된 법인세법안이 국회에 제출될 예정이다.

2) Morse/Williams, *Davies: Principles of Tax Law*, 6.ed., 2008, p.21.

이 어떤 과정을 거쳐서 어떤 고려하에 제정되었는지를 검토하는 작업은 현행 법인세법의 이해를 위하여 긴요하다고 할 것이다.

현행 법인세법을 보면 우리의 입법자들조차 개별 조문의 입법 취지에 관하여 완전하게 이해하고 있지 않기 때문에 불필요하거나 체계정합성이 없는 조문을 둔 경우도 적지 않다. 예를 들어 법인세법 시행령 제43조 제1항은 이익처분에 의한 상여금 지급액의 손금불산입에 관하여 규정하고 있는데, 이는 이익처분에 의하여 임원 상여금을 지급하는 것이 가능했던 구 일본 상법의 해석론을 전제로 하는 것으로서 우리 법인세법상으로는 전혀 의미가 없는 조항이다.[3] 또한 법인세법상의 준비금이 상법상의 준비금과 전혀 이질적인 의미를 갖게 된 것도 계수법적인 연혁과 관련이 깊다.[4] 부당행위계산부인 규정도 계수법적 성격이 강한 규정이라고 생각된다. 이런 조문들은 일단 현행법으로 편입되어 있으므로 입법자들조차 쉽게 개정하지 못하는 경향이 있다.

따라서 우리 세법을 체계적으로 다듬고 발전시키려면 개별 세법 규정에 관한 연혁적·법제사적 연구가 필수적이라고 판단된다.

이는 비교법적인 연구의 관점에서도 그렇다. 우리는 세법을 연구할 때 흔히들 미국, 독일, 일본의 세법을 참고한다. 그런데 왜 하필 미국, 독일, 일본의 세법인가? 이 문제에 대하여는 누구도 속시원하게 답을 주지 않는다. 그냥 그럴 뿐이다. 최근에 호주나 뉴질랜드 세법을 많이 참고하는데 이 역시 그럴 만한 이유가 있는 것인가? 혹은 제2외국어에 대한 언어적 장벽 때문에 이들 국가의 입법을 참고하는 것은 아닌가?

외국의 법인세제를 연구하는 것은 우리 법인세제의 문제점을 해명하고 이를 개선하기 위한 기초적인 작업으로 의미를 가진다.[5] 이런 의미에서 우리 법인세제를 구성하는 외국법제의 요소를 분석하지 않고서는 외국의 법인세제를 연구하는 의의를 제대로 살리기 어렵다.

위와 같은 문제의식을 바탕으로 현재까지 우리 학계의 연구 상황을 살펴보

---

3) 이에 관한 상세는 황남석, "법인세법상 이익처분에 의한 상여금의 손금불산입 재고", 「조세법연구」 제19권 제2호, 2013, 331면 이하.

4) 이에 관한 상세는 황남석, "세법상 준비금에 관한 고찰", 「조세법연구」 제18권 제3호, 2012, 262면 이하.

5) 井上徹二, 「租税法と税制」, 創成社, 2008, 161면.

자면 우리 세법, 특히 법인세법의 개별 규정에 관하여 이와 같은 법제사적 연구는 극히 부족한 상황이라고 여겨진다.

다른 기본 법률에 대하여는 그 제정과정 및 입법에 영향을 미친 비교법적 배경 등에 관하여 상당한 연구가 진척되어 있음에 비교하면 법인세법을 포함한 세법 분야에서의 연구 상황은 극히 대조적이다.[6)]

본 연구에서는 1949년 제정된 우리 법인세법이 어떤 과정을 거쳐서 그와 같은 모습으로 성립하게 된 것인지를 법제사적으로 검토함으로써 각 법인세법의 개별 제도의 연구를 위한 기초작업을 수행하고자 한다. 본 연구의 범위는 일본의 법인세제 도입시부터 우리나라가 법인세법을 단행법으로 제정한 1949년까지로 한다. 시기를 1949년까지로 한정한 이유는 제정 법인세법의 기본구조가 현행 법인세법까지 큰 틀에서 유지되고 있으며 제정 법인세법은 일본이 1940년에 제정한 법인세법을 거의 그대로 옮겨 놓다시피 한 것이기 때문이다. 즉, 일본에서 발전해 온 법인세 소득계산구조가 압축적으로 수용된 결과물이 1949년 제정된 우리 법인세법이다.[7)] 동시에 1949년 이후의 범위까지 연구의 대상으로 할 경우에는 지나치게 방대한 작업이 될 것이기 때문이다. 우리나라의 제정 법인세법은 성립 이후 많은 개정을 거쳐서 변천하여 왔으므로 그 개정 과정에서 어느 입법례의 영향을 받았는지에 관하여는 별도의 연구가 필요할 것이다.

---

6) 민법전에 대하여는 양창수, "민법전의 제정과정에 관한 연구", 「법학」 제90호, 1992, 143면 이하; 상법전에 대하여는 정재규, "상법의 제정과정 및 외국법의 계수", 「법학연구」 제10권, 2004, 13면 이하; 노동법전에 대하여는 이흥재, "노동법제정의 특징과 전진한의 역할", 「법학」 제153호, 2009, 169면 이하; 형법전에 대하여는 신동운, "제정형법의 성립경위", 「형사법연구」 제20호, 2003, 9면 이하.

7) 일본의 경우 제2차 세계대전 이후 1950년 슈프(Shoup) 사절단의 세제개혁안에 따라 포괄적인 세제개혁이 이루어져 제국주의시대의 법인세제와는 결별하게 되었다. 흥미롭게도 한국정부도 6·25 전쟁의 휴전이 성립되자 전시경제체제를 평상시의 경제체제로 전환하고 경제재건을 위한 재정적 필요에 대응하기 위한 세제개혁을 단행하면서 미국인 전문가의 도움을 빌었다. 즉, 한국정부는 유엔한국재건위원회의 자문을 맡고 있던 왈드(Wald, Haskell P.)에게 세제개혁을 위한 자문을 구하였고, 왈드는 1953년 8월 25일 '한국세제에 관한 권고와 건의(Report and Recommendations for the Korean Tax System)'를 제출하였다. 한국정부는 이 세제권고안에 따라 1차로 1954년 4월에 세제개혁을 단행하였다. 위 세제권고안의 주요 내용에 관하여는 신규환, "한국전쟁 후 UN 왈드 박사의 '한국 세제에 관한 보고와 건의'에 관한 연구", 「조세사학연구」 창간호, 2015. 11, 93면 이하 참조.

제 2 장

제정 법인세법의 계수법적 성격

CHAPTER 02 제정 법인세법의 계수법적 성격

Ⅰ. 서 설

저자는 서론에서 단도직입적으로 우리 법인세법이 일본의 1940년 제정 법인세법을 모태로 한 것이라고 기술하였다. 이하에서는 그와 같이 기술한 이유를 살펴 볼 것이다. 가장 단순하게 우리의 제정 법인세법과 일본의 위 법률을 나란히 비교하여 보는 것만으로도 그 사실은 분명하게 드러난다.

Ⅱ. 우리의 제정 법인세법과 일본의 제정 법인세법 비교

우리 제정 법인세법	일본 제정 법인세법
제1조 국내에 본점 또는 주사무소를 둔 법인이거나 국내에 자산 또는 사업을 가진 법인은 본법에 의하여 법인세를 납부할 의무가 있다.	**제1조** 본법 시행지에 본점 또는 주된 사무소를 둔 법인 및 본법 시행지에 동산 또는 영업을 둔 법인은 본법에 따라 법인세를 납부할 의무가 있다.
제2조 법인세는 국내에 본점 또는 주사무소를 둔 법인에 대하여서는 그 소득 전부에 대하여 부과하고 국내에 본점 또는 주사무소를 두지 아니한 법인에 대하여서는 국내에 있는 자산 또는 사업의 소득에 대하여서만 이를 부과한다.	**제2조** 본법 시행지에 본점 또는 주된 사무소를 둔 법인의 경우 그 소득 및 자본의 전부에 대하여 법인세를 부과하고 본법 시행지에 본점 또는 주된 사무소를 두지 않은 법인에 대하여는 본법 시행지에 있어서의 자산 또는 영업의 소득 및 이에 관한 자본에 대하여만 법인세를 부과한다.
제3조 전조의 규정에 의하여 법인세를 부과	**제3조** 전조에 규정에 따라 법인세를 부과하

할 소득은 다음과 같다. 1. 각 사업연도의 소득 2. 청산소득	는 소득 및 자본은 아래에 열거한 것으로 한다. 1. 각 사업연도의 소득 2. 청산소득 3. 각 사업연도의 자본
제4조 ① 법인의 각사업연도의 소득은 그 사업연도의 총익금에서 총손금을 공제한 금액에 의한다. ② 법인이 각 사업연도에서 납부한 또는 납부할 법인세는 전항의 소득계산상 이를 손금에 산입하지 아니한다. ③ 법인의 각사업연도 개시의 직전사업연도에서 발생한 이월결손금으로서 대통령령으로 정하는 것은 제1항의 소득계산상 이를 손금에 산입한다. ④ 국내에 본점 또는 주사무소를 두지 아니한 법인의 각사업연도의 소득은 국내에 있는 자산 또는 사업에 대하여 전3항의 규정에 준하여 계산한 금액에 의한다.	**제4조** ① 본법 시행지에 본점 또는 주된 사무소를 둔 법인은 각 사업연도의 소득은 각 사업연도의 총익금에서 총손금을 공제한 금액에 의한다. 다만, 상호보험회사 및 회원조직의 거래소의 경우는 각 사업연도의 잉여금에 의한다. ② 법인이 각 사업연도에 있어서 납부 또는 납부하여야 할 법인세 및 임시이득세는 전항의 소득의 계산상 이를 손금에 산입한다. ③ 법인의 각 사업연도 개시일 전 3년 이내에 개시된 사업연도에 있어서 발생한 손금으로서 명령으로 정한 것은 제1항의 소득의 계산에 이를 손금에 산입한다.
제5조 ① 소득세법 제3조와 제4조의 규정은 법인세의 부과에 이를 준용한다. ② 신탁은행의 각사업연도의 소득계산에 대하여서는 합동운용신탁으로 인한 수입과 지출은 그 총익금과 총손금에서 각각 이를 공제한다.	**제5조** ① 소득세법 제6조 및 제7조의 규정은 법인세의 부과에 이를 준용한다. ② 신탁회사의 각 사업연도의 소득의 계산에 대하여는 합동운용신탁에 인한 수입 및 지출은 그 총익금 및 총손금에서 이를 각 공제한다.
제6조 ① 법인이 해산한 경우에 그 잔여재산의 가액이 해산 당시의 불입주식금액 또는 출자금액과 적립금액의 합계금액을 초과할 때에는 그 초과금액으로써 법인의 청산소득으로 한다. ② 법인이 합병을 한 경우에 합병으로 인하여 소멸한 법인의 주주, 사원 또는 출자자가 합병후 존속하는 법인이거나 합병으로 인하여 설립되는 법인으로부터 합병으로 인하여 취득하는 주식의 불입제금액 또는 출자금액과 금전의 총액이 합병으로 인하여 소멸한 법인의 합병 당시의 불입주식금액 또는 출자금액과 적립금액의 합계금	**제6조** ① 법인이 해산된 경우에 있어서 그 잔여재산의 가액이 해산 당시의 출자주식금액 또는 출자금액 및 적립금액의 합계액을 초과하는 경우에는 그 초과금액으로서 법인의 청산소득으로 한다. ② 법인합병을 위한 경우에 있어서 합병으로 인하여 소멸한 법인의 주주 또는 사원이 합병 후 존속하는 법인 또는 합병으로 인하여 설립된 법인으로부터 합병을 원인으로 취득한 주식의 출자를 마친 금액 또는 출자금액 및 금전의 총액이 합병으로 인한 소멸한 법인의 합병 당시의 출자주식금액 또는 출자금액 및 적립금액의 합계금

액을 초과하는 때에는 그 초과금액은 이를 합병으로 인하여 소멸한 법인의 청산소득으로 간주한다.	액을 초과하는 경우에는 그 초과금액은 이를 합병으로 인하여 소멸하는 법인의 청산소득으로 간주한다.
	제7조 ① 본법 시행지에 본점 또는 주사무소를 둔 법인의 각 사업연도의 자본은 각 사업연도의 각 월말에 있어서의 출자주식금액, 출자금액, 기금 또는 갹출금에서 각 월말에 있어서의 이월결손금을 공제한 금액의 월할평균액에 당해 사업연도의 월수를 곱한 것을 12로 나누어 계산한 금액에 의한다. ② 본법시행지에 본점 또는 주사무소를 두지 않은 법인의 각 사업연도의 자본은 본법시행지에 있어서의 자산 또는 영업에 대한 전항의 규정에 준하는 명령의 정한 바에 따라 계산한 금액에 의한다.
제7조 법인이 사업연도 중에 해산 또는 합병으로 인하여 소멸한 경우에는 그 사업연도 초부터 해산 또는 합병시까지의 기간을 사업연도로 간주한다.	**제8조** 법인이 사업연도 중에 해산 또는 합병으로 인하여 소멸하는 경우에 있어서는 그 사업연도의 처음부터 해산 또는 합병에 이르는 기간을 1사업연도로 간주한다.
제8조 본법에서 적립금이라 함은 적립금 기타 명의의 여하를 불문하고 법인이 각사업연도의 소득 중 유보한 금액을 말한다. 법인세로서 납부할 금액은 전항의 유보한 금액에는 이를 산입하지 아니한다.	**제9조** 본법에 있어서의 적립금액은 적립금 기타 명의의 여하를 묻지 않고 법인의 각 사업연도의 소득 중 그 유보한 금액을 말한다.
제9조 합병 후 존속하는 법인 또는 합병으로 인하여 설립된 법인은 합병으로 인하여 소멸한 법인의 소득에 대하여 법인세를 납부할 의무를 진다.	**제10조** 합병 후 존속하는 법인 또는 합병으로 인하여 설립된 법인은 합병으로 인하여 소멸한 법인의 소득 및 자본에 대하여 법인세를 납부할 의무가 있다.
제10조 좌에 게기하는 법인에 대하여서는 법인세를 부과하지 아니한다. 단, 제2호 해당 법인의 소득의 전부 또는 일부가 직접 또는 간접으로 그 법인관계자에게 귀속될 때에는 예외로 한다. 1. 대통령령으로써 지정하는 공공단체 2. 민법 제34조의 규정에 의하여 설립된 법인 기타 이에 유사한 것으로서 대통령령이 지정하는 법인	**제11조** 북해도, 부현, 시정촌 기타 명령으로 지정하는 공공단체, 신사 및 민법 제34조 규정에 의하여 설립된 법인에는 법인세를 부과하지 않는다.

제11조 공공성을 가진 국책상 중요한 사업을 경영하는 것을 목적으로 하는 법인에 대하여서는 대통령령의 정하는 바에 의하여 그 업무에서 생하는 소득에 대하여 법인세를 감면할 수 있다.	**제12조** 명령으로 지정한 중요산물의 제조, 채굴 또는 채취를 위한 법인에는 명령의 정한 바에 따라 제조, 채굴 또는 채취의 사업을 개시한 연도 및 그 다음해부터 3년간 그 의무로부터 발생하는 소득에 대하여 법인세를 면제한다.
제12조 국내에 본점 또는 주사무소를 두지 아니한 외국법인으로서 외국에 선적을 둔 선박의 소득에 대하여서는 법인세를 면제한다. 단, 그 선적국이 대한민국선박의 소득에 대하여 동일한 면제를 하지 아니하는 경우에는 예외로 한다.	**제13조** ① 제4조의 규정에 의하여 법인의 각 사업연도의 소득을 계산하는 경우에 있어서 법인이 국채를 소유한 경우에는 국채의 이자액 중 그 국채를 소유한 기간의 이자액의 100분의 70에 상당하는 금액을 명령의 정한 바에 의하여 그 소득에서 공제한다. 다만, 국채의 이자에 대하여 외화채특별세 또는 배당이자특별세가 부과된 경우에는 그 공제액은 그 국채를 소유한 기간의 이자액에서 그 이자액에 대한 외화채특별세 상당액 또는 배당이자특별세 상당액을 공제한 잔액의 100분의 70에 상당하는 금액으로 한다. ② 전항의 규정은 법인의 청산소득의 계산에 관하여 이를 준용한다.
	제14조 ① 법인의 각 사업연도 분의 임시이득세액은 당해 사업연도의 소득금액에서 이를 공제한다. ② 법인세를 부과하여야 하는 소득과 기타 소득이 있는 법인의 소득금액에서 공제하여야 하는 임시이득세액은 명령의 정하는 바에 의하여 이를 계산한다.
제13조 법인이 소유하는 국채의 이자에 대하여서는 대통령령이 정하는 바에 의하여 법인세를 부과하지 아니한다.	
제14조 조선은행법 제27조의 규정에 의한 납부금액은 제4조제1항의 규정에 의한 법인의 소득계산상 이를 손금에 산입한다.	
제15조 법인의 청산기간 중 발생한 소득 또는 합병으로 인하여 생한 소득으로서 본법과 기타의 법률에 의하여 법인세를 부과하	**제15조** 법인은 청산기간 중에 있어서 발생하였거나 또는 합병에 의하여 발생한 소득에 있어서 본법 기타 법률에 의하여 법인세를

지 아니하는 금액은 법인의 청산소득금액에서 이를 공제한다.	부과할 수 없는 금액은 법인의 청산소득금액에서 이를 공제한다.
제16조 ① 법인세의 세액은 각사업연도의 소득금액 또는 청산소득금액에 백분의 35를 승한 금액을 그 세액으로 한다. ② 법인이 각 사업연도에서 납부한 소득세법 제25조에 규정한 특별소득에 대한 소득세액은 대통령령이 정하는 바에 의하여 당해사업연도의 소득에 대한 법인세액에서 이를 공제한다. ③ 전항의 경우에 공제할 특별소득에 대한 소득세는 소득계산상 이를 손금에 산입하지 아니한다. ④ 전2항의 규정은 법인의 청산소득에 대한 법인세액에 대하여 이를 준용한다.	**제16조** ① 법인세는 다음 세율에 의하여 부과한다. 1. 각 사업연도의 소득 본법 시행지에 본점 또는 주된 사무소를 둔 법인 소득금액의 100분의 18 본법 시행지에 본점 또는 주된 사무소를 두지 않은 법인 소득금액의 100분의 28 2. 청산소득 소득금액의 100분의 18 3. 각 사업연도의 자본 자본금액의 1,000분의 15 ② 법인이 각 사업연도에 있어서 납부한 소득세법 제10조에 규정되어 있는 배당이자소득에 대한 분류 소득세액은 명령에 정한 바에 의하여 당해 사업연도의 소득에 대한 법인세액에서 이를 공제한다. ③ 전항의 경우에 있어서 공제하여야 하는 소득세법 제10조에 규정되어 있는 배당이자소득에 대한 분류소득세는 법인의 소득계산상 이를 손금에 산입하지 않는다. ④ 전 2항의 규정은 청산소득에 대한 법인세에 있어서 이를 준용한다. ⑤ 제1항의 규정에 의하여 산출된 각 사업연도의 자본에 대한 법인세액이 연 10원에 미치지 못하는 경우에는 연 10원으로 한다. ⑥ 제4조에 의하여 계산된 소득금액 없는 법인의 당해 사업연도의 자본에 대한 법인세는 이를 면제한다. 제1항 및 전항의 규정에 의하여 산출된 각 사업연도의 자본에 대한 법인세액이 그 사업연도의 소득금액에서 그 사업연도의 소득에 대한 법인세액을 공제한 잔액을 초과하는 경우에는 그 초과액에 상당하는 각 사업연도의 자본에 대한 법인세에 대하여도 같다.

제17조 ① 동족회사가 각 사업연도에 있어서 유보한 금액 중 좌의 각호의 1에 해당하는 금액이 있을 때에는 정부는 그 사업연도의 소득을 년액으로 환산한 금액 중 백만원 이하의 금액에 백분의 27, 백만원 초과의 금액에 백분의 31, 5백만원 초과의 금액에 백분의 46, 천만원 초과의 금액에 백분의 52, 2천만원 초과의 금액에 백분의 58, 3천만원 초과의 금액에 백분의 65를 승한 합계금액의 소득년액에 대한 률을 산출하여 이를 세율로 하여 좌의 각호의 1에 해당한 금액(각호에 다 해당하는 경우에는 그 다액인 편)에 대하여 적용산출한 세액을 각 사업연도의 소득에 대한 법인세에 가산할 수 있다.

1. 각사업연도의 소득 중 유보한 금액이 그 사업연도의 소득의 10분의 3에 상당하는 금액을 초과할 때에는 그 초과금액
2. 각사업연도 소득 중 유보한 금액에서 그 사업연도의 소득의 10분의 1에 상당하는 금액을 공제한 잔액과 그 사업연도말에 있어서의 적립금액의 합계가 그 사업연도말에 있어서의 불입주식금액 또는 출자금액의 2분의 1에 상당하는 금액을 초과하는 때에는 그 초과금액. 단, 그 사업연도말에 있어서의 적립금액이 불입주식금액 또는 출자금액의 2분의 1을 초과하는 경우에 있어서는 그 초과액은 이를 공제한다.

② 전항의 각사업연도의 소득과 각사업연도의 소득유보한 금액은 그 사업연도의 소득에 부과할 법인세액(전항의 규정에 의하여 가산하는 세액을 포함하지 아니한다)을 그 사업연도의 소득과 그 사업연도의 소득 중 유보한 금액의 쌍방에서 공제한 잔액에 의한다.

③ 본법에서 동족회사라 함은 주주 또는 사원의 1인과 이와 친족, 사용인 기타 대통령령으로 규정하는 출자관계있는 법인 등

제17조 ① 동족회사가 각 사업연도에 있어서 유보된 금액 중 다음 각 호의 1에 해당하는 금액이 있는 경우에는 정부는 그 사업연도의 소득을 금액으로 환산한 금액 중 5만원 이하의 금액에 100분의 20, 5만원을 초과하는 금액에 100분의 30, 10만원을 초과하는 하는 금액에 100분의 40, 50만원을 초과하는 금액에 100분의 50, 100만원을 초과하는 금액에 100분의 65를 곱한 회계금액의 소득년액에 대한 비율을 구하고 이를 세율로 하여 다음의 각 호의 1에 해당하는 금액(각 호 모두 해당하는 경우에는 그 중 다액인 것)에 적용하여 산출된 금액을 각 사업연도의 소득에 대한 법인세에 가산할 수 있다.

1. 각 사업연도의 소득 중 유보된 금액이 그 사업연도에 있어서의 소득의 10분의 3에 해당하는 금액을 초과하는 경우에는 그 초과금액
2. 각 사업연도의 소득 중 유보된 금액에서 그 사업연도에 있어서의 소득의 10분의1에 상당하는 금액을 공제한 잔액 및 그 사업연도말에 있어서의 적립금액의 합계가 그 사업연도말에 있어서의 출자주식금액 또는 출자금액의 2분의1에 상당하는 금액을 초과하는 경우에는 그 초과금액. 단 그 사업연도말에 있어서의 적립금액이 출자주식금액 또는 출자금액의 2분의 1을 초과하는 경우에 있어서는 그 초과액은 이를 공제한다.

② 전항의 각 사업연도의 소득 및 소득 중 유보한 금액은 그 사업연도의 소득 및 자본에 부과하여야 하는 법인세액(전항의 규정에 의하여 가산하는 세액을 포함하지 않는다) 및 제14조의 규정에 의하여 공제하여야 하는 임시이득세액을 그 사업연도의 소득 및 그 소득 중 유보된 금액의 쌍방에서 공제한 잔액에 의한다.

③ 본법에 의하여 동족회사라고 하는 것은

특수의 관계있는 자의 주식금액 또는 출자금액의 합계가 그 법인의 주식금액 또는 출자금액의 2분의 1이상에 상당하는 법인을 말한다.	주주 또는 사원의 1인 및 그와 친족, 사용인, 명령으로 정하는 출자관계 있는 법인 등 특수한 관계있는 자의 주식금액 또는 출자금액의 합계가 그 법인의 주식금액 또는 출자금액의 2분의 1 이상에 상당하는 법인을 말한다.
제18조 ① 납세의무있는 법인은 대통령령의 정하는 바에 의하여 재산목록, 대차대조표, 손익계산서 또는 청산이나 합병에 관한 계산서와 가치 제4조 내지 제8조의 규정에 의하여 계산한 소득금액의 명세서를 첨부하여 그 소득금액을 정부에 신고하여야 한다. 단, 국내에 본점 또는 주사무소를 두지 아니하는 법인은 그 이외에 국내에 있는 자산 또는 사업에 관한 손익을 계산한 소득금액의 명세서를 첨부하여야 한다. ② 전항의 규정은 제1조에 규정하는 법인에게 법인세를 부과할 소득이 없는 경우에 이를 준용한다.	**제18조** ① 납세의무 있는 법인은 명령의 정한 바에 의하여 재산목록, 대차대조표, 손익계산서 또는 청산·합병에 관한 계산서 및 제4조부터 제9조의 규정에 의하여 계산한 소득금액 및 자본금액의 명세서를 첨부하여 그 소득금액 및 자본금액을 정부에 신고하여야 한다. 또한 본법시행지에 본점 또는 주된 사무소를 두지 않은 법인은 위의 본법시행지에 있어서의 자산 또는 영업에 관한 손익을 계산 소득금액의 명세서 및 본법시행지에 있어서의 자산 또는 영업에 관한 자본금액의 명세서를 첨부하여야 한다. ② 전항의 규정은 제1조에 규정한 법인에 법인세를 부관하여야 하는 소득 또는 자본이 없는 경우에 있어서 이를 준용한다.
제19조 납세의무있는 법인은 대통령령의 정하는 바에 의하여 전조의 규정에 의한 소득금액신고와 동시에 그 신고소득금액에 대하여 제16조에 규정한 세율을 적용하여 산출한 법인세를 정부에 납부하여야 한다.	
제20조 법인의 소득금액은 제18조의 신고에 의하여 결정한다. 단, 신고가 없거나 또는 신고가 부당하다고 인정할 때에는 정부의 조사에 의하여 이를 결정한다.	**제19조** 법인의 소득금액 및 자본금액은 전조의 신고에 의한 신고를 하지 않은 경우 또는 신고가 불상당하다고 인정되는 경우에는 정부의 조사에 의하여 정부가 이를 결정한다.
제21조 세무에 종사하는 공무원은 조사상 필요한 때에는 납세의무있는 법인 또는 납세의무가 있다고 인정되는 법인에 대하여 질문을 하며 그 장부서류 기타 물건을 검사할 수 있다.	**제20조** 세무서장 또는 그 대리관은 조사상 필요한 경우에는 납세의무 있는 법인 또는 납세의무 있다고 인정되는 법인에 질문을 하거나 또는 그 기장서류 기타 물건을 검사할 수 있다.

제22조 세무에 종사하는 공무원은 조사상 필요할 때에는 납세의무있는 법인 또는 납세의무가 있다고 인정되는 법인과 금전이나 물품을 거래하는 자에 대하여 그 금액, 수량, 가격, 지불기일등에 대하여 질문을 하며 또는 이에 관한 일체의 장부물건에 대하여 검사할 수 있다.	**제21조** 세무서장 또는 그 대리관은 조사상 필요한 경우에는 납세의무 있는 법인 또는 납세의무 있다고 인정되는 법인에 금전 또는 물품을 지급할 의무가 있다고 인정되는 자에 대하여 또는 납세의무 있는 법인 또는 납세의무 있다고 인정되는 법인으로부터 금전 또는 물품의 지급을 받을 수 있는 권리를 가지고 있다고 인정되는 자에 대하여 그 금액, 수량, 가격, 지급기일 등에 대하여 질문할 수 있다.
제23조 ① 제20조의 규정에 의하여 법인의 소득금액을 결정한 때이거나 제17조의 규정에 의하여 세액가산을 결정한 때에는 정부는 이를 납세의무있는 법인에게 통지하여야 한다. ② 국내에 자산 또는 사업만을 가진 법인으로서 납세관리인의 신고를 하지 아니한 때에는 전항의 통지는 공고로써 이를 할 수 있다. 이 경우에 있어서 공고의 초일부터 7일을 경과한 때에는 그 통지를 받은 것으로 간주한다.	**제22조** 제19조의 규정에 의하여 법인의 소득금액 및 자본금액을 결정한 경우 또는 제17조의 규정에 의하여 세액가산을 결정한 경우는 정부는 이를 납세의무 있는 법인에게 통지하여야 한다.
제24조 ① 납세의무있는 법인이 전조의 규정에 의하여 통지한 소득금액 또는 가산세액에 대하여 이의가 있는 때에는 통지를 받은 날로부터 30일 이내에 불복의 사유를 구비하여 정부에 심사의 청구를 할 수 있다. ② 전항의 청구가 있는 경우라도 정부는 세금의 징수를 유예하지 아니한다.	**제23조** ① 납세의무 있는 법인이 전조의 규정에 의하여 정부의 통지를 받은 소득금액, 자본금액 또는 가산세액에 대한 이의가 있는 경우에는 통지를 받은 날로부터 20일 이내에 불복의 사유를 갖추어 정부에 심사의 청구를 할 수 있다. ② 전항의 청구가 있는 경우라 하더라도 정부는 세금의 징수를 유예하지 아니한다.
제25조 전조 제1항의 청구가 있는 때에는 소득세법 제44조의 규정에 의한 소득심사위원회의 조사에 의하여 정부에서 이를 결정한다.	**제24조** ① 전조 제1항의 청구가 있는 경우에는 소득세법의 소득심사위원회의 결의에 의하여 정부가 이를 결정한다. ② 소득세법 제38조 및 제68조 제2항의 규정은 전항의 경우에 있어 이를 준용한다.
	제25조 전조 제1항의 결정에 대하여 불복하는 법인은 소원을 하거나 또는 행정재판소에 출소할 수 있다.

제26조 법인세는 사업연도마다 이를 징수한다. 단, 청산소득에 대한 법인세는 청산 또는 합병하는 때에 이를 징수한다.	**제26조** 법인세는 사업연도마다 이를 징수한다. 다만, 청산소득에 대한 법인세는 청산 또는 합병시에 이를 징수한다.
제27조 납세의무있는 법인이 재해 기타 사유로 인하여 현저히 자력을 상실하므로서 납세곤란하다고 인정되는 때에는 대통령령의 정하는 바에 의하여 법인세를 경감 또는 면제할 수 있다.	
제28조 법인이 해산한 경우에 있어서 각사업연도의 소득에 대한 법인세 또는 청산소득에 대한 법인세를 납부하지 아니하고 잔여재산을 분배한 때에는 그 세금에 대하여 청산인은 연대하여 납세의 의무를 진다.	**제27조** 법인이 해산된 경우에 있어서 각 사업연도의 소득 또는 자본에 대한 법인세 또는 청산소득에 대한 법인세를 납부하지 아니하고 잔여재산을 분배한 경우에는 그 세금에 대하여 청산인은 연대하여 납세의 의무가 있는 것으로 한다.
제29조 정부는 제27조의 규정에 의하여 경감 또는 면제될 법인세에 대하여 경감 또는 면제에 관한 처분이 확정될 때까지 세금의 징수를 유예할 수 있다.	
제30조 법인세는 법인의 본점 또는 주사무소의 소재지이거나 자산 또는 사업장의 소재지로써 납세지로 한다.	
제31조 국내에 자산 또는 사업장만을 가진 법인은 납세지를 정하여 정부에 신고하여야 한다. 신고가 없는 때에는 정부가 그 납세지를 정한다.	
제32조 국내에 자산 또는 사업장만을 가진 법인은 그 소득의 신고, 납세 기타 법인세에 관한 일체의 사항을 처리하기 위하여 납세관리인을 정하여 정부에 신고하여야 한다. 국내의 자산 또는 사업장을 국외에 이전하고저 할 때에도 또한 같다.	
제33조 동족회사의 행위 또는 계산으로서 그 소득이거나 주주, 사원 또는 이와 친족, 사용인 기타 대통령령의 정하는 출자관계있는 법인 등 특수의 관계있는 자의 소득에 대하여 소득포탈의 목적이 있다고 인정되는 경우에는 그 행위 또는 계산에 불구하	**제28조** 동족회사의 행위 또는 계산에 있어서 법인세 포탈의 목적이 있다고 인정되는 경우에 대하여는 그 행위 또는 계산에 관계없이 정부는 그 인정하는 바에 의하여 소득금액 및 자본금액을 계산할 수 있다.

고 정부는 그 인정하는 바에 의하여 당해 법인의 소득금액을 계산할 수 있다.	
제34조 ① 제20조에 의한 정부의 조사로써 결정된 소득금액에 대하여서는 제16조에 규정한 세율에 백분의 10을 가산한 세율을 적용하여 법인세를 부과한다. ② 제19조의 규정에 의하여 법인세를 정부에 납부한 경우에 그 계산한 소득금액이 정부의 조사소득금액에 비하여 소액인 때에는 그 소득의 차액에 대하여서만 전항의 규정을 적용하여 이를 추징한다.	
제35조 사위 기타 부정의 행위로 인하여 법인세를 포탈한 자는 그 포탈한 세금의 3배에 상당하는 벌금 또는 과료에 처한다. 단, 자수한 자 또는 세무서장에게 신고한 자는 처벌하지 아니할 수 있다.	**제29조** 사기 기타 부정한 해위에 의하여 법인세를 포탈한 자는 그 포탈한 세금의 3배에 상당하는 벌금 또는 과료에 처하고 즉시 그 세금을 징수한다. 다만, 자수 또는 세무서장에게 신고한 자는 그 죄를 묻지 아니한다.
제36조 제21조, 제22조에 규정한 세무에 종사하는 공무원의 질문에 대하여 답변하지 아니하거나 또는 허위의 진술을 한 자, 장부 물건의 검사를 거절, 방해하거나 기피한 자 또는 허위의 기재를 한 장부를 제시한 자는 5만원 이하의 벌금 또는 과료에 처한다.	**제30조** 제20조의 규정에 의하여 장부서류 기타 물건의 검사를 거부, 방해 또는 기피하거나 허위의 기재를 한 장부서류를 제시한 자는 1천원 이하의 벌금에 처한다.
제37조 법인의 소득조사 또는 심사의 사무에 종사하거나 종사하였든 자가 그 조사 또는 심사에 관하여 지득한 비밀을 정당한 사유 없이 누설한 때에는 10만원 이하의 벌금에 처한다.	**제31조** 법인의 소득 또는 자본의 조사 또는 심사의 사무에 종사하거나 종사한 자가 그 조사 또는 심사에 관하여 알게 된 비밀을 정당한 사유 없이 누설한 경우에는 1천원 이하의 벌금에 처한다.
	제32조 제29조의 죄를 범한 자에 대하여는 형법 제38조 제3항 단서, 제39조 제2항, 제40조, 제41조, 제48조 제2항, 제63조 및 제66조의 규정을 적용하지 아니한다.
제38조 도, 서울특별시, 시, 읍, 면 기타의 공공단체는 법인세의 부가세를 부과하지 못한다.	**제33조** 북해도, 부현, 시정촌 다른 공공단체는 법인세의 부가세를 부과하지 못한다.
제39조 ① 대통령령으로 정하는 특별법인에 대하여서는 제14조 또는 제17조 및 제33조	

의 경우를 제외하고 본법을 적용하여 법인세를 부과한다. ② 전항의 적용에 있어서 본법 중 소득은 잉여금으로 하고 제16조의 세율 백분의 35를 백분의 20으로 한다.	

Ⅲ. 소결론

위 비교표를 보면 우리 제정 법인세법은 신고납부제도를 채택하였다는 점을 제외하고 전적으로 1940년 제정 일본법인세법을 거의 그대로 옮겨온 것임을 알 수 있다. 신고납부제도도 1947년 개정된 일본법인세법이 채택한 제도이다. 결국 제정 법인세법은 1940년 일본의 제정 법인세법을 기본틀로 하되 1947년 개정 일본법인세법 중 신고납부제도 부분을 일부 참고하여 제정한 것이라고도 평할 수 있을 것이다.

이처럼 우리가 일본의 법인세제를 거의 그대로 계수한 것은 그것이 당시 우리 세무 실무를 지배하고 있었을 뿐만 아니라 그것을 전면적으로 재검토하기에는 우리의 입법자들에게 시간적인 여유가 없었기 때문이라고 생각된다. 당시 국회는 신생 국가의 급박한 재정 수요를 충족시키기 위하여 단기간 내에 소득세법을 포함한 여러 세법의 제정을 완수하였던 것이다.[1] 이에 따라 제정 법인세법상 개별 제도의 취지, 목적, 당부 등에 관하여 충분히 논의를 하지 못하였고 제정 과정 자체에 관한 변변한 기록을 남기지 못하였다. 그러나 우리가 받아들인 일본의 법인세제는 일본의 입법자들이 치열한 고민과 모색을 거쳐서 만들어낸 성과물이다. 우리 입법자의 목소리가 제대로 남아 있지 않은 지금, 우리 법인세법상 개별 제도의 목적, 취지를 보다 깊이 있게 이해하기 위하여는 부득이하게 일본법인세법의 제정과정 및 그 이후의 변천 과정을 살펴볼 필요가 있는 것이다.

물론 우리 법인세법은 제정된 이후 수십 차례의 개정을 거쳤으므로 일본법인세법의 제정과정을 탐구하는 것은 그 범위 내에서는 제한적인 의미를 갖는

1) 그 구체적인 내용에 관하여는 황남석, “법인세법의 성립과정 연구 서설”, 「계간 세무사」 2012년 가을호, 2012, 42면 이하.

것일 수 있다. 그럼에도 불구하고, 우리 현행 법인세법의 구조가 제정 법인세법의 구조와 강한 연관성을 갖고 있으므로 여전히 이러한 작업은 의미를 가진다고 본다.

그러므로 우리 제정 법인세법의 성립과정을 탐구하려면 그 모태가 되는 1940년 제정 일본법인세법이 성립한 연대기를 살펴봐야 할 것이다.

제 3 장

주요 국가의 법인세제 성립과정

CHAPTER 03 주요 국가의 법인세제 성립과정

일본의 법인세제는 어느 날 갑자기 탄생한 것이 아니라 영국, 독일을 중심으로 하여 구미에서 발달한 넓은 의미의 소득세제가 장기간에 걸쳐서 계수되고 또 일본의 독자적인 요소가 더해진 것이다. 따라서 일본의 법인세제가 성립한 과정을 고찰하려면 구미의 소득세제 또는 법인세제 성립과정을 살펴 볼 필요가 있다. 구미의 소득세제 또는 법인세제 중에서 일본의 법인세제에 큰 영향을 미친 것은 영국, 독일의 세제이므로 두 세제의 발달과정을 먼저 검토하기로 한다.

최근 일본의 법인세제는 미국 법인세제의 영향을 강하게 받고 있지만 제2차 세계대전 종전까지의 시기 중에는 거의 영향을 받지 않았으므로 이 글에서는 별도로 살펴보지 않는다.

Ⅰ. 영국의 법인세제 성립과정

1. 서 설

현재 영국의 세제가 세계에 미치는 영향은 영연방 국가들의 세제에 대한 영향력 정도에 불과하다. 그러나 과거 영국의 세제는 일본이 1887년 소득세법을 제정하고 이후 1899년 이를 개정하는 과정에서 상당한 영향을 미쳤다.[1] 그리고 그 흔적은 오늘날까지도 분류과세, 원천징수제도의 모습으로 남아 있다.

1) 이에 관하여는 황남석, “일본의 소득세법 제정과정에 관한 소고”, 「세무학연구」 제33권 제3호, 2013, 9면 이하.

영국은 1965년 4월 1일에서야 독립된 세목으로서의 법인세(corporate tax)를 창설하였고 그 이전에는 소득세제의 일부로서 법인소득을 과세하였다. 뒤에서 자세히 살펴보겠지만 영국의 소득세제가 일본의 소득세제 전반에 미친 영향력이 적지 않으므로 우리의 법인세법 그리고 그 모태가 된 일본의 법인세법 형성과정에 미친 외국법제의 영향을 분석하기 위하여는 영국의 법인세제(소득세제)가 발달한 과정을 살펴 볼 필요가 있다.

2. 19세기 영국 소득세제의 탄생과 발전

가. 개 관

19세기 영국 법인세제의 특징은 소득세제의 일부로서 법인소득에 대한 과세가 이루어졌다는 점을 들 수 있다. 그리고 영국에서는 역사적으로 법인소득에 대한 과세가 자연스럽게 받아들여졌다는 점도 눈여겨 볼 만하다.

나. 삼중평가국세(Triple Assessment)의 도입

영국은 1798년 소득세에 앞서 준(準)소득세로서 '삼중평가국세(Triple Assessment)'를 도입하였다. 삼중평가국세는 마차, 말, 하인, 창문 수, 주택 등의 재산을 대상으로 하여 전년도에 과세한 평가국세(Assessed Taxes)의 금액을 바탕으로 과세되는 조세였다.[2)] 삼중평가국세는 나폴레옹 전쟁의 전비를 마련하기 위한 것이었다.[3)] 그러나 조세회피가 너무 심해서 세원으로서의 가치는 거의 없었고 그 다음해에 도입되는 소득세의 전신으로서의 역할에 그쳤다.[4)]

삼중평가국세에는 법인에 관하여 특별한 언급이 없었다. 그 이유는 이미 그 이전부터 법인을 당연한 납세의무자로서 개인과 동등하게 받아들였기 때문이었다.[5)]

다. 영국소득세법의 제정: 피트(Pitt)의 소득세

삼중평가국세의 세수는 크게 기대에 미치지 못했다. 이에 소(小) 피트는 그

---

2) 연소득 60파운드 이하의 개인에 대하여는 면제되었다. Spaulding, *The Income Tax in Great Britain and the United States*, 1927, p.16.

3) Bank, *Anglo−American Corporate Taxation*, 2011, p.19.

4) Spaulding(주2), p.16.

5) 일찍이 1450년경부터 법인(corporation)은 재산세의 납세의무자로 언급되고 있다. Bank (주3), pp.20~21.

다음해인 1799년 소득세법(이하 '1799년법'이라고만 한다)을 제정하였다.[6] 이 소득세법은 연간 200파운드 이상의 소득에 대하여 10퍼센트의 세율로 과세하고 연간 60파운드 이상 200파운드 이하의 소득에 대하여는 차등을 둔 세율로 과세하였다. 이 최초의 소득세법은 전시세(戰時稅)였다. 1799년법 제2조는 법인을 납세의무자로 규정하였다.[7] 다만 예외적으로 비영리법인은 납세의무를 지지 않았다.[8] 피트는 이중과세조정의 문제와 관련하여서는 1799년법을 법인-주주의 2단계 과세구조로 설계하지 않고 단일 과세구조로 설계하였다. 따라서 주주가 배당에 대하여 과세되면 회사는 그 금액에 관하여 과세되지 않았다.[9] 법인이 배당금에 관하여 과세되지 않았다면 세금신고서가 제출되었을 당시 실제로 배당금이 지급되지 않더라도 주주는 배당에 관한 과세를 면할 수 없었다.[10]

라. 애딩턴(Addington)의 소득세제 및 그 폐지

피트를 이어서 수상이 된 애딩턴은 1803년 전쟁이 다시 시작되자 소득세제를 다시 도입하였다(이하, 이 법을 '1803년법'이라고만 한다).[11]

피트의 소득세제에 대하여 이미 두 가지의 치명적인 단점이 지적되고 있었다. 그 첫 번째는 사생활의 비밀을 침해한다는 것이었다. 소득세에 관하여 일반적인 신고를 하여야 하는 의무는 납세의무자의 생활이 공개되는 것을 비켜나갈 수가 없었는데, 이 점이야말로 가장 중요한 반대논거였던 것이다.[12] 이 점은 사업자에게도 다르지 않았다. 다만 상인의 경우에는 사생활의 침해보다는 경쟁자에게 영업비밀이 노출될 것을 더 우려하였다.[13]

---

6) 39 Geo. III c. 13.

7) 「… and upon all Income of every Person residing in Great Britain, and of every Body Politick or Corporate, or Company, Fraternity, or Society of Persons(whether Corporate or not Corporate) in Great Britain;」 철자는 원문의 표기에 따랐다.

8) 1799년법 제5조.

9) 1799년법 제88조; Bank(주3), p.21.

10) 1799년법 제88조; Bank(주3), p.22.

11) Income Tax Act 1803, 43 Geo. III c. 122.

12) Dowell, *A History of Taxation and Taxes in England Vol. III*, 1888, p.99; Farnsworth, *Addington, Author of Modern Income Tax*, 1951, p.52.

13) 이와 관련하여 이미 1799년법에도 상인을 위한 보호장치가 마련되어 있었다. 1799년법은 특별한 상업위원회(Commercial Commission)를 두고, 런던시티시장, 영국은행, 동인도회사가 지명하는 위원들이 무역에서 발생한 소득에 관련된 문제들을 청문하도록 하였던 것

애딩턴은 사생활침해의 문제를 없애기 위하여 분류과세체계(schedular system)를 도입하였다. 이에 따르면 납세자는 그 소득을 하나의 신고서로 신고하는 것이 아니라 소득의 종류별로 각기 다른 별표(schedule)를 작성하고 이를 각기 다른 관할관청에 제출하는 것이었다.

두 번째는 조세회피에 취약하다는 것이었다. 피트는 당초 소득세의 세수를 1,000만 파운드로 예측하였으나 실제 세수는 580만 파운드였다. 애딩턴은 이 문제를 해결하기 위하여 원천징수제도를 도입하였다. 애딩턴은 다섯 번째 별표E를 만들었는데 이것은 '공직 또는 고용관계(public office or employment)'에서 수취한 모든 소득에 대한 원천징수세였다. 1799년법과의 두드러진 차이점은 법인단계에서의 조세가 별표E와 유사하게 원천징수세로서 기능하였다는 점이다.[14] 그 결과 1803년법은 법인과 개인의 소득세를 통합하여 실질적으로 임퓨테이션(imputation) 방식으로 기능하였다. 이에 따르면 법인은 배당금을 지급하기 전의 소득금액에 대하여 과세되었다.[15] 그리고 법인은 '배당금에서' 법인단계 조세에 상응하는 금액을 공제하였다. 이를 '부담한 조세에 상응하는 공제(a proportionate deduction in respect of the duty so charged)'라고 하였다.[16] 실제로 그 구체적인 절차는 규정상 분명하지 않지만 주주들은 그렇게 공제된 금액에 대하여 배당세액공제를 받았으므로 실질적으로는 임퓨테이션 방식이 작용된 것과 같았다.[17]

법인의 배당에 대하여 원천징수하는 방식은 애딩턴의 '가장 탁월한(most brilliant)' 혁신이라고 평가된다.[18] 그 덕분에 조세회피와 사생활침해의 위험성이 크게 감소하였고, 이 장치는 그 이후의 세제변화에도 불구하고 계속 살아남았기 때문이다.[19] 영국은행(Bank of England), 동인도회사(East India Company),

---

이다. 상업위원회는 밀봉된 신고서를 제출받았는데 이에 대하여는 정부가 심사할 수 없었다. Bank(주3), p.23; Emory, "The Early English Income Tax: a Heritage for the contemporary", *American Journal of Legal History* 9(1965), p.291 n. 14.

14) Bank(주3), p.24.

15) Income Tax Act 1803, 43 Geo. III c. 122, sec. 127.

16) Income Tax Act 1803, 43 Geo. III c. 122, sec. 127.

17) Harris, *Corporation/Shareholder Income Taxation and Allocating Taxing Rights Between Countries: A Comparison of Imputations Systems*, 1996, p.769.

18) Réamonn, *The Philosophy of the Corporate Tax*, 1970, p.29.

19) 놀라운 점은 애딩턴이 이런 발상을 생각할 당시에는 아직도 근대적인 유한책임회사가 성립하지도 않았다는 것이다. Farnsworth(주12), p.119.

증권거래소(Royal Exchange), 런던보험회사(London Insurance Companies) 등 대규모 회사들은 임금을 지급하기 전에 그 중 일부를 유보함으로써 소득세 징수에 협력을 하였다.[20]

나폴레옹 전쟁이 끝난 이후에는 전국적으로 소득세를 전면 폐지해 달라는 청원이 빗발쳤다. 1815년 재무부장관이었던 니콜라스 밴시타르트(Nicholas Vansittart)는 의회에서 더 이상 소득세 과세연한을 갱신하지 않겠다고 약속하였으나 워털루 전투가 영국의 승리로 끝난 이후에도 그 약속을 지키지 않았다. 결국 의회는 소득세를 평화조약체결시까지 연장하기로 하였다.[21]

마. 필(Peel)의 소득세제 부활

논객들은 막상 소득세법이 폐지되자 이번에는 소득세법을 다시 부활하여야 한다고 목소리를 높였다.[22] 정치인들 역시 소득세를 폐지한지 5년이 지나지 않아 영국의 재정상태가 엉망이 되자 내심 이를 부활시킬 궁리를 하기 시작하였다. 1837년의 공황으로 인해 5년 연속 평균 150만 파운드의 재정적자가 발생하였는데, 그 주된 이유는 재정수입이 예상에 미치지 못하였기 때문이었다.[23] 관세를 조절하여 세수부족을 해결하려는 시도도 성공하지 못했다.[24]

결국 1842년 3월 11일 당시 재무부장관이었던 로버트 필(Robert Peel)은 세수의 증대를 위하여 소득세를 부활할 것을 제안하였다. 그는 소득세의 부활을 통하여 증가된 세수를 이용하여 상업을 부활시키면 그 혜택이 영국의 모든 부문에 미칠 것이라고 강변하였다. 필은 그 대신 관세율을 낮출 것을 제안하였다. 필의 제안은 의회 안팎에서 강한 비판에 직면하였지만 결국 1842년 소득세법이 3년의 기한부로 채택되었다(이하 이 법을 '1842년법'이라고만 한다).[25]

---

20) Hope-Jones, *Income Tax in the Napoleonic Wars*, 1939, p.22. 배당금에 대한 원천징수와 임금에 대한 원천징수 덕분에 1803년의 소득세 세율은 1801년에 비하여 50퍼센트가 낮았지만 세수는 동일하였다. Ibid., p.72.

21) Seligman, *The Income Tax: A Study of the History, Theory, and Practice of Income Taxation at Home and Abroad*, 1911, pp.112~113.

22) Shehab, *Progressive Taxation: A Study in the Development of the Progressive Principle in the British Income Tax*, 1953, pp.72~73. 그 대표적인 주창자로는 세이어(Sayer, Benjamin)와 버킹햄(Buckingham, J.S.)을 들 수 있다. Bank(주3), pp.26~27.

23) Bank(주3), p.27.

24) Shehab(주22), p.129.

25) Bank(주3), p.28.

1842년법은 형식적으로는 완전히 새로운 입법이었지만, 적어도 법인세제와 관련하여서는 1803년법이 조문번호만 변경된 것에 불과하였다.[26]

1803년법과 동일하게 회사는 배당금 지급 이전 단계에서의 모든 소득(all profits and gains)에 대하여 과세되었다.[27] 1842년법도 주주 단계에서의 배당소득에 관한 과세 제외 여부에 관하여 별다른 규정을 두지 않았다. 하지만, 조세 행정상으로는 과거와 마찬가지로 주주에 대한 배당금은 이미 회사 단계에서 과세된 것이므로 주주 단계에서는 과세되지 않았다.[28]

최초에 정한 3년의 기한이 경과한 시점에서는 추가적인 관세인하와 세출증가에 대응하기 위하여 다시 3년의 기한이 갱신되었고, 두 번째의 3년 기한이 경과한 시점에서는 흉작과 철도산업의 부진으로 다시금 소득세를 거둘 필요가 생겼다.[29]

영국 정부는 소득세법의 계속되는 갱신과 관련하여 논란이 커지자 1851년 조셉 흄(Joseph Hume)을 위원장으로 하는 위원회를 구성하여 소득세제의 존치 여부에 관하여 조사하였다. 이 위원회는 광범위한 증언을 청취하여 두 개의 보고서를 제출하였으나[30] 결론은 유보한 상태였다. 그 동안 임시로 1년간 연장되었던 소득세법은 실효되었다. 그러나 1852년에 재무부장관을 맡은 윌리엄 글래드스톤(William Gladstone)은 여러 차례의 고비를 넘기고 소득세법의 생명을 연장시켰고 소득세는 크림전쟁의 전비를 조달하는데 큰 역할을 담당했다. 1857년의 경우 소득세 세수는 1,600만 달러로 모든 조세수입의 4분의 1을 차지하였고 1861년 무렵이 되자 소득세제를 포기하자는 주장은 거의 자취를 감추었다.[31] 결국 1842년법에 이르러 소득세법은 한시법에서 벗어나서 영구법이 되었다. 독일의 마이젤(Meisel)은 영국 소득세의 발전단계를 3기로 구분하였는데 1863년부터 1899년까지는 그 2기에 해당한다.[32] 이 시기 영국의 소득세제의 두 가지 특

---

26) Income Tax Codification Committee Report, Cmd 5131, 1936, p.9.

27) Income Tax Act 1842, 5 & 6 Vic. c. 35, sec. 54.

28) Income Tax Codification Committee Report, Cmd 5131, 1936, p.61.

29) Shehab(주22), pp.98~99.

30) 첫 번째 보고서는 First Report from the Select Committee on the Income and Property Tax, HC354(1852), 두 번째 보고서는 Second Report from the Select Committee on the Income and Property Tax, HC510(1852)이다.

31) Bank(주3), pp.28~29; Seligman(주21), p.166.

32) Meisel, 「Britische und deutsche Einkommensteuer: ihre Moral und ihre Technik」, 1925, S.

징은 분류소득세(Schedule)제도와 원천징수제도라고 할 수 있다. 분류소득세제도란 소득원천을 A－토지가옥수입, B－차지농수입, C－국고에서 지급되는 이자·배당, D－상공업소득 및 다른 소득에 포함되지 않는 소득, E－노동소득으로 나누고 각각 분리하여 과세하는 제도였다. 다만 그 중 A, C, E는 원천징수제에 의하고, B, D는 직접 사정 내지 신고에 의하였다. 법인소득은 상공업소득에 포함시켜 과세하였다.[33]

바. 소득세제의 확립

1861년 이후 소득세제는 중요한 재정수단이자 주요한 세원으로서의 지위를 확립하였다. 법인세제와 관련하여서는 19세기 후반에도 법인소득과 개인소득을 통합하여 과세하는 기본 구조에는 변화가 없었다.[34] 다만 비영리법인(charitable corporation)에 대하여는 별도의 과세조치가 필요하다는 제안이 제기되었다. 이는 법인세제에 대한 시각에 미묘한 변화가 생겼음을 시사하는 것이었다.[35] 그러나 1863년이 되어서야 이런 생각이 다시 본격적으로 논의의 대상이 되기 시작하였다. 글래드스톤은 그 해의 재정연설과 입법을 통하여 이른바 '수익적 비영리법인(endowed charity)'에 대한 법인세의 과세를 제안하였다. 글래드스톤은 '공익적 비영리법인(voluntary charity)'은 과세 이후의 소득으로 운영된다는 점에서 수익적 비영리법인에 비하여 불리한 지위에 있음을 지적하였다.[36]

글래드스톤은 자신의 제안이 큰 저항에 직면하자 스스로 그 제안을 포기하였지만 두 번째로 수상직에 오른 1885년에는 입법을 단행하였다.[37] 이 법에 따르면 상속재산에 대하여 부과되는 상속세(succession duty)에 갈음하여 5퍼센트의 세율에 의한 세금이 수익적 비영리법인에 부과되었다.[38] 종교, 자선, 교육

454~457.

33) 堀口和哉, "明治32年の所得税法改正の立法的沿革", 「税大論叢」 28号, 1997, 18면.

34) 소득세제 자체에 거의 변화가 없었다. Seligman(주21), p.167.

35) Bank, p.30. 이미 1845년 로버트 필은 비영리법인에 대하여 독립된 과세를 할 필요가 있다고 제안하였다. 그 당시 필은 비영리법인이 많은 경우에 부패하고 사회 전체보다는 소규모 집단의 필요에 부응하고 있다는 점을 지적하였다. Daunton, *Trusting Leviathan: The Politics of Taxation in Britain, 1799~1914*, 2001, p.211.

36) Daunton(주33), p.213.

37) Daunton(주33), p.213.

38) Daunton(주33), p.213.

기타 유사한 목적을 가진 비영리법인에 대하여는 과세하지 않았으므로 이 조세는 런던동업조합(City livery companies), 잉글랜드 및 웨일즈 변호사조합(Inns of Court), 런던시티(City of London)에 대하여만 부과되었다. 따라서 이 조세는 실제로 법인세로서 기능하기는 하였으나 그 범위가 지나치게 제한적이어서 법인형식을 대상으로 한 조세라기보다는 특정한 활동을 대상으로 한 조세의 성격이 강했다.[39]

3. 20세기 법인세제의 발전

가. 개 관

20세기에 들어서 영국은 형식적으로는 임퓨테이션 방식을 유지하였지만 전쟁, 불황 기타 정치·경제적인 요인으로 인하여 법인소득과세에 관하여 변형과 수정이 불가피하게 되었다. 2차 세계대전 종전까지 영국 법인세제의 발달을 대체로 4단계로 나누어 살펴보고자 한다.[40]

나. 제1기(1900~1918년)

이 시기의 두드러진 특징은 1909년에 도입된 누진원칙(principle of graduation)을 들 수 있다.[41] 사실 이미 1853년 영국은 조세경감제도를 도입함으로써 간접적으로 누진과세를 도입한 바 있었다. 그러나 조세경감제도만으로는 소기의 목적을 달성하기 어려웠다. 당시 영국이 누진과세제도를 직접적인 방식으로 도입하지 않은 것은 대부분의 정치가와 사회지도층이 일치하여 그 도입에 반대하였기 때문이었다.

누진과세원칙은 1906년 자유당이 집권하면서 대중적인 지지를 얻게 되었다. 당시 재무부장관이었던 허버트 애스퀴스(Herbert Asquith)는 1906년 4월의 예산연설에서 조세감면한도 이상의 범위에서는 동일한 세율이 적용되는 점과 항구소득(permanent income)·비항구소득(precarious income) 간에 과세상 차이가 없다는 점 두 가지를 들어 정의와 경제원리의 관점에서 문제가 있다고 지적하고 그 조사를 위한 위원회의 필요성을 역설하였다. 이에 따라 의회는 찰스 딜크

39) Bank(주3), p.30.

40) 이 시대 구분은 Bank(주3), p.49 이하에 따랐다.

41) 상세는 Report of the Royal Commission on the Income Tax, Cmd 615(1920), p.28.

(Charles Dilke)를 위원장으로 하는 특별위원회를 구성하였다. 특별위원회가 구성될 무렵에는 이미 누진과세원칙을 도입한다는 점은 기정사실화되었고 '어떻게' 도입할 것인지 여부가 주된 관심의 대상이 되었다.[42)]

특별위원회는 구체적으로 세 가지 방식을 검토하였다. 기존의 과세체계를 가장 덜 흔드는 방식은 누진세율을 적용하는 것이었으므로 특별위원회는 누진세율방식을 권고하였다. 그러나 이 방식을 채택한다면 원천과세방식과 결합하여 대규모의 환급사태가 발생할 가능성이 있었다. 특별위원회는 이에 대한 대책으로서 총액방식(lump sum)을 고려하였다. 이 방식은 소득세 전액을 각 납세의무자의 신고에 따라 그로부터 직접 징수하는 것이었다. 납세자가 직접 신고한 소득금액에 따라 세율을 다르게 적용하므로 환급의 문제는 없어지겠지만 원천과세방식을 포기하여야 했으므로 강한 반대에 부닥쳤다.[43)]

특별위원회는 절충안으로 소득세에 부가하는 '슈퍼세(super-tax)'의 도입을 제안하였다. 이 방식은 직접과세와 원천과세방식을 절충한 것이었다. 그러나 연소득 700파운드 이상인 자에게 자발적으로 추가과세를 위한 신고를 하도록 하는 것이 쉽지 않다는 문제점이 있었다.[44)]

특별위원회는 또한 '수동소득(unearned income)'과 '적극소득(earned income)'을 다르게 취급하여야 할 것인지, 즉 전자를 중과세할 것인지 여부를 검토하였다. 특별위원회는 두 종류의 소득 간에 분명한 선을 그을 수 있는 것은 아니라는 점을 인정하면서도 주주가 공개회사로부터 취득하는 이익은 노동활동에서 비롯된 것이 아니라 투자에서 비롯된 것이라는 것을 근거로 이를 비노동소득의 대표적인 예로 들었다. 나아가 특별위원회의 보고서는 소규모 사업에서의 소득과 수익성이 높고 복잡한 사업에서의 소득도 차이가 있다는 점을 지적하고 있다. 사업이 규모가 크고 수익성이 높을수록 자본의 역할이 크다는 것이다.[45)]

---

42) Bank(주3), p.50. 사실 그 2년 전에 누진과세원칙을 소득세제에 도입할 것인지 여부에 관한 조사를 위하여 소관위원회가 설립되었다. 그러나 이 위원회는 결국 다른 문제(조세회피행위 및 그 대응방안)에 집중하였으므로 누진과세원칙의 도입을 주장한 사람들은 이 원칙만을 다룰 특별위원회의 구성을 강력하게 요구하였던 것이다. Shehab(주22), p.222.

43) Seligman(주21), p.197; Shehab(주22), p.222.

44) 이미 연소득 700파운드 미만인 자에 대하여는 근대적인 소득세신고와 유사한 제도가 도입되어 있었다. Bank(주3), p.51.

45) Bank(주3), p.51.

의회는 두 가지 쟁점 중에서 1907년에 우선 소극소득과 적극소득에 대한 과세에 차이를 두기로 하였다. 1907년 예산법[46]에 따르면 납세자는 연 2,000파운드 이하의 적극소득에 대하여는 낮은 세율로 과세되었다. 위 법은 적극소득의 개념과 관련하여 개인적으로 얻은 소득과 조합의 구성원으로 얻은 소득, 법인의 주주로서 얻은 소득을 엄격하게 구분하고 있다. 소득의 수취인이 사업에 적극적으로 관여하고 유한책임제도의 보호를 받지 않았다면 그 소득은 적극소득에 해당한다.[47] 이로써 소득세법상으로는 처음으로 법인이 특별한 취급을 받게 되었다.[48]

의회는 1910년 예산법을 통하여 슈퍼세[49]의 형식으로 누진과세를 도입하였다.[50] 당시 재무부장관이던 데이빗 로이드 조지(David Lloyd George)가 주도적인 역할을 담당하였다. 1910년 예산법에 따르면 연소득 5,000파운드 이상의 개인은 6퍼센트 이하의 세율이 적용되는 기본소득세에 더하여 2.5퍼센트의 슈퍼세를 납부하여야 하고, 3,000파운드를 초과하는 금액에 대하여는 1파운드당 6펜스의 소득세를 추가로 납부하여야 하였다.[51] 이 슈퍼세는 법인에 대하여는 적용되지 않았다. 법인은 일반세율을 적용받았고 주주는 법인 단계에서 납부한 세액에 대하여 배당세액공제를 받았다. 그러나 주주는 수취한 배당소득에 대하여 슈퍼세를 납부할 의무를 부담하였다.

영국의 소득세제에 누진세적 성격을 가진 슈퍼세가 도입됨에 따라 고전적인 법인세 체계가 도입될 수 있는 여건이 조성되었다. 과세소득에 대하여 비례세율이 적용될 때에는 주주 단계에서 배당세액공제를 받으면 주주도 동일한 비례세율을 적용받는 결과가 된다. 따라서 이익을 배당할 것인지 여부는 정부의 이해관계와 무관하다. 그러나 일부 주주에 대하여 슈퍼세가 적용되게 되면 이익을 배당하지 않을 경우 정부의 조세수입이 감소할 가능성이 생기게 된다. 이는 결국 법인 자체에 초점을 맞춘 과세체계의 필요성을 제기하게 되었다. 그럼

46) Finance Act 1907, 7 Edw. VII c. 13, ss. 18~28.
47) Finance Act of 1910, 10 Edw. VII and 1 Geo. V. c. 8, s. 66.
48) Bank(주3), p.52.
49) 슈퍼세는 이후에 누진소득세(surtax)로 대체되었다.
50) Finance Act of 1910, 10 Edw. VII and 1 Geo. V. c. 8, s. 66. 누진과세원칙이 상대적으로 늦게 도입된 것은 기술적인 어려움 때문이었다. Bank(주3), p.52.
51) Report of Royal Commission on the Income Tax, Cmd615(1920), p.123.

에도 당장 구조적인 변경은 없었다.[52]

1918년 개정된 소득세법(이하 '1918년법'이라고만 한다)은 1842년 소득세법 개정 이후의 개정사항을 종합한 것이다.[53] 법인소득과세에 관한 기본 조항은 '별표에 대한 일반규정(General Rules Applicable To Schedules A, B, C, D, and E)' 제20조에 담겨 있다.[54] 즉 위 일반규정 제20조는 법인의 과세소득은 배당전 소득을 기준으로 산정한다는 점과 그 배당을 받은 자는 배당세액공제를 받을 수 있다는 점을 규정하고 있다. 이는 1842년법의 입장을 거의 그대로 승계한 것으로서 주주 임퓨테이션 방식을 채택하였음을 의미하는 것이다.[55] 법인은 소득에 대하여 소득세를 납부하지만 그 금액만큼을 배당금에서 공제할 수 있었다. 한편 주주는 수취한 배당금에서 배당세액공제를 받을 수 있었다. 그러나 앞서 말한 바와 같이 배당세액공제는 법인 단계에서 부담한 세액으로 한정되었고 슈퍼세는 경감하여 줄 수 없었다.[56]

일반규정 제20조의 해석과 관련하여 법인이 배당금에서 법인이 부담한 소득세를 공제하는 것이 의무사항인지 여부에 관하여 견해의 대립이 있었다. 적극설은 법인을 주주의 대리인으로 보는 관점에서 소득세는 법인 소득 자체에 대한 것이 아니라 배당금에 대하여 과세되는 것이라고 보았다. 따라서 법인은 반드시 배당금에서 그 세액만큼을 공제하여야 한다는 것이었다. 반대로 상원(The House of Lords)은 1934년 사건에서 소극설을 취하였다. 그 논거는 법인 단계에서 과세가 되면 더 이상 주주 단계에서 과세되는 일은 없으므로 배당금에서 공제할 것인지 여부는 법인이 재량에 따라서 결정하여야 한다는 것이었다.[57]

---

52) Bank(주3), pp.52~53.

53) Income Tax Act 1918, 8 and 9 Geo. V. c. 40.

54) 일반규정 제20조는 다음과 같다.
"The profits and gains to be charged on any body of persons shall be computed in accordance with the provisions of this Act on the full amount of the same before any dividend thereof is made in respect of any share, right, or title thereto, and the body of persons paying such dividend shall be entitled to deduct the tax appropriate thereto(법인의 소득은 본 법의 규정에 따라 배당을 하기 전의 금액을 기준으로 계산한다. 배당을 하는 법인으로 세액에 해당하는 금액을 (배당금에서) 공제할 수 있다)."

55) Bank(주3), p.53.

56) Bank(주3), p.53.

57) Neumann v. Commissioners of Inland Revenue, 18 Tax Cas. 332, AC 215, 236(1934).

다. 제2기(1920~1924년)

최초로 법인을 그 자체로 납세의무자로 규율한 것은 1920년의 법인이득세(Corporation Profit Tax)였다.[58] 영국 정부는 그 이전인 1915년 제1차 세계대전 발발과 함께 초과이익세(Excess Profit Duty)를 입법하였지만 이 조세는 모든 형태의 사업이익에 대하여 적용되는 것이었다.[59] 제1차 세계대전이 끝난 후에도 영국 정부는 계속해서 발생하는 전쟁특수로 인한 이익을 재원으로 전시부채를 변제하고 전후복구를 지원하고자 하였다. 이에 따라 초과이익세의 수명을 연장시키면서 그 대상을 법인에 국한한 것이었다. 법인이득세는 소득세와는 별개의 세목으로 되어 있었지만 500파운드를 초과하는 법인소득금액에 대하여 추가로 5퍼센트의 세율이 적용되었으므로[60] 실질적으로 소득세에 대한 부가세(附加稅)의 성격을 갖고 있었다. 법인이득세를 실시한 둘째 해에는 그 세수가 연간 3,000만 파운드로 예측되기도 하였다. 법인이득세는 법인을 독립된 납세의무자로 삼았다는 점에서 이전의 법인세제와 분명한 차이가 있다. 특히 법인이득세가 도입될 당시에 법인과 조합 간에 과세의 불균형을 조정하기 위한 장치로서 의미를 가진다는 점이 지적되었다는 점은 그런 시각을 뒷받침해 준다.[61] 그러나 영국 정부는 그런 측면이 부각되는 것을 극도로 자제하였고 오히려 법인이득세가 잠정적인 조치이고 과거의 세제로 회귀할 것이라는 점을 강조하였다. 영국 재무부와 국세청은 법인이득세를 다양한 계층간의 이해관계를 조정하는 잠정적인 수단으로 생각하였던 것이다.[62] 실제로 법인이득세를 바라보는 시각은 대체로 초과이익세를 폐지하기 위한 잠정적인 수순으로 받아들이는 분위기

58) Finance Act 1920, 10 and 11 Geo. V. c. 18, s. 52.

59) Spaulding(주2), p.78.

60) 그리고 이자와 우선주배당금을 공제한 금액의 10퍼센트를 상한으로 하였다. Bank(주3), p.54; Spaulding(주2), p.87.

61) 동일한 사업이라도 조합체(partnership)인 경우에는 조합 단계 및 배당을 받는 조합원 단계 모두에서 슈퍼세가 적용되지만 법인인 경우에는 배당을 받는 주주 단계에서만 슈퍼세가 적용되었기 때문이다. 이상 Bank(주3), p.55.

62) 구체적으로는 노동자측의 자본과세 요구, 중산층의 폭리근절 요구, 재계의 초과이익세 폐지 요구를 모두 수용하기 위한 것이었다. Daunton, *Just Taxes: The Politics of Taxation in Britain, 1914~1979*, 2002, p.91. 재계의 주도적인 인사들은 이 조세가 법인에 대해서만 부과되는 것은 부당하다고 주장하였지만 그래도 초과이익세보다는 낫다고 생각하였다. Bank(주3), p.56.

가 우세했다.[63)]

제1차 세계대전 이후 경제가 충분하게 회복되자 재계는 다시 법인이득세에 대한 총공세를 시작하였다. 1923년말 재무부장관은 법인이득세의 세율을 2.5퍼센트를 돌연 감축하였다. 그 다음해에 법인이득세는 폐지되었고 영국은 다시 주주 임퓨테이션 방식에 의한 법인세제, 즉 소득세제로 일원화된 법인세제로 복귀한다.[64)]

라. 제3기(1924~1937년)

영국이 과거의 소득세제로 복귀한 이후에도 슈퍼세는 존속하였으므로 법인에 대해서만 특혜를 주는 것이 정당한지 논란은 지속되었다. 노동당은 1924년 선거에서의 공약에 따라 콜윈(Colwyn) 경을 위원장으로 하는 '국가부채 및 조세 위원회(Committee on National Debt and Taxation)'를 구성하였다. 이 위원회에서는 법인과세의 불공평도 논의의 대상으로 다루었다.[65)] 1927년 간행된「국가부채 및 조세 위원회 보고서(Report of the Committee on National Debt and Taxation)」는 법인과 개인, 조합 간에는 실질적인 차이가 있다는 점을 근거로 공평성에 문제가 없다는 결론을 내렸다.

구체적으로 법인의 경우에는 집합체로서 자연인의 부(富)를 향유할 수 없고 그 주주는 가난할 수도 혹은 부유할 수도 있다는 점을 지적하고 있다.[66)] 즉 일종의 법인의제설적인 입장을 취한 것이다. 법인이득세를 폐지한 이후 주주 임퓨테이션 방식은 조금씩 문제점을 드러냈지만 영국은 미국처럼 법인세를 분리하는 방식으로 전환하는 대신 미세하게 조정하는 방식을 취하였다.[67)]

---

63) Daunton(주60), pp.89~92. 이에 대하여 1920년 왕립소득세위원회의 위원이었던 조시아 스탬프(Josiah Stamp)와 같이 법인 자체에 대한 과세가 항구적으로 존속하여야 한다는 주장도 있었다. Bank(주3), p.55.

64) Bank(주3), p.56.

65) Daunton(주60), p.73.

66) Report of the Committee on National Debt and Taxation, Cmd 2800(1927), p.148.
"For the company, as such, is a collective body, which cannot enjoy the privilege of personal wealth, and its shareholders may be rich or poor."

67) Bank(주3), pp.57~58.

마. 제4기(1937~1949년[68])

주주 임퓨테이션 방식은 1930년대 내내 계속되었다. 그러나 독일과의 군비경쟁으로 인하여 추가적인 세수가 필요하게 되자 1937년에 '국가방위부담금(National Defence Contribution)'이라는 형식으로 사업이익에 대한 부가세를 다시 도입하였다.[69] 그 배경에는 전쟁으로 인하여 얻은 이익은 부당한 이익으로서 국가가 환수할 수 있다는 논리가 자리잡고 있었다.[70] 국가방위부담금은 1920년대의 법인이득세와 다르게 법인 여부를 불문하고 모든 사업에 적용되었다. 법인에 대하여는 5퍼센트, 개인 및 조합원에 대하여는 4퍼센트의 세율이 적용되었다.[71] 국가방위부담금 자체가 모든 사업이익에 대한 일반조세와 다르지 않았으므로 영국 의회는 1939년 한발 더 나아가 제1차 세계대전 이전의 초과이익세를 부활시켰다. 국가방위기부금은 이익에 대한 과세였다면 초과이익세는 전시 이전과 비교하여 증가한 이익의 증가분을 대상으로 하였다. 당초 초과이익세는 초과이익의 60퍼센트로 되어 있었으나 곧 100퍼센트로 상향되었다. 위 초과이익세는 이익의 증가가 전쟁과 관련이 없더라도 적용되었다. 1942년 의회는 국가방위부담금의 기한을 '의회가 결정하는 시기'까지로 연장하였다.[72]

법인이 부담한 국가방위부담금과 초과이익세 모두에 대하여 주주 단계에서는 배당세액공제가 적용되지 않았다. 결국 법인소득에 대하여는 실질적으로 이중과세가 행해지는 꼴이 되고 말았다.[73] 국가방위기부금이 도입될 당시 재계에서는 그로 인하여 위 조세는 법인소득의 유보를 유도할 것이라는 점을 들어 우려를 표명하기도 하였다.[74]

국가방위부담금과 초과이득세 모두 전쟁과 관련이 있는 것이었지만 제2차 세계대전 이후인 1947년 국가방위기부금은 이익세(profits tax)라는 이름으로 법

68) 보다 정확하게는 1958년까지로 보아야 할 것이지만, 이 글은 우리 법인세법 제정시까지를 범위로 하므로 1949년까지로 잡았다. Bank(주3), p.58.

69) Finance Act 1937, 1 Edw. VIII and 1 Geo. VI c. 54, ss. 19~25.

70) Bank(주3), pp.58~59.

71) Bank(주3), p.59.

72) Daunton(주60), p.173.

73) Spaulding(주2), p.89.

74) Bank(주3), p.60.

인만의 소득에 대한 영구세로서 살아남았다.[75] 그 논거로는 개인과 조합원은 이미 슈퍼세의 적용을 받고 있고, 법인이 아닌 사업자의 사업이익으로부터의 세수는 과거부터 비중이 낮았다는 점이 제시되었다.[76] 이를 계기로 주주에 초점을 맞춘, 즉 소득세제를 기반으로 하는 법인세제에 변화가 일어났다.

당시 재무부장관이었던 휴 달턴(Hugh Dalton)은 법인소득에 대한 과세를 통하여 배당을 억제하려고 하려고 하였다. 즉, 배당 유무에 따라 법인소득에 대한 세율의 적용을 달리하고자 한 것이다. 제2차 세계대전 종전 직후부터 이러한 생각이 널리 퍼져 있었는데, 이는 높은 수준의 배당이 인플레이션을 조장하고 전후 재건에 필요한 자본축적을 저해한다는 논리에 근거를 두고 있었다.[77] 달턴은 자신의 우려가 현실화되었다고 판단하고 법인 단계에서 미배당이익에 대하여는 5퍼센트, 배당이익에 대하여는 12.5퍼센트의 세율로 과세하는 법안을 제안하였다. 법안이 의회를 통과한 직후 그 세율은 각각 10퍼센트, 25퍼센트로 높아졌다. 그럼에도 불구하고 이익은 증가하지만 배당률은 감소하지 않는 추세가 지속되자 배당소득에 대한 법인 단계에서의 세율을 1950년에는 30퍼센트, 1951년에는 50퍼센트로 늘렸다.

4. 소결론

영국의 법인세제는 출발시부터 소득세제와 일원화된 체제였고 주주의 소득세에 대한 원천징수적 성격을 갖고 있었다는 점을 특징으로 들 수 있다. 일본은 1940년 법인세법을 제정하기 이전에 소득세법의 일부로서 법인세를 과세하였으므로 영국의 법인세제와 형식적인 유사성을 보이고 있지만 내용면에서는 오히려 프로이센의 법인세제로부터 강한 영향을 받았다. 따라서 적어도 법인세제의 범위로 국한하여 살펴본다면 영국의 법인세제가 우리나라 혹은 그 전신인 일본 법인세제의 성립에 미친 영향은 제한적이라고 평가할 수 있다.

---

75) Finance Act 1946, 9 and 10 Geo. VI c. 64, ss. 36 and 44; Finance Act 1947, 10 and 11 Geo. VI c. 35, s. 31.

76) Bank(주3), p.60.

77) Bank(주3), p.61.

Ⅱ. 독일의 법인세제 성립과정

1. 서 설

독일의 경우 19세기에는 조세법의 입법권이 각 란트[Land: 領邦]에 있었다. 1871년 성립된 독일제국헌법 제35조도 직접세의 입법권을 각 란트에 부여하고 있었다. 독일연방정부가 법인세의 입법권을 갖게 된 것은 바이마르 공화국 성립 이후이다. 그러나 독일연방정부가 1920년에 제정한 최초의 독일법인세법(Körperschaftsteuergesetz: KStG)은 프로이센의 법인세제를 계수한 것이었으므로,[78] 실질적으로 독일법인세제는 프로이센 법인세제를 출발점으로 한다고 할 수 있다.

2. 프로이센 시대의 법인세

가. 영업세

프로이센 법인세의 전신은 1810년 11월 2일자로 제정된 프로이센 영업세령(Edikt über die Einführung einer allgemeinen Gewerbe−Steuer vom 2. 11. 1810[79])에 따른 영업세(Gewerbesteuer)였다. 이 영업세령은 프랑스 영업세의 영향을 받아 성립된 것으로서 근대에 들어서 확립된 영업의 자유를 조세와 결부시킨 것이다. 따라서 매년 영업세를 납부하는 자만이 영업허가를 받을 수 있었다. 1820년 5월 30일에는 프로이센 영업세법(Gesetz wegen Entrichtung der Gewerbesteuer vom 30. 5. 1820[80])이 제정되어 프로이센 영업세령을 대체하였다.[81]

나. 1853년 철도회사(Eisenbahnunternehmen)에 대한 특별영업세

그 후 1838년에 철도회사법(Gesetz über die Eisenbahn−Unternehmungen vom 3. 11. 1838[82])이 제정되면서 철도회사에 대하여는 프로이센 영업세법의 적용이 배제되었다. 프로이센 영업세법상의 외형표준과세방식(Merkmalsbesteuerung)이

78) *Jäger/Lang*, Körperschaftsteuer, 18.Aufl., 2009, S. 33.

79) GS 1810, S. 79ff.

80) GS 1820, S. 147ff.

81) *Potthast*, Die Entwicklung der Körperschaftsteuer von den Vorformen bis zur Unternehmenssteuerreform 2001, 2007, S. 6~7.

82) GS 1838, S. 505ff.

철도회사의 특수한 사정과 맞지 않았기 때문이다. 철도회사의 경우 초기의 투자기간에는 결손이 발생하고 시간의 경과에 따라 이익이 증가하는 경향이 있는데, 외형표준과세방식에 따르면 초기의 투자기간에도 결손이 고려되지 않기 때문이다. 1853년이 되어서야 비로소 「철도회사에 대한 특별영업세법(Gesetz, die von den Eisenbahnen zu entrichtende Abgabe betreffend vom 30. 5. 1853)」[83]이 제정되어 주식회사 형태의 철도회사에 한하여 소득을 과세표준으로 삼아 과세하기 시작하였다.[84] 위 법은 처음으로 특정한 법형식을 취한 기업을 납세의무자로 하여 과세하였다. 위 법에 따른 특별영업세를 영업세의 특수형태로 보는 견해도 있기는 하지만[85] 그보다는 근대적인 법인세의 초기 형태로 보는 것이 타당하다고 생각된다.[86] 위 법이 주식회사라는 특정한 법적 형식을 취한 기업을 납세의무자로 규정한 것은 경제적 상황의 변화에 대응하기 위한 입법자의 의도에서 비롯된 부수적 효과였다.[87] 1867년에 새로 「철도회사에 대한 특별영업세법(Gesetz, betreffend die Abgabe von allen nicht im Besitze des Staates oder inländischer Eisenbahn-Aktiengesellschaften befindlichen Eisenbahnen vom 16. 3. 1867)」[88]이 제정되면서 비로소 납세의무자의 법적 형식에 초점을 맞추어 납세의무자를 모든 종류의 철도기업(Eisenbahngewerbe)으로 확장하였다.[89]

다. 1857년 주식회사 및 이에 준하는 회사에 대한 영업세

프로이센은 1857년 11월 18일 법률로 「주식회사 및 이에 준하는 회사에 대한 영업세법(Gesetz, betreffend die von Aktien- und ähnliche Gesellschaften zu entrichtende Gewerbesteuer vom 18. 11. 1857)」[90]을 제정하였다. 위 법률은 여전

83) GS 1853, S. 449ff.

84) 특별영업세법 제2조.

85) *Desens* in Herrmann/Heuer/Raupach, EStG/KStG Kommentar, 21.Aufl., 2013, Dokumentation zur Körperschaftsteuer Rechtsentwicklung der Körperschaftsteuer in der Bundesrepublik Deutschland Rn. 2.

86) *Potthast*(주81), S. 12.

87) *Potthast*(주81), S. 12.

88) GS 1867, S. 465ff.

89) *Desens*(주85), Dokumentation zur Körperschaftsteuer Rechtsentwicklung der Körperschaftsteuer in der Bundesrepublik Deutschland Rn. 2.

90) GS 1957, S. 849ff.

히 영업세의 개념을 전제로 한 것이었지만 처음으로 주관적 적용범위를 특정한 기업조직형태(영리 주식회사와 영리 합자회사)로 한정한 것이어서 인세(人稅)인 법인세로 한발자국 더 다가간 것이라고 할 수 있다.[91] 위 법률에 따른 영업세는 과세표준을 배당의 대상이 되는 배당금과 이자로 한 것으로서 소득세와의 관계에서 이중과세의 문제가 있다는 점이 지적되었다.[92] 위 법률에 의한 영업세는 일반영업세를 대체하였고, 다른 란트에도 영향을 미쳤지만 1861년에 다시 폐지되었다. 이에 따라 영리 주식회사와 영리 합자회사에 대하여 다시 일반영업세를 과세하였다.[93]

라. 1885년 지방세보충법

프로이센은 1885년 7월 27일 지방세개혁(Kommunalsteuerreform)의 일환으로 「지방세보충법(Gesetz, betreffend Ergänzung und Abänderung der auf das Einkommen Kommunalabgabenergänzungsgesetz vom 27. 7. 1885)」[94]을 제정하였다. 지방세보충법은 법인을 보충적인 납세의무자가 아닌 자연인과 대등한 납세의무자로 취급하고 법인에 대하여 지방소득세를 부과하였다. 결과적으로 지방세보충법의 제정은 영업세와 법인세가 분리되는 계기가 되었다.[95]

91) 영업세는 영업 그 자체를 과세대상으로 하는 물세(物稅)에 해당하므로 그 일반 속성에 따르면 과세대상이 되는 영업의 종류를 규정하였어야 할 것이지만, 위 법률은 그렇게 하지 않고 영업을 영위하는 주체의 종류를 규정하였다는 점에서 독특하다. 그 이유는 1843년 프로이센 주식법(Aktiengesetz)이 주식회사와 합자회사에 대하여만 「실제의 소득금액(Ist−Ertrag)」을 결산할 의무를 부과하였기 때문이었다. 이 실제의 소득금액이 영업세 계산에도 그대로 유효하였던 것이다. 영업을 영위하는 법인(주식회사 및 합자회사)에 대하여 「실제의 소득금액」을 결산하도록 의무를 지운 것은 그렇게 하더라도 영업을 영위하는 자연인에 비하여 사생활의 침해가 적다고 본 때문이었다. *Desens*, Das Halbeinkünfteverfahren, 2004, S. 26.

92) *Desens*(주91), S. 25. 그러나 과세대상이 영업세는 영업 그 자체이고, 소득세는 소득이므로 이중과세가 아니라고 보았다. ders., S. 28.

93) *Desens*(주91), S. 27; *Desens*(주85), Dokumentation zur Körperschaftsteuer Rechtsentwicklung der Körperschaftsteuer in der Bundesrepublik Deutschland, Rn. 2; *Potthast*(주81), S. 13~14.

94) GS 1885, S. 327ff.

95) *Desens*(주85), Dokumentation zur Körperschaftsteuer Rechtsentwicklung der Körperschaftsteuer in der Bundesrepublik Deutschland, Rn. 2; *Potthast*(주81), S. 14.

마. 1851년 계급세 및 계층별소득세법

프로이센에서 소득세를 본격적으로 채용한 것은 부르주아 계층이 정치의 전면에 등장한 1848년의 「3월혁명」 전후로 볼 수 있다. 그러나 결국 실현된 것은 1851년의 계급세 및 계층별소득세라고 하는 타협적 형태였다.[96]

계급세는 대도시에서의 제분·도축세와 함께 기타의 지구에서 1,000탈레르 이하의 소득자에 대하여 그 신분계급에 따라 정액세를 징수한 것으로서 1820년부터 시작된 세제를 답습한 것이었다. 또한 계급세와 조합된 계층별소득세는 전국적으로 1,000탈레르 이상의 개인종합소득에 3퍼센트의 비례세상당액(단, 7,200탈레르를 상한으로 한다)을 부과하는 것으로서 그 소득의 사정은 신고에 의하지 않았지만 동시에 개인의 재산관계에 대한 개입도 하지 않았기 때문에 어정쩡한 제도가 되고 말았다.[97]

바. 1891년 프로이센 소득세법

(1) 개 관

프로이센에서는 1891년에 1851년 「계급세 및 계층별소득세법」이 수십년간의 논의 끝에 「1891년 프로이센 소득세법(Das preussische Einkommensteuergesetz von 1891)」으로 단일화되는 혁신적인 세제개혁이 이루어졌다.[98] 그 개혁은 당시 프로이센 재무부장관이었던 미켈(Johannes von Miquel)이 주도하였다. 미켈의 조세개혁은 사상적으로 재정학자인 바그너(Wagner)의 영향을 많이 받았다. 미켈의 조세개혁에서 핵심적인 것은 기존의 소득세 및 계급세 체계를 일소하고 일반소득세 체계를 도입한 것이었다. 그러나 이 소득세제는 조세포탈이 대규모로 행하여지고 진정한 소득을 파악할 수 없으며 누진도가 높지 않고 최저생활비 면세를 보장하지 않는 등 문제점이 있었다.[99]

1891년 프로이센 소득세법의 주요 내용은 다음과 같았다.

---

96) 高木勝一, 「日本所得税発達史」, ぎょうせい, 2007, 11면.

97) 高木勝一(주96), 11면.

98) 위 「1891년 프로이센 소득세법」에 관하여 상세한 것은 *Mathiak*, Das preussische Einkommensteuergesetz von 1891 im Rahmen der Miquelschen Steuerreform 1891/93, 2011.

99) 高木勝一(주96), 11면.

① 종래의 계급세 및 계층별소득세를 소득세로 통일할 것
② 500마르크 이하의 중소소득을 가볍게 과세할 것
③ 부양가족공제 등 개인적 사정에 대한 고려를 제도화할 것
④ 소득세를 사정할 때 신고의무를 부과할 것
⑤ 납세자의 구제를 위하여 조세재판소를 창설할 것
⑥ 주식회사, 주식합자회사 등 법인도 자연인과 마찬가지로 납세의무를 부담하도록 할 것

위 소득세법안의 내용 중에서는 법인소득에 대한 과세 문제와 세율에 관하여 논란이 있었다. 반대론자들은 법인소득에 대한 과세는 이중과세에 해당한다고 주장하였으나 재무부장관이었던 미켈은 회사는 현실적으로 독립된 법인격으로서 회사의 소득은 그 자체의 소득이고 주식회사는 회사로서의 소득에 대하여 과세되는 한편, 주주는 주주로서의 소득에 대하여 과세되는 것이므로 이중과세가 아니라는 논리로 법인실재설에 기하여 법인소득과세를 옹호하였다.

(2) 납세의무자

1891년 프로이센 소득세법[100)]은 자연인과 법인(주식회사, 합자회사, 광업회사, 등기조합, 소비조합)을 모두 납세의무자로 하였다.[101)] 유한회사는 1892년부터 인정되었으므로 1906년에 가서야 납세의무자가 되었다.[102)]

납세의무자에 관한 규정은 불충분했는데, 입법자는 우선적으로 자연인 상인과 경쟁관계에 있는 단체를 납세의무자로 규정하였다.[103)] 그러나 법인에 대한 과세는 독자적인 의미를 갖는 것이 아니라 자연인에게 배당되지 않고 법인에 남아 있는 유보이익을 과세함으로써 소득세를 보완하는 기능을 갖는 것으로

100) GS 1891, S. 175ff.

101) *Potthast*(주81), S. 14~15. 프로이센 이외의 란트에서도 프로이센보다 앞서 법인의 소득에 대하여 과세한 바 있다. 그 최초는 올덴부르크의 1864년법이었다. 그러나 각 란트마다 납세의무자, 세율, 이중과세의 해결 방법 등에서 차이가 있었다. *Desens*(주91), S. 32~37; *Desens*(주85), Dokumentation zur Körperschaftsteuer Rechtsentwicklung der Körperschaftsteuer in der Bundesrepublik Deutschland, Rn. 3; *Ruppe*, Die Steuerliche Doppelbelastung der Körperschaftsgewinne, 1967. S. 32~33.

102) *Desens*(주91), S. 30.

103) *Ruppe*(주101), S. 32.

보았다.[104]

(3) 과세소득의 산정

1891년 프로이센 소득세법은 소득에 대한 단일한 정의규정을 포기하였다. 과세소득은 4가지 원천에서 발생한 것으로 하여 소득원천설을 취하였다. 이 무렵 법인의 사업소득에 대한 과세표준으로는 당기순이익(Bilanzgewinn)이 적절하다는 사실이 인식되었다. 또한 소득세법 체계 내에서 명시적인 구분은 없었지만 법인세는 소득세와는 다른 길을 걷기 시작하였다.[105]

(4) 법인세율

법인세율은 10만 마르크까지는 누진세율(0.6~4퍼센트),[106] 그 이후는 비례세율로서 자연인에 대한 소득세율과 일치하였다. 이 점은 법인세가 소득세법 안에 규율되었다는 사실과 함께 법인세의 독립성이 약하였다는 점을 시사한다.[107]

(5) 이중과세의 문제

1891년 프로이센 소득세법은 법인과 그 주주 간의 이중과세를 완화하기 위하여 물적회사가 실제로 배당을 하였는지 여부와 무관하게 자본금의 3.5퍼센트에 해당하는 금액을 비과세소득으로 하였다.[108] 그 취지는 주주가 출자에 대한 대가로 얻는 통상이익률이 자본금의 3.5퍼센트라는 전제하에 그 부분에 대하여는 배당 여부를 묻지 않고 이중과세를 배제하겠다는 것이었다. 따라서 실제 배당금이 자본금의 3.5퍼센트 이하라면 이중과세의 문제는 생기지 않고 3.5퍼센트를 초과하면 법인이 초과보상을 받는 결과가 되었다.[109][110]

---

104) *Desens*(주91), S. 31; *Potthast*(주81), S. 24~25.

105) *Potthast*(주81), S. 19. 예컨대 1891년 프로이센 소득세법 제7조, 제9조.

106) 법인에 대하여는 누진세율을 철폐하려는 시도가 있었지만 실패하였다. *Ruppe*(주101), S. 32.

107) *Desens*(주91), S. 31; *Desens*(주85), Dokumentation zur Körperschaftsteuer Rechtsentwicklung der Körperschaftsteuer in der Bundesrepublik Deutschland, Rn. 2.

108) 1891년 프로이센 소득세법 제16조. 따라서 '일괄적인 이중과세 완화제도(Pauschale Abmilderung)'라고 한다. *Desens*(주91), S. 29.

109) *Desens*(주91), S. 29~30; *Potthast*(주81), S. 32; *Ruppe*(주101), S. 33. 이중과세(Doppelbesteuerung)와 이중부담(Doppelbelastung)의 문제를 구별하여야 한다는 견해로는 *Potthast*(주81), S. 27.

110) 독일학계에서는 법인세와 소득세의 관계를 통상 '법인세체계(Körperschaftsteuersystem)'라고 부른다. *Potthast*(주81), S. 34.

3. 바이마르공화국 시대의 법인세법

가. 개 관

1920년에서 1925년 사이에 독일법인세법은 현재의 모습과 본질적으로 다르지 않은 모습을 갖추게 되었다.[111] 이 시기를 바이마르공화국의 법인세법 역사에서 제1기라고 할 수 있다. 특히 1920년에는 처음으로 법인세법이 소득세법에서 독립하였다. 1920년에 이루어진 독일법인세법 제정은 당시 바이마르공화국의 부총리 겸 재무부장관이었던 에르츠베르거(Erzberger)가 주도한 조세개혁의 결과였다. 독일 제2제국이 제1차 세계대전에서 패전하여 막대한 배상금 지급의무를 부담하게 됨에 따라 각 란트의 조세고권이 바이마르공화국 정부로 이전되었고,[112] 이를 계기로 에르츠베르거의 조세개혁이 단행된 것이었다. 에르츠베르거는 1919년 9월부터 2010년 3월까지 사이에 14개의 개별 세법을 제정하였는데 그 중 대표적인 것이 독일소득세법과 독일법인세법이었던 것이다. 이를 계기로 연방 차원의 소득과세법이 처음 제정되었다.

나. 제1기(1920~1925년)

(1) 1920년 독일법인세법

(가) 개 관

1920년 3월 30일 제정된 독일법인세법(이하 '1920년 독일법인세법'이라고만 한다)[113]은 독일 역사상 최초의 독립된 법인세법이었다. 이로써 1891년 프로이센 소득세법에서 시작된 법인세의 발전이 일단의 결실을 보았다고 할 수 있다.[114] 독일법인세법은 여전히 독일소득세법을 보충하는 기능이 많이 남아 있었지만 단순히 독일소득세법을 보충하는 세법은 아니었다.[115] 그렇다면 프로이센법과 달리 법인세법을 분리한 이유는 무엇인가? 우선 법인도 자연인과 마찬

---

111) *Potthast*(주81), S. 42.

112) 바이마르 헌법 제8조.

113) RGBl. 1920, S. 393.

114) *Potthast*(주81), S. 42.

115) *Desens*(주85), Dokumentation zur Körperschaftsteuer Rechtsentwicklung der Körperschaftsteuer in der Bundesrepublik Deutschland, Rn. 6. 그럼에도 불구하고 이론적으로 법인세가 소득세를 보충하는 세법이라는 관념은 현재까지도 남아 있다. 이런 관념은 법인세와 소득세의 이중과세 문제를 논하는 전제로 작용하고 있다고 한다. Potthast(주81), S. 44.

가지로 과세되어야 한다는 발상이 출발점이었지만 법인은 의제된 존재이므로 응능부담의 원칙이 자연인과 동일하게 적용될 수 없다는 기술적인 고려도 있었다. 즉, 법인의 경우 응능부담의 척도로서 총소득보다는 수익력을 고려하여야 한다는 것이었다.[116] 법인세가 소득세로부터 독립함에 따라 처음으로 독일세법에 고전적인 법인세 체계(klassisches System)[117]가 도입되었다.[118] 그리고 법인세의 소득세에 대한 독자성은 납세의무자 범위의 추상화와 확대, 비례세율의 도입, 이중과세의 수용에 의하여 드러나게 되었다.[119]

(나) 법률의 내용

1920년 5월 30일자 독일법인세법

Deutsches Körperschaftssteuergesetz

Vom 30. März 1920

(R.G.BI. 1920 Nr. 60 S. 393)

원 문	한국어 역
Steuerpflicht	**납세의무**
§ 1. Der Körperschaftssteuer unterliegen mit ihrem Einkommen:	**제1조** 법인세는 다음의 자의 소득에 부과된다.
1. juristische Personen des öffentlichen und des bürgerlichen Rechtes sowie alle Berggewerkschaften;	1. 공법상 및 민법상의 법인, 광산조합
2. nichtrechtsfähige Personenvereinigungen, Anstalten, Stiftungen und andere Zweckvermögen, soweit ihr Einkommen nicht unmittelbar nach diesem Gesetz oder nach dem Einkommensteuergesetze bei einem anderen Steuerpflichtigen steuerbar ist.	2. 권리능력 없는 사단, 영조물, 재단 및 기타 목적재산. 이 경우 그 소득이 이 법 또는 독일소득세법에 따라 다른 납세의무자의 소득으로서 과세되지 않는 경우에 한한다.

116) Begründung zum KStG 1920, Verhandlungen der verfassunggebenden deutschen Nationalversammlung, Bd. 341, Anlagen zu den Stenographischen Berichten Nr. 1976, 1920(이하 '1920년 입법이유서'로 인용한다), S. 10; *Potthast*(주81), S. 42~43; *Ruppe*(주101), S. 34.

117) 고전적인 법인세 체계란 먼저 법인소득이 법인 단계에서 과세된 이후에 그 법인소득을 배당받은 주주에 대하여 소득세를 과세하는 체계를 말한다. *Potthast*(주81), S. 34.

118) *Potthast*(주81), S. 37~38, S. 41.

119) *Desens*(주91), S. 39.

Liegt der Sitz und der Ort der Leitung im Ausland, so beschränkt sich die Steuerpflicht auf das Einkommen aus inländischem Grundbestiz und aus einem Gewerbebetriebe, für den im Inland eine Betriebsstätte unterhalten wird.	본점 및 관리장소가 외국에 존재하는 경우에는 국내 소재 부동산 및 국내에 고정사업장이 설치된 영업에서 발생하는 소득에 대하여만 제한 납세의무를 부담한다.
§ 2. Von der Körperschaftssteuer sind befreit:	**제2조** 다음 각 호의 경우 법인세가 비과세된다.
1. das Reich, die Länder, die Gemeinden (Gemeindeverbände), die Unternehmungen, deren Ertäge ausschliesslich dem Reiche, den Ländern, den Gemeinde (Gemeindeverbänden) zufliessen, die Reichsbank und die Staatsbanken;	1. 국, 란트, 게마인데[120](게마인데조합) 및 그 수입이 모두 국, 란트, 게마인데에 귀속되는 기업, 제국은행 및 란트설립은행
2. Universitäten, Hochschulen und ähnliche Anstalten und Gesellschaften, ferner solche Anstalten, die im Falle der Unzulänglichkeit der eigenen Mittel vom Reiche, von den Ländern, den Gemeinden (Gemeindeverbänden) dauernd ganz oder teilweise unterhalten, und Stiftungen, deren Zwecke im Falle der Unzulänglichkeit der eigenen Mittel vom Reiche, von den Ländern, den Gemeinden (Gemeindeverbänden) ganz oder teilweise erfüllt werden, soweit die Besteuerung zu einer Inanspruchnahme des Reichs, der Länder, Gemeinden (Gemeindeverbände) führen würde;	2. 종합대학, 단과대학 및 기타 유사한 영조물 및 회사, 재원부족의 경우 국, 란트, 게마인데(게마인데조합)에 의하여 지속적으로 전부 또는 일부가 유지되는 영조물, 그 재원부족의 경우 국, 란트, 게마인데(게마인데조합)에 의하여 그 목적의 전부 또는 일부를 실행하는 재단으로서 과세할 경우 국, 란트, 게마인데(게마인데조합)의 수입으로 귀속되는 경우
3. die Träger der Reichsversicherung;	3. 국영보험의 관리자(Träger)
4. inländische Personenvereinigungen und Zweckvermögen, die nach der Satzung, Stiftung oder sonstigen Verfassung auss-chliesslich gemeinnützigen oder mildtätigen Zwecken dienen; die Gemeinnützigkeit ist bei Personenvereinigungen nicht ausges-chlossen, wenn die Einlagen nach der Satzung oder sonstigen Verfassung mit höchstens	4. 정관, 기부행위 또는 기타 헌장에 따라 전적으로 공익 또는 자선 목적에 기여하는 내국의 사단 및 목적재산. 사단의 경우 정관 또는 기타 헌장에 따라 출자액에 대하여 5퍼센트 이하의 이자를 붙이거나, 추첨, 구성원의 탈퇴 또는 사단 해산시 출자액의 명목금액 이상을 보장하지 않고, 기타 재산의 해산시 동일한 목적으로 사용

120) 독일의 가장 기초적인 지방행정구역이자 지방자치단체이다. 우리나라의 읍·면·동에 해당한다. 양태건 역, "1850년 프로이센 헌법", 「서울대학교 법학」 제54권 제2호, 2013, 247면.

5 v. H. verzinst werden, bei Auslösungen, Ausscheiden eines Mitglieds oder für den Fall der Auflösung der Personenvereinigung nicht mehr als der Nennwert der Einlage zugesichert und bei der Anflösung der Rest des Vermögens für gleiche Zwecke bestimmt ist;	되도록 정한 경우에는 공익성이 부정되지 않는다.
5. rechtsfähige Pensions–, Witwen–, Waisen–, Sterbe–, Unterstützungs– und sonstige Hilfskassen für Fälle der Not oder der Arbeitalosigkeit; das gleiche gilt für nich–trechtsfähige Kassen dieser Art, wenn die dauernde Verwendung der Einkünfte für die Zwecke der Kassen gesichert ist;	5. 권리능력이 있는 연금, 과부, 고아, 매장, 부조 기타 위난 또는 실업에 대비한 구제금고. 소득을 지속적으로 금고의 목적을 위하여 사용하는 것이 확실할 경우에는 권리능력이 없는 위와 같은 금고들도 동일하다.
6. juristische Personnen, denen unter Wahrung der Gegenseitigkeit nach allgemein völ–kerrechtlichen Grundsätzen oder denen nach besonderen mit anderen Staaten getroffenen Vereinbarungen ein Anspruch auf Befreiung von den persönlichen Steuern zusteht;	6. 국제법의 원칙에 따른 상호주의의 조건에 의하여 또는 다른 국가와의 특별한 협정에 의하여 인세(人稅)에 대한 비과세청구권을 부여받은 법인
7. gesetzliche Berufs– oder Wirtchaf– tsver–tretungen, sowie wirtschaftliche Verbände ohne öffentlich–rechtlichen Charakter, deren Zweck nicht auf einen wirtschaftlichen Geschäftsbetrieb gerichtet ist.	7. 법정의 직업·경제단체 및 공법적 성격이 없으며 경제적 사업경영을 목적으로 하지 않는 경제단체
Steuerbares Einkommen	**과세소득**
§ 3. Soweit in diesem Gesetze nichts an–deres vorgeschrieben ist (§ 5), unterliegt der Steuer der Gesamtbetrag der in Geld oder Geldeswert bestehenden Einkünfte (steuerbares Einkommen).	**제3조** 이 법에 특별한 규정이 없는 한(제5조), 금전 또는 금전적 가치를 가진 수입(Einkünfte)의 총액에 대하여 이 세금을 과세한다(과세소득 steuerbares Einkommen).
§ 4. Bei den Versicherungsvereinen auf Gegenseitigkeit und den Erwerbs– und Wirtschaftsgenossenschaften beschränkt sich die Steuerpflicht auf die Einkünfte aus Grundbestz, Kapitalvermögen und Gewerbebetrieb.	**제4조** 상호보험회사, 영리·경제동업조합(Erwerbs– und Wirtschaftsgenossenschaft)의 경우 납세의무는 부동산수입, 자본재산수입 및 영업수입에 한정된다. 업무의 범위가 구성원으로 제한되는 동업조

Ein Gewerbebetrieb im Sinne dieser Vorschrift liegt nicht vor. bei den Genossenschaften, wenn der Geschäftsbetrieb sich auf den Kreis der Mitglieder beschränkt, bei den Versicherungsvereinen auf Gegenseitigkeit, soweit sie nur Mitgleder versichern.	합(Genossenschaft), 구성원만을 보험하는 상호보험회사의 업무는 본조에서의 영업으로 보지 않는다.
Das gleiche gilt bei den in ihrer Hauptbestimmung als Zentralen der Genossenschaften wirkenden Gesellschaften mit beschränkter Haftung und Aktiengesellschaften, deren Gesellachafter ausschliesslich oder doch überwiegend die im Abs. 1 bezeichneten Genossenschaften sind.	유한회사 및 주식회사로서 그 사원이 전적으로 혹은 주로 제1항의 동업조합이고, (유한회사 및 주식회사의) 주된 목적이 동업조합의 중앙기관으로 기능하는 것도 동일하다.
Als inländisches Kapitalvermögen gilt bei ausländischen Versicherungsvereinen auf Gegenseitigkeit (§ 1 Abs. 2) der Teil des Kapitalvermögens, der dem Verhältnis der Gesamtversicherungssumme zu den Versicherungssummen entspricht, die auf die im Inland wohnenden Versicherungsnehmer entfallen; soweit in einem Versicherungszweig eine Gesamtversi- cherungssumme nicht besteht, tritt an die Stelle der Versi- cherungssumme die Jahreseinnahme an Versicherungsbeiträgen.	외국상호보험회사(제1조 제2항)의 경우 총보험금액 중 국내에 거주하는 보험계약자에게 귀속하는 보험금액의 비율에 상응하는 자본재산 부분은 내국의 자본재산으로 간주한다. 총보험금액이 존재하지 않는 경우에는 연보험료수입으로 갈음한다.
§ 5. Die §§ 5-15 des Einkommensteuergesetzes finden sinngemäss Anwendung.	**제5조** 독일소득세법 제5조부터 제15조까지의 규정을 준용한다.
§ 6. Als steuerbares Einkommen gelten ausser den im § 12 des Einkommensteuergesetzes bezeichneten Einkünften ferner nicht: 1. bei den Körperschaften, Anstalten, Stiftungen und Zweckvermögen des öffentlichen Rechtes die Einkünfte der Unternehmungen, die vorwiegend im öffentlichen Interesse betrieben werden, sowie der Nutzungswert der Grundstücke, Gebäude und nutzbaren	**제6조** 독일소득세법 제12조에 규정된 소득 이외의 다음 각 소득에 대하여도 과세하지 않는다. 1. 공법상의 법인, 영조물, 재단 및 목적재산의 경우 주로 공익을 위하여 경영하는 영업으로부터의 수입, 행정 기타 공용, 공익 또는 자선 목적에 기여하거나 그 이용이 목사의 급여에 해당하는 토지, 건물 및 용익 가능한 권리의 용익가치, 공립저축금고(독일자

Rechte, die der Verwaltung oder sonstigen öffentlichen oder gemeinnützigen oder mildtätigen Zwecken dienen oder deren Nutzung Bestandteil einer Besoldung bil–det, bei den öffentlichen Sparkassen (§ 3 Nr. 1 Abs. 1, 2 des Kapital– ertrags–steuergesetzes), bei Genossenschaften und deren Verbandskassen (§ 4 Abs. 2) der Teil der Einkünfte, der auf den eigen–tlichen Sparkassenverkehr entfällt;

본소득세법 제3조 제1호 제1목, 제2목), 동업조합 및 동업조합금고에 있어서는 고유한 저축금고거래에서 발생한 수입

2. bei den inländischen Kirchen und öffen–tlich–rechtlichen kirchlichen Körperschaften und Anstalten und den sonstigen, kir–chlichen Zwecken dienenden rechtsfähigen und nichtrechtsfähigen Personenvereinigungen, Anstalten, Stiftungen und Zweckvermögen die für diese Zwecke laufend oder sonst unmittelbar verwendeten Einkünfte; das gleiche gilt von den Einkünften, die für Zwecke der Bauunterhaltung, der Alters–, Invaliden–, Witwen–, und Waisenversorgung sowie für Ausbildung der Geistlichen und für Besoldungen sichergestellt sind, ferner für die Einkünfte der Kirchenbauvereine, Kirchen–, Gemeinde–, und Pfarrhausbaufonds sowie einmalige Vermögensanfälle gele–gentlich der Auseinandersetzung zwischen Ländern und Religionsgesellschaften.
Den Kirchen stehen die sonstigen als Körperschaften des öffentlichen Rech–tesanerkannten inländischen Religioinsgesellschaften, ihre wesentlichen Zwecke den kirchlichen Zwecken gleich;

2. 내국교회 및 공법상의 종교법인과 영조물, 기타 종교목적을 수행하는— 권리능력이 있거나 없는 — 사단, 영조물, 재단 및 목적재산의 경우 그 목적을 위하여 계속적으로 또는 기타 직접 사용하는 소득. 건축물의 유지, 노인, 장애인, 과부, 고아부조의 목적 및 목사의 교육 및 급여를 위하여 사용되는 것이 확실한 소득 및 교회건물조합, 교회건축기금, 게마인데건축기금, 목사주택 건축기금의 수입, 란트와 종교단체 간에 분할된 재산의 일시적 귀속. 기타 공법인으로 인정되는 내국의 종교단체로서 그 본질적인 목적이 종교적인 것과 대등한 것은 교회로 취급한다.

3. die Einkünfte der Personenvereinigungen und Zweckvermögen, die nach der Satzung, Stiftung oder sonstigen Verfassung aus–schilesslich gemeinnützigen oder mildtäti–gen Zwecken zugeführt werden;

3. 정관, 기부행위 또는 기타의 헌장에 따라 전적으로 공익적 또는 자선적 목적을 위하여 활동하는 사단 및 목적재산의 수입

4. bei Versicherungsaktiengesellschaften die zu Rücklagen für Leistungen aus Versicherungen erforderlichen Beträge;	4. 보험회사의 경우 보험계약상의 급부에 대하여 필요한 준비금
5. bei Versicherungsvereinen auf Gegenseitigkeit die Einkünfte aus Grundbesitz und Kapitalvermögen, soweit sie auf Rücklagen entfallen, die satzungsgemäss zur Deckung der Verpflichtungen des Unternehmens gegen seine Mitglieder bestimmt sind, ferner sonstige Einkünfte, soweit sie zur Deckung von Betriebsverlusten verwendet werden;	5. 상호보험회사의 경우 토지소유 및 자본재산에서의 수입으로서 정관의 규정에 따라서 사원에 대한 회사의 채무변제용으로 정하여진 준비금에 산입된 금액. 기타 영업손실의 전보에 충당하는 수입도 같다.
6. die auf Grund der Jahresabschlüsse an Mitglider des Vorstandes und des Aufsichtsrats, an Angestellte und Arbeiter als Entschädigung oder Belohnung für ihre Tätigkeit ger–eichten Vergütungen jeder Art;	6. 연도말 결산에 기하여 이사, 감사, 사용인(Angestellte) 및 근로자에 대하여 그 근무에 대한 보상 또는 상여로 지급한 각종의 급여
7. bei Kommanditgesellschaften auf Aktien der Teil des Gewinns, der an persönlich haftende Gesellschafter auf ihre nicht auf das Stammkapital gemachten Einlagen oder als Vergütung (Tantieme) verteilt wird;	7. 주식합자회사의 경우 자본금을 구성하지 않는 출자에 대하여, 또는 상여로서 무한책임사원에게 분배된 이익
8. bei Erwerbsgesellschaften, die nachwei–slich seit Beginn des der Veranlagung zugrunde gelegten Geschäftsjahrs mind–estens ein Fünftel der gesamten Aktien, Kuxe, Anteile und Genussscheine einer anderen Erwerbsgesellschaft besitzen, die hierauf entfallenden Gewinnanteile jeder Art;	8. 영리회사의 경우, 사정의 기초로 되는 사업연도의 개시 이래 다른 영리회사의 주식, 광산주, 지분, 향익증권의 총액의 5분의 1 이상을 보유함에 따라 귀속되는 모든 종류의 이익
9. Steuern, Umlagen auf öffentlich–re–chtlicher Grundlage, Beiträge der Mitglieder von Personenvereinigungen sowie gesell–schaftliche und genossenschaftliche Einlagen;	9. 조세, 공과, 조합원의 출자금, 회사 및 동업조합에의 출자금
10. Einkünfte politischer–Parteien un d Vereine, soweit sie nicht aus eigenem Gewerbebetriebe stammen.	10. 독자적인 영업을 영위하지 않는 정당, 정치단체의 수입

§ 7. Vom Gesamtbetrage der Einkünfte sind abzuziehen:	第7조 수입금액총액에서 다음 각 호의 것을 공제한다.
1. Zuwendungen an Unterstützungs-, Wohlfahrts- und Pensionskassen des Betriebs, wenn die dauernde Verwendung für die Zwecke der Kassen gesichert ist;	1. 사업을 위한 부조금고, 복지금고 및 연금금고를 위한 지출로서 계속적으로 그 금고의 목적을 위하여 사용되는 것이 확실한 것
2. die Steuer gemäss § 10 Abs. 1 des Grunderwerbssteuergesetzes vom 10. September 1919 (R.G.Bl. S. 1617) oder die für diese Steuer gemachten jährlichen Rücklagen;	2. 1919년 9월 10일의 토지취득세법 제10조 제1항에 따른 조세 또는 해당 조세를 위하여 적립한 해당 연도의 준비금
3. die zur Deckung von Unterbilanzen eingestellten Beträge;	3. 결손전보준비금
4. die Kriegsabgabe vom Mehrgewinne.	4. 전시초과이득세
§ 8. Nicht abgezogen werden dürfen:	第8조 소득에서 다음 항목을 공제할 수 없다.
1. Aufwendungen für die Erfüllung der durch die Stiftung, Satzung oder sonstige Verfassung vorgeschriebenen Zwecke des Steuerpflichtigen, auch soweit sie unter § 13 Abs. 1 Nr. 2 des Einkommensteuergesetzes fallen;	1. 납세의무자가 기부행위 정관 기타 헌장에 따라 정하여진 목적 실현을 위하여 행한 지출로서 독일소득세법 제13조 제1항 제2호의 적용을 받는 범위에 속하는 것
2. die von dem Steuerpflichtigen entrichetete Körperschaftssteuer.	2. 납세의무자가 납부한 법인세
§ 9. Auf die Ermittlung des steuerbaren Einkommens finden die Vorschriften der §§ 31-38 des Einkommensteuergesetzes sinngemäss Anwendung.	第9조 과세소득의 계산에 관하여는 독일소득세법 제31조부터 제38조까지의 규정을 준용한다.
§ 10. Der Reichsminister der Finanzen kann nähere Bestimmungen über die Voraussetzungen erlassen, unter denen eine Personenvereinigung, ein Zweckvermögen oder ein Zweck als gemeinnützig oder mildtätig im Sinne dieses Gesetzes anzuerkennen ist.	第10조 연방재무부장관은 재단, 목적재산 또는 목적이 이 법에서의 공익을 위한 것 또는 자선을 위한 것이라고 인정될 수 있는 전제조건에 관하여 상세한 규정을 공포할 수 있다.
Steuertarif	세율
§ 11. Die Steuer beträgt 10 v. H. Des steuerbaren Einkommens.	第11조 조세는 과세소득의 10퍼센트로 한다.

§ **12.** Von den Aktiengesellschaften, Kommanditgesellschaften auf Aktien, Kolo- nialgesellachaften, bergbautreibenden rechtsfähigen Vereinigungen und nichtrechtsfähigen Berggewerkschaften und von Gesellschaften mit beschränkter Haftung, ferner von sonstigen Person- enver-einigungen mit wirtschaftlichem Geschäftsbetriebe, deren Zweck die Erzielung wirtschaftlicher Vorteile für sich oder ihre Mitglieder ist (Erwerb- sgesellschaften), werden als Steuer erhoben:	**제12조** 주식회사, 주식합자회사, 식민회사, 광산경영을 위한 권리능력 있는 조합 및 권리능력 없는 광산조합, 유한책임회사, 자기 또는 그 구성원을 위하여 경제상의 이익을 취득하는 것을 목적으로 하여 경제적 경영을 하는 기타 사단 및 조합(영리회사)은 다음 세율에 따라 조세를 부과한다.
1. 10 v. H. des gesamten steuerbaren Einkommens,	1. 총과세소득의 10퍼센트
2. Ein Zuschlag von den Betägen, die aus dem steuerbaren Einkommen wie aus dem Einkommen früherer Jahre als Gewinnanteile irgendwelcher Art verteilt werden, soweit sie mehr als 3 v. H. des Grund- oder Stammkapitals ausmachen.	2. 종전 사업연도의 소득 등과 같은 과세소득에서 분배된 금액(분배의 형식은 불문한다)으로서 그 금액이 자본금의 3퍼센트를 초과하는 경우 배당세
Die unter § 4 fallenden Steuerpflichtigen gelten nicht als Erwerbsgesellschaften im Sinne des Abs. 1.	제4조에 해당하는 납세의무자는 제1항에서 규정한 영리회사로 간주하지 않는다.
§ **13.** Der Zuschlag betägt, wenn der zuschlagspflichtige Betrag (§ 12 Nr. 2)	**제13조** 배당세액은 다음과 같다(제12조 제2호).
4 v. H. des Grund- oder Stammkapitals nicht übersteigt,	이익배당액이 자본금의 4퍼센트 이하인 경우
2 v. H. der ausgeschütteten Beträge,	배당액의 2퍼센트
6 v. H. des Grund- oder Stammkapitals nicht übersteigt,	이익배당액이 자본금의 6퍼센트 이하인 경우,
3 v. H. der ausgeschütteten Beträge,	배당액의 3퍼센트
8 v. H. des Grund- oder Stammkapitals nicht übersteigt,	이익배당액이 자본금의 8퍼센트 이하인 경우,
4 v. H. der ausgeschütteten Beträge,	배당액의 4퍼센트
10 v. H. des Grund- oder Stammkapitals nicht übersteigt,	이익배당액이 자본금의 10퍼센트 이하인 경우,
5 v. H. der ausgeschütteten Beträge,	배당액의 5퍼센트
12 v. H. des Grund- oder Stammkapitals	이익배당액이 자본금의 12퍼센트 이하인

nicht übersteigt, 6 v. H. Der ausgeschütteten Betäge, 14 v. H. des Grund– oder Stammkapitals nicht übersteigt, 7 v. H. der ausgeschütteten Beträge, 16 v. H. des Grund– oder Stammkapitals nicht übersteigt, 8 v. H. der ausgeschütteten Beträge, 18 v. H. des Grund– oder Stammkapitals nicht übersteigt, 9 v. H. der ausgeschütteten Beträge, darüber hinausgeht 10 v. H. der ausgeschütteten Beträge.	경우, 배당액의 6퍼센트 이익배당액이 자본금의 14퍼센트 이하인 경우, 배당액의 7퍼센트 이익배당액이 자본금의 16퍼센트 이하인 경우, 배당액의 8퍼센트 이익배당액이 자본금의 18퍼센트 이하인 경우, 배당액의 9퍼센트 위의 비율을 초과하는 경우, 배당액의 10퍼센트
§ **14.** Die Steuer darf den Betrag, der nach § 12 Abs.1 Nr. 1 und § 13 für das höchste Einkommen der nächstniedrigen Steuerstufe anzusetzen wäre, wenn dasselbe Verhältnis zwischen dem steuerbaren und dem aus–geschütteten Einkommen zugrunde gelegt wird, nur insoweit übersteigen, als dieses Einkommen hinter dem tatsächliehen steuerbaren Einkommen zurückbleibt. Vom der Steuer aus § 12 Nr. 1 sind die–jenigen Körperschaften befreit, die sat–zungsgemäss nicht mehr als 5 v. H. Jährlichen Ertrag verteilen dürfen und bei denen ferner für den Fall der Auslösung oder bei Auflösung der Gesellschaft den Aktionären (Gesellschaftern) nieht mehr als der Nennwert der Anteile gewährt wird und bei denen im Falle der Auflösung der Gesellschaft der Ueberschuss für ge–meinnützige Zwecke zu verwenden ist.	**제14조** 세액은, 과세소득과 배당된 소득이 같은 사업연도의 것이라면 배당된 소득이 실제 과세소득보다 후에 과세되는 경우에 한하여, 적용되는 과세구간의 그 다음 낮은 과세구간에 대한 상한 소득에 대하여 산출한 세액(제12조 제1항 제1호, 제13조)을 초과할 수 있다.[121)] 정관에 따라 매년 소득의 5퍼센트 이하만을 배당할 수 있는 법인, 추첨 또는 회사의 해산시 주주(사원)에게 지분의 액면가 이하를 지급하는 경우의 법인, 회사 해산시 잉여금을 공익목적에 사용하여야 하는 법인의 경우 제12조 제1호의 조세를 비과세한다.

121) 즉, 과세소득과 배당된 소득에 대한 과세가 같은 사업연도에 이루어진다면, 배당된 소득에 대한 세액은, 적용되어야 할 과세구간보다 한 단계 낮은 과세구간의 상한 소득이 배당된 것으로 하여 산정하라는 취지이다.

§ 15. Bei ausländischen Erwerbsgesellschaften (§ 1 Abs. 2) unterliegt dem Zuschlag der Teil der ausgeschüttenten Gewinnanteilen, der verhältnismässig auf das inländische Grundvermögen und den inländischen Gewerbebetrieb entfällt.	**제15조** 외국영리회사(제1조 제2항)의 경우 배당된 이익 중 내국의 고정재산의 내국 영업에 대한 비율에 상응하는 부분에 대하여 부가세를 과세한다.
§ 16. Soweit ein Grund– oder Stammkapital nicht vorhanden ist, tritt an seine Stelle bei den sonstigen Erwerbsgesellschaften die Summe der Einlagen, bei Berggewerkschaften und sonstigen bergbautreibenden Vereinigungen die Summe des Erwerbspreises und der Anlage–, Einrichtungs– und Erweiterungskosten des im Betriebe befindlichen Bergwerkes, abzüglich des durch Schuldaufnahme ge–deckten Aufwandes oder, soweit diese Summe nicht nachgewiesen wird, der Anschaffungswert der betriebsfähigen Anlagen zuzüglich des Erwerbspreises des Grubenfeldes und abzüglich der zur Anlage, Einrichtung und Erweiterung aufgenommenen Schulden; wird ein Kapitalkonto geführt, so tritt mit Genehmigung des Reichafinanzministeriums sein Betrag an die Stelle des Grund– oder Stammkapitals.	**제16조** 자본금이 존재하지 않은 경우 그 대신 다음의 금액을 사용한다. 기타 영리회사의 경우 출자총액 광산조합(Berggewerkschaften) 및 기타 광산 경영을 위한 조합(bergbautreibenden Vereinigungen)의 경우 영업에 귀속하는 광산의 취득가액, 투자비용, 설립비용, 확장비용의 총합에서 채무인수를 통하여 부담한 지출 또는 영업 가능한 자산의 제조가액에서 광구의 취득가액을 더하고 취득, 설립, 확장을 위하여 인수한 채무가액을 뺀 금액을 뺀다(이러한 금액의 합이 계상되지 않은 경우에 한한다). 자본계정을 이용하는 경우에는 연방재무부의 허가를 얻어 그 금액을 자본금 대신 이용한다.
§ 17. Im Falle der Auflösung einer Erwerbsgesellschaft ist dem letzten Betriebsergebnisse der Betrag zuzurechnen, um den das zur Verteilung kommende Vermögen das Grund– oder Stammkapital oder die Summe der Einlagen übersteigt, soweit nicht von diesem Betrage schon Körperschafts– oder Einkommensteuer er–hoben ist oder er nicht aus steuerfreinen Vermögenszugängen stammt. Dies gilt en–tsprechend in dem Falle, dass das Vermögen einer Erwerbsgesellschaft ohne Auseinandersetzung auf einen anderen	**제17조** 영리회사를 해산하는 경우 분배될 재산이 자본금 또는 출자금액을 초과하는 금액만큼을 직전 사업연도의 손익에 가산한다. 다만 그 금액에 대하여 이미 법인세 또는 소득세가 과세되지 않았고 비과세되는 재산증가에서 비롯된 것이 아니어야 한다. 영리회사의 재산이 청산 없이 다른 영리회사로 이전되고 그 반대급부의 가액이 자본금 또는 출자금을 초과하는 부분에 대하여 위 규정을 준용한다.

übergeht, von dem das Grund– oder Stammkapital oder die Einlagen über–steigenden Werte der Gegenleistung.	
Besteht eine Gesellschaft mindestens 5 Jahre, so ist der im Abs. 1 bezeichnete Betrag gesondert zu versteuern, und zwar nach den Steuersätzen, die sich bei der Verteilung des Ueberschusses auf die letzten 5 Jahre erge–ben, mindestens aber mit 12 v. H.	회사가 5년 이상 존속한 경우 제1항의 금액은 별도로 과세하여야 한다. 이 경우의 세율은 최종 5년간의 잉여금 분배시 적용되는 것에 의하되 최소한 12퍼센트 이상이어야 한다.
§ **18.** Wird der Sitz und der Ort der Leitung einer Erwerbsgesellschaft ins Ausland ver–legt, so findet § 17 sinngemäss Anwendung. An die Stelle des zur Verteilung kommen–den Vermögens tritt der gemeine Wert des vorhandenen Vermögens. Die Steuer bleibt zu dem Betrag unerhoben, der dem Verhältnis des im Inland verbliebenen Grund– und Eetriebsvermögens und Eetriebsvermögens zum gesamten Vermögen der gesellschaft entspricht.	**제18조** 영리회사의 본점 또는 관리장소가 외국으로 이전하는 경우 제17조를 준용한다. 분배될 재산 대신에 현존하는 재산의 공정가치를 적용한다. 내국에 존재하는 고정재산 및 영업재산의 전체 재산에 대한 비율에 상응하는 조세는 과세하지 않는다.
§ **19.** Für die Steuerberechnung wird das steuerbare Einkommen auf volle 100 M. Nach unten abgerundet.	**제19조** 과세소득이 100마르크 미만인 경우에는 과세하지 않는다.
Veranlagung	**세액산정**
§ **20.** Den Massstab der Besteuerung bildet das Einkommen des Wirtschaftsjahrs (Geschäftsjahrs), das der Steuerpflichtige angenommen hat, in Ermangelung eines solchen das Einkommen des Kalenderjahrs. Das Geschäftsjahr muss für das gesamte Einkommen einheitlich sein; seine Ergebnisse sind in einheitlicher Rechnung zusammenuzufassen.	**제20조** 납세의무자가 사업연도 중에 얻은 소득을 과세표준으로 하고, 사업연도가 없는 경우 역년도의 소득을 과세표준으로 한다. 사업연도는 전체 소득에 대하여 단일한 것이어야 한다. 그 손익은 단일한 계산으로 집계하여야 한다.
Die Reihenfolge der Geschäftsjahre darf nicht unterbrochen werden.	사업연도의 연속은 중단되어서는 안 된다.
§ **21.** Die Veranlagung erfolgt nach Ablauf des massgebenden Geschäfts– oder Kalenderjahrs. Erlischt die Steuerpflicht, so erfolgt die Veranlagung nach ihrem Erläschen.	**제21조** 사정은 기준으로 되는 사업연도 또는 역년도의 경과 후에 행한다. 납세의무가 소멸하는 경우에는 그 소멸 이후에 사정을 행한다.

§ 22. Ist das Geschäftsjahr kürzer oder länger als 12 Monate, so werden seine tatsä-chlichen Ergebnisse der Besteuerung zu-grunde gelegt. Das gleiche gilt, wenn bei Beending der Steuerpflicht ein Geschäftsjahr von 12 Monaten oder das massgebende Kalenderjahr noch nicht abgelaufen ist.	**제22조** 사업연도가 12개월보다 짧거나 긴 경우에는 그 실제의 성과(즉, 장·단의 기간)로 과세의 기초로 한다. 납세의무가 종료하는 경우에 12개월의 사업연도 또는 기준으로 되는 역년도의 미경과된 기간도 마찬가지이다.
§ 23. Ist 12 Monate nach Beginn der Steuerpflicht oder nach Ablauf des letzten der Besteuerung zugrunde gelegten Geschäftsjahr ein neues Geschäftsjahr noch nicht abges-chlossen, so können die Ergebnisse des bis dahin abgelaufenen Zeitraums der Bestenerung zugrunde gelegt werden.	**제23조** 납세의무가 개시된 후 혹은 과세의 기초가 된 직전의 사업연도의 종료후 12개월이 경과한 후에도 새로운 사업연도가 종료되지 않은 경우, 그때까지 경과한 기간의 손익을 과세의 기초로 할 수 있다.
§ 24. Soweit sich die Steuer nach dem Verhältnis der verteilten Gewinnanteile zum Grund- oder Stammkapital bestimmt, ist zur Feststellung dieses Verhältnisses das Ergebnis eines kürzeren oder längeren Zeiträums auf 12 Monate umzurechnen.	**제24조** 조세가 분배된 이익의 자본금에 대한 비율에 따라 결정되는 경우 그 비율의 확정을 위하여 12개월에 미치지 못하거나 12개월을 초과하는 기간의 손익은 12개월을 기준으로 환산되어야 한다.
§ 25. Eine Veranlagung hat such stattzufinden 1. bei Umwandlung eines Steuerpflichtigen (§1) in einen anderen Steuerpflichtigen; 2. beim Uebergange von der beschränkten zur unbeschränkten und beim Uebergange von der unbeschränkten zur beschränkten Steuerpflicht.	**제25조** 다음의 경우에도 조세를 부과한다. 1. 납세의무자(제1조)가 다른 종류의 납세의무자로 변하는 경우 2. 제한 납세의무에서 무제한 납세의무로 바뀌거나 무제한 납세의무에서 제한 납세의무로 바뀌는 경우
Steuererklärung	**조세신고**
§ 26. Die Steuerpflichtigen sind nach Anordnung des Reichsministers der Finanzen zur Abgabe einer Steururklärung verpflichtet.	**제26조** 납세의무자는 연방재무부장관이 정하는 바에 따라 조세신고의 의무를 진다.
§ 27. Wenn die Steuerpflicht neu entsteht oder erlischt, so hat der Steuerpflichtige von der eingetretenen Veränderung dem Finanzamt nach näherer Anordnung des Reichsministers der Finanzen alsbald Anzeige zu machen.	**제27조** 납세의무가 새로이 발생 또는 소멸한 경우에는 납세의무자는 그 변동에 관하여 연방재무부장관의 정하는 세칙에 따라 직접 세무서에 신고하여야 한다.

Steuerbescheid und Entrichtung der Steuer	조세의 결정 및 납부
§ 28. Ueber die zu entrichtende Steuer erteilt das Finanzamt dem Steuerpflichtigen einen schriftlichen Steuerbesheid.	제28조 세무서는 납부하여야 할 조세에 관하여 납세고지서를 교부한다.
§ 29. Die Steuer ist binnen 1 Monat nach Empfang des Steuerbescheids zu entrichten.	제29조 이 세는 납세고지서의 수령 후 1개월 이내에 납부하여야 한다.
Straf- und Schlussvorschriften	**벌칙 및 종결조항**
§ 30. Die Hinterziehung der Körperschaftssteuer wird mit einer Geldstrafe vom fünf- bis zwanzigfachen Betrage der hinterzogenen Steuer bestraft. Neben der Geldstrafe kann auf Gefängnis erkannt werden.	제30조 법인세 포탈은 포탈세액의 5배에서 20배 사이의 벌금으로 처벌한다. 벌금 이외에 징역형도 병과할 수 있다.
§ 31. Einnahmen aus Anleihen des Deutschen Reichs sind von der Körperschaftssteuer befreit, soweit bei der Begebung Befreiung von der Einkommensteuer zugesichert wor-den ist.	제31조 독일연방 국채에 대한 수입은 국채의 발행시 소득세의 비과세가 보증된 경우 법인세를 비과세한다.
§ 32. Die Ausführungbestimmungen zu die-sem Gesetz erlässt der Reichsminister der Finanzen mit Zustimmung des Reichsrats.	제32조 이 법에 대한 시행세칙은 연방재무부장관이 연방참의원의 동의를 얻어 공표한다.
§ 33. Im Falle der Auflösung oder des Vermögensüberganges einer Erwerbsgesell-schaft, die zum Reichsnotopfer veranlagt worden ist, tritt an die Stelle des Grund- oder Stammkapitals oder der Summe der Einlagen in den Fällen der §§ 17, 18 das Vermögen, das für das Reichsnotopfer fes-tgestellt wurde.	제33조 비상재산세(Reichsnotopfer)가 과세되는 영리회사가 해산하거나 재산을 이전하는 경우, 제17조, 제18조 적용시 비상재산세가 확정된 재산으로 자본금 또는 출자총액을 갈음한다.
§ 34. Der Körperschaftssteuer unterliegt erst-malig das Einkommen des nach dem 31. März 1919 abgelaufenen Geschäftsjahres, in Ermangelung eines besonderen Geschäftsjahrs das Einkommen des Kalenderjahrs 1919. Die Steuer wird nur zu dem Teile erhoben, der dem seit 1. April 1919 laufenden Teile dises Jahres entspricht. Landesrechtliche Einkommensteuern, die aus	제34조 번역 생략(경과규정)

dem in Abs. 1 Satz 1 bezeichneten Einkommen angesetzt worden sind, dürfen nur erhoben werden, soweit sie auf den bis 31. März 1920 laufenden Zeitraum des land-esrechtlichen Rechnungsjahrs entfallen. Dasselbe gilt von der Einkommensteuer, die an Stelle der Steuer aus diesem Einkommen erhoben wird. Die nach Abs. 1 anzusetzende Körperschaftssteuer ist um diese Beträge zu ermässigen	

(다) 주요 내용의 검토

① 납세의무자　이 법에 의하여 처음으로 납세의무자가 구체적인 열거규정 대신 추상적인 정의규정에 의하여 정해졌다.[122] 이에 따르면 독일법인세법의 납세의무자는 공법인, 사법인, 광업회사, 구성원인 자연인에게 소득이 포착되지 않는 준법인(quasi-juristische Personen)[123]이었다.[124] 이 점은 현행 독일법인세법에서도 변화가 없다. 연방재정법원(BFH)은 독일법인세법상 법인에 해당하는지 여부는 민사법에 따라 판단하여야 한다는 입장을 취하고 있다.[125]

1920년 독일법인세법이 1891년 프로이센 소득세법보다 납세의무자의 범위를 확대한 것은 ① 당시 독일의 재정적 곤란을 타개하고, ② 자연인 상인의 경쟁자로 등장한 영리회사에 과세하여 조세부담을 공평하게 할 필요가 있었기 때문이었다.[126] 그러나 1920년 독일법인세법상 공법인의 납세의무는 문제의 소지가 있었다. 1920년 독일법인세법은 형식적으로 각 공법인의 연관에 따라 납세의무자에 해당하는지 여부를 정함으로써 납세의무자인 공법인의 범위를 넓히면서도 동시에 다시 그 범위를 제한함으로써 주요 공법인들은 법인세 납세의무를 면하게 되었다. 그 결과 조세의 경쟁중립성이 훼손되게 되었다.[127]

---

122) *Potthast*(주81), S. 43.

123) 예를 들면 권리능력 없는 사단, 기관, 재단 기타 목적재산을 말한다.

124) 1920년 독일법인세법 제1조.

125) BFH, Beschluss vom 25. 6. 1984-GrS 4/82=BStBl. 1984 II, S. 751, 757.

126) 1920년 입법이유서 S. 10; *Potthast*(주81), S. 44; *Ruppe*(주101), S. 34.

127) *Desens*(주85), Dokumentation zur Körperschaftsteuer Rechtsentwicklung der Körperschaftsteuer in der Bundesrepublik Deutschland, Rn. 6.

1920년 독일법인세법은 외국법인에 대하여는 독일내 원천소득에 대하여만 제한적 납세의무를 부과하였다.[128]

② 과세소득의 산정　　1920년 독일법인세법의 과세표준은 과세소득(steuerbares Einkommen)이었는데 이는 순자산증가설에 입각한 개념이었다.[129] 1920년 독일법인세법 제3조는 법인세 과세소득을 소득(Einkünfte)으로 규정하고 있었다. 1920년 독일법인세법은 현행 독일법인세법과 마찬가지로 과세소득의 계산에 관하여 독일소득세법 제5조부터 제15조까지의 규정을 준용하도록 하고 있었다.[130] 당시 독일소득세법 제13조는 수익에서 일정한 비용을 공제하여 소득을 산출하도록 하고 있었으므로[131] 결국 익금에서 손금을 공제하는 틀을 갖추고 있었다고 평가할 수 있다.

③ 법인세율　　1920년 독일법인세법은 과세소득(steuerbares Einkommen)에 대하여 10퍼센트의 비례세율[132]을 규정하였다.[133] 이를 기본세(Sockelsteuer)라고 한다. 누진세율을 규정하지 않은 것은 법인의 경우 자연인과는 달리 소득의 절대적인 크기가 적절한 응능부담의 기준이 될 수 없기 때문이었다. 이는 물적회사를 그 배후에 있는 자연인과는 구분하여 파악한다는 점을 분명히 한 것이다. 만일 자연인 주주를 염두에 두고 응능부담의 원칙을 적용한다면 법인에 대하여도 누진세율을 적용하여야 할 것이지만 그 당시 확산되고 있던 「기업 그 자체 이론(Theorie des Unternehmens an sich)」[134]에 따라 과세소득을 자연인에게 귀속시킨다거나 누진세율을 적용하지는 않았던 것이다.[135]

영리회사(Erwerbsgesellschaft)는 기본세 이외에도 배당이익에 대하여 누진세

128) 1920년 독일법인세법 제1조 제2문.

129) *Desens*(주91), S. 37; *Evers*, Kommentar zum Körperschaftsteuergesetz, 1923, § 3 Rn. 3. 1920년 독일법인세법 제3조. 1920년 독일법인세법은 1920년 독일소득세법(EStG 1920)과 달리 소득이라는 의미로 Einkommen과 Einkünfte를 함께 사용하였다. *Potthast*(주81), S. 45 주 174.

130) 1920년 독일법인세법 제5조, 1920년 독일소득세법 제5조부터 제15조까지.

131) *Evers*(주129), § 3 Rn. 2.

132) 이를 기본세율(Basissteuersatz)이라고도 한다. *Potthast*(주81), S. 48.

133) 1920년 독일법인세법 제11조.

134) 상세는 *Potthast*(주81), S. 29~30.

135) *Desens*(주85), Dokumentation zur Körperschaftsteuer Rechtsentwicklung der Körperschaftsteuer in der Bundesrepublik Deutschland, Rn. 6; *Potthast*(주81), S. 47.

율을 적용하는 배당세(Dividendedsteuer)[136]의 납세의무를 부담하였다. 배당세는 배당금액이 자본금에 준비금을 더한 금액의 3퍼센트를 초과하는 금액에 대하여 2퍼센트에서 10퍼센트 사이의 세율을 적용하여 계산하였다.[137] 세율은 이익률에 따라 결정되었는데, 이익률은 회사의 자본금에 대한 배당금의 비율로 계산하였다.[138] 배당세는 영리회사에 대한 과세시 수익성을 고려하는 사고가 반영된 것인데, 1922년의 독일법인세법 개정시에 폐지되었다.

④ 이중과세의 문제 　　1920년 독일법인세법의 입법자들은 법인세가 소득세로부터 독립하게 되자 경제적 이중과세의 문제에 직면하게 되었다. 1920년 독일법인세법 입법이유서는 경제적 산물의 일부가 최종소비자에게 가는 과정에서 순전히 최종소비자의 개인적 관계에 따라 결정되는 조세가 두 번 과세된다는 의미에서는 이중과세가 있을 수 있다고 하면서 다음과 같은 네 가지 이유를 들어 이를 정당화하고 있다. 첫째, 동일한 납세의무자가 두 번 과세되지 않는다는 점에서 이중과세가 아니라고 한다. 1920년 입법이유서는 동일한 대상에 대하여 여러 번 과세하는 것은 흔히 있을 수 있다고 하면서 여러 번의 과세가 '납세의무자'의 개인적 관계로 인한 것이라면 허용되지 않겠지만 '과세대상'과 직접 결부되어 있는 관계와 특성으로 인한 것이라면 이중과세가 아니라고 한다. 둘째, 설사 이중과세로 볼 수 있다고 하더라도 영리법인이 법인격을 가지면 자연인과 동등한 취급을 받을 뿐 아니라 오히려 신용이 강화되어 자본을 확장할 수 있는 등 여러 가지 유리한 권리를 가질 수 있기 때문에 무방하다고 한다.[139] 셋째, 법인은 시대의 변화에 따라 단순히 자연인의 경제적 활동을 돕기 위한 도구에 그치는 것이 법인을 구성하는 사원으로부터 분리되어 독자적인 목적을 추구하는 경향이 강화되고 있으므로 구성원과 별도로 과세하여야 한다는 것이다. 넷째, 조세의 경쟁중립성 차원에서도 법인에 대한 과세가

---

136) 부가세(Zuschlagsteuer)라고도 한다. *Potthast*(주81), S. 48.

137) 따라서, 배당금액 중 자본금 및 준비금의 총액의 3퍼센트를 이하인 부분에 대하여는 10퍼센트의 기본세율이 적용되는 셈이다. *Potthast*(주81), S. 48.

138) 1920년 독일법인세법 제12조 제2호, 제13조; *Desens*(주85), Dokumentation zur Körperschaftsteuer Rechtsentwicklung der Körperschaftsteuer in der Bundesrepublik Deutschland, Rn. 6; *Potthast*(주81), S. 48; *Ruppe*(Fn. 20), S. 37.

139) 두 번째 논거와 같은 입장을 취한 판결로는 BFH, Urteil vom 21. 3. 1944–I 216/43=RStBl. 1944, S. 396, 397.

필요하다고 한다.[140] 1920년 독일법인세법안의 의회 심사과정에서 심사를 담당한 위원회는, 실질적으로 법인의 배후에 있는 자연인에게 법인세가 부과된다는 점에서 이중과세에 해당하므로 첫 번째 논거는 설득력이 떨어진다고 지적하면서도 나머지 논거들은 받아들였다.[141] 사실 입법자가 이중과세의 문제를 쉽게 무시할 수 있었던 것은 제1차 세계대전의 패전으로 인한 재정수요가 막대하여 현실적으로 이를 반대하기가 어려웠기 때문이었다.[142]

입법자는 이중과세는 문제가 되지 않는다고 하면서도 프로이센 시대의 이중과세 완화 장치를 계승하였다. 즉, 앞서 본 바와 같이 배당이익 중 자본금에 준비금을 더한 금액의 3퍼센트에 달하는 금액은 배당세를 과세하지 않았기 때문에 그 한도에서는 영리회사의 단계에서 이중과세가 완화되었다.[143] 그러나 그 배당을 수취하는 자연인에 대하여는 높은 소득세율(10퍼센트에서 59.5퍼센트 사이)이 적용되었기 때문에 이익을 배당하는 것이 유보하는 것보다 불이익한 취급을 받게 되었고 그로 인하여 배당을 꺼리는 봉쇄효과(Einsperreffekt)가 발생하였다. 이는 제1차 세계대전 이후 경제의 회복을 위하여 영리회사가 이익을 유보하고 준비금을 적립하여 자본을 축적하도록 유도하기 위한 입법자의 의도에 따른 것이었다.[144]

⑤ **참여지분 과세특례** 1920년 독일법인세법은 참여지분 과세특례제도(Schachtelprivileg)를 채택하였다.[145] 즉, 배당을 수취하는 영리회사가 배당을 하는 영리회사의 지분을 20퍼센트 이상 보유하고 있으면서 수취한 배당금은 비과세소득으로 하였다.[146] 참여지분 과세특례제도는 고전적인 법인세체계의 예외에 해당하는 것으로서 배당을 하는 영리회사와 배당을 수취하는 영리

140) 1920년 입법이유서 S. 14~15.

141) Bericht des 10. Ausschlusses über den Entwurf eines Körperschaftsteuergesetzes, Verhandlungen der verfassunggebenden deutschen Nationalversammlung, Bd. 341, Nr. 2344, 1920, S. 2549.

142) *Potthast*(주81), S. 55~56; *Ruppe*(주101), S. 34.

143) *Potthast*(주81), S. 48; 1920년 독일법인세법 제12조 제2호.

144) *Desens*(주85), Dokumentation zur Körperschaftsteuer Rechtsentwicklung der Körperschaftsteuer in der Bundesrepublik Deutschland, Rn. 6; *Potthast*(주81), S. 48.

145) 독일세법에 참여지분 과세특례제도가 처음 도입된 것은 1916년 6월 21일자 전쟁세법(Kriegssteuergesetzes vom 21. 6. 1916) 제18조였다(RGBl. 1916, S. 561ff).

146) 1920년 독일법인세법 제6조 제8호.

회사 간에 이중과세가 이루어진다는 전제하에서 규정된 것이다. 법인도 응능부담의 원칙에 따라 법인세를 부담하지만, 다른 법인으로부터 배당을 받는다고 하더라도 배당을 받는 법인의 담세력이 증가하는 것이 아니므로 법인세를 누적적으로 과세하여서는 안 된다는 것이다.[147] 하지만 이 당시 도입된 참여지분 과세특례제도는 이와 같은 조세체계적인(steuersystematisch) 동기보다는 회사 간의 결합을 장려하려는 경제정치학적인(wirtschaftspolitisch) 동기에 따른 것이었다. 그리고 그 결과 지주회사의 조세부담이 크게 경감될 수 있었다.[148]

참여지분 과세특례의 적용기준 지분율인 20퍼센트는 입법자가 임의로 정한 수치였는데, 다른 유럽국가들에 비하여 높은 수준이라는 이유에서 이후 계속적으로 비판이 제기되었다.[149]

⑥ 기업과세의 이원화　　1920년 독일법인세법 제정과 함께 입법자들은 기존의 과세관행과 결별하였다. 특정한 조세(법인세)를 법인격을 부여받은 특정한 조직(법인)과 결부시킴에 따라 조세법은 민사법에 종속되는 결과가 되었다. 이에 따라 법인인 회사와 자연인인 주주를 준별하는 분리원칙(Trennungsprinzip)과 개인기업 또는 인적회사의 경우 기업 이면에 있는 사원에 대하여 직접 과세하는 투시원칙(Durchgriffsprinzip/Transparenzprinzip)이 성립하였다. 결국 기업과세(Unternehmensbesteuerung)는 개인기업 또는 인적회사에 대한 것과 물적회사에 대한 것으로 이원화되어 법형식 중립성과 응능부담의 원칙이라는 관점에서 문제의 소지를 가지게 되었다.[150]

(2) 1922년 독일법인세법

(가) 개　관

1920년 독일법인세법은 「1921년 3월 26일자 법인세의 잠정납부에 관한 법률(Gesetz über vorläufige Zahlungen auf die KSt. v. 26. 3. 1921)」[151]로 개정되었

---

147) *Potthast*(주81), S. 50.

148) *Desens*(주85), Dokumentation zur Körperschaftsteuer Rechtsentwicklung der Körperschaftsteuer in der Bundesrepublik Deutschland, Rn. 6; *Potthast*(주81), S. 49.

149) *Potthast*(주81), S. 50. 이후 참여지분 과세특례제도의 발전에 대한 개관은 *Potthast*(주81), S. 51~52.

150) *Potthast*(주81), S. 54~55.

151) RGBl. 1921 I, S. 342.

다. 그리고 1922년 4월 8일자로 독일법인세법이 다시 개정되었다(이하 '1922년 독일법인세법'이라고만 한다).[152] 1922년 독일법인세법은 악화된 경제사정을 배경으로 성립한 것이었다. 당시 막대한 예산이 전쟁피해자 부조, 전쟁배상금, 전쟁부채로 지출되어 재정상황도 좋지 않았다.

(나) 법률의 내용

1922년 독일법인세법은 1920년 독일법인세법이 소폭 개정된 것이므로 여기에 법조문을 싣지는 않는다.

(다) 주요 내용의 검토

① 납세의무자 및 과세소득의 산정　　납세의무자의 범위 및 과세소득의 산정에는 변화가 없었다.

② 법인세율　　재정수요를 충족하기 위하여 영리회사에 대한 법인세 기본세율은 20퍼센트로, 영리회사의 배당이익에 대한 배당세율은 15퍼센트의 비례세율로 각각 높아졌다. 그러나 그 이외의 납세의무자는 전과 동일하게 10퍼센트의 기본세율을 적용받았다. 영리회사의 기본세율을 높인 것은 담세력이 크다는 이유에서였다. 배당금액이 자본금에 준비금을 더한 금액의 3퍼센트 이하인 경우 배당세를 비과세하는 제도는 불분명하고 문제의 소지가 있다는 이유로 폐지되었다.

③ 이중과세의 문제　　법인세율이 상승함에 따라 이중과세의 문제도 심화되었는데 배당금액이 자본금에 준비금을 더한 금액의 3퍼센트 이하인 경우 배당세를 비과세하는 제도가 폐지되는 대신 부분공제제도(Teilanrechnung)에 의하여 이 문제를 완화하고자 하였다. 즉, 입법자는 ① 영리회사로부터 이익을 분배받고, ② 참여지분 과세특례에 따라 비과세되는 소득이 없는 경우에 한하여[153] 배당을 받은 개인 또는 법인은 배당금액에 대응하는 배당세의 일부(10~15퍼센트[154])를 소득세 또는 법인세에서 공제받을 수 있도록 하였다.[155] 배당세로 인

152) RGBl. 1922 I, S. 472.

153) 1922년 독일법인세법 제6조 제8호.

154) 구체적인 비율은 소득금액의 크기에 반비례하여 결정되었다. 1922년 독일법인세법 제12조.

155) 1922년 독일법인세법 제12조.

하여 감소한 배당금액의 일부를 돌려받는 셈이다. 이처럼 배당세에 대한 과세 체계가 바뀌면서 배당세는 주주에 대한 배당소득과세의 징수를 간편하게 담보하는 원천징수제도로서의 역할을 맡게 되었고 결과적으로 소득세 과세도 기술적으로 단순하게 되었다.156)

④ 참여지분 과세특례 1922년 독일법인세법상의 참여지분 과세특례는 그 이전과 변화가 없었다.

다. 제2기(1925~1934년)

(1) 1925년 독일법인세법

(가) 개 관

1925년 8월 10일 개정된 독일법인세법은 기존의 성취와 경험을 집약한 것으로서 여러 가지 중요한 변화를 담고 있었다. 그 이전의 법인세법 시행결과는 기업에 대한 과세가 기업의 법형식 선택에 결정적인 영향을 미치고 있다는 사실을 보여주었다. 따라서 입법자는 법인세의 적용범위를 보다 세분화하는 한편 불필요하게 포괄적인 개념규정은 포기하지 않을 수 없었다.157)

(나) 법률의 내용

1925년 8월 10일자 독일법인세법

Deutsches Körperschaftsteuergesetz

Vom 10. August 1925

(R.G.Bl. 1925 I Nr. 39. S. 208.)

원 문	한국어역
§ 1. Von den Einkommen von Körperschaften und Vermögensmassen wird nach den Vorschriften dieses Gesetzes eine Körperschaftsteuer erhoben.	**제1조** 법인 및 재단의 소득에서 본법의 규정에 따라 법인세를 징수한다.
I. Steuerpflicht	**I. 납세의무**
§ 2. Mit dem gesamten Einkommen sind steuerpflichtig (unbeschränkt körperschaft-	**제2조** 본점 또는 관리장소가 국내에 있는 것으로서 다음 각 호에 규정된 것은 총소득에

156) *Desens*(주85), Dokumentation zur Körperschaftsteuer Rechtsentwicklung der Körperschaftsteuer in der Bundesrepublik Deutschland, Rn. 7; *Potthast*(주81), S. 58~60; *Ruppe*(주101), S. 39.
157) *Potthast*(주81), S. 60.

steuerpflichtig) unter der Voraussetzung, dass der Sitz oder Ort der Leitung im Inland liegt:	대하여 납세의무(무제한 납세의무)를 진다.
1. Erwerbsgesellschaften (§ 4),	1. 영리회사(제4조)
2. alle übrigen Körperchaften und Vermöge-nsmassen (§ 5) des bürgerlichen Rechtes,	2. 그 밖에 민법상의 모든 법인과 재단(제5조)
3. Betriebe und Verwaltungen von Körperchaften des öffentlichen Rechtes und öffentliche Betriebe und Verwaltungen mit eigener Rechtspersönlichkeit, es sei denn, dass die Betriebe und Verwaltungen nach Massgabe des § 7 dienen:	3. 공법인의 영업과 관리 및 독자적인 법인격을 가진 공공영업 및 관리. 다만 영업과 관리가 제7조의 기준에 따라 다음의 각 목적을 위한 것이 아닌 경우에 한한다.
a) der Ausübung der öffentlichen Gewalt,	a) 공권력의 행사
b) lebenswichtigen Bedürfnissen der Bevölkerung, zu deren Befriedigung die Bevölkerung auf die Betriebe und Verwaltungen an-gewiesen ist (Versorgungs-betriebe),	b) 공중이 생활에 중요한 수요를 충족하기 위하여 의존하는 영업 및 관리(공공역무)
c) gemeinnützigen oder mildtätigen Zweeken,	c) 공익 및 자선 목적
d) kirchlichen Zwecken.	d) 종교 목적
Den Betrieben und Verwaltungen des Satz 1 stehen gleich Unternehmungen, deren Erträge ausschliesslich Körperchaften des öffen-tlichen Rechtes zufliessen.	그 소득이 전적으로 공법인으로 귀속되는 기업활동은 제3호 제1문의 영업과 관리로 취급한다.
§ 3. (1) Mit Einkommen bestimmer Art sind steuerpflichting (beschränkt körper-schafteuerplichtig);	**제3조** (1) 다음 특정한 종류의 소득에 관하여 납세의무가 있다(제한 납세의무).
1. mit dem Einkommen, das aus dem Inland bezogen wird (inländischem Einkommen), alle Körperchaften, Vermögensmassen, Betriebe und Verwaltungen der im § 2 bezeichneten Art, wenn der Sitz unf der Ort der Leitung im Ausland liegen,	1. 본점 및 관리장소가 외국에 있는 모든 법인, 재단, 제2조에 규정된 영업 및 관리가 국내에서 취득한 소득(국내소득)
2. mit inländischen Kapitalerträgen im sinne des § 3 Abs. 2. Nr. 7-9 des Einkommensteuergesetzes alle Körperchaften	2. 본점과 관리장소를 불문하고 모든 공법 및 민법상의 법인, 재단의 국내 자본수익으로서 독일소득세법 제3조 제2항 제7호

und Vermögensmassen des öffentlichen und des bürgerlichen Rechtes ohne Rücksicht auf den Sitz und den Ort der Leitung.

부터 제9호까지에 규정된 것

(2) Welche Einkünfte als inländisches Einkommen im Sinne des Abs. 1 Nr. 1 der Besteuerung unterliegen, bestimmt sich nach § 3 Abs. 2 des Einkom- mensteuergesetzes. Bei Versicherungsvereinen auf Gegenseitigkeit, deren Sitz und Ort der Leitung im Ausland liegen und die nur Mitglieder versichern, unterliegen jedoch unbeschadet der Vorschrift des Abs. 1 Nr. 2 der Besteuerung nur Einkünfte der im § 3 Abs. 2 Nr. 1, 3 des Einkommensteuergesetzes bezeichneten Art und Einkünfte aus inländischem Kapitalvermögens, Hierbei gilt als inländisches Kapitalvermögen der Teil des Kapitalvermögens, der dem Verhältnis der Versicherungssummen, die auf die im Inland abgeschlossenen Versicherungen entfallen, zur Gesamtversicherungssumme en- tspicht; wenn in einem Versich- erungsz- weig eine Gesamtversicherungssumme nicht besteht, treten an die Stelle der zu ver- gleichenden Versicherungssummen die Jahreseinnahmen an Versicherungbeiträgen.

(2) 어떤 소득이 제1항 제1호에 규정된 국내소득으로서 과세되는지는 독일소득세법 제3조 제2항에 따라 결정된다. 본점 및 관리장소가 국내에 있고 그 구성원만을 보험하는 상호공제조합은 제1항 제2호의 규정에도 불구하고 독일소득세법 제3조 제2항 제1호, 제3호에 규정된 종류의 소득 및 내국자본재산에서 발생한 소득으로서 과세된다. 여기서 내국자본재산으로 보는 것은 내국에서 체결된 보험금액의 총보험금액에 대한 비율에 상당하는 자본재산을 말한다. 만일 보험부문에 총보험금액이 존재하지 않는 경우에는 보험료의 연수입으로 총보험금액을 대신한다.

(3) Die Steuerpflicht nach Abs. 1 Nr. 2 für inländische Kapitalertäge im Sinne des § 3 Abs. 2 Nr. 7 des Einkom- men- steuergesetzes erstreckt sich nicht auf Reich, Länder und Gemeinden, wenn die Kapitalertäge aus der Beteiligung an einem Unternehmen stammen, dessen Anteile mit mehr als eunem Viertel im Besitze des Reichs, des Landes oder der Gemeinde stehen.

(3) 연방, 란트, 게마인데가 지분의 4분의 1 이상을 보유하는 기업의 지분에서 자본수익이 발생한 경우, 제3항 제2호 제7호에 규정된 내국자본수익에 대한 제1항 제1호에 따른 납세의무는 연방, 주, 게마인데에 미치지 않는다.

---

§ 4. (1) Als Erwerbsgesellschaften (§ 2 Nr. 1) gelten ohne Rücksicht auf die Art ihres

제4조 (1) 영리회사(제2조 제1호)는 그 영업의 종류를 불문하고, 주식회사, 주식합자회사,

Betriebs Aktiengesellschaften, Kommanditgesellschaften auf Aktien, Kolonialgesellchaften, bergbau-treibende rechtsfähige Vereinigungen und nichtrechtsähige, deren Zweck vorwiegend die Erzielung wirtschaftlicher Vorteile für sich oder ihre Mitglieder ist.

식민회사, 광업을 영위하는 광업노동조합(권리능력 불문), 유한회사, 산업협동조합 및 기타 주된 목적이 자신 또는 구성원의 경제적 이익 달성에 있는 경제적 영업활동을 영위하는 기타의 사단을 말한다.

(2) Nicht zu den Erwerbsgesellschaften ge-hören jedoch

(2) 다음 각 호의 것들은 영리회사에 속하지 않는다.

a) die Versicherungsvereine auf Gegenseitigkeit, die nur Mitglieder versichern,

a) 구성원만을 보험하는 상호공제조합

b) die einem Revisionsverband angeschlossenen Erwerbs- und Wirtschaftsgenossenschaften, deren Geschäftsbetrieb sich auf den Kreis der Mitglieder beschränkt; der Reichsminister der Finanzen kann solchen Genossenschaften andere Personenvereinigungen gleichstellen, die ihnen wirtschaftlich ähnlich sind,

b) 회계검사조합(Revisionsverband)에 가입된 산업협동조합으로서 그 영업활동이 조합원의 범위로 한정된 것. 연방재무부장관은 경제적으로 유사한 다른 사단을 위 산업협동조합과 동일하게 취급할 수 있다.

c) die in ihrer Hauptbestimmung als Zentralen der Genossenschaften wirkenden ein-getragenen Genossenschaften, ge-sellchaften mit beschränkter Haftung und Aktiengesellschaften, deren Genossen (Gesellchafter) ausschliesslich oder doch überwiegend die unter b bezeichneten Genossenschaften sind und deren Geschäftsbetrieb sich im wesentlichen auf die angeschlossenen Mitglieder und deren Einzelmitglieder beschränkt.

c) 협동조합의 중심기관이 되는 것을 주된 목적으로 하는 등록협동조합, 유한회사 및 주식회사로서 그 조합원(사원)이 전적으로 또는 주로 b)에 규정한 산업협동조합이고 그 영업활동이 대체로 가입된 구성원 및 개별 구성원으로 한정된 것.

(3) Den Erwerbsgesellschaften werden gleich-gestellt Anstalten, Stiftungen und andere Zweckvermögen des bürgerlichen Rechtes, sofern sie einen wirtschaftlichen Geschäftsbetrieb unterhalten und ihr Zweck üder die Vermögensverwaltung hinaus vorwiegend darauf gerichtet ist, durch diesen Geschäftsbetrieb wirtschaftliche Vorteile für sich oder zu-gungten der in ihrer Satzung, Stiftung oder

(3) 영조물, 기부재단 및 기타 민법의 목적재산으로서 경제적 영업활동을 계속하고 그 목적이 재산관리를 넘어서 영업활동을 통하여 자신 또는 정관, 규약 또는 기타 헌장에 정한 자를 위하여 경제적 이익을 획득하는 것을 목적으로 하는 한 이를 영리회사로 취급한다.

sonstigen Verfssung bestimmenten Personen zu erzielen.	
§ 5. Zu den übrigen Körperschaften und Vermögensmassen (§ 2 Nr. 2) gehören juristiche Personen, nichtrechtsfähige Personenvereinigungen, Anstalten, Stiftungen und andere Zweckvermögen, wenn sie weder als Erwerbsgesellschaften gelten noch diesen gleichgestellt sind (§ 4).	**제5조** 법인, 권리능력 없는 사단, 영조물, 기부재단, 기타 목적재산은 영리회사에 해당하지 않고 영리회사로 취급할 수도 없는 경우(제4조)에 기타 법인 및 재단(제2조 제2호)에 속한다.
§ 6. Bei nichtrechtsfähigen Personenvereinigungen, Anstalten, Stiftungen und andere Zweckvermögen (§§ 4, 5) ist die Steuerpflicht nach den §§2, 3 nur gegeben, wenn ihr Einkommen nicht nach diesen Gesetz oder nach den Einkommensteuergesetz unmittelbar bei einem anderen Steuerpflichtigen steurerbar ist.	**제6조** 권리능력없는 사단, 기부재단 및 기타 목적재산(제4조, 제5조)은 소득이 이 법 또는 독일소득세법에 따라 직접적으로 다른 납세의무자에게 과세될 수 없는 경우에 한하여 제2조, 제3조에 따른 납세의무가 있다.
§ 7. (1) Als Vesorgungsbetriebe im Sinne des § 2 Nr. 3b gelten solche Betriebe oder Verwaltungen, denen die Versorgung der Bevölkerung mit Wasser. Gas oder Elektrizität obliegt oder die dem öffentlichen Verkehr oder dem Hafenbetriebe dienen; als Vesorgungsbetriebe werdern sie aber nur insoweit behabdelt, als sie den vorbezeichneten Aufaben dienen. Der Reichsminister der Finanzen als Vesorgungsbetriebe im Sinne des § 2 Nr. 3b erklären. (2) Im übrigen erlässt der Reichsminister der Finanzen mit Zustimmung des Reichsrats nähere Bestimmungen über die Abgrenzung der § 2 Nr. 3 Steuerpflichtigen Betriebe und Verwaltungen.	**제7조** (1) 제2조 제3호 b)에서의 공공역무라고 하는 것은 공중에 대한 물, 가스 또는 전기의 공급을 임무로 하는 것 또는 대중교통 또는 항만경영을 위한 영업 또는 관리를 말한다. 다만 위의 임무에 기여하는 경우에 한하여만 공공역무로 취급한다. 연방재무부장관은 연방참의원의 동의를 얻어 그 밖의 영업 또는 관리를 제2조 제3호 b)의 공공역무로 지정할 수 있다. (2) 그 밖에 연방재무부장관은 연방참의원의 동의를 얻어 제2조 제3호의 납세의무 있는 영업과 관리의 범위에 관한 상세한 규정을 둘 수 있다.
§ 8. Der Reichsminister der Finanzen wird ermächtigt, mit Zustimmung des Reichsrats in Fällen, in denen ein auswärtiger Staat das Einkommen einer Erwerbsgesellschaft, deren Sitz oder Leitung im Deutschen Reiche liegt, schwerer belastet als das Einkommen von	**제8조** 연방재무부장관은 연방참의원의 동의를 얻어, 어느 외국이 독일 국내에 그 본점 또는 관리장소를 둔 영리회사의 소득에 대하여 그 본점 및 관리장소를 해당 외국 또는 그 최혜국 중 하나의 영토 내에 둔 영리회사의 소득에 비하여 보다 높은 조세 부담을 과

Erwerbsgesellschaften, deren Sitz und Ort der Leitung in dem Gebiete des auswärtiger Staat oder einer der von ihm meistbegün-stigten Nationen liegen, eine höhere Besteuerung des inländischen Einkommens für Erwerbsgesellschaften anzuordnen, die den Sitz und den Ort der Leitung im Gebiete des auswärtiger Staates haben.	하는 경우에는 본점 및 관리장소를 해당 외국에 둔 영리회사의 국내소득에 대하여 중과세를 명할 수 있다.
§ 9. (1) Von der Körperschaftsteuer sind befreit:	**제9조** (1) 다음 각 호에 규정된 단체에 대하여는 법인세를 면제한다.
1. die Deutsche Reichspost, die Monopolverwaltungen des Reichs, die staatlichen Lotterieunternehmingen und die Deutsche Reichsbahn-Gesellschaft;	1. 독일국영우편, 국영전매사업, 란트운영복권사업, 독일국유철도회사
2. die Reichsbank, die Rentenbank, die deutsche Golddiskontbank und die Bank für deutsche Industrieobligationen;	2. 라이히은행, 신용은행, 독일금할인은행 및 독일공업채권은행
3. Staatsbank, die ihrer Bestimmung nach in der Haptsache Geschäften staatswirtschaftlicher oder allgemeinwirtschaftlicher Art dienen;	3. 정관에 따라 주로 란트경제 또는 일반경제상의 업무에 종사하는 란트설립은행
4. die öffentlichen oder dem öffentlichen Verkehre dienenden Sparkassen, die sich auf die Pflege des eigentlichen Sparkassenverkehrs beschränken. Der Reichsminister der Finanzen bestimmt mit Zustimmung des Reichsrats, was als eigentlicher Sparkassenverkehrs im Sinne dieser Vorschrift anzusehen ist;	4. 공공의 저축은행 또는 공공의 거래에 기여하는 저축은행으로서 저축은행 고유의 저축거래의 조성에 한정되는 것. 연방재무부장관은 연방참의원의 동의를 얻어 본 호의 저축은행 고유의 저축거래로 보는 것에 관한 사항을 정할 수 있다.
5. öffentlich-rechtliche Versicherungsanstalten, die auf Gegenseitigkeit gegründet sind und die nur Mitglieder versichen;	5. 상호관련을 기초로 하여 성립하고 그 구성원만을 보험하는 공법상의 보험기관
6. Hauberg-, Wald-, Forst- und Laubgenossenschaften und ähnliche Realgemeinden, sofern sie nicht einen über einen Nebenbetrieb hinausgehenden Gewerbebetrieb unterhalten;	6. 부업의 범위를 넘는 영업을 계속하지 않는 경우의 산림벌채조합, 산림조합, 식림조합 및 하지(下枝)채취조합 기타 이와 유사한 부동산 공유단체

7. Körperschaftten und Vermögensmassen, die nach der Satzung, Stiftung oder son－stigen Verfassung ausschliesslich kir－chlichen, gemeinnützigen oder mildtätigen Zwecken dienen. Der Reichsminister der Finanzen trifft mit Zustimmung des Reichsrats nähere Bestimmungen über die Voraussetzungen, unter denen eine Personenvereiningung, ein Zweckvermögen oder ein Zweck als gemeinnützig oder mildtätig im Sinne dieser Vorschrift an－zusehen ist;	7. 정관, 규약 또는 기타 헌장에 따라 전적으로 종교, 공익 또는 자선의 목적에 기여하는 법인 및 재단. 연방재무부장관은 연방참의원의 동의를 얻어 사단, 목적재산 또는 목적을 본 규정의 의의에 있어서의 공익 또는 자선으로 보게 되는 요건에 관한 상세규정을 둘 수 있다.
8. Berufsverbände ohne öffentlich－re－chtlichen Charakter, deren Zweck nicht auf einen wirtschaftlichen Geschäftsbetrieb gerichetet ist;	8. 공법상의 성질이 없는 직업단체로서 그 목적이 경제적 영업거래에 있지 않은 것
9. Gesellschaften mit beschränkter Haftung und Aktiengesellchaften, deren Hauptzweck die Verwaltung des Vermögens für einen nicht rechtsfähigen Berufsverband der in Nr.8 bezeichneten Art istm sofern ihre Erträge im wesentlichen aus dieser Vermögensverwzltung herrühren und ausschliesslich dem Berufsverbande zu－fliessen;	9. 그 주된 목적이 제8호에 규정된 종류의 권리능력 없는 직업단체를 위한 재산관리에 있고 그 수익(Erträge)이 본질적으로 위와 같은 재산관리에서 발생하고 전적으로 직업단체로 귀속되는 유한회사 및 주식회사
10. rechtsfähige Pensions－, Witwen－, Waisen－, Sterbe－, Kranken－, Unterstützungs－ und sonstige Hilfskassen für Fälle der Not oder der Arbeitslosigkeit; das gleicht gilt für nichtrechtsfähige Kassen und für den Fall der auflösung einer Kasse die Verwendung ihres Kapitals für en－tsprechende Zweckegesichert ist;	10. 권리능력이 있는 연금, 과부, 고아, 매장, 질병, 부조금고 및 기타 위급 또는 실업의 경우에 대비한 구제금고
11. Körperschaften und Vermögensmassen, soweit ihnen unter Wahrung der Gegenseitgkeit nach allgemeinen völ－kerrechtlichen Grundsätzen oder soweit ihnen nach besonderen, mit anderen	11. 일반국제법상의 원칙에 따른 상호호혜의 부여 또는 외국과 체결한 특별한 합의에 따라 인세의 면제에 대한 청구권을 갖는 법인 및 재단

Staaten getroffenen Vereinbarungen ein Anspruch auf Befreiung von den persönlichen Steuern zusteht.

(2) Die Befreiungen nach Abs. 1 Nr. 1, 3–11 gelten nicht im Falle der beschränkten Steuerpflicht nach § 3 Abs. 1 Nr. 2; §14 des Gesetzes über die Deutschte Reichsbahn-Gesellschaft Reichsbahngesetz vom 30. August 1924(R.G.B1. Teil Ⅱ S.272) bleibt jedoch unberührt. Die Befreiungen nach Abs. 1 Nr. 3–10 finden ferner keine Anwendung auf Steuerpflichtige, deren Sitz und Ort der Leitung im Ausland liegen.

(2) 제1항 제1호, 제3호부터 제13호까지에 따른 면제는 제3조 제1항 제2호에 따른 제한 납세의무의 경우에는 이를 적용하지 않는다. 단 1924년 8월 30일자 독일국유철도회사에 관한 법률(국유철도법) 제40조의 경우에는 그렇지 않다. 제1항 제3호부터 제10호에 따른 면제는 본점 및 관리장소가 외국에 있는 납세의무자에 대하여는 적용되지 않는다.

Ⅱ. Einkommen und Einkommensarten

Ⅱ. 소득 및 소득의 종류

§ **10.** (1) Welche Einküfte der Besteuerung nach diesem Gesetz unterliegen, welches einkommen zur Steuer herangezogen wird und was als Einkommen gilt, bestimmt sich nach den §§ 6–8, 11 des Einkommensteuergesetzes, §§ 11, 12 dieses Gesetzes. Für die Steuerpflicht des Einkommens ist es ohne Bedeutung, ob es an die Gesellschafter, Genossen oder Mitglicdcr oder an die in der Satzung, Stiftung oder sonstigen Verfassung bestimmten Personen vereilt wird oder nicht.

제10조 (1) 어떤 소득이 이 법에 따라 과세의 대상이 되는지, 어떤 소득이 과세의 원천이 되는지 그리고 어떤 것이 소득으로 취급되는지는 독일소득세법 제6조부터 제8조까지, 제11조 및 이 법 제11조, 제12조에 따라서 결정된다. 소득에 대한 납세의무와 관련하여서는 소득이 사원, 조합원 또는 구성원 또는 정관, 기부행위 또는 기타 헌장에서 정한 자에게 분배되는시 여부를 묻지 않는다.

(2) Mindestens ist als Einkommen zu versteuern die Summe der Vergütungen jeder Art, die an Mitgleder des Aufsichesrats für den Steuerabschnitt gewährt worden sind (§ 17 Nr. 4). Dem zu versteuernden Mindestbetrag kann hinzugerechnet werden die Summe

(2) 과세기간에 대하여 감사회의 구성원에게 지급한 모든 종류의 보수의 합은 최소소득으로 과세되어야 한다(제17조 제4호). 과세되어야 하는 최소금액에는 다음의 합계액이 가산될 수 있다.

a) der Gewinnanteile, die für den Steuerabschnitt ausgeschüttet worden sind, sogern sie nicht aus Vermögen stammen, das bei seinem Entstehen in den letzten drei Jahern der Besteuerung nach diesem Gesetz unterlegen hat; die Vorschriften des § 11 bleiben unberührt,

a) 제11조의 규정에도 불구하고, 최근 3년간에 발생하여 이 법에 따라 과세된 재산에서 발생하지 않은 것으로서 과세기간 중에 배당된 이익

b) der Tantiemen, Entschädigungen und Belohungen, die an Mitglieder des Vorstandes und Angestellte in leitender Stellung für den Steuerabschnitt gewährt worden sind, ohne dass sie vertraglich zugesichert waren.	b) 과세기간 중에 이사회 구성원 및 경영하는 지위에 있는 직원에게 지급된 상여금, 손해배상 및 보수로서 계약에 의하여 보장되지 않은 것.
Der Reichsminister der Finanzen trifft mit Zustimmung des Reichsrats nähere Bestimmimgen darüber, welche Gewinnanteile und Vergütungen bei Steuerpflichtigen, deren Sitz und Ort der Leitung im Ausland liegen, für die Besteuerung nach Satz 1 anzusetzen sind oder angesetzt werden können.	연방재무부장관은 외국에 본점 및 관리장소를 둔 납세의무자에 대하여 어떤 이익 및 보수가 제1항에 따른 과세를 위하여 계상되어야 하는지 또는 계상될 수 있는지에 관하여 연방참의원의 동의를 얻어 상세한 규정을 둔다.
§ 11. Bei Ermittlung des Einkommens bleiben im Falle der unbeschränkten Steuerpflicht neben den im § 8 des Einkommensteuergesetzes bezeichneten Einkünften ausser Ansatz:	**제11조** 소득의 계산시 무제한 납세의무의 경우 독일소득세법 제8조에 규정된 소득에 더하여 다음 각 호의 소득을 고려하지 않는다.
1. bei den im § 2 Nr. 3 bezeichneten Betreiben und Verwaltungen Einkünfte aus Land- und Forstwirtschaft und aus Kapitalvermögen (§ 6 Abs. 1 Nr. 1, 5 des Einkommensteuergesetzes) mit Ausnahme der im § 83 des Einkommensteuergesetzes bezeichneten Kapitalerträge, ferner Einkünfte aus Vermietung und Verpachtung von unbeweglichem Vermögen (§ 38 Abs. 1 Nr. 1 des Einkommensteuergesetzes) und von landwirtschaftlichem Inventar, sowie aus der zeitlich begrenzten Ueberlassung von Rechten an Grundstücken, von Gefällen und der Ausübung der Jagd und Fischerei;	1. 제2조 제3호에 규정된 영업 및 관리의 경우 독일소득세법 제83조에 규정된 자본수익을 제외하고 농업 및 임업에서 발생한 소득 및 자본재산에서 발생한 소득(독일소득세법 제6조 제1항 제1호 및 제5호). 나아가 부동산의 임대차에서 발생하는 소득(독일소득세법 제38조 제1항 제1호) 및 농업상의 용구의 임대차에서 발생하는 소득 및 토지에 대한 권리, 토지수익의 일시위양 및 수렵 및 어로의 실행에서 발생하는 소득
2. bei den nicht unter § 9 Nr. 4 fallenden öffentlichen oder öffentlichen Verkehr dienenden Sparkassen sowie bei den Sparkassen der Genossenschaften und Genossenschaftszentralen (§ 4 Abs. 2c) der Teil der Einkünfte, der auf den eigentlichen Sparkassenverkehr entfällt, mit	2. 제9조 제4호에 속하지 않는 공공의 상호저축은행 또는 공공의 거래에 기여하는 저축은행, 산업협동조합 및 산업협동조합 중심기관의 저축금고(제4조 제2c항)의 경우 독일소득세법 제83조에 규정된 자본수익을 제외한 소득 중 본래의 저축은행거래에 속하는 부분

Ausnahme der im § 83 des Einkommen-steuergesetzes bezeichneten Kapitalerträge;	
3. bei Erwerbsgesellschaften (§ 4 Abs. 1, 3) und Betrieben oder Verwaltungen im Sinne des § 2 Nr. 3, die nachweislich seit Beginn des Steuerabschnitts (§ 12) auf Grund ihres Besitzes an Aktien, Kuxen, Anteilen oder Genussscheinen einer an-deren Erwerbsgesellschaft mindestens zu einem Viertel an dem Grund- oder Stammkapital oder, wenn ein solches nicht vorhanden ist, an dem Vermögen dieser Erwerbsgesellschaft beteiligt sind, die auf den bezeichneten Besitz en-tfallenden Gewinnanteile jeder Art;	3. 영리회사(제4조 제1항 및 제3항) 및 제2조 제3호에 규정된 영업 및 관리의 경우 명백하게 과세기간(제12조) 개시 이후 다른 영리회사의 주식, 광산주, 지분 또는 향익증권을 자본금(자본금이 없는 경우에는 그 재산)의 4분의 1 이상 보유함에 따라 취득한 모든 종류의 이익
4. bei den im § 4 Abs. 2 unter a bis c be-zeichneten Steuerpflichtigen Einkünfte der im § 6 Abs. 1 Nr. 2-4, 7, 8 des Einkommensteuergesetzes bezeichneten Art;	4. 제4조 제2항 a)부터 c)호까지에 규정된 납세의무자의 경우 독일소득세법 제6조 제1항 제2호부터 제4호, 제7호, 제8호에 규정된 종류의 소득
5. bei politischen Parteien und Vereinen Einküfte der im § 6 Abs. 1 Nr. 3 bis 5, 7, 8 des Einkommensteuergesetzes be-zeichneten Art mit Ausnahme der Kapitalerträge im Sinne des § 83 des Einkommensteuergesetzes;	5. 정당 및 정치결사의 경우 독일소득세법 제83조에 규정된 의미의 자본수익을 제외하고 같은 법 제6조 제1항 제3호부터 제5호, 제7호, 제8호에 규정된 종류의 소득
6. Beiträge der Mitglieder von Personenvereinigungen.	6. 사단의 구성원의 회비
§ **12.** (1) Steuerabschnitt ist	**제12조** (1) 과세기간은 다음과 같다.
a) bei Steuerpflichtigen, die Handelsbücher nach den Vorschriften des Handelsgesetzbuches zu führen verpflichtet sind oder, ohne dazu verpflichtet zu sein Handelsbücher nach den Vorschriften des Handelsgesetzbuches tatsächlich führen, das Wirtschaftsjahr, für das sie jährliche Abschlüsse machen,	a) 상법의 규정에 따라 장부를 기장하여야 하는 의무가 있는 납세의무자 또는 그 의무 없이도 실제로 상법의 규정에 따라 장부를 기장하는 납세의무자의 경우 매년 결산을 행하는 사업연도
b) bei Steuerpflichtigen, die nicht unter a fallen und Einkünfte aus Landund Forstwirtschaft (§ 6 Abs. 1 Nr. 1 des	b) a)에 속하지 않는 납세의무자로서 농업 및 임업에서 발생하는 소득(독일소득세법 제6조 제1항 제1호)을 얻는 자의 경

Einkommensteuergesetzes) beziehen, das Wirtschaftsjahr vom 1. Juli bis 30. juni; die Vorschrift des § 10 Abs. 3a des Einkommensteuergesetzes findet Anwendung),	우 7월 1일부터 6월 30일까지의 사업연도. 독일소득세법 제10조 제3항 a)는 적용되지 않는다.
c) bei den übrigen Steuerpflichtigen das Kalenderjahr.	c) 그 밖의 납세의무자의 경우 역년
(2) Das Wirtschaftsjahr, das nach Abs. 1 a, b den Steuerabschnitt bildet, muss für das Gesamteinkommen des Steuerpflichtigen einheitlich sein, seine Ergebnisse sind in einheitlicher Rechnung zusammenzufassen.	(2) 제1항 a) 및 b)에 따라 과세기간을 이루는 사업연도는 납세의무자의 총소득에 대하여 통일적이어야 하고 그 결과는 통일적 계산으로 합산하여야 한다.
(3) Hat die Steuerpflicht nicht während des ganzen Kalender- oder Wirtschaftshahres bestanden, so verkürzt sich der Steuerabschnitt entsprechend. Das gleiche gilt beim Uebergange von der beschränkten zur unbeschränkten und beim Uebergange von der unbeschränkten zur beschränkten Steuerpflicht, sofern nicht der Uebergang mit dem Ende des regelmässigen Steuerabschnitts zusammenfällt.	(3) 납세의무가 전체 역년 또는 전체 사업연도에 존재하지 않는 경우 과세기간은 그에 비례하여 단축된다. 제한 납세의무에서 무제한 납세의무로, 무제한 납세의무에서 제한 납세의무로서의 이전이 있는 경우 그 이전이 통상의 과세기간 종료와 일치하지 않는 경우에도 동일하다.
(4) Hat der Steuerpflichtige zwölf Monatae nach Beginn oder navh Ablauf des letzten Steuerabschnitts ein neues Wirtschaftsjahr noch nicht asgeschlossen, so kann das Finanzamt ohne Rücksicht auf den Abschluss des Wirtschaftsjahres diesen Zeitraum von 12 Monaten als Steuerabschnitt bestimmen.	(4) 납세의무자에 대하여 납세의무의 개시 후 또는 최후의 과세기간의 경과 후 12개월이 지나도 새로운 사업연도를 결산하지 못한 경우 과세관청은 해당 사업연도의 결산을 고려하지 않고 이 12개월을 과세기간으로 결정할 수 있다.
§ **13.** Auf die Ermittlung dse Einkommens, auf den Massstab der Besteuerung und den Zeitpunkt der Veranlagung sowie auf die einzelnen Einkommensarten finden die Vorschriften des Einkommensteuergesetzes (§§ 12–17, 19–21, 25, 26–48) sinngemäss Anwendung, sowie nicht in den §§ 14–19 dieses Gesetzes etwas anderes vorgeschrieben ist.	**제13조** 소득의 계산, 과세표준 및 사정 시기 및 개별 소득종류에 관하여 이 법 제14조부터 제19조까지에서 달리 정하지 않는 한, 독일소득세법의 규정(제12조부터 제17조, 제19조부터 제21조, 제25조, 제26조부터 제48조까지)이 준용된다.

§ **14.** Abzugsfähige Sonderleistungen sind neben den im §17 des Einkommen-steuergesetzes bezeichneten: 1. Beträge, die nach der Satzung oder mildtätigen Zwecken zugeführt werden; 2. Zuwerdenungen an Unterstützungs-, Wohlfahrts- und Pensionskassen des Betriebs, wenn die dauernde Verwendung für die Zweck der Kassen gesichert ist; 3. Vergütungen jeder Art, die auf Grund der Jahresabschlüsse entweder an Mitglieder des Vorstandes, die nicht lediglich zur Ueberwachung oder Beaufsichtigung der Geschäftsführung bestellt sind, oder an Angestellte und Arbeiter für ihre Tätigkeit gewährt werden, sowie sie nicht schon als Werbungskosten (§ 16 des Einkommen-steuergesetzes) abzugsfähig sind.	**제14조** 독일소득세법 제17조에 규정된 것 이외에 다음 각 호를 공제 가능한 특별급부로 한다. 1. 정관, 규약 또는 기타 헌장에 따라 전적으로 공익 또는 자선 목적에 제공된 금원 2. 영업의 구제, 복리 및 연금금고에 대한 출연으로서 금고의 목적에 따른 계속적 사용이 확실한 경우 3. 결산에 따라, 단순히 업무집행의 감독 또는 감사를 위하여 임명된 자가 아닌 이사회의 구성원 또는 직원에게 그 활동의 대가로 지급된 모든 종류의 보수 중 아직 취득원가(독일소득세법 제16조)로서 공제되지 않은 것
§ **15.** Neben den Werbungskosten, den ab-zugsfähigen Sonderleistungen und den im § 15 Abs. 1 Nr. 3 des Einkommensteuergesetzes bezeichneten Schuldzinsen, Renten und Lasten dürfen bei Ermittlung des Einkommens abgezogen werden: 1. die Steuer gemäss § 10 Abs. 1 des Grunderwerbsteuergesetzes vom 12. September 1919 (R.G.B1. S. 1617) nebst Zuschlägen oder die hierfür gemaschren ange-messenen jährlichen Rücklagen; 2. bei inländischen Kirchen und öffen-tlich-rechtilechen kirchlichen Körperchaften und Anstalten sowie bei sonstigen in-ländischen Körperchaften und Vermögensmassen, die ausschliesslich kirchlichen Zwecken dienen (§ 9 Abs. 1 Nr. 7), Kapialerträge im Sinne des § 3 Abs. 2 Nr. 9 des Einkommensteuergesetzes, die für Besoldungen	**제15조** 취득원가, 공제 가능한 특별급부 및 독일소득세법 제15조 제1항 제3호에 규정된 채무이자(Schuldzinsen), 정기금 및 부담 외에 다음 각 호의 것을 소득계산시에 공제할 수 있다. 1. 1919년 9월 12일 부동산취득세법(R.G.Bl. S. 1617) 제10조 제1항에 따른 조세 및 추가금 또는 이들을 위하여 적립한 적정 규모의 연차 적립금 2. 내국의 교회 및 공법상의 교회적 법인 및 영조물 및 전적으로 교회의 목적에 기여하는 기타 내국법인 및 재단의 경우(제9조 제1항 제7호), 독일소득세법 제3조 제2항 제9호에 규정된 출자액으로서 급료, 노인, 불구폐질, 과부 또는 고아 구제의 목적으로 사용되는 것

oder für Zwecke der Alters–, Invaliden–, Witwen– oder Waisenversorgung verwendet werden;

3. bei Erwerbsgesellschaften (§ 4 Abs. 1, 3) und Betrieben oder Verwaltungen im Sinne des § 2 Nr. 3 die Beträge, die zur Beseitigung eines aus einem früheren Steuerabschnitte stammenden Verlustes verwendet werden, durch den das Grund– oder Stammkapital nicht vorhanden so tritt an seine Stelle die Summe der Einlagen oder die Summe der Anschaffungs– oder Herstellungspreise der zum Betriebsvermögen gehörigen Gegenstände im Sinne des § 19 Abs. 2 des Einkommensteuergesetzes. Ob und in welcher Höhe ein Verlust gegeben ist, bestimmt sich nach den Vorschriften über die Ermittlung des Einkommens (§§ 13–17 dieses Gesetzes, §§ 12–17, 19–21 des Einkommensteuergesetzes);

3. 영리회사(제4조 제1항, 제3항) 및 제2조 제3항에 규정된 영업 또는 관리에 있어서는 자본금의 잠식을 초래한 이전 과세기간의 손실(자본결손)을 제거하기 위하여 사용된 금액. 자본금이 없는 경우에는 그 대신 출자총합 또는 독일소득세법 제19조 제2항에 규정된 영업재산에 속하는 대상의 취득 또는 제조가액의 총합으로 갈음한다. 손실의 존부 및 금액은 소득계산에 관한 규정에 따라 결정된다(이 법 제13조부터 제17조까지, 독일소득세법 제12조부터 제17조까지, 제19조부터 제21조까지)

4. bei Erwerbsgesellschaften (§ 4 Abs. 1, 3) Die Kosten der Ausgabe von Aktien und sonstigen Gesellschaftsanteilen, soweit sie nicht aus dem Emissionsagio gedeckt werden können;

4. 영리회사(제4조 제1항, 제3항)의 경우 주식 기타 회사지분의 발행 비용으로서 주식발행초과금(Emissionsagio)에서 공제될 수 없는 경우

5. bei den im § 4 Abs. 2 unter a, bis c bezeichneten Steuerpflichtigen Beträge, die aus den Einkünften aus Land– und Forstwirtschaft, aus Kapitalvermögen oder aus Vermietung und Verpachtung von unbeweglichem Vermögen, Sachinbegriffen und Rechten zur Deckung von Betriebsverlusten des Steuerabschnitts verwendet werden;

5. 제4조 제2항 a)호부터 c)호까지에 규정된 납세의무자의 경우, 농업·임업에서 발생 발생하는 소득, 자본재산에서 발생하는 소득 또는 부동산, 물적 설비 및 권리의 사용임대 및 용익임대에서 발생하는 소득 중 과세기간의 영업손실 전보를 위하여 사용된 금액

6. bei Versicherungsgesellschaften mit Ausnahme der Versicherungsvereine auf Gegenseitigkeit, die nur Mitglieder versichern, angemessene Zuwendungen an das für

6. 전적으로 구성원만을 보험하는 상호공제조합을 제외한 보험회사의 경우 보험에 따른 급부를 위하여 필요한 전보자본으로의 출연으로서 적정한 규모의 것

Leistungen aus Versicherungen erforder-liche Deckungskapital;	
7. bei Versucherungsvereine auf Gegenseitigkeit, die nur Mitglieder versichern (§ 4 Abs. 2a.), die aus den Einkünften aus Land- und Forstwirtschaft, aus Kapitalvermögen oder aus Vermietung und Verpachtng von unbeweglichem Vermögen, Sachinbegriffen und Rechten stammenden Beträge, wenn sie Rücklagen zugeführt werden, die satzungsgemäss zur Deckung der Verpflichtungen des Unternehmens gegen seine Mitglieder bestimmt sind;	7. 전적으로 구성원만을 보험하는 상호공제조합(제4조 제2a항)의 경우 농업 및 임업에서 발생하는 소득, 자본재산에서 발생하는 소득 또는 부동산, 물적 설비 및 권리의 사용임대 및 용익임대에서 발생하는 소득으로서 정관에 따라 기업의 그 구성원에 대한 의무의 전보를 위한 준비금으로 적립된 것
8. bei Kommeanditgesellschaften auf Aktien der Teil des Gewinnes, der an persönlich haftende Gesellschafter auf ihre nicht auf das Grundkapital gemachten Einlagen oder als Vergütung (Tantieme) verteilt wird.	8. 주식합자회사의 경우 무한책임사원에게 분배된 이익으로서 출자에 기하지 않은 것 또는 경영에 대한 상여금으로 지급된 것
§ **16.** Die Vorschrift des § 15 Abs. 2 des Einkommensteuergesetzes findet Anwendung mit der Massgabe, dass die in den §§ 14, 15 dieses Gesetzes bezeichneten Sonderleistungen und Anfwendungen sich in Falle der be-schänkten Steuerpflicht nach § 3 Abs. 1 abzugsfähig sind, soweit sie mit dem in-ländischen Vermögen, mit der inländischen Betriebsstätte oder mit dem inländischen Einkommen in wirtschaftchen Zusammenhange stehen. Im Falle der beschränkten Steuerpflicht nach § 3 Abs. 1 Nr. 2 ist der Abzug der im § 15 Abs. 1 des Einkommensteuergesetzes bezeichneten Ausgaben und der in den §§ 14, 15 mit Ausnahme der §15 Nr. 2 dieses Gesetzes bezeichneten Leistungen und Aufwendungen nicht statthaft.	**제16조** 독일소득세법 제15조 제2항의 규정은 이 법 제14조 및 제15조에 규정된 특별급부 및 지출이 내국재산, 내국 고정사업장 또는 내국소득과 경제적 관련이 있는 경우에 한하여, 제3조 제1항 제1호에 따른 제한 납세의무가 있더라도 이를 공제할 수 있다고 보고 이를 적용한다. 제3조 제1항 제2호에 따른 제한 납세의무의 경우에는 독일소득세법 제15조 제1항에 규정된 비용 및 (이 법 제15조 제2호를 제외하고) 이 법 제14조 및 제15조에 규정된 급부 및 지출을 공제할 수 없다.
§ **17.** Bei Ermittlung des Einkommens dürfen nicht abgezogen werden:	**제17조** 다음 각 호는 소득산정시 공제할 수 없다.

1. Aufwendungen zur Verbesserung und Vermehrung des Vermögens, zur Geschäftsbegründung und zu Geschäf-tserweiterungen, zu Kapitalanlagen, zur Schuldentilgung oder zu Ersatzbeschaffungen, soweit diese Aufwendungen über den Rahmen der §§15, 16 des Einkommen-steuergesetzes, §15 Nr. 4 diese Gesetzes hinausgehen;	1. 재산의 개선 및 증가, 사업창립 및 사업확장, 투자, 채무상각 또는 보충조달을 위한 지출이 독일소득세법 제15조 및 제16조, 이 법 제15조 제4호의 범위를 초과하는 경우
2. Aufwendungen für die Erfüllung der durch die Stiftung, Satzung oder sonstigen Verfassung vorgeschriebenen Zwecke des Steuerpflichtigen, auch soweit sie zu den im §15 Abs. 1 Nr. 3 des Einkommensteuergesetzes bezeichneten Renten und dauernden Lasten zählen;	2. 규약, 정관 또는 기타 헌장에 따라 규정된 납세의무자의 목적 수행을 위한 지출로서 독일소득세법 제15조 제1항 제3호에 규정된 정기금 및 계속부담에 속하는 경우
3. die von dem Steuerpflichtigen entrichtete Körperschaftsteuer und sonstige Personalsteuern sowie Rücklagen hierfür;	3. 납세의무자가 납부한 법인세 및 기타 인세 및 그에 대한 준비금
4. Vergütungen jeder Art, die von Erwerb-sgesellschaften an die zur Ueberwachung ihrer Geschäftsführung verfassungsmässig bestellten Personen (Mitglieder des Aufsichtsrats, des Grubenvorstandes, des Gewerkschaftsrats, des Verwaltungsrats usw.) gewährt werden, auch soweit es sich um Werbungskosten (§ 16 des Einkommensteuergesetzes) handelt. Der Reichsminister der Finanzen bestimmt mit Zustimmung des Reichsrats, welche Leistungen als Vergütungen im Sinne dieser Vorschrift anzusehen sind.	4. 영리회사가 그 업무집행의 감독을 위하여 헌장에 따라 임명한 자(감사회, 광갱이사회, 노동조합평의회, 관리평의회의 구성원 등)에게 공여한 각종의 보수가 취득원가(독일소득세법 제16조)와 관련되는 경우. 연방재무부장관은 연방참의원의 동의를 얻어 어떤 급부를 이 규정상의 보수로 볼 것인지에 관하여 정한다.
§ **18.** (1) Im Falle der Auflösung einer Erwerbsgesellschaften (§4 Abs. 1, 3) oder eines Betriebs oder eines Verwaltung in Sinne des §2 Nr. 3 gilt als Gewinn des letzten Steuerabschnitts der Betrag, um den das zur Verteilung kommende Vermögen	**제18조** (1) 영리회사(제4조 제1항, 제3항) 또는 제2조 제3항에 규정된 영업 또는 관리를 해산하는 경우 최후의 과세기간의 이익은 분배되어야 할 재산이 직전 과세기간의 결산일 현재 법인세 사정의 기초로 된 재산가격을 초과하는 금액을 말한다. 여기서 납세의

den Wert des Vermögens übersteigt, der am Schlusse des vorangegangenen Steuerabschnitts der Veranlagung zur Körperschaftsteuer zu-grunde gelegen hat; hiervon sind abzuzie-hen steuerfreie Vermögenszugänge, die dem Steuerpflichtigen im Steuerabschnitte zuge-flossen sind; zuzurechnen ist der Gewinn des vorangegangenen Steuerabschnitts, so-wiet er in dem zur Verteilung kommenden Vermögen nicht mehr enthalten ist. Hat der letzten Veranlagung ein Wert nicht zugrunde gelegen, so tritt an seine Stelle der einge-zahlte Betrag des Grund- oder Stammkapitals oder, wenn ein solches nicht vorhanden ist, die Summe der Einlagen oder der Anschaffungs- oder Herstellungspreis im Sinne des § 19 Abs. 2 des Einkommen-steuergesetzes. Im übrigen finden auf die Gewinnermittlung die Vorschriften der §§ 13 bis 17 dieses Gesetzes, §§ 12-17, 19-21 des Einkommensteuergesetzes Anwendung.

무자가 과세기간 중에 취득한, 면세의 재산 증가를 공제하여야 한다. 분배되어야 할 재산 중에 포함되어 있지 않은 이전 과세기간의 이익은 가산되어야 한다. 직전의 과세기간에 가액이 기초로 되지 않은 경우 그 대신 자본금의 금액 또는 자본금이 존재하지 않는 경우 출자총액 또는 독일소득세법 제19조 제2항에 규정된 취득가액 또는 제조가액으로 갈음한다. 그 밖의 경우 이 법의 제13조부터 제17조까지의 이익계산에 관한 규정 및 독일소득세법 제12조부터 제17조까지, 제19조부터 제21조까지가 적용된다.

(2) Die Vorschrift des Abs. 1 gilt en-tsprechend für die Fälle in denen das Vermögen einer Erwerbsgesellschaften oder eines Betriebs oder einer Verwaltung im Sinne des § 2 Nr. 3 mit oder ohne Liquidation auf einen anderen übergeht; hierbei tritt für die Ermittlung des Gewinns an die Stelle des zur Verteilung kommenden Vermögens der Wert der für die Uebertragung des Vermögens gewährten Gegenleistung nach dem Stande im Zeitpunkt der Uebertragung.

(2) 제1항의 규정은 1영리회사 또는 제2조 제3호에 규정된 1영업 또는 1관리의 재산이 청산과 함께 또는 청산을 거치지 않고 타인에게 이전된 경우에 이를 준용한다. 이 경우의 이익의 산정할 때 분배되어야 할 재산을, 재산 이전의 대가로 부여된 반대급부[이전(移轉) 당시의 상태로]의 가격으로 갈음할 수 있다.

(3) Die Vorschrift des Abs. 2 findet keine Anwendung, wenn das Vermögen einer Erwerbsgesellschaft oder eines Betriebs oder einer Verwaltung im Sinne des § 2 Nr. 3 als Ganzes mit oder ohne Liquidation auf eine andere inländische Erwerbsgesellschaft oder

(3) 제2항의 규정은 1영리회사 또는 제2조 제3항에 규정된 1영업 또는 1관리의 재산이 전체로서 다른 1내국영리회사 또는 1공법상 법인에 이전되는 경우에는 적용하지 않는다. 이 경우 독일소득세법 제30조부터 제32조까지의 규정도 이를 적용하지 않는다.

auf eine Körperschaft des öffentlichen Rechtes übertragen wird. Auch die Vorschriften der §§ 30−32 des Einkommensteuergesetzes gelten in diesen Fälle nicht.	
§ **19.** (1) Scheidet eine bisher unbeschränkt steuerpflichtige Erwerbsgesellschaft (§ 4 Abs. 1, 3) durch Verlegung des Sitzes und Ortes der Leitung oder eines von beiden in das Ausland aus der in inländischen Steuerpflicht aus oder wird sie dadurch beschränkt steuerpflichtig, so findet §18 Abs. 1 sinngemäss Anwendung. An die Stelle des zur Verteilung kommenden Vermögens tritt der gemeine Wert des vorhandenen Vermögens. Der nicht auf das letzte Betriebsergebnis entfallende Teil der Steuer bleibt zu dem Betrag unerhoben, der dem Verhältnis des im Inland verbliebenen Vermögens zum gesamten Vermögen der Gesellschaft entspricht.	**제19조** (1) 종래 무제한 납세의무를 부담하는 영리회사(제4조 제1항, 제3항)가 주소 및 지휘의 장소 또는 둘 중 하나를 외국에 이전함으로써 내국납세의무에서 이탈하는 경우 또는 이로 인하여 제한 납세의무자로 되는 경우에는 제18조 제1항의 규정을 준용한다. 분배되어야 하는 재산은 현존 재산의 통상가액으로 갈음한다. 최후의 영업성과에 대응하지 않는 조세는 회사의 총재산에 대한 내국 잔류 재산의 비율에 상당하는 액을 징수하지 않는다.
(2) Die Vorschrift des Abs. 1 gilt enteprechend, wenn die inländische betriebsstätte einer Erwerbsgesellschaft, deren Sitz und Ort der Leitung sich im Ausland befinden, aufgelöst oder in das Ausland verlegt oder ihr Vermögen als Ganzes an einen anderen übertragen wird.	(2) 제1항의 규정은 그 본점 및 관리장소가 외국에 존재하는 1영리회사의 내국 고정사업장이 해산되거나 또는 외국으로 이전되거나 또는 회사의 재산이 전체로서 타인에게 이전된 경우에 준용한다.
(3) Die Vorschrift des Ab. 1, 2 finden auf Betriebe und Verwaltungen im Sinne des § 2 Nr. 3 entsprechenende Anwendung.	(3) 제1항, 제2항의 규정은 제2조 제3항에 규정된 영업 및 관리에 준용한다.
Ⅲ. Steuertarif	**Ⅲ. 세율**
§ **20.** Zur Berechnung der Körperschaftsteuer wird das Einkommen auf volle 10 RM. nach unten abgerunde.	**제20조** 법인세를 계산할 때 10마르크의 단수는 절삭한다.
§ **21.** Die Körperschaftssteuer beträgt: 1. bei Erwerbsgesellschaften (§ 4 Abs. 1, 3) und Betrieben oder Verwaltungen im Sinne des § 2 Nr. 3 mit Ausnahme der	**제21조** 법인세액은 다음과 같다. 1. 영리회사(제4조 제1항, 제3항) 및 제2조 제3호에 규정된 영업 또는 관리의 경우 제2호 및 제3호 c), d)에 규정된 납세의

unter Nr. 2 und 3 c, d bezeichneten Steuerpflichtigen 20 v. H. des Einkommens;	무자를 제외하고 소득의 20퍼센트
2. bei Gesellschaften mit beschränkter Haftung und bei Erwerebs- und Wirtschaf-tsgenossenschaften, die nicht unter § 4 Abs. 2 fallen, sofern der Sitz oder der Ort der Leitung im Inland liegt und weder das Stammkapital oder die Summe der Einlagen noch das beider letzten Veranlagung zur Vermögensteuer festgestellte Vermögen den Betrag von 50000 RM. übersteigt,	2. 유한회사와 제4조 제2항에 속하지 않는 영업 또는 관리의 경우 본점 또는 관리장소가 내국에 있고 자본금 또는 출자금액도 또한 재산세의 최후의 사정을 위하여 확인된 재산금액이 50,000마르크를 초과하는 경우,
für die ersten angefangenen oder vollen 8000 RM. des Einkommens 10 v. H.,	소득금액이 최초의 8,000마르크 또는 그 단수인 경우 10퍼센트
für die weiteren angefangenen oder vollen 4000 RM. des Einkommens 12 v. H.,	소득금액이 이후의 4,000마르크 또는 그 단수인 경우 12퍼센트
für die weiteren angefangenen oder vollen 4000 RM. des Einkommens 15 v. H.,	소득금액이 이후의 4,000마르크 또는 그 단수인 경우 15퍼센트
für die weiteren angefangenen oder vollen 4000 RM. des Einkommens 20 v. H.,	소득금액이 이후의 4,000마르크 또는 그 단수인 경우 20퍼센트
für die weiteren angefangenen oder vollen 8000 RM. des Einkommens 25 v. H.,	소득금액이 이후의 8,000마르크 또는 그 단수인 경우 25퍼센트
Für alle weiteren Beträge 30 v. H. mit der Massgabe, dass die Steuer 20 v. H. des gesamten Einkommens nicht übersteigen darf, bei den übrigen Gesellschaften mit Beschränkter Haftung und nicht unter § 4 Abs. 2 fallenden Erwerbs- und Wirt schaftsgenossenschaften 20 v. H. des Einkommens.	이후의 소득금액에 대하여는 30퍼센트로서 조세가 총소득금액의 20퍼센트를 초과할 수 없다는 것을 한도로 한다. 그 밖의 유한회사 및 제4조 제2항에 속하지 않는 산업협동조합의 경우 소득금액의 20퍼센트.
Als Stammkapital im Sinne dieser Vorschrift gelten auch die im § 6 des Kapitalverkehrsteuergesetzes vom 8. April 1922 (R.G.Bl. I S. 354) zu a, b bezeichneten Zahlungen und Leistungen sowie die im § 6 des genannten Gesetzes zu c bezeichneten Darlehen und Forderungen;	1922년 4월 8일자 자본유통세법(R.G.Bl I S. 354) 제6조 a) 및 b)에 규정된 지출 및 급부와 같은 법 제6조 c)에 규정된 소비대차 및 채권도 이 규정의 자본금으로 본다.
3. a) bei den im § 2 Nr. 2, § 4 Abs. 2 be-zeichneten Steuerpflichtigen,	3. a) 제2조 제2호 및 제4조 제2항에 규정된 납세의무자의 경우,

b) bei den im § 3 Abs. 1 Nr. 2 be-zeichneten Steuerpflichtigen, die nicht zu den Erwerbsgesellschaften (§ 4 Abs. 1, 3) oder zu den Betrieben und Verwaltungenim Sinne des § 2 Nr. 3 gehören,	b) 제3조 제1항 제2호에 규정된 납세의무자로서 영리회사(제4조 제1항, 제3항) 또는 제2조 제3호에 규정된 영업 및 관리에 속하지 않는 것
c) bei den Privatnotenbanken, den nach dem Hypothekenbankgesetze vom 12. Juli 1899 (R.G.BI. S. 375) der Staatsaufsicht unterliegenden reinen Hypothekenbanken und den unter Staatsaufsicht stehenden, mit dem Recht zur Ausgabe von Schiffspfandbriefen, ausgestattesten Schiff-sbeleihungsbanken, ferner bei den Hypothekenbanken, die Geschäfte in weiterem als dem im § 5 des Hypothek-enbankgesetzes bezeichneten Umfang betreiben (gemischten Hypothekenbanken), für Einkünfte aus den im § 5 des Hypothekenbankgesetzes genannten Geschäften und	c) 사설발권은행(Privatnotenbank), 1899년 7월 30일자 부동산저당은행법(Hypothek-enbankgesetz, R.G.Bl. S. 375)에 따라 국가의 감독에 복속하는 순수한 부동산저당은행, 국가의 감독에 복속하는 선박질권(Schiffspfandbriefen)발행의 권리를 가진 선박임대은행(Schiffsbeleihungsbanken) 및 부동산저당은행법 제5조에 규정된 범위를 초과하는 업무를 영위하는 부동산저당은행(혼합부동산저당은행, gemischten Hypothekenbanken)의 경우 부동산저당은행법 제5조에 규정된 업무에서 발생하는 소득에 대하여
d) bei beschränkt steuerpflichtigen Erwer-bsgesellschaften(§ 4 Abs. 1, 3) und Betrieben oder Verwaltungen im Sinne des § 2 Nr. 3 für Einkünfte der im § 3 Abs. 2 Nr. 4-11 des Einkommensteuergesetzes bezeichneten Art, soweit diese Einkünfte nicht in einem inländischen Betriebe der Land- und Forstwirtschaft oder in ei-nem inländischen Gewerbebetrieb an-gefallen sind, 10 v. H. des Einkommens.	d) 제한 납세의무 영리회사(제4조 제1항 및 제3항) 및 제2조 제3호에 규정된 영업 또는 관리의 경우 독일소득세법 제3조 제2항 제4호부터 제11호까지의 분류에 따른 소득에 대하여(내국 농업, 임업, 영업에 속하지 않는 경우) 각 소득금액의 10퍼센트
Ⅳ. Verfahren	**Ⅳ. 절차**
§ **22.** Die §§ 61-67 des Einkommensteuergesetzes finden entsprechende Anwendung. Die Verpflichtung zur Abgabe einer Steuererklärung (§ 61 Abs. 1 des Einkommensteuergesetzes) kann auch auf eine Erklärung über die Höhe der im § 10 und Belohnungen er-streckt werden.	**제22조** 독일소득세법 제61조부터 제67조까지는 이를 준용한다. 독일소득세법의 조세신고제출의무(제61조 제1항)는 이를 제10조 제2항에 규정된 이익지분(Gewinnanteile), 보수(Vergütungen), 상여금(Tantiemen), 손해배상(Entschädigungen) 및 급여(Belohnungen)로 확장될 수 있다.

§ 23. Wenn die Steuerpflicht neu entsteht oder erlischt oder wenn die unbeschränkte Steuerpflicht an die Stelle der beschränkten oder die beschränkte Steuerpflieht an die Stelle der un beschränkten tritt, hat der Steuerpflichtige von der eingetretenen Veränderung dem Finanzamt nach näherer Anordnung des Reichsministers der Finanzen alsbald Anzeige zu machen.	**제23조** 납세의무가 새로이 발생하거나 소멸하거나, 무제한 납세의무가 제한 납세의무로 바뀌거나 또는 제한 납세의무가 무제한 납세의무로 바뀔 때, 납세의무자는 발생한 변동에 관하여 연방재무부장관이 구체적으로 정한 명령에 따라 과세관청에 즉시 신고하여야 한다.
V. Entrichtung der Steuer	**V. 조세의 납부**
§ 24. Die Vorschriften des Einkommensteuergesetzes über den Steuerabzug vom Kapitalertrag, über die Veranlagung von Einkünften, die dem Steuerabzug unterliegen, und über die Vorauszahlungen und die Abschlusszahlung (§§ 68, 83－103) finden sinngemäss Anwendung, soweit nicht in den §§ 25—28 etwas anderes vorgeschrieben ist.	**제24조** 자본수익의 조세공제(Steuerabzug) 적용을 받는 소득의 사정(査定), 예납, 납부에 관하여 특별한 규정이 없는 한 독일소득세법의 규정(제68조 제83조부터 제103조)을 제25조부터 제28조까지 준용한다.
§ 25. Neben dem Falle des § 84 des Einkommensteuergesetzes unterbleibt der Steuerabzung auch von Kapitalerträgen, die einer unbeschränkt steuerpflichtigen Erwerb－sgesellschaft (§ 4 Abs. 1, 3) oder einem Betrieb oder einer Verwaltung im Sinne des § 2 Nr. 3 sus Aktien, Kuxen, Anteilen oder Genusssheinen einer anderen Erwerb－sgesellschaft zufliessen, sofern sie an dem Grund－ oder Stammkapital oder an dem Vermögen dieser Erwerbsgesellschaft seit Beginn des Steuerabsehnitta mindestens zu einem Viertel beteiligt ist.	**제25조** 독일소득세법 제84조의 경우 이외에, 다른 영리회사의 주식, 광산주, 지분 또는 향익증권으로부터 무제한 납세의무 있는 영리회사(제4조 제1항 제3항) 또는 제2조 제3호에 규정된 영업 또는 관리로 귀속되는 자본소득 중 과세기간 개시 이후 그 다른 영리회사의 자본금 또는 재산의 4분의 1을 차지하는 것에 대하여도 조세공제를 행한다.
§ 26. (1) Besteht das Einkommen eines Steuerpflichtigen, der nicht zu den Erwerbegesellschaften (§4 Abs. 1, 3) oder zu den Betrieben und Verwaltungen im Sinne des § 2 Nr. 3 gehört, entweder nur aus Einkünften, die dem Steuerabzug vom Kapitalertrag unterlegen haben und weder in	**제26조** (1) 영리회사(제4조 제1항, 제3조) 또는 제2조 제3호에 규정된 영업 또는 관리에 속하지 않는 납세의무자의 소득이 자본수익 조세공제의 적용을 받고 농업 및 임업 또는 영업에서 발생하지 않는 소득만으로 구성되어 있거나 또는 그러한 소득과 기타 소득으로서 500마르크 이하의 것으로 구성되어 있

einem Betriebe der Land– und Forstwirtschaft noch in einem Gewerbebetrieb angefallen sind, oder aus solchen Einkünften und aus sonstigem Einkommen bis zu 500 RM., so findet ohne Rücksicht auf die Höhe des Einkommens eine Veranlagung nicht statt. Beträgt das sonstige Einkommen mehr als 500 RM., so wird nur dieses veranlagt.	는 경우, 소득의 크기와 무관하게 사정(査定)하지 않는다.
(2) Besteht im Fallen der beschränkten Steuerpflicht das Einkommen einer Erwerbsgesellschaft (§ 4 Abs. 1, 3) oder eines Betriebs oder einer Verwaltung im Sinne des § 2 Nr. 3 nur aus Einkünften, die dem Steuerabzug vom Kapitalertrag un–terlegen haben und weder in einem in–ländischen Betriebe der Land– und Forstwirtschaft noch in einem inländischen Gewerbebetrieb angefallen sind, oder aus solchen Einkünften und aus sonstigem Einkommen, so finden die Vorschriften des Abs. I entsprechende Anwendung.	(2) 제한 납세의무의 경우, 영리회사(제4조 제1항, 제3항) 또는 제2조 제3호에 규정된 영업 또는 관리의 소득이 자본수익 조세공제의 적용을 받고 내국 농업·임업 또는 내국 영업에서 발생하지 않는 소득으로만 구성되어 있거나 또는 그러한 소득과 기타 소득으로 구성되어 있는 경우 제1항을 준용한다.
§ **27.** In den fällen, in denen Kapitalerträge im Sinne des § 3 Abs. 2 Nr. 9 des Einkommensteuergesetzes bei der Ermittlung des Einkommens abgezogen werden dürfen (§ 15 Nr. 2), werden die von solchen Kapitalerträgen einbehaltenen Steuerbeträge nur erstattet, soweit sie vierteljährlich 10 RM. übersteigen.	**제27조** 독일소득세법 제3조 제2항 제9호에 규정된 자본수익이 소득의 산정시에 공제될 수 있는 경우(제15조 제2호), 그러한 자본수익으로부터 공제된 세액은 그 세액이 4분기에 10마르크를 초과하는 경우에 한하여 납부한다.
§ **28.** Die Vorschrift über die Leistung von Sicherheit für die Abschlusszahlung (§ 103 Abs. 1 des Einkommensteuergesetzes) gilt nur, wenn die Steuerpflicht durch Verlegung des Sitzes und des Ortes der Leitung einer unbeschränkt steuerpflichtigen Erwerbagesellschaft (§ 4 Abs. 1, 3) oder durch Verlegung der inländischen Betriebsstätte einer beschränkt steuerpflichtigen Erwerbsgesellschaft (§ 4 Abs. 1, 3) in das Ausland wegfällt.	**제28조** 납부를 위한 담보제공에 관한 규정(독일소득세법 제103조 제1항)은 납세의무가 무제한 납세의무가 있는 영리회사(제4조 제1항, 제3항)의 본점 또는 관리장소의 이전 또는 제한 납세의무가 있는 영리회사(제4조 제1항, 제3항)의 내국 고정사업장의 이전으로 인하여 소멸하는 경우에 한하여 적용한다.

Ⅵ. Uebergangs- und Schlussvorschriften	Ⅵ. 경과규정 및 종결규정
§ 29. Für die erste Veranlagung auf Grund dieses Gesetzes finden die Vorschriften der §§ 104—110 des Einkommensteuergesetzes sinngemäss Anwendung. Die Vorschrift des § 108 Abs. 2 Halbsatz I gilt jedoch nicht in den Fällen, in denen das Vermögen von Erwerbsgesellschaften bei der Veranlagung zur Vermögensteuer 1925 mit der Summe der Steuerkurswerte angesetzt worden ist, ferner nicht für Beteiligungen an einer inländischen Erwerbsgesellschaft, sofern der Wert einer solchen Beteiligung bei der Veranglagung zur Vermögensteuer 1925 gemäss § 27 des Reichsbewertungsgesetzes ausser Ansatz geblieben ist.	**제29조** 이법에 기한 최초의 사정에 대하여는 독일소득세법 제104조부터 제110조까지의 규정을 준용한다. 독일소득세법 제108조 제2항 제1단 전반의 규정은 영리회사의 재산이 1925년 재산세의 사정시 세무유통가격(Steuerkurswert)의 총합으로 계상되는 경우에는 적용하지 않는다. 또 내국영리회사의 경우 1925년 재산세의 사정시에 그 지분이 라이히평가법 제27조에 따라 고려되지 않는 경우에는 마찬가지로 위 규정을 적용하지 않는다.
§ 30. (1) Die Vorschriften der §§ 111, 114, 115 des Einkommensteuergesetzes gelten entspreschend. (2) Wird im Falle des § 5 Abs. 2 der Verordnung über Goldbilanzen vom 28. Dezember 1923 (R.G.BI. I S. 1253) ein Kapitalentwertungskonto in die Bilanz eingestellt, so dürfen die zu seiner Tilgung verwendeten Beträge bei der Ermittlung des Einkommens nach diesem Gesetze nicht abgezogen werden; § 15 Nr. 3 findet insoweit keine Anwendung.	**제30조** (1) 독일소득세법 제111조, 제114조, 제115조의 규정은 준용된다. (2) 1923년 12월 28일자 금대차대조표(Goldbilanz)에 관한 명령(R.G.Bl. I S. 1253) 제5조 제2항의 경우 자본가치 하락계정(Kapitalentwertungskonto)이 대차대조표 중에 기입되면 그 계정의 상각에 충당된 금액은 이법에 따라 소득의 산정시에 이를 공제할 수 없다. 제15조 제3호는 이에 대하여 적용하지 않는다.
§ 31. Die Ausführungsbestimmungen zu diesem Gesetz erlässt der Reichsminister der Finanzen mit Zustimmung des Reichsrats.	**제31조** 이 법에 대한 시행세칙은 연방재무부장관이 연방참의원의 동의를 얻어 공포한다.
§ 32. (1) Die Vorschrift des § 2 Nr. 3 gilt für die Betriebe und Verwaltungen, die nicht schon nach dem Körperschaftsteuergesetze vom 30. März 1920 (R.G.BI. S. 393) in der Fassung des Gesetzes vom 8. April 1922 (R. G. BI. S. 351) steuerpflichtig waren, erst–	**제32조** [생략: 경과규정]

malig für das erste Wirtschaftsjahr, das nach Inkrafttreten dieses Gesetzes beginnt. Im übrigen findet das Gesetz erstmalig auf die Veranlagungen für das Kalenderjahr 1925 oder für die im Kalenderjahre 1925 endenden Wirtschaftsjahre Anwendung. (2) Mit Wirkung vom 1. Januar 1925 treten die §§ 63—67 des Kapitalverkehrsteuergesetzes ausser Kraft. Soweit Vergütungen der in den §§ 63, 64 des Kapitalverkehrsteuergesetzes bezeichneten Art für ein vor dem 1. Januar 1925 endendes Wirtschaftsjahr gewährt werden, wird die Aufsichtsratsteuer nach den Vorschriften des Kapitalverkehrsteuergesetzes erhoben; das gleiche gilt für Vergütungen, die für ein im Jahre 1925 endendes Wirtschaftsjahr gewährt werden, für das nach Abs. 1 eine Veranlagung zur Körperschaftsteuer nicht stattfindet.	

(다) 주요 내용의 검토

① 납세의무자 1925년 독일법인세법 제2조부터 제9조까지에서는 납세의무자에 관하여 상세하고도 복잡한 규정이 신설되었다. 사법인의 경우에는 여전히 영리회사가 중요시되었으므로 다른 사법인과는 다르게 규율되었다. 반면 적절하지 않은 것으로 평가되었던 공법인에 대한 과세를 재고하여 종래와 다른 방식으로 공법인의 영리부문과 사법인 간의 경쟁중립성을 확보하려고 하였다.[158] 공법인의 납세의무의 기준은 경제적인 활동의 영위 유무였다. 동시에 법인격을 독일법인세법의 목적과 완전하게 결부시키는 것이 모든 경우에 정당화될 수는 없다는 인식이 자리 잡았다.[159]

② 과세소득의 산정 1925년 독일법인세법도 과세표준의 계산에 관하여

158) *Potthast*(주81), S. 61.

159) *Desens*(주85), Dokumentation zur Körperschaftsteuer Rechtsentwicklung der Körperschaftsteuer in der Bundesrepublik Deutschland, Rn. 8.

는 1925년 개정된 독일소득세법의 규정(제6조부터 제8조까지 및 제11조)을 준용하였다.[160] 그 이전에는 물적회사의 소득이 독일소득세법(EStG)의 여러 소득구분에 따라 분류·귀속되었지만[161] 1925년 독일법인세법은 기장의무가 있는 영리회사의 이익(Gewinn)을 그 원천과 관계없이 사업소득(gewerbliche Einkünfte)으로 취급하였다는 점이 특기할 만하다.[162] 현재의 독일법인세법상으로도 이 점은 근본적인 변화가 없다[163](현행 독일법인세법 제8조 제2항).

③ **법인세율** 영리회사에 대하여는 20퍼센트의 법인세율이 적용되었다. 그 이외의 법인에 대하여는 10퍼센트의 낮은 법인세율이 적용되었다. 소규모의 유한회사와 특수 영리·경제협동조합(순자산 50,000마르크 이하)은 소득구간에 따라 정해진 법인세율(10퍼센트에서 20퍼센트 사이)에 따라 과세되었다.[164]

④ **이중과세의 문제** 1925년 독일법인세법은 배당세를 폐지하였다. 이에 따라서 1922년 독일법인세법의 부분공제법도 폐지되었다.[165] 다만 유한회사의 사원으로서 총소득이 20,000마르크 이하인 자만이 계속하여 500마르크 이하의 배당금을 공제할 수 있었다.[166] 이런 예외에도 불구하고 1925년 독일법인세법은 고전적인 법인세체계로 완전히 전환하였다.[167] 고전적인 법인세체계는 동일한 경제적 실질을 가진 기업에 대하여 법형식에 따라 법인세 또는 소득세를 부과함으로써 조세부담을 다르게 하였으므로 경영학계에서 비판이 제기되었고 법학계에서도 경쟁중립적인 과세의 필요성이 거론되었다. 그러나 기업과세의 이

---

160) 1925년 독일법인세법 제10조 제1항. 1925년 개정된 독일소득세법(EStG 1925)은 통일적인 소득 개념을 포기하고 과세소득을 상세하게 분류하였다. 소득획득 양식의 차이에 따라 8가지 종류의 소득이 창설되었다(같은 법 제6조). 또한 입법자는 소득원천설과 순자산증가설 중 어느 하나를 취하려는 입장을 포기하고 두 가지 입장을 혼합적으로 수용하였다. *Potthast*(주81), S. 61.

161) 1922년 독일법인세법 제4조.

162) *Evers*, Kommentar zum KStG 1925, 2.Aufl., 1926, § 10 Rn. 8; *Potthast*(주81), S. 61.

163) 현행 독일법인세법 제8조 제2항.

164) 1925년 독일법인세법 제21조.

165) *Potthast*(주81), S. 63.

166) *Ruppe*(주101), Rn. 40.

167) 그 전환은 외국의 예를 참조한 것이었다. RTDrucks. III Wahlperiode 1924 Nr. 796, 10/11; *Desens*(주85), Dokumentation zur Körperschaftsteuer Rechtsentwicklung der Körperschaftsteuer in der Bundesrepublik Deutschland, Rn. 8.

원주의가 현실의 제도로 자리를 잡게 되자 점차 그 비판도 수그러들었다.[168)]

1925년 독일법인세법하에서도 법인세율이 소득세율에 비하여 상대적으로 낮았으므로 이익을 배당하는 것보다 유보하는 것이 유리하였다. 그 결과 법인으로 소득을 유보시켜 두는 경향이 두드러졌다.[169)] 이에 따라 기업에 대한 과세가 법형식에 따라 중립성을 잃게 된다는 점이 점점 더 분명해졌다.[170)] 이를 해결하기 위하여 1931년에 독일소득세법(EStG) 제58a조로 개인상인 및 인적회사에 대한 조세특례가 도입되었다. 위 조세특례에 따르면 기장 의무가 있는 개인상인 및 인적회사가 준비금으로 전입한 이익에 대하여는 법인세율과 동일한 20퍼센트의 낮은 소득세율이 적용되었다.[171)]

⑤ **참여지분 과세특례** 참여지분 과세특례는 유지되었지만 보유지분 요건을 25퍼센트 이상으로 상향 조정하여 그 적용범위가 좁아졌다.[172)] 최소한 4분의 1 이상의 지분을 보유하고 있어야 해당 회사를 지배할 수 있다고 말할 수 있다는 논리에 따른 것이었다.[173)] 그러나 1926년 3월 31일자로 「경제환경의 완화를 위한 조세감면에 관한 법률(Gesetz über Steuermilderungen zur Erleichterung der Wirtschaftslage vom 31. 3. 1926)」[174)]이 제정되면서 참여지분 과세특례의 적용범위가 확대되었다. 이 법률은 정치·경제적인 고려에서 참여지분 과세특례의 적용범위를 확대하였는데, 설사 지배회사의 지분율이 25퍼센트에 미치지 못하더라도 그 지분을 지배회사의 재산에서 본질적인 부분으로 볼 수 있다면 참여지분 과세특례를 적용할 수 있도록 하였다.[175)]

---

168) *Potthast*(주81), S. 63.

169) 당시 1925년 독일소득세법(EStG 1925)의 최고 세율은 40퍼센트였다. 배당을 하지 않고 법인에 유보하는 현상을 '유한회사로의 도피(Flucht in die GmbH)'라고 하였다. *Desens*(주85), Dokumentation zur Körperschaftsteuer Rechtsentwicklung der Körperschaftsteuer in der Bundesrepublik Deutschland, Rn. 8; *Ruppe*(주101), S. 41.

170) *Desens*(주91), S. 43ff. 이 무렵 법형식에 따른 조세중립성을 완전하게 확보하려면 분리원칙을 포기하여야 한다는 점이 분명해졌다. *Potthast*(주81), S. 63.

171) RGBl. 1931 I, S. 279; *Desens*(주85), Dokumentation zur Körperschaftsteuer Rechtsentwicklung der Körperschaftsteuer in der Bundesrepublik Deutschland, Rn. 8; *Potthast*(주81), S. 63; *Ruppe*(주101), S. 41.

172) 1925년 독일법인세법 제11조 제3호.

173) *Potthast*(주81), S. 62.

174) RGBl. 1926 I, S. 185.

175) *Desens*(주85), Dokumentation zur Körperschaftsteuer Rechtsentwicklung der Körperschaftsteuer

4. 제3제국 시대의 법인세법(1934년 독일법인세법)

가. 개 관

1925년 독일법인세법 이후에 이루어진 전면개정의 결과가 1934년 10월 16일자 개정 독일법인세법(이하 '1934년 독일법인세법'이라고만 한다)[176]이었다. 1934년 독일법인세법은 무엇보다도 세계경제위기와 독일경제의 회복이라는 경제·정치적 목적을 위한 것이었다. 나치(Nazi)시대에 제정된 법률이지만 나치사상에 따라 만들어진 것은 아니었다.[177] 1934년 독일법인세법은 문언상으로는 전면적인 개정이었지만 내용상으로는 그 이전의 독일법인세법과 본질적인 차이가 없었다. 1934년 독일법인세법은 이후에도 여러 차례 개정되었지만 기본 구조는 바뀌지 않았고, 현행 오스트리아·독일 법인세법의 원형을 이루고 있다는 점에서 의미가 있다.[178] 이제 법인세법의 독립성은 의문의 여지가 없게 되었다.[179] 제3제국 시대의 법인세법의 특징은 법인세율이 급격하게 높아져서 배당이익에 대한 이중과세의 문제가 더 심각해졌다는 점을 들 수 있다.

나. 법률의 내용

1934년 독일법인세법

KStG Vom 16. Oktober 1934

(RGBl. 1934 I. S. 1031.)

원 문	한국어 역
Ⅰ. Steuerpflicht	Ⅰ. 납세의무
§ 1. Unbeschränkte Steuerpflicht (1) Unbeschränkt körperschaftsteuerpflichtig sind die folgenden Körperschaften, Personenvereinigungen und Vermögensmassen, die ihre Geschäftsleitung oder ihren Sitz im Inland haben:	**제1조 무제한 납세의무** (1) 국내에 관리장소 또는 주소를 두고 있는 다음의 법인, 사단, 재단은 무제한 법인세 납세의무가 있다.

in der Bundesrepublik Deutschland, Rn. 8; *Potthast*(주81), S. 51; *Ruppe*(주101), S. 40.

176) RGBl. 1934 I. S. 1031; *Ruppe*(주101), S. 41.

177) *Desens*(주91), S. 45.

178) *Ruppe*(주101), S. 41. 독일소득세법의 경우에도 1934년 개정된 독일소득세법(EStG 1934)이 같은 역할을 하였다. *Desens*(주91), S. 45.

179) *Potthast*(주81), S. 65.

1. Kapitalgesellschaften (Aktiengesellschaften, Kommanditgesellschaften auf Aktien, Gesellschaften mit beschränkter Haftung, Kolonialgesellschaften, bergrechtliche Gewerk-schaften);	1. 자본회사(주식회사, 주식합자회사, 유한회사, 식민회사, 광업조합)
2. Erwerbs- und Wirtschaftsgenossenschaften;	2. 산업공제조합
3. Versicherungsvereine auf Gegenseitigkeit;	3. 상호보험조합
4. sonstige juristische Personen des privaten Rechts;	4. 기타 사법상 법인
5. nichtrechtsfähige Vereine, Anstalten, Stiftungen und andere Zweckvermögen;	5. 권리능력 없는 조합, 협회, 재단 및 기타 목적재산
6. Betriebe gewerblicher Art von Körperschaften des öffentlichen Rechts.	6. 공법인의 영리사업부문
(2) Die unbeschränkte Körperschaftsteuerpflicht erstreckt sich auf sämtliche Einkünfte.	(2) 무제한 납세의무는 총소득(sämtliche Einkünfte)에 대하여 적용된다.
§ 2. Beschränkte Steuerpflicht	**제2조 제한 납세의무**
Beschränkt körperschaftsteuerpflichtig sind:	제한 법인세 납세의무를 부담하는 자는 다음과 같다.
1. Körperschaften, Personenvereinigungen und Vermögensmassen, die weder ihre Geschäf-tsleitung noch ihren Sitz im Inland haben, mit ihren inländischen Einkünften;	1. 국내에 관리장소나 주소를 두고 있지 않은 법인, 사단, 재단으로서 국내소득이 있는 경우
2. Körperschaften, Personenvereinigungen und Vermögensmassen, die nicht unbeschränkt steuerpflichtig sind, mit den inländischen Einkünften, von denen ein Steuerabzug zu erheben ist.	2. 무제한 납세의무를 부담하지 않는 법인, 사단, 재단으로서 원천징수되어야 할 국내소득이 있는 경우
§ 3. Abgrenzung der persönlichen Steuerpflicht	**제3조 인적 납세의무의 구분**
Nichtrechtsfähige Personenvereinigungen, Anstalten, Stiftungen und andere Zweckvermögen sind dann körperschaftsteuerpflichtig, wenn ihr Einkommen weder nach diesem Gesetz noch nach dem Einkommensteuergesetz unmittelbar bei einem anderen Steuerpflichtigen zu versteuern ist.	권리능력 없는 사단, 협회, 재단 기타 목적재단은 그 소득이 이 법이나 독일소득세법에 의하여 직접적으로 다른 납세의무자에게 과세될 수 없는 경우에 한하여 법인세 납세의무가 있다.
§ 4. Persönliche Befreiungen	**제4조 인적 면제(Persönliche Befreiungen)**

(1) Von der Körperschaftsteuer sind befreit:	(1) 다음의 경우 법인세가 면제된다.
1. die Deutsche Reichspost, die Deutsche Reichsbahn–Gesellschaft, das Unternehmen "Reichsautobahnen", die Monopolver–waltungen des Reichs und die staatlichen Lotterieunternehmen;	1. 독일국영우편, 독일철도회사, 독일 고속도로 기업, 국영전매사업, 주영(州營)복권사업
2. die Reichsbank, die Deutsche Rentenbank, die Deutsche Nentenbank–Kreditanstalt;	2. 독일연방은행, 독일신용은행, 독일신용은행·신용협회
3. Staatsbanken, soweit sie Aufgaben staats–wirtschaftlicher Art erfüllen;	3. 국립은행(역할을 국가경제적으로 충족하는 경우)
4. die öffentlichen oder unter Staatsaufsicht stehenden Sparkassen, soweit sie der Pflege des eigentlichen Sparverkehrs dienen;	4. 공립저축은행 또는 국가의 감독하에 있는 저축은행(독자적인 저축거래의 보호에 기여하는 경우)
5. Hauberg–, Wald–, Forst– und Laubge–nossenschaften und ähnliche Realgemeinden. Unterhalten sie einen Gewerbebetrieb, der über den Rahmen eines Nebenbetriebs hinausgeht, oder haben sie einen solchen Gewerbebetrieb verpachtet, so sind sie insoweit steuerpflichtig;	5. 벌목, 벌채, 삼림 및 활엽수림조합과 기타 유사한 임업조합. 이러한 조합이 부업의 범위를 넘어서는 영업을 영위하거나 그러한 영업을 임대하여 주는 경우 그 범위에서는 납세의무가 있다.
6. Körperschaften, Personenvereinigungen und Vermögensmassen, die nach der Satzung, Stiftung oder sonstigen Verfassung und nach ihrer tatsächlichen Geschäftsführung ausschließlich und unmittelbar kirchlichen, gemeinnützigen oder mildtätigen Zwecken dienen. Unterhalten sie einen wirtschaftlichen Geschäftsbetrieb, der über den Rahmen einer Vermögensverwaltung hinausgeht, so sind sie insoweit steuerpflichtig/	6. 법인, 사단, 재단으로 그 정관, 기부행위 또는 기타 규정 및 실제의 업무수행에 따라 전적으로 그리고 직접적으로 종교, 공익, 자선 목적을 위한 것. 이러한 법인, 사단, 재단이 재단관리의 범위를 넘어서는 경제적 사업을 영위하는 경우 그 범위에서 납세의무가 있다.
7. rechtsfähige Pensions–, Witwen–, Waisen–, Sterbe–, Kranken–, Unterstützungskassen und sonstige rechtsfähige Hilfskassen für Fälle der Not oder Arbeitslosigkeit nach näherer Anordnung des Reichsministers der Finanzen;	7. 권리능력 있는 연금보험기금, 유족보험기금, 고아보험기금, 사망보험기금, 의료보험기금, 지원보험기금 그리고 연방재무부장관의 밀접한 통제에 따라 곤란 또는 실직의 경우에 대비하기 위한 기타 권리능력 있는 부조보험기금

(2) Die Befreiungen nach Absatz 1 sind nicht anzuwenden, soweit die inländischen Einkünfte dem Steuerabzug unterliegen (§ 2 Ziffer 2).	(2) 제1항에 따른 면제는 국내소득이 원천징수의 대상이 될 경우에는 적용될 수 없다.
(3) Die Befreiungen nach Absatz 1 Ziffern 3 bis 7 sind auf beschränkt Steuerpflichtige (§2 Ziffer 1) nicht anzuwenden.	(3) 제1항 제3호부터 제7호까지의 면제는 제한 납세의무자(제2조 제1호)에 대하여는 적용될 수 없다.
Ⅱ. Einkommen **1. Allgemeines**	**Ⅱ. 소득** **제1절 총론**
§ **5.** (1) Die Körperschaftsteuer bemißt sich nach dem Einkommen, das der Steuerpflichtige innerhalb eines Kalenderjahrs bezogen hat.	**제5조** (1) 법인세는 납세의무자가 1역년 내에 획득한 소득에 따라 계산된다.
(2) Weicht bei Steuerpflichtigen, die Bücher nach den Vorschriften des Handelsgesetzbuchs zu führen verpflichtet sind und solche tatsächlich ordnungsmäßig führen, das Wirtschaftsjahr, für das sie regelmäßig Abschlüsse machen, vom Kalenderjahr ab, so gilt der Gewinn aus Gewerbebetrieb als in dem Kalender- jahr bezogen, in dem das Wirtschaftsjahr endet. Das gilt entsprechend bei buchführenden Steuerpflichtigen, die Land- und Forstwirtschaft betreiben.	(2) 상법의 규정에 따라 장부를 기장하여야 하고 실제로 그 장부를 정규의 방식으로 기장하는 납세의무자는 정기적으로 결산하는 사업연도가 역년과 다를 경우 사업연도가 종료하는 역년에 사업소득을 획득한 것으로 본다. 농업 및 임업을 영위하는 기장의무 있는 납세의무자의 경우에도 같다.
§ **6.** Was als Einkommen gilt und wie das Einkommen zu ermitteln ist, bestimmt sich nach den Vorschriften des Einkommen-steuergesetzes und den §§ 7 bis 16 dieses Gesetzes. Hierbei sind auch verdeckte Gewinnausschüttungen zu berücksichtigen.	**제6조** 소득의 범위와 계산방법은 독일소득세법의 규정과 이 법 제7조부터 제16조까지의 규정에 따른다. 이때 숨은 이익처분도 고려하여야 한다.
§ **7.** Für die Ermittlung des Einkommens ist es ohne Bedeutung, ob das Einkommen verteilt wird oder nicht. Ausschüttungen jeder Art auf Genußscheine, mit denen das Recht aus Beteiligung am Gewinn und am Liquidalionserlös der Kapitalgesellschaften verbunden ist, dürfen das Einkommen nicht mindern.	**제7조** 소득의 계산시 소득이 분배되었는지 여부는 고려하지 않는다. 물적회사의 이익 및 청산소득에 대한 분배권과 결부되어 있는 향익권에 기한 어떠한 종류의 배당도 소득을 감소시킬 수 없다.

2. Sachliche Befreiungen	제2절 물적 면제
§ 8. Bei Personenvereinigungen Bei Personenvereinigungen, die unbeschränkt steuerpflichtig sind, bleiben für die Ermittlung des Einkommens die auf Grund der Satzung erhobenen Beiträge der Mitglieder außer Ansatz.	**제8조 사단의 경우** 무제한 납세의무를 지는 사단의 경우 정관에 따라 사원으로부터 징수한 금액은 소득계산시 고려하지 않는다.
§ 9. Bei Schachtelgesellschaften	**제9조 지분참여회사(Schachtelgesellschaften)의 경우**
(1) Ist eine unbeschränkt steuerpflichtige Kapitalgesellschaft nachweislich seit Beginn des Wirtschaftsjahrs ununterbrochen an dem Grund- oder Stammkapital einer anderen unbeschränkt steuerpflichtigen Kapitalgesellschaft in Form von Aktien, Kuxen oder Anteilen mindestens zu einem Viertel unmittelbar beteiligt, so bleiben die auf die Beteiligung entfallenden Gewinnanteile jeder Art außer Ansatz. Ist ein Grund- oder Stammkapital nicht vorhanden, so tritt an seine Stelle das Vermögen, das bei der letzten Veranlagung zur Vermögensteuer festgestellt worden ist.	(1) 무제한 납세의무가 있는 물적회사가 명백하게 사업연도의 시작부터 중단됨이 없이 무제한 납세의무가 있는 다른 물적회사의 지분을 보유하는 방식으로 그 출자자본의 4분의 1 이상에 참여하는 경우, 그 지분에 대한 이익은 형태를 불문하고 고려하지 않는다. 출자자본이 존재하지 않는 경우에는 가장 가까운 재산세 사정시에 확정된 재산으로 출자자본을 대신한다.
(2) Soweit die Gewinnanteile außer Ansatz bleiben, ist der Steuerabzug vom Kapitalertrag nicht vorzunehmen.	(2) 위 제1항에 따라 이익을 고려하지 않을 경우, 자본소득에 대한 원천징수는 하지 않는다.
(3) Diese Vorschriften gelten entsprechend, wenn Reich, Länder, Gemeinden und Gemeindeverbände oder Betriebe von inländischen Körperschaften des öffentlichen Rechts an unbeschränkt steuerpflichtigen Kapitalgesellschaften beteiligt sind.	(3) 연방, 주, 시, 시연합 또는 내국 공법인의 영리부문이 무제한 납세의무가 있는 물적회사에 지분참여하는 경우 제1항, 제2항의 규정을 준용한다.
§ 10. Bei Kapitalwaltungsgesellschaften	**제10조 자본관리회사(Kapitalverwaltungs-gesellschaften)의 경우**
(1) Für Kapitalverwaltungsgesellschaften kann der Neichsminister der Finanzen besondere Vorschriften erlassen.	(1) 연방재무부장관은 자본관리회사를 위하여 특별한 규정을 둘 수 있다.
(2) Kapitalverwaltungsgesellschaften im Sinn	(2) 제1항에 규정한 자본관리회사는 다른 물

des Absatzes 1 sind Kapitalgesellschaften, die ausschließlich den Erwerb, die Verwaltung und die Veräußerung von Aktien, Kuxen, Anteilen oder Genußscheinen anderer Kapitalgesellschaften oder von Schuldverschreibungen zum Gegenstand haben.	적회사의 주식, 지분, 향익권 또는 채권의 관리 및 양도를 명시적으로 영업의 대상으로 하는 물적회사를 말한다.
3. Abzugsfähige Ausgaben	**3. 공제가능한 경비**
§ 11. Bei Ermittlung des Einkommens sind die folgenden Beträge abzuziehen, soweit sie nicht bereits nach den Vorschriften des Einkommensteuergesetzes abzugs fähige Ausgaben sind:	**제11조** 이미 독일소득세법의 규정에 따라 공제된 것이 아니라면 소득계산시 다음 금액을 공제한다.
1. bei Kapitalgesellschaften die Kosten der Ausgabe von Aktien und sonstigen Gesellschaftsanteilen, soweit sie nicht aus dem Ausgabeaufgeld gedeckt werden können;	1. 물적회사의 경우 주식 및 기타 회사지분의 발행비용(주식발행초과금에서 공제할 수 없는 경우에 한한다).
2. bei Versicherungsunternehmen Zuführungen zu versicherungstechnischen Rücklagen, soweit sie für die Leistungen aus den am Bilanzstichtag laufenden Versicherungsverträgen erforderlich sind;	2. 보험기업의 경우 보험기술적 준비금 전입액(대차대조표 기준일 당시의 유효한 보험계약에 따라 급부를 위하여 필요한 경우에 한한다).
3. bei Kommanditgesellschaften auf Aktien der Teil des Gewinns, der an persönlich haftende Gesellschafter auf ihre nicht auf das Grundkapital gemachten Einlagen oder als Vergütung (Tantieme) für die Geschäftsführung verteilt wird;	3. 주식합자회사의 경우 무한책임사원에게 분배된 이익으로서 출자에 기하지 않은 것 또는 경영에 대한 상여금으로 지급된 것
4. Vermögensmehrungen, die dadurch entstehen, daß Schulden zum Zweck der Sanierung ganz oder teilweise erlassen werden.	4. 회생 목적으로 채무의 전부 또는 일부를 면제함에 따른 재산증가
4. Nichtabzugsfähige Ausgaben	**4. 공제 불가능한 경비**
§ 12. Nichtabzugsfähig sind:	**제12조** 다음 금액은 공제할 수 없다.
1. die Anfwendungen für die Erfüllung von Zwecken des Steuerpflichtigen, die durch Stiftung, Satzung oder sonstige Verfassung vorgeschrieben sind;	1. 기금거래, 정관 또는 기타 회사규약을 통하여 규정된 납세의무자의 목적을 이행하는데 따른 지출

2. die Steuern vom Einkommen und die Vermögensteuer;	2. 소득에 대한 조세와 재산세 및 자가소비에 대한 부가가치세
3. die Vergütungen jeder Art, die an Mitglieder des Aufsichtsrats, Verwaltungsrats, Grubenvorstands oder andere mit der Überwachung der Geschäftsführung beauftragte Personen gewährt werden;	3. 감독이사회, 관리이사회, 광산이사회의 구성원 또는 다른 유형의 경영감시를 위임받은 자에게 지급되는 모든 종류의 보수
4. die Ausgaben zu gemeinnützigen, mildtätigen, kirchlichen und ähnlichen Zwecken.	4. 공익, 자선, 종교 목적 기타 유사한 목적을 위한 경비
5. Anteilige Abzüge	**제5절 비례적 공제**
§ **13.** Ist das Einkommen nur zu einem Teil steuerpflichtig, so dürfen Ausgaben nur insoweit abgezogen werden, als sie mit steuerpflichtigen Einkünften in unmittelbarem wirtschaftlichem Zusammenhang stehen. Besteht das Einkommen nur aus Einkünften, von denen ein Steuerabzug zu erheben ist (§ 2 Ziffer 2), so ist ein Abzug von Ausgaben nicht zulässig.	**제13조** 소득의 일부가 과세대상인 경우에는 비용도 그 부분과 경제적으로 직접적인 관련이 있는 범위에서 공제한다. 소득이 전액 원천징수 대상인 경우(제2조 제2호)에는 비용의 공제가 허용되지 않는다.
6. Auflösung und Abwicklung (Liquidation)	**6. 해산 및 정리 (청산)**
§ **14.** (1) Wird eine Kapitalgesellschaft, die ihre Auflösung beschlossen hat, abgewickelt, so ist der im Zeitraum der Abwicklung erzielte Gewinn der Besteuerung zugrunde zu legen. Der Besteuerungszeitraum soll drei Jahre nicht übersteigen.	**제14조** (1) 해산을 결의한 물적회사가 정리되면 정리기간 중에 취득한 이익은 과세대상이 된다. 과세기간은 3년을 초과할 수 없다.
(2) Zur Ermittlung des Gewinns im Sinn des Absatzes 1 ist das zur Verteilung kommende Vermögen (Abwicklungs-Endvermögen) dem Vermögen am Schluß des der Auflösung vorangegangenen Wirtschaftsjahrs (Abwicklungs-Anfangsvermögen) gegenüberzustellen.	(2) 제1항의 이익을 계산하기 위하여 분배될 재산(정리기말재산)을 해산 직전 사업연도의 종료일 당시의 재산(정리기초재산)과 비교하여야 한다.
(3) Von dem Abwicklungs-Endvermögen sind die steuerfreien Vermögenszugänge abzuziehen, die dem Steuerpflichtigen in dem Abwicklungszeitraum zugeflossen sind.	(3) 정리기말재산에는 비과세되는 재산증가로서 정리기간 동안 납세의무자에게 귀속된 것을 제외하여야 한다.

(4) Abwicklungs-Anfangsvermögen ist das Betriebsvermögen, das am Schluß des vorangegangenen Wirtschaftsjahrs der Veranlagung zur Körperschaftsteuer zugrunde lag. Hat der letzten Veranlagung ein. Wert des Betriebsvermögens nicht zugrunde gelegen, so tritt an seine Stelle der Betrag des eingezahlten Grund- oder Stammkapitals oder, wenn ein solches nicht vorhanden ist, die Summe der Einlagen oder der Anschaffungs- oder Herstellungspreis im Sinn des Einkommensteuergesetzes. Das Abwicklungs-Anfangsvermögen ist um den Gewinn des vorangegangenen Wirtschaftsjahrs zu kürzen, der im Abwicklungszeitraum ausgeschüttet worden ist.	(4) 정리기초재산은 해산 직전 사업연도의 종료일에 법인세액 사정의 기초가 된 기업재산을 말한다. 직전 사정시에 기업재산의 가액이 기초가 되지 않았다면 그 대신 출자된 출자자본으로 대신하고, 출자자본이 존재하지 않는 경우에는 출자총액 또는 독일소득세법에 따른 취득가액으로 대신한다. 정리기초재산은 직전 사업연도의 이익 중에서 정리기간 중에 배당된 금액만큼 감액되어야 한다.
(5) Auf die Gewinnermittlung sind im übrigen die sonst geltenden Vorschriften anzuwenden.	(5) 이익계산(Gewinnermittlung)에 대하여는 그 밖에 유효한 규정을 적용한다.

7. Verschmelzung (Fusion) und Umwandlung	7. 합병과 조직재편
§ 15. (1) Geht das Vermögen einer Kapitalgesellschaft mit oder ohne Abwicklung (Liquidation) auf einen anderen über, so ist § 14 entsprechend anzuwenden. Für die Ermittlung des Gewinns tritt an die Stelle des zur Verteilung kommenden Vermögens der Wert der für die Übertragung des Vermögens gewährten Gegenleistung nach dem Stand im Zeitpunkt der Übertragung.	**제15조** (1) 물적회사의 재산이 정리(청산) 없이 다른 물적회사로 이전되면 제14조를 준용한다. 이익계산시에는 분배될 재산 대신에 이전 시점에서의 재산 이전 대가의 가액을 적용한다.
(2) Der beim Übergang sich ergebende Gewinn scheidet für die Besteuerung insoweit aus, als die folgenden Voraussetzungen erfüllt sind:	(2) 이전시에 발생하는 이익은 다음 조건이 충족될 때에는 과세가 배제된다.
1. das Vermögen einer inländischen Kapital-gesellschaft muß als Ganzes auf eine andere inländische Kapitalgesellschaft gegen Gewährung von Gesellschaftsrechten der übernehmenden Gesellschaft übergehen;	1. 내국 물적회사의 재산이 전체로서 다른 내국 물적회사로 이전되고 그 대가로 양수회사의 사원권이 교부될 것

2. es muß sichergestellt fein, daß dieser Gewinn später der Körperschaftsteuer unterliegt.	2. 위 이익에 대하여 추후에 법인세가 과세되는 것이 담보될 것
8. Verlegung der Geschäftsleitung ins Ausland	**제8절 관리장소의 외국 이전**
§ 16. (1) Verlegt eine unbeschränkt steuerpflichtige Kapltalgesellschaft ihre Geschäftsleitung und ihren Sitz oder eins von beiden ins Ausland und scheidet sie dadurch aus der unbes-chränkten Steuerpflicht aus, so ist § 14 entsprechend anzuwenden. An die Stelle des zur Verteilung kommenden Vermögens tritt der gemeine Wert des vorhandenen Vermögens.	**제16조** (1) 무제한 납세의무가 있는 물적회사가 그 관리장소 및 본점 또는 어느 하나를 외국으로 이전하고 이를 통하여 무제한 납세의무를 면하는 경우 제14조를 준용한다. 분배될 재산 대신에는 현존 재산의 통상가액을 적용한다.
(2) Absatz 1 gilt entsprechend, wenn die inländische Betriebsstätte einer beschränkt steuerpflichtigen Kapitalgesellschaft aufgelöst oder ins Ausland verlegt oder ihr Vermögen als Ganzes an einen anderen übertragen wird.	(2) 제한 납세의무가 있는 물적회사의 국내고정사업장을 해산하거나 외국으로 이전하거나 그 재산을 모두 다른 자에게 이전하는 경우 제1항이 준용된다.
9. Mindestbesteuerung	**9. 최저한세**
§ 17. (1) Als Mindesteinkommen werden der Besteuerung zugrunde gelegt:	**제17조** (1) 다음의 각 호는 최소소득으로서 과세의 기초가 된다.
1. die Ausschüttungen(auch verdeckte Gewinnauss-chüttungen), soweit sie mehr als 4 vom Hundert des eingezahlten Grund- oder Stammkapitals oder, wenn ein solches nicht vorhanden ist, des bei der letzten Veranlagung zur Vermögensteuerfestgestellten Vermögensbetragen, ohne Rücksicht daraus, aus welchen Mitteln die Ausschüttungen stammen;	1. 배당(숨은 이익처분을 포함한다)으로서 출자자본의 4퍼센트를 초과하거나, 출자자본이 존재하지 않는 경우 직전 재산세 사정시 확정된 재산가액의 4퍼센트를 초과하는 부분(배당이 어떤 수단으로 이루어졌는지는 고려하지 않는다)
2. die Vergütungen jeder Art, die an Mitglieder des Aufsichtsrats, Verwaltungsrats, Grubenvorstands oder andere mit der Überwachung der Geschäftsführung beauftragte Personen gewährt werden;	2. 감독이사회, 관리이사회, 광산이사회의 구성원 또는 다른 유형의 경영감시를 위임받은 자에게 지급되는 모든 종류의 보수

3. die Vergütungen jeder Art, die an Mitglieder des Vorstands oder an andere Angestellte in leitender Stellung für ihre Tätigkeit gewährt werden, soweit die Vergütungen außer Verhältnis zu ihrer Arbeitsleistung stehen.	3. 이사회의 구성원 또는 기타 경영상의 지위에 있는 직원에 대하여 그 활동의 대가로 지급하는 모든 종류의 보수로서 근로제공과 관련이 없는 것
(2) Die Mindestbesteuerung ist nur dann vorzunehmen, wenn der Gesamtbetrag des Mindesteinkommens höher ist als das nach § 6 ermittelte Einkommen.	(2) 최저한세는 최소소득의 총합이 제6조에 따라 계산한 소득보다 큰 경우에 한하여 적용된다.
Ⅲ. Steuertarif	**Ⅲ. 세율**
§ 18. Abrundung Zur Berechnung der Körperschaftsteuer wird das Einkommen auf volle 10 Reichsmark nach unten abgerundet.	**제18조 절삭** 법인세 계산시 소득이 10 라이히 마르크 이하인 경우는 절삭한다.
§ 19. Steuersätze (1) Die Körperschaftsteuer beträgt 20 vom Hundert des Einkommens.	**제19조 세율** (1) 법인세는 소득의 20퍼센트이다.
(2) Die Körperschaftsteuer beträgt 10 vom Hundert des Einkommens:	(2) 다음 각 호의 경우 법인세는 소득의 10퍼센트이다.
1. bei Kreditanstalten des öffentlichen Rechts für Einkünfte aus dem langfristigen Kommunalkredit-, Realkredit- und Meliorationskreditgeschäft;	1. 공공신용기관의 경우 지방자치단체에 대한 장기대여거래, 부동산신용거래 및 토지개량신용거래로 인한 소득
2. bei reinen Hypothekenbanken, bei gemischten Hypothekenbanken für die Einkünfte aus den im § 5 des Hypothekenbankgesetzes genannten Geschäften, bei Schiffspfandbrief-banken.	2. 순수저당은행의 경우 모든 소득, 혼합저당은행의 경우 저당은행법 제5조에 열거된 거래로 인한 소득, 선박저당은행의 경우 모든 소득
(3) Die Körperschaftsteuer für Einkünfte, die dem Steuerabzug unterliegen, ist durch den Steuerabzug abgegolten, wenn der Bezieher der Einkünfte nur beschränkt körperschaftsteuerpflichtig ist und die Einkünfte nicht in einem inländischen gewerblichen, land- oder forstwirtschaftlichen Betrieb angefallen sind.	(3) 원천징수대상이 되는 소득에 대한 법인세는, 원천징수자가 제한 법인세 납세의무자이고 대상 소득이 내국의 영리, 농업, 임업사업에 속하는 것이 아니라면 원천징수로 종결된다.

Ⅳ. Veranlagung und Entrichtung der Steuer	Ⅳ. 조세의 사정과 징수
§ 20. Allgemeines Auf die Veranlagung zur Körperschaftsteuer und auf die Entrichtung der Körperschaftsteuer sind entsprechend die Vorschriften anzuwenden, die für die Einkommensteuer gelten.	**제20조 총론** 법인세의 세액사정과 징수는 독일소득세에 관하여 적용되는 규정을 준용한다.
§ 21. Pauschbesteuernng Das Finanzamt kann die Körperschaftsteuer in einem Pauschbetrag festsetzen, wenn das steuerpflichtige Einkommen offenbar geringfügig ist und unverhältnismäßig großen Verwaltungsarbeit führen würde.	**제21조 개산과제(概算課稅)** 과세관청은 납세의무자의 소득이 과소함이 명백하고 이를 정확하게 계산하는데 과다한 행정적 노력이 투입될 것으로 예상되는 경우에는 법인세를 개산액(概算額)으로 확정할 수 있다.
Ⅴ. Übergangs- und Schluß vorschriften	**Ⅴ. 승계 및 계산규정**
§ 22. Ausdehnung des Kreises der Steuerpflichtigen Der Reichsminister der Finanzen wird ermächtigt, andere Personenvereinigungen als die im § 1 genannten für unbeschränkt steuerpflichtig zu erklären und ihre Besteuerung zu regeln.	**제22조 납세의무자 범위의 확장** 연방재무부장관은 다른 사단을 제1조에 규정된 무제한 납세의무자로 규정하고 과세할 수 있다.
§ 23. Genossenschaften Der Reichsminister der Finanzen wird ermächtigt, für bestimmte Gruppen von Erwerbs- und Wirtschafts, genossenschaften eine Befreiung von der Körperschaftsteuer oder die Anwendung eines ermäßigten Steuersatzes vorzuschreiben oder die Ermittlung ihres Einkommens besonders zu regeln.	**제23조 협동조합(Genossenschaft)** 연방재무부장관은 특정한 종류의 영리·경제 협동조합에 대하여 법인세를 면제하거나 법인세율을 감면하거나 소득계산에 관하여 특별할 규율을 할 수 있다.
§ 24. Inkrafttreten (1) Das Gesetz ist erstmalig auf Veranlagungen für das Kalenderjahr 1934 anzuwenden. (2) Der Reichsminister der Finanzen wird ermächtigt, einzelne Vorschriften des Gesetzes erst für spätere Veranlagungen in Kraft zu	**제24조 효력발생**:[번역생략]

setzen und für die Übergangszeit die Anwendung von Vorschriften des Körperschaft-steuergesetzes vom 10. August 1925 (Reichsgesetzbl. I S. 208) zuzulassen.	
§ 25. (1) Bei Steuerpflichtigen, bei denen die Körperschaftsteuer für einen vom Kalenderjahr 1933 abweichenden Steuerabschnitt festgesetzt worden ist, erhöht sich die Körperschaf-tsteuerschuld für das Kalenderjahr 1934 um ein Zwölftel für jeden Monat, der seit dem Ende des Steuerabschnitts 1932/33 bis zum 31. Dezember 1933 verstrichen ist. (2) Auf die nach Absatz 1 erhöhte Steuerschuld werden angerechnet: 1. die für die Zeit seit dem Ende des Steuera- bschnitts 1932/33 bis zum Ende des Kalenderjahrs 1934 entrichteten Vorauszahlungen; 2. die durch Steuerabzug einbehaltenen Beträge, soweit sie auf die in der Zeit seit dem Ende des Steuerabschnitts 1932/33 bis zum Ende des Kalenderjahrs 1934 bezogenen Einkünfte entfallen.	제25조 [번역생략]

다. 주요 내용의 검토

(1) 납세의무자

1934년 독일법인세법 제1조는 납세의무자의 범위와 관련하여 영리회사에 관한 복잡한 정의규정[180]을 삭제하면서 영리회사와 기타 납세의무자 간의 구분을 폐지하였다.[181] 또한 사업을 영위하는 공법인도 납세의무자로 규정하였다. 이에 따라 1925년 독일법인세법에 비하여 납세의무자의 범위가 체계화되었지만 내용상으로는 거의 변화가 없었다. 이 규정은 현행 독일법인세법의 규정과 거의 일치한다.[182] 납세의무자의 범위를 통일적으로 정비한 것은 법인세율을 20

180) 1925년 독일법인세법 제4조.

181) '영리회사(Erwerbsgesellschaft)'라는 표현은 '물적회사(Kapitalgesellschaft)'로 대체되었다.

182) *Potthast*(주81), S. 66; *Ruppe*(주101), S. 41.

퍼센트로 통일된 것에 대응하는 것이다.[183]

(2) 과세소득의 산정

(가) 과세소득의 계산

과세소득에 관한 규정은 1925년 독일법인세법의 것을 이어받았다. 특히 독일상법에 따라 기장의무를 부담하는 납세의무자의 소득은 사업소득으로 규율하였다. 또한 과세소득에 관하여 더 이상 영업활동에서 발생한 것임을 요구하지 않았으므로 공기업에 대하여도 법인세를 과세할 수 있게 되었다. 그 외의 점에서는 독일소득세법에 규정된 과세소득에 대한 것을 준용하였다. 이에 따라 독일소득세법에 규정되어 있는 광범위한 과세특례가 법형식을 불문하고 모든 기업에 적용되었다. 이처럼 일반적으로 기업에 대하여 과세특례를 부여한 것은 경제위기를 극복하는 동력으로 작용하였다.[184] 이와 같은 과세특례는 급증하는 재정수요로 인하여 1938년경 폐지되었다. 그러나 경제가 회복되었으므로 다시 과세특례조치가 필요하지는 않았다.[185]

(나) 숨은 이익처분 규정의 신설

과세소득의 계산과 관련하여 특기할 만한 점은 처음으로 독일법인세법에 숨은 이익처분 규정(verdeckte Gewinnausschüttung: vGA)이 신설되었다는 것이다.[186] 법문상으로는 "여기서 숨은 이익처분도 고려되어야 한다"[187]라고만 되어 있어서 숨은 이익처분의 내용은 공백으로 되어 있다. 하지만 숨은 이익처분이라는 제도 자체는 협동조합의 이익분여, 업무집행자의 보수 산정 등의 적정성과 관련된 프로이센 최고행정재판소(Das Preussische Oberverwaltungsgericht)의 판례들을 통하여 이미 알려져 있었다. 19세기말 계급세가 소득세로 대체되고 법인에 대하여 소득세가 과세되면서 법인에 대한 경제적 이중과세가 이루어진 것이 숨은 이익처분의 출발점이 되었다. 1893년부터 1933년까지 프로이센 최고행정재판소는 숨은 이익처분에 대하여 수많은 판결을 선고하면서 숨은 이익처

183) *Ruppe*(주101), S. 42.

184) *Desens*(주91), S. 47.

185) *Potthast*(주81), S. 66~67.

186) 1934년 독일법인세법 제6조 제2문.

187) "Hierbei sind auch verdeckte Gewinnausschüttungen zu berücksichtigen."

분을 올바른 소득계산의 문제로 이해하였다. 이는 이후의 라이히재정법원(RFH)도 마찬가지였다.[188] 즉, 라이히재정법원의 판례들은 숨은 이익처분을 '법인이 그 사원 또는 사원의 특수관계인에게 이익을 분여하는 것'으로 설시하고 있었다.[189] 그러나 숨은 이익처분은 법률에 규정되지 않은 불확정개념으로서 법적 안정성이 떨어졌고 조세법 내에서 체계적인 지위를 분명히 하려는 시도도 없었다. 이후 판례가 경제적 관찰법을 종종 원용하면서부터 숨은 이익처분을 그 중요한 적용례로 인식하게 되었으며 종국적으로는 이를 소득의 구성요소로 이해하게 되었다. 독일법인세법은 이 점을 단순히 확인한 것이었다. 따라서 1934년 독일법인세법상의 이익처분 규정은 19세기말 이래의 발전을 잠정적으로 결산하여 선언적으로 규정한 것에 불과하다.[190]

(다) 법인세율

1934년 독일법인세법상 법인세율은 20퍼센트의 비례세율로 모든 법인기업에 대하여 적용되었다.[191] 소규모 유한회사 등에 대하여 저율의 법인세율을 적용하던 특별규정도 몇몇 예외를 제외하고는 모두 폐지되었다. 제3제국 시대 내내 법인세율은 끊임없이 상승하였다. 1936년 8월 27일자로 개정된 독일법인세법은 법인세율을 25퍼센트로, 1937년의 개정 독일법인세법은 법인세율을 30퍼센트로 올렸다. 1938년 7월 25일자로 개정된 독일법인세법은 다시 누진세율을 도입하였다. 이에 따르면 과세소득이 10만 마르크를 초과하면 35퍼센트의 법인세율이 적용되었고, 1939년에는 35퍼센트에서 40퍼센트로 상승하였다. 1941년, 1942년에 도입된 제3구간, 제4구간에 의하여 법인세부담율은 55퍼센트까지 증가하였다. 법인세율이 누진세율을 취하면서 동시에 소득세율에 근접하게 되자 1920년 이전의 상황이 재현되었다. 즉, 법인세의 독립성과 정당성에 의문이 제기된 것이었다. 이처럼 제3제국이 법인세율을 급격하게 올린 표면적인 이유는 기존의 법인세율이 낮아서 법형식에 따른 조세중립성을 확보하지 못한다는 것이었다. 하지만 진정한 이유는 히틀러의 재무장에 따라 재정적 수요가 가파르

188) 구체적인 판례에 관하여는 *Potthast*(주81), S. 69의 주 285.

189) RFH, Urteil vom 19. 12. 1935 I A 166/35 = RStBl. 1936, S. 252.

190) *Potthast*(주81), S. 68.

191) 1934년 독일법인세법 제19조 제1항.

게 증가한 것이었다. 이후에는 공공연히 전쟁비용을 이유로 들었다.[192]

(라) 이중과세의 문제

1934년 독일법인세법은 이중과세의 문제를 전혀 고려하지 않았다.[193] 유한회사 사원의 배당금공제제도도 폐지되었다. 앞서 본 바와 같이 1934년 이후 독일법인세법의 개정시마다 법인세율이 급격하게 상승함에 따라 이중과세의 문제는 심화되었다.[194]

(마) 지분참여 과세특례

지분참여 과세특례제도도 원칙적으로 유지되었지만[195] 그 적용범위를 물적회사로 제한하였다. 이처럼 기업의 조직형태에 따라 차별을 둔 이유는 분명하지 않다. 하지만 입법이유서를 보면 입법자는 위와 같은 차별 자체를 인식하지 못하였으며 단순히 임의적으로 그 적용범위를 정한 것으로 추측된다.[196]

5. 소결론

제2차 세계대전 종전까지의 독일법인세제는 특히 1920년 일본의 법인소득과세와 1940년 일본법인세법 제정에 직접적인 영향을 미쳤다. 대표적인 요소로는 법인을 독립된 과세주체로 보는 이른바 독립과세형의 법인소득세제를 채택한 것, 법인초과이득세의 과세방식 등을 들 수 있다.[197]

---

192) *Desens*(주85), Dokumentation zur Körperschaftsteuer Rechtsentwicklung der Körperschaftsteuer in der Bundesrepublik Deutschland, Rn. 9; *Potthast*(주81), S. 67~68.

193) 그 유일한 예외가 참여지분 과세특례제도였다. *Ruppe*(주101), S. 42.

194) *Desens*(주85), Dokumentation zur Körperschaftsteuer Rechtsentwicklung der Körperschaftsteuer in der Bundesrepublik Deutschland, Rn. 9; *Potthast*(주81), S. 68; *Ruppe*(주101), S. 44~45.

195) 1934년 독일법인세법 제9조.

196) *Ruppe*(주101), S. 42~44; *Potthast*(주81), S. 51.

197) 大間知啓輔, "日本の独立課税型の法人所得税 1920－49年 (1)－高橋是清と1920年の法人所得税の改革－", 「熊本学園大学 経済論集」 第15巻 第1·2合併号, 2008, 49~53면.

제 4 장

일본의 소득세제 창설

CHAPTER

04 일본의 소득세제 창설

Ⅰ. 서 설

일본의 소득세법은 1887년에 제정되었다.[1] 소득세가 주요 자본주의 국가에서 중추적인 조세로서의 지위를 확립한 것은 19세기 말부터 20세기 초에 걸친 시기였는데,[2] 일본의 소득세법 제정은 전세계적으로 보더라도 7번째에 해당하는 것으로서 상당히 이른 시기에 이루어진 것이다.[3]

Ⅱ. 일본소득세법 제정 당시의 경제·사회적 배경 및 도입목적

일본이 소득세법을 제정할 당시 조세수입의 대부분은 지조(地租)와 주세(酒税)로 이루어져 있었다. 소득세법을 제정하여 소득세제도를 창설함으로써 일본의 조세체계는 급격한 전환을 하게 되었다.[4]

소득세가 조세체계에서 중추적인 지위를 차지하려면 소득이 소득으로서 명확하게 형성되고, 과세당국이 소득을 정확하게 파악할 수 있어야 한다.[5] 즉,

1) 소득(所得)이란 말은 본래 중국의 고전[춘추좌씨전 양공(襄公) 19년조 등]에서 유래한 것이지만 영어의 income 및 독일어의 Einkommen에 대응하는 의미로 사용된 것은 메이지 초기부터였다. 山本洋/織井喜義, "創成期の所得税制叢考", 「税大論叢」 20号, 1990, 5면.
2) 林健久, 「日本における租税国家の成立」, 東京大学出版会, 1965, 294면.
3) 汐見三郎/柏井象雄/佐伯玄洞/伊藤武夫, 「各国所得税制論」, 有斐閣, 1934, 5면.
4) 山本洋/織井喜義(주1), 9면.
5) 소득을 정확하게 파악하기 위하여는 개인이나 기업의 내부에 들어가 조사하지 않으면 안 되는데 이는 민주주의정신에 반하는 행위라는 전통적인 비난이 있어 왔다. 林健久(주2),

우선 각종 직업영역에서 생산활동과 소비활동이 분리되고, 자유시장경제 및 근대적 고용관계가 확립되어 있어야 하며 나아가 기업회계가 발달되어 있어야 한다. 그러나 일본에 소득세가 도입되었던 1887년 당시에는 산업의 대부분이 영세농업이었고 기업이 가계와 분명하게 분리되지 않았으며 분리가 된 경우에도 회계질서가 확립되지 않아 소득의 파악을 위한 일반적인 조건을 갖추지 못한 상태였다. 그 이외의 전제 조건으로서 소득세의 징수를 위한 징세기구가 정비되고 개인 등의 협력에 의하여 소득액의 산출이 가능하며 공권력의 공정한 사용이 보증되어야 하지만 이 역시 갖추어지지 않았다.[6] 따라서 그 당시 이미 소득세를 도입한 다른 나라와 비교하여 보면 소득세를 도입하기 위한 사회적 배경은 충분히 무르익지 않은 상태였던 것이다.[7] 그럼에도 불구하고 일본이 소득세법의 도입을 서둘렀던 이유는, 일본이 근대국가로 탈바꿈하는 과정에서 반드시 조세체계를 정비할 필요가 있었기 때문이었다.[8]

대장성이 소득세법초안을 제출할 때에 첨부되었던 「소득세법지의(所得稅法之議)」는 소득세법을 채용하여야 하는 이유로서 ① 당시의 아시아 정세를 고려할 때 해상방위를 강화할 필요가 있는데 이에 소요되는 경비를 마련하고, ② 북해도(北海道) 수산세를 경감함에 따른 재원감소를 보충하며, ③ 당시 조세수입의 대부분을 차지하던 지조(地租), 주조세(酒造稅) 등의 부담이 농민, 하층계급에 편중되므로 그 상태에서 세율을 증가시켜 세수를 증가시킬 수 없고 세부담의 불공평도 시정할 필요가 있다는 점을 들고 있다.[9]

그 이유 중 중요한 것은 첫째와 셋째이다. 일본 정부는 1880년대 들어 조선에서 청국과의 긴장이 고조되자 국방 강화, 특히 해군력의 강화를 서둘렀다. 일본 정부는 이를 위하여 1883년(메이지 16년)부터 8개년간 해군확장비로 2,664만 엔을 책정해 놓았으나 1886년에는 재정지출이 팽창하여 일반세입에서는 지출이 어렵게 되었다. 따라서 그 재원 마련을 위한 것이 소득세 창설의 가장 중요한

295면.

6) 高木勝一, 「日本所得税発達史」, ぎょうせい, 2007, 1~2면.

7) 磯部喜久男, "創設所得税法概説", 「税大論叢」 30号, 1998, 164면; 林健久(주2), 295면.

8) 林健久(주2), 1~3면; 원로원회의필기 제534호[후기(後期) 제26권](이하에서는 '원로원회의필기'로 인용한다) 1면.

9) 林健久(주2), 296~297면.

목적이 되었던 것이다.[10] 또한 메이지 정부는 1873년 지조(地租) 개정을 통하여 지가를 과세표준으로 하고 세율을 일정하게 하며 금납제를 도입하였다. 그 결과 1886년에는 지조와 주세가 전체 조세수입의 85퍼센트에 달하게 되어 농민·하층계급과 상공업자·상층계급 간에 조세부담이 현저하게 균형을 잃게 되었던 것이다.[11]

그 밖에도 「소득세법지의」에는 명시적으로 밝혀져 있지 않지만, 1890년에는 일본제국의회의 소집이 예정되어 있었다. 중의원의원선거법은 국세의 납부실적을 기준으로 선거인과 피선거인의 자격을 규정하고 있었으므로 지조(地租)를 납부하는 지주계층뿐만 아니라 자영업자계층에게도 선거권과 피선거권을 부여하기 위해서는 소득세법의 제정이 필요하였다.[12] 또한 헌법이 제정되면 조세법률주의에 따라 세법의 제정, 개폐 모두 국회의 승인을 얻어야 하므로 대장대신(大藏大臣) 마츠카타마사요시(松方正義)는 가급적 국회 개설 전에 세법을 정비하여 정부의 재정적 기초를 안정화하려고 하였기 때문이라는 견해도 있다.[13] 요컨대, 당시 일본은 소득세법을 시행할 수 있는 제반 조건이 갖추어지지 않았지만 세제의 근대화와 조세부담의 공평화 등을 달성하기 위한 장기적인 안목에서 일단 소득세법을 입법한 후에 이를 육성하겠다는 의도로 소득세법을 이른 시기에 도입하였다고 보는 것이 타당할 것이다.[14]

Ⅲ. 일본소득세법의 제정 준비 과정

1. 소득세법안 관련 자료의 개관

일본은 소득세법을 제정하기에 앞서 제정된 법률이 실제로 집행 가능하도록 주요 국가의 입법례를 연구하는 등 오랜 사전 준비과정을 거쳤다.[15] 대장성

10) 雪岡重喜, “所得税創設の事情と創設当時の所得税”, 「財政」 2巻 第9号, 1956, 24면.
11) 雪岡重喜(주10), 24~25면.
12) 磯部喜久男(주7), 164면.
13) 高橋誠, “初期所得税制の形成と構造－日本所得税制史その一”, 「経済志林」 26巻 1号, 1958, 55~56면; 高木勝一(주8), 2면.
14) 磯部喜久男(주7), 164~166면.
15) 磯部喜久男(주7), 158면.

은 1872년(메이지 5년) 합중국수세법(合衆國收稅法)을 필두로 영국, 프로이센, 바바리아, 프랑스, 오스트리아, 벨기에 등 주요 외국세제에 관한 번역서를 간행하였다.[16] 이를 바탕으로 일본에 소득세법을 도입하기 위한 입법안들이 작성되었는데, 1881년(메이지 14년) 동경부회(東京府會)가 작성한 '실입세(實入稅)부과에 관한 건의서(實入税に関する建議書)',[17] 1884년(메이지 17년)에 대장성관료들이 작성한 제1차 소득세칙(所得稅則),[18] 같은 해 12월에 독일인 고문 칼 루돌프(Carl Rudolf)[19]가 기초한 수입세법률안(收入稅法律案)[20]과 그가 번역하여 이토우히로부미(伊藤博文)에게 제출한 프로이센 재산등급세법초안의 일본어 역, 1885년(메이지 18년) 또는 1886년(메이지 19년)에 대장성관료들이 제1차 소득세칙을 수정한 제2차 소득세칙 등이 자료로 남아 있다.[21]

2. 주요 소득세법안의 내용

실제로 대장성이 작성한 소득세법초안의 구체적인 준비과정은 현재까지도 분명하지 않다. 다만 다카하지마코토(高橋誠)는 정부 내의 두 집단이 각각 작업을 한 것으로 추측하고 있다. 첫째는 대장성관료에 의하여 영국의 세제를 모범으로 한 초안[소득세칙]이고 둘째는 헌법제정을 담당한 이토우히로부미(伊藤博

16) 山本洋/織井喜義(주1), 163면 이하. 그 중에는 프로이센법에 대한 것이 가장 많다. 위 논문, 165면.

17) 그 전문은 高橋誠(주13), 56면에 실려 있다. 그 의미에 관하여는 같은 논문 53~55면.

18) 같은 해 12월에 당시 대장경(大蔵卿)이던 마츠카타마사요시(松方正義)가 태정대신(太政大臣)이던 산죠우사네토미(三條實美)에게 제출하였다[高橋誠(주13), 52면; 山本洋/織井喜義(주1), 23면]. '소득세초안(所得稅草案)'이라고도 하며 마츠카타마사요시의 수기(手記) 중에서 발견되었다. 그 전문은 山本洋/織井喜義(주1), 10~14면에 실려 있다.

19) 칼 루돌프는 이토우히로부미(伊藤博文)가 헌법조사를 위하여 체류하던 독일에서 고용한 내무고문이었다. 그가 이토우히로부미에게 수입세법률안을 제출한 시기에 관하여는 1874년(메이지 7년)이라는 견해도 있으나 이토우히로부미의 경력 및 루돌프의 체일기간 등을 고려하면 1884년이 맞다. 그 이외에 칼 루돌프에 관하여는 牛米努, "明治20年所得税法導入の歴史的考察", 「税大論叢」 56号, 2007, 453면의 주16 참조.

20) 牛米努(주19), 452면. 칼 루돌프는 수입세법률안을 1884년에 이토우히로부미 앞으로 제출하였고, 같은 해 12. 당시 서기관이었던 이토우미요지(伊東巳代治)는 루돌프와 독일인 고문 뢰슬러(Roesler)의 의견을 참조하여 이를 다시 이토우히로부미에게 건의하는 형식을 취하였다. 그러나 실제로는 이토우히로부미의 지시를 받은 이토우미요지가 칼 루돌프에게 그 작성을 의뢰한 것으로 추정된다. 山本洋/織井喜義(주1), 17~20면, 29~30면, 53~56면.

21) 林健久(주2), 300~301면.

文)와 그 막료에 의하여 프로이센 세제를 모범으로 한 초안[수입세법률안]이라는 것이다.[22]

가. 「소득세칙」의 주요 내용[23]

(1) 제1차 소득세칙

앞서 본 바와 같이 소득세칙은 대장성관료를 중심으로 작성된 것이다. 1884년(메이지 17년) 12월 소득세칙이 각의에 제출되었을 당시 제안 이유는 재정지출의 증가에 따라 새로운 조세의 도입이 필요하고 새로운 조세는 인민의 소득에 따라 부담을 지우는 소득세가 타당하며 새로운 조세는 세제개량의 첫걸음이라고 되어 있다.[24] 제1차 소득세칙의 준비과정에서 중심인물은 타지리이나지로우(田尻稲次郎)였으며,[25] 그 이론적 기반은 당시 대장성에서 널리 읽히고 있던 프랑스 재정학자 르로이－보리에(Leroy－Beaulieu, Pierre Paul)의 1877년작 「조세론(Traité da la science des finances)」이었다. 르로이－보리에는 소득세를 세부담의 불공평을 시정하기 위하여 부유한 계층에 부과하는 보조세로 파악하는 전제하에, 개인의 자유를 존중하면서도 엄정한 징수를 행하는 영국의 소득세제를 높이 평가하였다. 반면 프로이센의 소득세제는 조세부담의 불공평을 시정하지 못하고 징세방법이 강권적이라는 이유로 비판적이었던 것이다. 당시까지는 프로이센형의 국가체제건설 노선이 확정되지 않았으므로 진보적인 영국 소득세제의 도입이 시도될 수 있었던 것으로 여겨진다.[26] 제1차 소득세칙의 주요 내용은 다음과 같다.[27]

(가) 개인 및 법인의 소득을 과세의 대상으로 한다.

(나) 소득의 종류(상공업등업의 소득 및 급여/금전 등의 대여로 인한 소득/학술·기예에 관한 제반 소득)에 따라 과세를 달리한다(분류과세).

(다) 이중과세를 피하기 위하여 지조가옥세(地租家屋税)의 대상으로 되었던 부동산소득 및 개인의 배당소득은 과세를 면제한다.

---

22) 高橋誠(주13), 56면.

23) 山本洋/織井喜義(주1), 26~28면.

24) 牛米努(주19), 448~449면.

25) 山本洋/織井喜義(주1), 40면.

26) 高橋誠(주13), 58~59면; 山本洋/織井喜義(주1), 27면; 牛米努(주19), 451면.

27) 高橋誠(주13), 57면; 山本洋/織井喜義(주1), 26면.

(라) 징수방법은 공채이자, 법인이익금, 급여소득은 원천징수의 방법에 의하고 그 이외의 것은 신고에 의한 납세방법을 취하였고 전년도 실적에 의하였다.

(마) 소득액 500엔 이상을 과세대상으로 하고 2퍼센트에서 3퍼센트까지 3단계의 단순누진세율을 채택하였다.

(바) 신고납세의 경우 소득사정은 정촌회(町村會)의원의 대표로 구성된 조사위원회의 사정에 따라 결정한다. 조사위원회는 본래 영국법에서는 존재하지 않는 제도로서 신고제를 담보하기 위한 것이었다.[28]

(사) 호장(戶長)은 군장 밑에서 하부 징세기관으로서 사정, 부과, 징수의 임무를 맡는다.

요약하자면 '소득세칙'은 분류소득세, 원천과세방식 등 근본적으로 개인의 자유를 존중하는 영국의 소득세제를 모범으로 한 것으로 당시 기준에서는 진보적인 것으로 평가할 수 있다.[29] 그러나 실제 소득세법초안과는 상당한 차이가 있다.

(2) 제2차 소득세칙

대장성은 그 후 1885년 또는 1886년경 제1차 소득세칙을 세부적으로 상당히 수정하였으나 발표하지는 않았다. 이를 '제2차 소득세칙'이라고 한다. 제2차 소득세칙의 특징은 ① 동거친족소득을 호주에게 합산하고, ② 제1차 소득세칙에서의 원천과세방식을 모두 신고과세방식으로 하며, ③ 모든 소득에 대한 면세점을 3백엔으로 하고, ④ 과세소득의 종류에 따른 차별적 과세방식을 종합과세방식으로 하는 것으로서 실제의 소득세법초안과 유사하다. 제2차 소득세칙은 여러 가지 측면에서 프로이센법의 영향을 받은 것으로 평가할 수 있다. 이것은 당시 이토우히로부미를 필두로 하는 헌법제정 그룹이 소득세법 제정 준비과정에서도 우위를 차지하게 된 결과로 보인다.[30] 그러나 제2차 소득세칙은 분류소득세, 법인소득과세, 부동산소득과세의 면제 등 근본적인 내용 및 법문 구성 등에서는 제1차 소득세칙과 같고 실제 소득세법초안과는 상당한 차이가 있다.[31]

---

28) 牛米努(주19), 450면.

29) 高橋誠(주13), 57면.

30) 山本洋/織井喜義(주1), 41면.

31) 이상 高橋誠(주13), 59~60면; 山本洋/織井喜義(주1), 27면, 29면, 41~42면.

가. 「수입세법률안(收入稅法律案)」의 주요 내용

이토우히로부미는 소득세의 창설에 일찍이 관심을 가져왔는데, 특히 헌법 제정과 관련하여 선거제도를 정비할 필요성에서 소득세제의 조사가 필요하다고 판단한 듯하다.[32] 이토우히로부미는 법률·규칙의 창설과 개폐를 담당하였던 제도취조국(制度取調局)장관에 취임하자 이토우미요지(伊東巳代治)에게 지시하여 루돌프의 자문을 받는 형태로 소득세제를 조사하도록 하였다. 제도취조국은 처음부터 프로이센법을 중심으로 조사를 하였는데 루돌프가 프로이센법에 대하여 이토우미요지에 행한 구술을 정리한 것이 1882년 이후 작성된 것으로 추정되는 「재산등급세강설(財産等級稅講說)」이었다.[33] 위와 같은 작업의 결과[34] 루돌프는 1884년 12월에 '수입세법률안'을 작성하여 이토우히로부미에게 제출하였다. 위 수입세법률안의 실체적 내용은 프로이센의 '1851년 계급세 및 계층별 소득세법(Gesetz, betreffend die Einführung einer Klassen- und klassifizirten Einkommensteuer vom 1. Mai 1851)'을 그대로 번역한 것과 다를 바 없었다.[35] 이 수입세법률안은 소득세법초안과 밀접한 관계에 있는데 ① 동거친족소득을 호주의 소득에 합산하는 제도를 채택하고 있는 것, ② 종합과세방식을 취하고 있는 것, ③ 소득산정의 방식에 관하여 이전 3개년 평균의 방식을 채택하고 있는 것 등이 대표적이다.[36] 수입세법률안은 처음부터 실시를 염두에 둔 것은 아니고 참고자료로 작성된 것인데,[37] 이토우히로부미는 수입세법률안을 그대로 방치하고 있다가 1885~1886년 무렵에 소득세제를 도입하려는 시도가 있게 되자 다시 이 안을 검토한 것으로 추정된다. 이토우히로부미가 프로이센형의 소득세제를 도입하려고 한 이유는 분명하지 않으나 그가 이전부터 추진하여 온 프로이센적 국가체제의 건설과 밀접한 관련이 있을 것이라고 추정된다.[38] 이토우히로부미

---

32) 高橋誠(주13), 62~63면.

33) 高橋誠(주13), 63면.

34) 구체적인 작업 과정에 관하여는 牛米努(주19), 456~457면.

35) 다만, 면세점이 상대적으로 낮았고, 누진세율을 가미한 것은 프로이센법과 다른 점이었다. 牛米努(주19), 458면.

36) 수입세법률안이 소득세법초안에 미친 영향이 직접적인지 혹은 간접적인지에 대하여는 논란이 있다. 高橋誠(주13), 62면; 山本洋/織井喜義(주1), 29면.

37) 牛米努(주19), 459면.

38) 高橋誠(주13), 62~63면; 山本洋/織井喜義(주1), 29면.

가 도입을 추진한 프로이센형의 소득세제는 1888~1889년경에는 정부 내에서 유력한 지위를 확보하게 되었고 대체로 1889년 3월경 대장성의 영국형 방식은 근본적으로 폐기되었다.[39)]

3. 소득세법초안의 준비

소득세법초안은 그 구체적인 작성경위를 알 수 없으나 내용상으로는 수입세법률안과 유사한 점이 많으므로 수입세법률안을 바탕으로 한 것으로 추측된다. 소득세법초안과 함께 작성된 「소득세법설명서」의 총설부분에는 초안의 작성경위가 기술되어 있는데, 대장성은 소득세의 도입시 예상되는 장단점을 조사하기 위하여 이미 소득과세를 실시하고 있는 영국, 프랑스, 독일(프로이센, 바바리아), 오스트리아, 이탈리아, 스위스, 스웨덴, 러시아, 미국 등의 소득세제를 연구하였다고 한다.[40)] 연구결과 일부의 소득에 대하여만 과세하는 소득세제는 조세평등의 원칙에 어긋나고 경제활동에 영향을 미칠 수 있으므로 영국, 프로이센, 오스트리아의 소득세제와 같이 일반소득에 대하여 과세하는 소득세제를 채택하기로 하고 그 과세방법에 관하여는 각국의 세제를 취사선택하여 일본의 상황에 맞는 초안을 작성하였다고 한다.[41)] 이어서 「소득세법설명서」는 각 조문별로 각각 참고한 입법례를 들고 있다. 요컨대, 소득세법초안은 선진 제국(諸國)의 소득세법을 산업과 조세조직이 미성숙한 일본에서 시행할 수 있도록 간략화한 것이라고 할 수 있다.[42)]

---

39) 高橋誠(주13), 63면; 山本洋/織井喜義(주1), 30면.

40) 内閣記録局 編,「法規分類大典」, 第1編 第41, 1891, 405면; 国税庁税務大学校研究部 編,「明治前期所得税法令類集」, 国税庁税務大学校研究部, 1988, 326면.

41) 内閣記録局 編(주40), 405면. 일본은 메이지 유신 이래로 주요 국가의 제도를 정력적으로 연구하여 일본의 제도를 입안하거나 개선하는 것이 통례였다. 일본의 소득세법 제정 당시 주요 국가 세제를 연구한 것도 그와 궤를 같이 하는 것이라고 할 수 있다. 주요 국가의 세제 연구는 이른바 서구 문물조사[泰西の文物取調] 사업의 일환으로서 상당히 이른 시기에 시작된 것으로 보인다. 高橋誠(주13), 55면; 堀口和哉, "明治32年の所得税法改正の立法的沿革",「税大論叢」 28号, 1997, 17면; 山本洋/織井喜義(주1), 53면.

42) 林健久(주2), 304면.

Ⅳ. 일본소득세법의 제정과정 및 주요 쟁점

1. 제정 경과

가. 일본소득세법초안의 제출

대장성은 「소득세법초안」을 작성하고[43] 소득세법시행조례[大藏省令], 청의(請議), 「소득세법설명서(所得税法説明書)」를 첨부하여 1887년 1월에 이를 내각에 제출하였다. 내각은 그 초안을 검토하여 사소한 수정을 가한 후에[44] 다시 1887년(메이지 20년) 2월 2일 제534호 의안으로서 원로원에 회부하였다. 원로원은 내각이 수정한 법안을 대상으로 다시 2차례에 걸쳐 수정한 수정안을 작성하였고, 그 중 제2차 수정안이 최종적으로 「소득세법」으로서 공포되었다.[45] 소득세법초안이 내각을 거쳐 원로원에 제출된 이후의 구체적인 입법과정은 법규분류대전(法規分類大典) 제1편 제41 조세문(租税門) 제6 잡세(雑税) 제2와 원로원회의필기(元老院会議筆記) 제534호[후기(後期) 제26권]를 통하여 상세하게 알 수 있다.

나. 제1독회

소득세법초안은 내각을 거쳐 소득세법원안(原案)으로 원로원[46]에 제출되었다. 원로원은 1887년(메이지 20년) 2월 2일 제1독회[47]을 개최하였는데 여러 가지 반론이 제기되었다. 이에 원로원은 제1독회에서 제기된 의견을 정리하고 검토하기 위하여 전부부탁조사위원회(全部付託調査委員會)를 구성하고 소득세법원안에 대한 제1차수정안을 준비하도록 위촉하였다.[48] 이에 조사위원들은 제1독회에서 논란이 되었던 부분을 수정하여 제2독회의 첫날인 1887년(메이지 20년)

43) 그 작성시기는 1884년으로 추측된다고 한다. 林健久(주2), 302면.

44) 수정내용에 관하여는 山本洋/織井喜義(주1), 56~57면.

45) 林健久(주2), 302면.

46) 메이지시대 초기 일본의 입법기관으로서 1875년 4월 25일에 설치되어 1890년 10월 30일까지 존속하였다. 제국의회는 1887년에 개설되었으나 새로운 법률의 제정을 위한 심의는 원로원이 맡고 있었다.

47) 독회는 의회에서 법령을 심의할 때 최초로 전체적으로 토의하고 다시 각 조문별로 심의한 후에 다시 전체적으로 검토하여 법령의 내용을 결정하는 제도로서 원로원은 3독회제도를 채택하고 있었다고 한다. 磯部喜久男(주7), 169면.

48) 山本洋/織井喜義(주1), 71면.

2월 22일 제1차수정안을 제출하였다. 원안은 프로이센법의 영향을 강하게 받았으나 제1차수정안의 작성과정에서는 원안과는 다르게 영국세법이 상당히 고려되었다.[49)]

다. 제2독회 및 속회

제2독회는 2월 22일, 23일에 이루어졌는데, ① 법인과세 여부, ② 영업소득과세 여부, ③ 대여금·예금에 대한 이자소득의 필요경비 인정 여부 등이 치열하게 다투어졌다. 이에 원로원은 제2독회의 와중에서 「결국전부부탁수정위원회(結局全部付託修正委員會)」를 설치하고 제1차수정안을 재검토하도록 하였다. 위원회를 구성하는 7명의 부탁수정위원은 투표로 정해졌는데 대부분이 제1차수정안작성에 관여하지 않았고 제1차수정안에 반대하는 입장을 가진 사람들이었다.[50)] 이들은 제2차수정안을 마련하여 1887년(메이지 20년) 3월 1일에 다시 원로원에 제출하였고 3월 1일부터 2일까지 제2독회가 속회되었다. 제2차수정안에서도 제2독회에서의 논의사항을 고려하여 제1차수정안의 거의 전 조문에 대하여 크고 작은 수정이 이루어졌으나, 주요 쟁점은 제2독회에서 논의되었던 3가지였다.[51)] 제2차수정안은 별다른 수정 없이 제2독회의 속회를 통과하였다.

라. 제3독회

1887년 3월 3일의 제3독회에서는 영업소득에 대한 과세를 폐지하여야 한다는 주장이 다시 제기되었으나 부결된 것 이외에는 별다른 다툼이 없이 제2차수정안이 통과됨으로써 전문 29개조의 소득세법이 제정되었다.[52)] 제정 소득세법은 같은 해 3월 19일에 칙령 제5호로 공포되었고 같은 달 23일자 관보에 게재되었다.

2. 제정과정에서의 주요 쟁점

제1독회부터 제3독회까지 주로 논의되었던 쟁점을 정리하여 보면 ① 자연인인 개인만 납세의무자로 할 것인가 혹은 법인도 납세의무자로 할 것인가,

---

49) 林健久(주2), 318면.
50) 林健久(주2), 320~321면.
51) 林健久(주2), 321면.
52) 林健久(주2), 323~324면.

② 이자소득에 관하여 경비를 인정할 것인가, ③ 산업보호를 위하여 영업소득을 과세소득에서 제외하여야 할 것인가, ④ 세율 및 등급 분류가 타당한가, ⑤ 기타 입회검사, 납기의 명확화, 조사위원회의 권한, 선거방법 등이었다. 특히 ①, ③의 쟁점은 소득세법의 본질과 밀접한 관련을 가지는 중요한 논점이어서 격렬한 논쟁의 대상이 되었다.[53] 이하에서는 주요 쟁점에 관하여 논의 내용을 살펴본다.

가. 소득세법의 도입의 타당성

제1회독회 당시 대장경(大蔵卿)이던 마츠카타마사요시(松方正義)는 법안의 제안이유를 다음과 같이 설명하고 있다. 제안 설명에는 일본 정부가 소득세법의 도입을 서두른 이유가 상세하게 제시되어 있으므로 다소 길지만 이를 인용하고자 한다.

"오늘은 소득세법의안에 대한 제1회독회를 개최한다고 하므로 그 개회에 앞서 본안의 제정취지를 간략하게 설명하려고 합니다. 첫째, 세입의 일부를 증가시키는 것입니다. 그 증가가 필요한 사정은 최근 동양의 형세를 보니 일본이 해양방위를 대충 대충할 수 없기 때문입니다. 생각건대 전과 같은 형세가 될 경우, 현재의 사태를 관찰하면, 참으로 심각하게 경계하지 않을 수 없습니다. 이미 해양방위를 완비하거나 포대를 건축하거나 전함과 수뢰를 건조하는 등 필요한 일이 한둘이 아닌데, 그 경비를 어떻게 지출하여야 하겠습니까? 도저히 현재의 세입만으로는 성취할 수 없습니다.

그러므로 새로운 세제를 도입하여 경비에 충당하고 해와 날을 거듭하여 최종적으로는 목표를 달성하자는 것이 본 법안의 첫 번째 취지입니다.

또한 두 번째 취지는 인민의 부담을 공평하게 하자는 것입니다. 종래 우리나라의 예산을 세우거나 또는 여러 가지 재정비용을 토지에 부과하여 온 까닭에 조세는 오직 농업에만 과중하고 상공업 등은 전혀 그 부담을 면하고 있으며 그에 종사하는 사람에 대하여도 마찬가지입니다. 메이지유신 이후 이러한 문제점을 신속하게 발견하여 점차 외국의 성문법에 따라 개량을 하려고 하였으나 아직까지 그것만으로 인민에 대하여 그 자산의 빈부에 따라 공평하게 조세를

---

53) 林健久(주2), 308~309면.

부담하게 할 수 없습니다. 간접세와 직접세를 불문하고 조세가 중등 이하의 국민에게는 과중하고 오히려 중등 이상의 국민에게는 가볍다는 것은 과세방법이 적절하지 못하다는 것이므로 조속히 이를 시정하기 위하여 공평·평준한 방법을 취하지 않으면 안 됩니다. 따라서 지금 새로운 세제를 도입하여 해양방위의 경비를 충당하려고 합니다. 또한 각국의 세법과 비교하여 일본에 적당한 세법을 선택하여 그것으로 소득세법을 편제하려고 합니다.

생각건대 본법을 실시하게 되면 종래 빈부간에 과세의 공평을 잃는 폐해를 없애고 더욱이 장래 국가의 재정상 정확한 세율을 확립하는 것이 가능하게 됩니다. 과세방법을 적절하게 하는데 이보다 좋은 방법은 없습니다. 이것이 법안의 두 번째 취지입니다.

여기 한 가지 유념해야 할 것은 본법의 실시 후에 정부의 세입의 얼마간의 증가를 확인할 수 있게 되면 이것을 국가번창의 징후로 삼아 깊이 기뻐하는 것으로 족하고 그럼에도 만족할 수 없는 것을 경계하여야 할 것입니다. 그러므로 그 좋은 결과를 거두는 것은 잠시 후의 일로 미루고 지금은 우선 본법을 어떻게 실시하는지가 중요합니다.

요컨대 제1의 목적은 본법을 실시하여 국가의 긴급한 사무인 해양방위의 경비를 충당하고, 제2의 목적은 본법을 실행하여 납세의 부담을 빈부에 따르게 하는 것입니다. 대략의 취지는 우선 이상과 같습니다.

구체적인 내용에 관하여는 내각위원이 참석해 있습니다. 이분들이 자세히 설명하여 여러분의 질문에 답변을 드릴 것입니다. 따라서 본관의 이야기는 여기서 마치고자 합니다."[54]

소득세법의 도입 자체에 대하여 원로원에서도 일부 반대 의견이 제시되었다. 도입 초기에는 부자들만 부담을 하겠지만 시간이 흐르면 결국 빈자들에게 부담이 돌아갈 것이라는 견해,[55] 과세의 공평에는 찬성하지만 조세부담을 전체적으로 감소시키지 않으면 오히려 산업발달에 장애가 된다는 견해 등이 제기되었다.[56]

---

54) 원로원회의필기(주8), 1면. 1887년(메이지 20년) 1월의 소득세법초안과 대장성 청의(請議)에 기재되어 있는 소득세법 도입의 목적도 같은 취지이다. 国税庁税務大学校研究部 編(주40), 315면.

55) 원로원회의필기(주8), 15면.

56) 원로원회의필기(주8), 16면.

특히 일본 내국은행의 이자, 대금업자에게 과세하면 자본가는 결국 외국인에게 자본금을 맡기게 될 것인데, 외국은행에 대하여 과세하는 것이 쉽지 않기 때문에 일본 경제에 좋지 않은 영향을 미칠 것이라는 견해도 제기되었다.[57)]

나. 법인소득에 대한 과세문제

본래 1884년(메이지 17년)에 작성된 「소득세칙(所得稅則)」에는 법인소득에 대하여 과세하는 것으로 되어 있었다. 그러나, 실제로 제출된 소득세법원안에서는 법인소득에 관하여 명시적인 과세규정을 두지 않았다. 법인소득에 대한 과세 문제는 납세의무자를 인민(人民)으로 규정하고 있었던 제1조와 관련하여서가 아니라 개인의 소득계산과 관련하여 제기되었다.[58)]

제1독회시 원로원 의관(議官) 무라타타모츠(村田保)는 프로이센 소득세법을 예로 들면서 소득세법원안의 제2조 제1항과 관련하여 주식이익금을 배당한 법인은 논외로 하더라도 이를 배당하지 않는 법인을 어떻게 과세할 것인지 분명하게 할 필요가 있다는 비판을 제기하였다.[59)] 또 다른 원로원 의관인 야마구치마쓰카나오요시(山口尚芳)는 법인의 적립금에 과세하지 않는다면 저축은행과 같이 배당을 하지 않고 영구적으로 적립을 하는 경우에는 어떻게 할 것인지 의문을 제기하였다.[60)] 원로원 의관들의 지적은 법인실재설적인 입장에 입각한 것이라고 할 수 있다. 이에 대하여 정부측은 법인의제설적 논리에 따라 "(회사의) 이익은 주주에게 배당되므로 회사에 대하여는 과세하지 않는다. 다만, 그 이익을 배당하지 않는 회사는 그렇지 않다"라고 설명하였다.[61)] 정부측 답변의 단서와 관련하여, 「소득세법설명서」도 '자본을 증식하거나 업무를 확장개량하기 위하여' 투하된 수입금에 대하여는 과세한다고 되어 있어[62)] 정부도 법인이 기업확대를 위하여 이익을 모두 배당하지 않고 그 일부를 유보하여 자본으로 투하하

57) 원로원회의필기(주8), 16면.
58) 磯部喜久男(주7), 187면.
59) 원로원회의필기(주8), 29면.
60) 원로원회의필기(주8), 33면.
61) 내각위원 이와사키코지로우(岩崎小二郎)의 답변. 그러나 여기서의 논의도 후에 제2독회, 제3독회에서와 마찬가지로 법인과세에 수반되는 배당부분에 대한 이중과세에 관하여는 전혀 다루지 않고 있다. 논의는 한결같이 유보이윤에 관한 과세의 당부라는 형태로 진행되었다. 林健久(주2), 313면의 주 3.
62) 「소득세법설명서」 제2조에 대한 설명 부분. 内閣記録局 編(주40), 405면.

는 행위를 무시할 수 없었다는 점을 알 수 있다. 만일 법인의제설적인 논리를 일관한다면 법인이 이익을 내부에서 재투자하건 적립하건 종국적으로는 주가의 상승이라는 형태로 나타날 것이고 이것에 관하여 자본이익과세를 하면 충분하겠지만 현실적으로 주식시장이 미성숙한 상태였기 때문에 이익이 일단 법인 내부에 유보되면 이를 주주 단계에서 과세하기 위한 계기가 존재할 수 없게 되었던 것이다. 게다가 당시 규모가 영세한 법인이라도 규모가 큰 법인만큼이나 이익의 내부유보율이 높았기 때문에 원안의 제출자도 법인의제설로 일관할 수는 없었던 것으로 보인다. 다만 조문에는 그 점이 분명하게 규정되어 있지 않았고 원로원 의관들도 그 점을 문제삼은 것이다. 반면 이 점을 분명하게 규정하면 전적으로 저축을 목적으로 하는 성질의 회사나 저축은행 등의 경우에서처럼 배당을 하지는 않지만 자본으로도 투하되지 않는 적립금에 대하여 과세할 수 없게 되는데 그렇게 되면 개인과의 사이는 물론이고 회사와의 사이에서도 불평등이 발생하게 되는 문제가 있었다. 이런 까닭에 소득세법원안은 법인의 유보이익에 대한 과세 여부를 분명하게 규정하지 않았던 것이다.[63]

제1차수정안의 제2조는 회사적립금의 과세규정으로서 제1차수정안의 내용 중 가장 큰 의미를 갖는다고 할 수 있다.[64] 즉, 제2조 제1항의 후단에 “회사의 소득 중 적립금으로 된 것도 같다. 다만 법률명령에 따라 적립된 것은 그렇지 아니하다”라고 하는 규정을 추가하여 회사적립금도 일반적으로 과세하는 것으로 하였다. 적립금과 함께 원안에서 분명하게 규정되어 있지 않아 논란이 있었던 이익금 중 재투자부분에 대하여도 제2조 제2항에서 “자본의 증식사업의 확장개량에 충당한 금액은 경비로 보지 않는다”는 명문의 규정을 두었다. 제1차수정안의 설명에 따르면 이는 법리상 당연한 것이지만 의문이 있을 수 있고 세법의 근본에 관한 사항이므로 법률 중에 규정을 둔 것이라고 한다.[65] 그러나, 제1차수정안에서도 납세의무자를 인민으로 규정한 제1조는 그대로 두었으므로 인민에 법인이 포함되는지 여부는 여전히 문언상 명백하지 않았다. 인민에 법인에 포함되지 않는다고 해석하면 위와 같은 수정안은 개인에 대한 의제배당과세

63) 이상 林健久(주2), 310~311면.

64) 林健久(주2), 314면.

65) 林健久(주2), 315면.

와 같은 성격을 갖는 규정으로 이해할 수도 있기 때문이다.[66] 이 문제에 대하여 조사위원이었던 야마구치마쓰카나오요시(山口尚芳)는 제1차수정안 제2조가 법인실재설의 입장에서 법인독립과세주체설을 채택하였음을 분명히 하면서 법인소득에 대하여 과세하지 않을 경우 조세포탈을 위한 법인설립의 가능성이 있음을 지적하고 있다.[67] 또한 조사위원 미우라야스시(三浦安)는 회사의 적립금은 과세하고 개인의 저축금을 과세하지 않으면 형평에 맞지 않는다고 보충설명을 하고 있다.[68]

1887년 2월 22일의 제2독회에서는 제1독회 때와 반대로 타무라타모츠(田村保), 와타나베키요시(渡辺清) 등이 법인과세에 대한 반대론을 개진하였다. 특히 타무라타모츠는 ① 프로이센법도 법인에 대하여 과세하지 않고, ② 법인의 적립금은 임의로 사용할 수 없어 소득으로 볼 수 없으며, ③ 소득세법의 취지는 개인에 대하여 과세하는 데 있으며 법인은 개인과 동일하게 취급할 수 없는 점 등을 논거로 들고 있다.[69] 이에 대하여 수정안 작성에 참가하였던 조사위원 오자키사부로우(尾崎三良)는 ① 프로이센법은 무형인인 회사에 대하여 과세하지 않는다고 하더라도 영국법에서는 명문의 규정을 두어 회사에 대하여 과세하고 있으니 회사에 대하여 과세할 것인지 여부에 대하여는 확립된 원칙이 있는 것이 아니므로 이익을 보유하고 있다면 유형인이든 무형인이든 과세하여도 무방하고, ② 회사의 적립금도 결국은 영업상 획득한 수익의 일부를 저축한 것이므로 단지 수익을 적립하는 것과 배당하는 것의 차이가 있을 뿐이고 오히려 개인의 경우와 균형을 맞추기 위하여는 회사[70]의 적립금에도 과세하여야 하며, ③ 인민에 법인이 포함되지 않는다고 단정할 수는 없다고 답변하였다.[71] 오자키사부로우는 당초 영국법과 유사하게 배당소득과세의 원천징수방식으로 법인소득에 대하여 과세하려고 구상하였으나 결국 그 방안을 포기한 것 같다.[72]

66) 磯部喜久男(주7), 189면.
67) 원로원회의필기(주8), 39~40면; 林健久(주2), 315면.
68) 원로원회의필기(주8), 43면.
69) 원로원회의필기(주8), 47면; 林健久(주2), 317면.
70) 여기서의 회사는 주식회사뿐 아니라 당시 이미 채택되어 있던 합명회사, 합자회사 등을 포함하는 것이다. 林健久(주2), 318면.
71) 원로원회의필기(주8), 50~51면.
72) 林健久(주2), 317~318면.

한편 제2독회의 2일째(2월 23일)에 접어들어 새로이 키요오카토모하루(清岡公張)가 법인과세 반대론에 가세하였다. 그는 먼저 제1차수정안의 취지가 법인 일반에 대하여 과세하겠다는 것인지 혹은 적립금에 한하여 과세하겠다는 것인지 분명하지 않다는 점을 지적한 후,[73] 제1조에 규정되어 있는 인민은 개인만을 의미하는 것으로서 법인을 포함시키는 것은 원안의 정신에 반하는 것이고 아직 미성숙 단계인 일본기업의 보호를 위해서는 법인에 대하여 과세하여서는 안된다고 주장하였다. 그는 회사적립금에 대하여 과세하지 않으면 개인과의 균형을 잃게 되지만 현실에서는 모든 회사가 자본을 필요로 하고 있고, 제2조 제2항에서 이익금 중 '자본증식사업의 확장개량에 충당한 금액'은 소득으로서 과세한다고 규정하고 있으므로 탈세를 하려면 적립금을 운용하지 않으면 되겠지만, 얼마 되지 않는 조세를 회피하기 위하여 거액의 자본을 사장시킬 회사는 없을 것이므로 결국 적립금 중 일부에 대하여 과세하게 될 것이라는 취지로 주장하였다.[74] 아울러 키요오카토모하루는 법인의 탈세 문제가 나타나면 그때에 가서 법인과세를 위한 별도의 법률을 제정하여도 늦지 않다고 덧붙이고 있다.[75]

그러나 제2차수정안은 구체적으로 어떠한 사정에 따른 것인지 알 수 없으나[76] 법인과세규정을 모두 삭제하고 원안 상태로 돌려놓았다. 이에 대하여는 수정위원이었던 미우라야스시(三浦安)는 제2회 독회의 속회에서 본래 원안은 개인에 대하여 과세하는 구조로 되어 있었고 세법에 모든 사항을 망라할 수는 없으며 다른 국가의 예를 보더라도 입법이 이루어진 이후에 법을 개정하는 것도 가능하다는 취지로 보고하였는데, 이것이 수정의 이유에 대한 유일한 설명이다.[77]

이에 대하여 야마구치마쓰카나오요시(山口尚芳)는 그 당시 시행이 예정되어 있던 회사법상[78] 3명 이상만 모이면 회사로서 과세를 회피할 수 있는데 1명

73) 원로원회의필기(주8), 64면.

74) 林健久(주2), 318~319면.

75) 원로원회의필기(주8), 78~80면.

76) 학자들은 일반적으로 산업 및 기업의 보호를 위한 것이 주된 이유였다고 본다. 堀口和哉(주41), 65면.

77) 원로원회의필기(주8), 116면; 林健久(주2), 321면.

78) 결국 이 회사법은 시행되지 못하였다.

이면 과세되어야 하는 것은 불합리하다고 하면서 삭제의 이유가 무엇인지 질문하였는바,[79] 마키무라마사나오(槇村正直)는 본래 제1조에 '인민의 자산(人民の資産)'으로 되어 있어 무형인에게는 과세하지 않는 취지이므로 회사를 삭제하였다고만 간단하게 답변하고 있다.[80] 한편 제1차 수정안에서 추가된, 적립금 중 이익의 재투자부분에 대하여 과세한다는 규정은 제2독회는 물론 이번에도 제대로 토의조차 되지 않은 채로 삭제되고 말았다.[81]

이처럼 법인과세 규정이 삭제된 이유는 ① 소득세법은 기본적으로 개인의 소득에 대하여 과세하는 법인 점, ② 제1차수정안 내용대로 현실적인 집행이 어려운 점, ③ 법인제도가 도입된 초창기이므로 산업육성의 측면에서 배려가 필요한 점 등이 고려되어 뒤에 다시 논의하기로 한 것이라고 정리할 수 있다.[82] 아울러 당시 회사법이 제정·시행되지 못하고 있던 점도 작용하였을 것으로 생각된다.

다. 영업소득 과세 문제

제1독회에서는 산업보호의 측면에서 영업소득에 대하여 과세하는 것이 타당한지 여부가 논란이 되었다. 즉 소득세법을 시행하면 산업의 발달에 지장을 준다는 것이다. 처음 문제를 제기한 것은 오오토리케이츠케(大鳥圭介)였다. 그는 소득세법이 상공업의 발달을 막을 수 있다는 점을 우려하였다. 또한 와타나베키요시(渡辺清)는 같은 우려를 표명하면서 창립후 3개년 미만의 새로운 사업에 대하여는 과세를 면제하여 보호육성할 필요가 있다고 주장하였다.[83] 이 문제는 제2회, 제3회독회로 이어지면서 영업소득과세의 완전폐지론까지 제기되었다.[84]

제2독회에서는 제1차수정안 제2조 제2항의 영업소득 과세규정을 완전히 삭제하자는 주장이 여럿 제기되었다. 대표적으로 츠다마미치(津田真道)는 그 이유로 국가발전의 근간인 중산층에게 갑자기 소득세를 과세하는 것은 성급한 것

79) 원로원회의필기(주8), 117면.
80) 원로원회의필기(주8), 118면.
81) 林健久(주2), 321~322면.
82) 磯部喜久男(주7), 193면; 山本洋/織井喜義(주1), 71면. 혹은 그 이면에는 원로원이 내각과의 관계에서 약세에 있었는데 당시 내각은 프로이센에 편향되어 있었으므로 프로이센법의 입장에 따라 법인소득과세에 반대하였을 것이라는 추측도 있다. 林健久(주2), 322면.
83) 원로원회의필기(주8), 82면.
84) 林健久(주2), 312면.

이고, 영업소득을 과세하려면 각 정촌(町村)의 조사위원이 개인재산을 조사하여야 하며 서구제국과 달리 일본은 개인의 재력이 낮기 때문에 영업상의 소득에 대하여 새로이 과세하는 것은 국민의 "감정에 반한다(感触ヲ傷フ)"고 주장하였다. 그는 제1차수정안 제2조 제1항의 소득은 관리의 급여를 제외하면 불로소득으로서 국민에게 큰 악감정을 주지 않고 징수도 용이하므로 이를 먼저 과세하고 점차 시간이 흐르면 영업소득에 대하여 과세하는 것이 타당하다고 하였다.[85] 쿠스모토마사타카(楠本正隆), 칸다타카히라(神田孝平), 이와야마타카요시(岩山敬義) 등도 연이어 비슷한 의견을 개진하였다.[86] 이러한 반대의견에 대하여 수정위원이었던 마키무라마사나오(槇村正直)는 제1조에서 개인의 소득에 대하여 과세한다는 원칙을 밝히고 있고, 제2조 제1항, 제2항은 그 세액의 산출방법을 다르게 규정한 것이므로 제1조가 존재하는 이상 조문구조상 제2조 제2항만을 삭제할 수 없으며, 이를 삭제하면 근로자와 자영업자 간 과세의 불공평이 초래된다고 답변하였다.[87] 무라타타모츠(村田保)도 제2조 제2항을 삭제할 경우 제1조도 이에 따라 수정하여야 하며 그 경우 법안을 소득세법이라고 부를 수 없다고 하면서 같은 취지의 주장을 개진하였다.[88] 결국 영업소득을 비과세로 할 것인지 여부에 대하여 표결이 행하여졌는데 비과세에 찬성하는 사람이 출석한 37명 중 15명에 그쳐서 부결되고 말았다.[89]

제3독회에서도 츠다마미치(津田真道)는 다시 영업소득에 대한 과세를 폐지하여야 한다는 주장을 제기하였으나 찬성하는 자가 13명이 그쳐서 다시 부결되었다.[90] 영업소득 비과세론에 대하여 찬성하는 자의 비율은 결코 낮지 않은데, 그럼에도 불구하고 과반수를 넘기지 못한 것은 실제 정치상의 요청(군비확충, 과세부담 평준화)이 보다 절실하다고 판단한 의관들이 많았기 때문으로 추측된다.[91]

85) 원로원회의필기(주8), 130~131면; 林健久(주2), 319~320면.
86) 원로원회의필기(주8), 134면, 136~138면.
87) 원로원회의필기(주8), 138~139면.
88) 원로원회의필기(주8), 140면.
89) 林健久(주2), 323~324면; 山本洋/織井喜義(주1), 95면.
90) 원로원회의필기(주8), 172면; 山本洋/織井喜義(주1), 95면.
91) 山本洋/織井喜義(주1), 95면.

라. 대여금·예금에 대한 이자소득의 필요경비 인정 문제

대여금 및 예금에 대한 이자소득은 원안 제2조 제1항에 규정되어 있었으므로 경비를 공제할 수 없었고 수입금이 그대로 소득으로 과세되었다. 이에 대하여 제1독회에서 야마구치마쓰카나오요시(山口尚芳)는 영업에서 발생하는 이자소득은 다른 이자소득과 달리 필요경비를 공제하여야 하는 것이 아닌지 질문을 하였고,[92] 이에 대하여 내각위원인 이와사키코지로우(岩崎小二郎)는 이자소득은 '수고와 비용을 요하지 않으므로' 필요경비를 공제할 수 없다는 취지의 답변을 하고 있다.

그러나 제1차수정안은 원안 제2조 제1항에 규정되어 있던 '대여금·예금의 이자'를 삭제하고 같은 조 제2항으로 옮겼다. 따라서 대여금·예금에 대한 이자소득에서 경비를 공제할 수 있게 되었다.[93] 야마구치마쓰카나오요시(山口尚芳)는 제2독회에서 조사위원의 자격으로 그 수정이유를 금전대부업은 순수하게 영업에 속하므로 그로 인한 이자소득은 제2조 제1항에 의하여 규율되도록 분리할 필요가 있었다고 답변하고 있다.[94] 그러나 제2독회에서 무라타타모츠(村田保)는 위 규정을 삭제함으로써 영업과 무관한 이자소득도 비과세되는 문제점이 있음을 들어 제1차수정안에 반대하였다. 그는 본래의 문구를 되살리고 대금·예금 앞에 '영업이 아닌'이라는 문구를 추가할 것을 제안하였다.[95] 마키무라마사나오(槇村正直)도 같은 취지에서 본래의 문구를 되살려야 한다고 주장하였다.[96] 결국 제2차수정안은 원안, 제1차수정안 및 그에 대한 비판을 절충하여 '비영업 대여금·예금에 대한 이자'를 제2조 제1항으로 옮겼다. 수정위원이었던 마키무라마사나오(槇村正直)는 "동일한 대여금이라도 영업과 영업이 아닌 것은 차이가 있다. 영업으로 하는 것은 상업에 속하므로 지방세를 부과하는 까닭에 제2항에 넣어야 할 것이다. 여기에 규정한 것은 영업에 해당하지 않는 대여금으로서 그 이자의 금액을 소득으로 하는 것이다"라고 설명하고 있다.[97] 그러나 심의가 시

---

92) 원로원회의필기(주8), 25면.
93) 林健久(주2), 314면.
94) 원로원회의필기(주8), 26면.
95) 원로원회의필기(주8), 28면.
96) 원로원회의필기(주8), 96~97면.
97) 원로원회의필기(주8), 113면.

작되자 다시 야마구치마쓰카나오요시(山口尚芳)는 영업과 비영업을 명확하게 구분하기 어렵다는 비판을 제기하였고,[98] 츠다마미치(津田真道) 등이 가담하였다.[99] 이들은 제2차수정안 중 '영업이 아닌' 부분을 삭제하고 원래대로 돌려야 한다고 주장하였는데, 이에 대하여 찬반의견이 계속되었다.[100] 이때 제시된 의견들은 크게 두 가지로 나눌 수 있는데 첫 번째는 영업과 비영업을 구분하기 어렵고 필요경비가 필요한 경우도 있으므로 이자소득을 제2조 제2항의 소득으로 규정하여 필요경비를 공제할 수 있게 하여야 한다는 실무적 의견이었고(제1차수정안), 두 번째는 소득의 성질에 따라 제1항 소득인지 혹은 제2항 소득인지가 구분되어야 한다는 전제하에서 비영업의 대여금·예금에 대한 이자소득은 제1항의 배당소득, 급여소득과 성질이 동일하므로 필요경비 공제를 인정할 수 없다는 이론적 의견이었다(제2차수정안).[101] 최종적으로는 의결에 붙인 결과 첫 번째 의견을 지지하는 의관은 9명에 불과하였으므로[102] 두 번째 의견, 즉 제2차수정안대로 비영업 대여금·예금에 대한 이자에 한하여 필요경비를 공제하지 않고 그대로 소득으로서 과세하게 되었다.[103]

마. 소득산출방법

소득세법초안 제2조 제3항은 제2항의 소득(영업소득 등)은 이전 3개년간 소득의 평균금액으로 산출한다고 규정하고 있었다. 제1차수정안에서는 "소득세는 전년 1월부터 12월까지의 소득금액으로 산출한다"고 개정하였다. 이에 대하여 조사위원 야마구치마쓰카나오요시(山口尚芳)는 개정이유로서 "원안과 같이 이전 3개년을 평균하는 것은 과도한 수고를 요구하고 평균금액은 그 수입금액이 매년 다르기 때문에 해당 과세연도의 수입금액이 이전 3개년도의 평균금액과 크게 다르더라도 이에 따르지 않을 수 없다"는 점을 초안의 문제점으로 적시하면

---

98) 원로원회의필기(주8), 117면.

99) 원로원회의필기(주8), 122~123면.

100) 원로원회의필기(주8), 117, 118, 123면. 이 문제는 일본소득세법 제정 과정에서 가장 많은 시간이 소요된 문제라고 한다. 磯部喜久男(주7), 199면.

101) 磯部喜久男(주7), 199~200면.

102) 山本洋/織井喜義(주1), 111면.

103) 林健久(주2), 323면. 제1차수정안과 관련하여 제2독회에서는 영업과 비영업을 기준으로 필요경비의 공제를 달리할 것인지에 관하여 여러 의견이 제시되었다. 상세는 磯部喜久男(주7), 198~199면.

서 제1차수정안과 같이 하면 전년도만의 수입금액으로 해당 과세연도의 소득금액을 산출하므로 "수고를 줄일 수 있고 소득금액의 산출방법도 실제와 부합한다"고 설명하고 있다.[104] 이에 대하여는 조사위원 미우라야스시(三浦安)는 초안은 프로이센법을 따른 것이지만 제1차수정안은 영국법을 따른 것이라면서 초안과 같이 3개년간의 소득금액을 조사할 경우 과세관청이나 납세자 모두에게 무거운 부담이 되고 그 결과도 큰 차이가 없을 것이므로 영국법과 같이 간이한 방식이 더 우수하다고 부연하고 있다.[105] 그러나 제2차수정안은 다시 초안으로 돌아갔다. 그 이유에 관하여 수정위원 마키무라마사나오(槇村正直)는 원안과 같이 하더라도 금액의 산정에 어려움이 없을 것이라는 점을 이유로 들고 있다. 또한 소득세는 부자에게 과세하고 빈자에게는 과세하지 않는 것이므로 특히 상공농업자의 경우에는 소득에 편차가 있으므로 3개년의 평균에 의하여야만 세액이 적정하게 산출될 수 있다고 설명하였다.[106]

바. 등급 및 세율의 문제

소득세법원안에는 소득의 등급을 19등급으로 나누고 같은 등급 내에서는 같은 세액을 부과하였다.[107] 등급을 둔 것은 누진세율을 적용하기 위한 것으로서 과세최저한인 300엔을 약간 초과한 금액에 대하여 고율로 과세하면 소득을 은폐하려는 시도가 많을 것으로 예상되기 때문이라고 한다. 등급을 세분화한 것에 대하여는 일본의 입법자도 고려가 있었다. 그 설명에 따르면 등급이 많으면 조사절차는 번잡하지만 납세자가 그 소득을 은폐하려고 하여도 실제보다 그렇게 낮은 등급의 소득을 신고하게 되지는 않는다는 이점이 있다고 한다. 반대로 등급을 적게 하면 조사업무의 번잡은 피할 수 있지만 납세자는 낮은 등급으로 하려는 시도를 하게 될 것이라고 한다. 따라서 19등급 정도로 하고 세율을 낮게 하면 여유가 있는 납세자는 굳이 1등급 정도 낮게 하려고 애쓰지 않을 것이라는 것이다.[108] 제1독회에서 오자키사부로우(尾崎三良)는 원안이 취하고 있는 프로이센형의 등급별 세액방식이 영국형의 단순누진세율에 비하여 불공평한

104) 원로원회의필기(주8), 40면.
105) 원로원회의필기(주8), 41면.
106) 원로원회의필기(주8), 118~119면.
107) 山本洋/織井喜義(주1), 137~138면.
108) 山本洋/織井喜義(주1), 137면.

결과를 가져온다는 취지의 비판을 제기하였다. 그러나 그는 영국형의 단순누진세율 방식도 부자에게 더 많이 과세한다는 본래의 취지와 맞지 않고 등급세법보다 번잡하므로 일단은 원안과 같이 등급을 두고 그 구조를 수정하는 것이 좋다고 주장하였다.109) 이에 제1차수정안은 스위스 연방소득세법의 등급이 7, 8개에 불과한 것을 참고하여 등급, 세율을 모두 5등급으로 줄였다. 제1차수정안을 작성한 조사위원 야마구치마쓰카나오요시(山口尚芳)는 등급을 늘릴 경우 단순누진세율 방식과 같이 되어 버리므로 등급과 세율을 간소화하였다고 설명하고 있다.110) 당시 프로이센법은 등급세법을 채택하여 같은 등급 내에서는 같은 세액을 부과하면서도 등급을 세분화하여 조세의 공평을 꾀하였으나 일본은 업무의 번잡을 피하기 위하여 등급을 축소하고 그에 맞추어 세율도 누진세율로 수정하였다. 즉, 같은 등급 내에서는 같은 세율—같은 세액이 아닌—을 적용하고(단순누진세율 방식) 등급이 올라감에 따라 세율이 누진되도록 수정한 것이다.111) 이는 등급별 단순누진세율 방식으로서 현재의 초과누진세율과는 다르다.112)

〈제정 소득세법의 세율표〉

등 급	소득금액	세 율
제1등	30,000엔 이상	3.0%
제2등	20,000엔 이상	2.5%
제3등	10,000엔 이상	2.0%
제4등	1,000엔 이상	1.5%
제5등	300엔 이상	1.0%

109) 원로원회의필기(주8), 20~22면.
110) 원로원회의필기(주8), 41면.
111) 林健久(주2), 316~317면.
112) 磯部喜久男(주7), 219면.

Ⅴ. 주요 내용 정리 및 평가

1. 주요 내용의 정리

일본 최초의 소득세법은 모두 29개의 조문, 2,300자로 이루어진 간단한 것이었다. 이와 같이 간단한 조문구조를 갖게 된 것에 관하여 내각위원 이와사키 코지로우(岩崎小二郎)는 ① 일본국민의 국민성이 심정이 순후(淳厚)하여 복잡한 논리에 익숙하지 않으므로 서양과 같이 상세한 법률을 둘 필요가 없고,[113] ② 완벽한 세법을 갖추려면 수백 페이지의 분량에 이를 것이므로 차라리 세법은 간단히 만들고 구체적인 집행을 주무관서에 맡기는 것이 나을 것이라고 설명하고 있다.[114] 원로원을 통과한 제정 소득세법의 주요 골자는 다음과 같다.[115]

가. 납세의무자는 개인으로서 법인에 대하여는 과세하지 않는다(제1조). 현행 일본소득세법과 달리 세대합산과세방식을 취하여 동거가족의 소득을 호주의 소득에 합산한 금액이 300엔 이상이면 호주에게 납세의무를 부과하였다.

나. 일반소득세의 형식을 취하고 있으며 종합과세한다(제1조). 이는 프로이센법을 따른 것으로서 소득세법설명서는 당시 영국, 오스트리아가 채택하였던 분류과세제도는 어렵고 취할 실익도 없어 종합과세방식을 취하였다고 설명하고 있다. 소득금액의 계산은 제2조의 제1항과 제2항으로 구분되어 있다. 제1항의 소득은 현행 일본소득세법상의 이자소득, 배당소득, 잡소득, 급여소득에 해당하는 것으로 필요경비를 공제하지 않고 수입금액을 소득금액으로 한다. 제2항의 소득은 부동산소득, 사업소득, 산림소득에 해당하는 것으로서 필요경비를 공제하여 소득금액을 산출한다(제2조).[116]

다. 영리의 사업에 속하는 일시의 소득은 현행 일본소득세법상 양도소득, 일시소득 및 퇴직소득에 해당하는 것으로서 비과세소득으로 한다(제

---

113) 원로원회의필기(주8), 32면.

114) 원로원회의필기(주8), 63면.

115) 磯部喜久男(주7), 161면; 林健久(주2), 324~325면.

116) 제2항의 소득은 3개년을 평균하여 산출한다.

2조).[117]

라. 과세최저한은 300엔으로 하고 소득을 300엔 이상부터 3만엔 이상의 5단계로 나누어 최저 1퍼센트에서 최고 3퍼센트까지의 단순누진세율을 취한다(제4조).[118]

마. 소득금액은 군구장(郡區長)이 소득세조사위원회의 결의에 따라 결정하는 부과과세제도이지만 그 기초금액은 본인이 그 과세연도의 소득 예상금액을 4월 30일까지 신고한다.[119] 여기서 소득 예상금액은 그 전 3개년의 실적으로 바탕으로 그 과세연도의 소득을 추산한 것이다(제6조, 제13조, 제17조). 이와 같이 예상금액을 바탕으로 소득세를 산출하는 방식을 예산(豫算)방식이라고 하는데 소득세법초안은 이와 같은 방식을 채택한 이유로서 '소득이 해마다 증감하므로 일정하지 않은데 일일이 그에 대응하여 세액을 산정하면 과세관청과 납세자가 모두 번잡하기 때문'이라고 설명한다.[120] 소득세법 도입 초기에 세액을 어느 정도 고정시키기 위한 의도에서 비롯된 것으로 보인다.[121] 또한 납세자가 신고를 하도록 한 신고제[122]를 채택한 것과 관련하여 「소득세법설명서」는 영국은 신고제에 의하고 프로이센은 조사위원의 평정에 의한다고 한 후 일본의 경우 인민의 소득을 조사하는 것이 쉽지 않고 처음으로 소득세를 도입한 것이므로 신고제를 취하기로 하였다는 점을 밝히고 있다.[123]

바. 소득세의 납기는 9월 말과 다음해 3월 말이다.

---

117) 이 규정은 소득원천설에 기반한 것이다. 磯部喜久男(주7), 216면.

118) 이를 등급세율이라고도 하는데, 소득재분배의 효과는 충분하지 않았다. 高橋誠(주13), 74면.

119) 제정된 소득세법에서는 군구장에게 징세권한이 집중되어 있는데, 이 역시 프로이센 세제의 영향이다. 高橋誠(주15), 76면.

120) 国税庁税務大学校研究部 編(주40), 327면. 전술한 바와 같이 프로이센 세제를 따른 것이다.

121) 이 제도가 염두에 둔 것은 각 해의 풍흉에 따라 소득의 편차가 심한 지주의 소득이다. 따라서 이 점에서는 근대적 소득세제의 성격보다는 프로이센의 경우와 마찬가지로 등급별 유산자세의 성격이 강하다고 한다. 高橋誠(주13), 75면.

122) 물론 여기서의 신고는 신고납부방식에서의 신고가 아니라 부과과세방식에서 과세자료를 제공하는 의미에서의 신고에 해당한다. 일본은 제2차 세계대전 종전 이후 1947년(소화22년)에 신고납세방식을 도입하였다. 그 이유는 미군정의 조사결과 조사위원회의 조사위원 중 지방의 유지들이 소득금액 결정과정에 영향을 미치는 사례가 있었는데 이것이 미군정의 사고방식에 맞지 않았기 때문이었다. 磯部喜久男(주7), 237~238면.

123) 国税庁税務大学校研究部 編(주40), 329면.

사. 조사위원회는 7명 이하로 구성하고 군구(郡區) 내의 소득세납세의무자에 의하여 간접선거한다(제7조부터 제10조까지). 소득세법설명서에 따르면 조사위원회에 관하여는 프로이센, 바바리아의 제도를 참고하였다고 한다. 소득세제가 실효성을 갖기 위해서는 납세자들의 협력이 필수적인데, 조사위원회제도는 납세자의 대표를 징세기구에 참여시킴으로써 납세자들의 적극적인 협력을 얻기 위한 것이다.[124]

아. 납세의무자는 통지를 받은 등급금액이 부당할 경우 통지를 받은 날부터 20일 이내에 소득금액명세서 및 증빙 등을 첨부하여 부현지사(府縣知事)에게 이의를 신청할 수 있다. 또한 소득금액의 50퍼센트 이상 감손된 경우에도 군구장(郡區長)에게 이의를 신청할 수 있다.

자. 자본적 지출은 필요경비에 해당하지 않지만 나중에도 필요경비에 산입하도록 하는 규정이 없었다. 즉, 감가상각이 인정되지 않았다.[125]

2. 평 가

위와 같은 내용을 살펴보면, 비록 제정 소득세법이 규정은 간단하지만 납세의무자, 과세소득, 비과세소득, 소득금액의 산출방법, 소득금액의 신고에 관한 규정, 불복신청, 감면, 질문검사 및 벌칙, 조사위원에 관한 규정 등을 두고 있어 현행 일본소득세법의 기본 요소를 대부분 갖추고 있는 것으로 평가할 수 있다.[126]

그러나 납세자와 주소, 거소의 관계, 소득원천의 소재지 등에 대하여는 규정이 없고 현대 소득세법의 특징인 인적 사정에 대한 고려가 전혀 이루어지지 않고 있으며 누진세제에도 보완할 점이 여전히 있었다.[127] 다만 인적 사정을 고려하지 않은 점에 대해서는 소득세를 납부하는 자의 수가 20만명 정도로서 당시 전체 인구의 0.5퍼센트에 불과하여 실질적으로 가장 부유한 계층에 대하여만 과세하였기 때문이라는 해석도 있다.[128]

---

124) 高橋誠(주15), 77면.

125) 같은 법 제2조 제2항. 磯部喜久男(주7), 203~204면.

126) 磯部喜久男(주7), 158면.

127) 林健久(주2), 325~326면.

128) 林健久(주2), 333면.

최초로 제정된 일본소득세법의 세제사적 의미는 다음과 같이 정리하여 볼 수 있다.[129)]

첫째, 위 소득세법은 실제 일본의 사회·경제적 상황에 비하여 선행적·선구적인 제도였다. 여러 제반 조건이 갖추어지지 않은 상황에서 이루어진 입법이었지만 이를 계기로 일본의 조세체계가 근대화되는 전기(轉機)를 마련하였다는 점에서 획기적인 입법으로 평가된다.[130)] 다만 유럽 선진국의 세법을 계수한 까닭에 형식적으로는 상당히 정비된 모습이었지만 내용적으로는 과세표준의 산정규정이 결여되어 있는 등 결함이 있었다.

둘째, 일본소득세법은 계수법이었다.[131)] 「소득세법설명서」의 총설에 따르면 대장성은 영국, 프랑스, 독일, 오스트리아, 이탈리아 등의 세법을 검토하였는데 그 중 프랑스의 동산세, 미국의 자본세는 공평하지 않고 이탈리아, 바바리아 등은 일정한 종류의 소득에 대하여만 과세하므로 납세자가 비과세되는 소득만을 추구하게 되어 조세가 중립성을 잃게 되는 문제점이 있으므로 영국, 오스트리아, 프로이센 등과 같이 소득일반에 대하여 과세하는 세제를 채택하고 과세방법은 각국의 법제를 취사하여 일본 실정에 맞게 조문을 배열하였다고 설명하고 있다. 입법과정을 보면 입법자들이 서구 제국의 소득세법에 관하여 상당히 깊이 있는 지식을 갖추고 있었음을 알게 된다.[132)] 구체적으로는 「수입세법률안」의 모태가 된 프로이센의 소득세제로부터 가장 큰 영향을 받았다는 점은 부인하기 어렵다. 수입세법률안은 프로이센의 1891년 프로이센 소득세법의 구성과 내용을 모방한 것이고 제정된 소득세법은 그 수입세법률안의 직·간접적인 영향하에 있다고 평가되고 있기 때문이다.[133)] 내각위원 이와사키코지로우(岩崎小

129) 山本洋/織井喜義(주1), 41면 이하. 당시 원로원에서 찬반 논의가 있었음은 앞서 본 바와 같고, 학계에서는 대체로 서구 제국들이 소득세법을 시행하고 있으며 일본의 입법자들이 그 서구 제국의 법들을 참고하여 일본의 실정에 맞게 적절하게 입법하였음을 들어 신법을 환영하는 분위기였다. 磯部喜久男(주7), 175~176면.

130) 일본 학계의 일치된 평가라고 할 수 있다. 山本洋/織井喜義(주1), 45면.

131) 磯部喜久男(주7), 238면.

132) 이에 관하여는 山本洋/織井喜義(주1), 155면 이하. 특히 원로원 심의과정에서 프로이센법을 자주 원용하였던 무라타타모츠(村田保)는 법률조사를 위하여 독일, 영국에 체류한 바 있었고, 영국법적인 사고를 자주 드러낸 오자키사부로우(尾崎三良)는 영국에서 유학을 한 경력이 있었다.

133) 汐見三郎/柏井象雄/佐伯玄洞/伊藤武夫(주3), 250면, 259면; 山本洋/織井喜義(주1), 244면.

二郎)도 직설적으로 소득세법원안은 프로이센법을 간략화한 것이라는 입장을 피력하고 있다.[134] 구체적인 제도로서는 호주합산제, 종합과세방식,[135] 3개년 평균에 의한 소득산출방식, 민선에 의한 조사위원회제도 등이 그 대표적인 예이다.[136] 이는 당시 일본이 국가체제를 정비하는 과정에서 영국형의 의원내각제가 아닌 프로이센형의 입헌군주제를 채택함에 따른 필연적인 것이었다고 볼 수 있다. 흥미로운 것은 프로이센법의 영향하게 작성된 원안이 제1차수정안에서는 영국법의 영향을 받아 수정되었으나 결국 제2차수정안에서 다시 본래의 모습으로 환원되었다는 점이다.[137] 이처럼 프로이센 세법의 영향이 결정적이기는 하였으나 영국, 스위스, 스웨덴, 바바리아 세법의 장점도 일부 계수하였다고 평가받고 있으며,[138] 단순히 외국의 세법을 모방한 것은 아니고 일본의 사정을 고려하여 신중한 취사선택이 이루어진 점에서 주체적인 계수로 볼 수 있다. 실제로 일본의 학계에서는 제정 소득세법의 구체적인 입법과정을 근거로 입법자의 주체적인 사고와 행동이 반영된 입법이라고 평가하고 있다.[139] 제정된 일본 소득세법은 그 이후 여러 차례 개정되었음에도 불구하고 현행 일본소득세법의 원형(prototype)에 해당한다고 할 수 있다.[140] 그리고 이 점에서 우리 소득세법과도 깊은 관련성이 있다. 예를 들어 우리 현행 소득세법은 이자소득의 필요경비 공제를 허용하지 않고 있으며, 헌법재판소도 그와 같은 필요경비 불공제가

위 汐見三郎/柏井象雄/佐伯玄洞/伊藤武夫이 저술한 「各国所得税制論」의 250면부터 259면까지에는 칼 루돌프가 작성한 수입세법률안과 제정 소득세법의 유사성을 조문별로 비교·검토하고 있다. 山本洋/織井喜義(주1), 213~244면도 프로이센 소득세법, 루돌프의 수입세법률안, 소득세법원안을 나란히 비교하면서 유사점을 검토하고 있다. 프로이센 소득세법과의 유사성은 원로원 의관(議官) 무라타타모츠(村田保)의 진술에서도 확인된다. 그는 제1독회에서 소득세법초안이 "프로이센법을 본뜬 것 같다(プロイセンの所得税法に倣ったもののようである)"고 진술하고 있는 것이다. 山本洋/織井喜義(주1), 70면.

134) 원로원회의필기(주8), 32면.

135) 당시 영국은 분류과세 방식을 채택하고 있었다.

136) 林健久(주2), 308면.

137) 林健久(주2), 324면.

138) 山本洋/織井喜義(주1), 45면.

139) 磯部喜久男(주7), 157면; 山本洋/織井喜義(주1), 45면; 山本洋/織井喜義(주1), 213면, 244면. 원로원 의관 야마구치마쓰카나오요시(山口尚芳)도 일본의 실정에 맞게 영국, 프로이센, 프랑스법을 '참고'한 것이라고 진술하여 그 계수가 주체적이었다고 설명하고 있다. 山本洋/織井喜義(주1), 161면.

140) 磯部喜久男(주7), 238면; 山本洋/織井喜義(주1), 35면.

합헌이라고 판시하고 있다.[141] 그러나 앞서 본 바와 같이 일본소득세법에서 이자소득의 필요경비 불공제 규정이 입법된 경위를 살펴본다면 이를 절대적 법리로 보는 것은 타당하지 않으며 다시 원점에서 재검토해 볼 수 있을 것이다.[142]

셋째, 제정 일본소득세법은 부유세, 보조세적 성격을 갖고 있었다. 즉, 제정 당시 대장성의 관료들은 소득세수입의 비중을 낮게 보면서 소득세의 존재 의의를 빈부간 조세부담의 불공평을 조정·완화하기 위하여 부유계층에 과세하는 보조세로 파악하였다는 것이다. 이는 영국적 소득세관이 반영된 것으로서 소득세법 제정과정에서 영국의 소득세제가 어느 정도의 영향을 미친 것은 부정할 수 없다.[143]

넷째, 법인소득에 대한 비과세의 동기에서 엿볼 수 있는 것과 같이, 이후 일본 및 우리 세제에서 나타나는 개인에 대한 법인 우대의 발단이 되었다는 점이다.[144]

다섯째, 제정 일본소득세법은 본격적인 소득세법으로 볼 수 있는 1899년 개정 소득세법의 바탕이 되었다. 일본 소득세법의 제정과정에서 문제가 되었던 여러 쟁점들은 그 후 실제 시행과정에서도 문제점으로 드러나게 되었고, 1899년의 개정을 통하여 그 해결을 모색하게 된다.

이상에서 살펴 본 바와 같이, 일본 최초의 소득세법은 단순한 외국법의 모방이 아니라 외국법을 철저하게 분석한 후 원로원에서 당시 일본이 처한 상황에 맞도록 치열한 논쟁을 거쳐서 탄생한 노작(勞作)이라고 할 수 있다.

---

141) 헌법재판소 2001. 12. 20. 선고 2000헌바54 결정.

142) 이자소득에 대한 필요경비 불공제 규정에 대한 비판으로는 김완석/정지선, 「소득세법」, 제19판, 광교이택스, 2013, 245면.

143) 山本洋/織井喜義(주1), 41면.

144) 高橋誠(주13), 71~72면.

제 5 장

일본의 법인세제 성립과 발전

CHAPTER 05 일본의 법인세제 성립과 발전

Ⅰ. 서 설

소득세법을 제정한 이후 일본 정부는 긴축재정을 유지하였으므로 그 후 10여년간 소득세수입이 전체 조세수입에서 차지하는 비중은 1~2퍼센트에 불과하였다. 그러나 일본의 자본주의가 발전함에 따라 점차로 소득세제가 실효성을 거둘 수 있는 환경이 갖추어지기 시작하였다. 1890년대 후반이 되면 제도로서의 소득세제가 확립되고 이를 뒷받침하는 사회적 여건도 성숙하게 된다.[1] 이에 일본 정부는 본격적인 소득세제의 시행을 위하여 소득세법의 개정에 착수하게 되는데, 그 결실을 맺은 것이 1899년(메이지 32년) 개정 일본소득세법이다.[2]

1899년의 소득세법 개정시에는 소득세제가 처음 창설될 때와 마찬가지로 소득세제의 기본문제가 광범위하게 다루어지고 제도적으로 검토되었기 때문에 제정 소득세제와 함께 일본 소득세제의 원형이 형성되었다고 할 수 있다.[3] 이 개정으로 일본의 법인소득에 대한 과세가 제도적으로 성립하게 되었다.[4][5]

1) 구체적으로는 자본주의의 발전에 수반하여 사회·경제가 구조적으로 변화하였고 청일전쟁후 재정수요가 급증하였다는 것을 들 수 있다. 堀口和哉(주1), "明治32年の所得稅法改正の立法的沿革", 「稅大論叢」 28号, 1997, 7면.

2) 堀口和哉(주1), 10~11면.

3) 堀口和哉(주1), 6면.

4) 당시 소득세제와 관련하여 함께 도입된 제도로는 거주지국과세, 분류소득세, 원천징수제도 등이 있다. 堀口和哉(주1), 6면.

5) 대장성 내에서 소득세법 개정 논의가 촉발된 것은 1897년(메이지 30년) 2월에 대장대신 마츠카타마사요시(松方正義)가 당시 대장성 주세국장 메가타 타네타로우(目賀田種太郎)의 의견서를 채택하였기 때문이라고 한다. 堀口和哉(주1), 22면. 그 의견서의 내용에 관하

Ⅱ. 1899년 일본소득세법 개정

1. 개정의 경과

가. 개정의 배경

일본 최초의 소득세법(이하 '제정 소득세법'이라고만 한다)은 1887년에 제정되었다. 제정 소득세법은 아직 소득세제 시행의 여건이 갖추어지지 않은 상태에서 실시된 것이었고, 일본 정부도 긴축재정을 유지하고 있었으므로 그 후 10여년간 소득세수입이 전체 조세수입에서 차지하는 비중은 1~2퍼센트에 불과하였다.[6] 그러나, 일본의 자본주의가 발전함에 따라 점차로 소득세제가 실효성을 거둘 수 있는 환경이 갖추어지기 시작하였다. 이에 일본 정부는 본격적인 소득세제의 시행을 위하여 소득세법의 개정에 착수하게 되는데, 그 결실이 1899년 개정된 일본소득세법이다(이하 '1899년 소득세법'이라고만 한다).

나. 제정 소득세법 개정의 필요성

제정 소득세법은 비록 세수에서 차지하는 비중이 극히 작았지만 그 제도 자체는 순조롭게 정착되었다.[7] 그러나 제정 소득세법은 최초의 입법이었던 만큼 미비점이 적지 않았고, 1890년대 중·후반으로 접어들면서 다음과 같이 일본의 사회·경제적 환경이 변화하게 되면서 소득세법 개정의 필요성이 대두하게 된 것이다.

(1) 제정 소득세법 자체의 문제점

제정 소득세법은 호주인 개인만을 납세주체로 하고 외국인과 법인의 소득에 대하여는 과세하지 않았다. 또한 징세기구도 충분하게 준비되지 않아서 지방행정조직 또는 조사위원회 등에 의존하고 있었다. 이처럼 초기의 소득세제가 완전하지 못하였던 것은 소득세제를 실시하기 위한 사회·경제적 조건이 갖추어지지 않은 상태에서 서둘러 소득세법을 입법하였기 때문이었다. 이러한 점을 수정하기 위해서라도 소득세법의 개정이 필요하게 되었다.

여는 같은 논문, 125~127면.

6) 堀口和哉(주1), 10~11면.

7) 堀口和哉(주1), 12~13면.

(2) 자본주의 고도화와 기업의 발전

1895년에 끝난 청일전쟁을 계기로 일본은 전후 군비확충, 인플레이션, 청일전쟁 배상금의 유입, 판매시장의 확대 등 경제발전에 필요한 제반 요건이 갖추어졌다. 이에 따라 특히 법인 기업의 수가 폭발적으로 증가하여 자본주의가 확립되는 시기로 진입한다.[8] 따라서 특히 법인소득에 대한 과세 문제가 부각되었다. 귀족원 제1회독회에서 정부위원 메가타타누타로우(目賀田種太郎)은 소득세법 제정시에 거의 확인할 수 없었던 법인의 존재가 두드러지게 되어 그에 대한 보완이 필요하다는 점을 지적하고 있다.[9] 또한 법인을 통한 조세포탈에 대처할 필요도 제기되었다.[10]

(3) 법제도 정비

소득세법은 사인(私人)의 경제활동을 대상으로 하는 것이므로 소득세법이 정교하게 발달하기 위하여는 대상이 되는 경제활동을 규율하는 민·상법이 정비되어 있어야 한다. 제정 소득세법이 시행될 당시에는 일본이 민·상법을 제정하지 않은 상태였지만 그 이후 점차 중요한 민사법에 관한 법제화가 진행되었다. 그 결과 1890년(메이지 23년)에는 프랑스인 고문 브아소나드(Gustave Emile Boissonade de Fontarabie)가 기초한 민법전과 독일인 고문 헤르만 뢰슬러(Hermann Roesler)가 기초한 상법전이 각각 공포되었다(이들 법전을 각각 「구(舊) 민법」, 「구(舊) 상법」이라고 한다). 이들 민·상법전은 외국법의 모방에 불과하고 서로 다른 국가의 법을 모방하여 정합성이 없으며 일본 고유의 관습을 무시하였다는 이유로 이른바 법전논쟁(法典論爭)이 벌어졌다. 구 상법의 경우 제1제국의회에서 반대의견이 다수를 차지하게 되어 1893년(메이지 26년)에 시행하는 것으로 연기되었고, 다시 1892년(메이지 25년) 제3제국의회에서 「민법상법시행연기법안」이 가결되어 민법, 상법 모두 그 시행이 1896년(메이지 29년) 12월 31일까지 연기되었다. 그러나 회사법이 갖추어지지 않은 상태에서 회사제도를 악용하는 사례가 증가하면서 상법 중 회사법 부분만을 분리하여 시행하여야 한다는 주장이 힘을 얻게 되었고 결국 「상사회사 및 공산상업조합」에 관한 상업장부의 규

8) 高木勝一, 「日本所得税発達史」, ぎょうせい, 2007, 33~37면; 堀口和哉(주1), 13~14면.
9) 1898년(메이지 31년) 12월 27일 제13회 제국의회 귀족원의사속기록 제10호, 83면.
10) 上林敬次郎, 「所得税法講義」, 松江税務調査会, 1901, 21~22면.

정, 「어음수표」, 「파산」부분이 수정을 거쳐 1893년(메이지 26년) 7월 1일부터 우선 시행되었고, 독일민법을 바탕으로 한 민법전도 1898년 4월부터 시행에 들어갔다. 구 상법전의 나머지 부분에 대하여도 조기 전면시행을 요구하는 목소리가 높았지만 당시 정치상황의 불안정으로 인하여 제국의회가 심리를 마치지 못한 상황이 계속되자 공백을 메우기 위하여 1898년(메이지 31년) 7월 1일부터 미시행 부분도 시행에 들어가게 되었고 1899년(메이지 32년) 6월 16일에는 구 상법을 개정한 「메이지 32년 상법전」이 시행되어 민·상법의 체계가 갖추어지게 되었다.[11)]

(4) 재정수요의 팽창

일본 정부는 청일전쟁 이전까지는 긴축재정의 기조를 유지하였으나 청일전쟁 직후부터 군비증강 및 제철소건설 등 산업발전을 위한 운수, 통신, 교육사업 등의 대대적인 확충을 계획하여 실행에 옮겼다. 이에 따라 재원 마련을 위하여도 소득세법을 전반적으로 개정할 필요가 있었다.[12)]

다. 개정안의 준비

소득세법의 개정작업은 1897년 2월에 대장성 주세국장(主税局長)이었던 메가타타네타로우(目賀田種太郎)가 작성한 「의견」[13)]이 대장대신(大蔵大臣) 마츠카타마사요시(松方正義)에게 채택되면서 시작되었다. 메가타타네타로우는 위 「의견」에서 소득세법의 검토과제로 ① 내국인과 외국인을 평등하게 취급할 것, ② 누진세율을 추가할 것, ③ 법인소득을 과세대상에 포함시킬 것, ④ 기타 과세방법을 정비할 것 등을 들고 있다.[14)] 1898년 개정안을 준비할 때에도 제정 소득세법을 준비할 때와 마찬가지로 외국의 입법례에 대한 깊이 있는 조사가 선행되었다. 그 조사 결과는 「각국소득세법류취(各国所得税法類聚)」로 정리되어 제12회 의회 심의과정에 제공되었다.[15)] 당시 일본이 가장 열심히 연구한 국가는 영국과 프

11) 堀口和哉(주1), 16~17면; 鈴木一水, 「税務会計分析—税務計画と税務計算の統合」, 森山書店, 2013, 191~192면; 松尾俊彦, "明治期におけるわが国の商法会計制度に関する一考察", 「呉女子短期大学紀要」 9号, 1995, 82면.

12) 高木勝一(주8), 33~37면; 堀口和哉(주1), 19~20면; 上林敬次郎, 「所得税法講義」, 松江税務調査会, 1901, 17면.

13) 堀口和哉(주1), 125면 이하에 전문이 실려 있다.

14) 堀口和哉(주1), 22면.

15) 堀口和哉(주1), 128면.

로이센이었다.16) 일본의 1899년 개정과 관련하여서는 분류소득세로의 이행, 원천징수제도의 도입, 법인소득과세, 생계비 공제 논의 등의 점에서 영국의 소득세제를 참고한 것으로 추측된다.17) 반면 일본이 1899년의 소득세제 개정시 법인소득과세를 도입한 것과 그 이후 슈프 권고시까지 법인실재설의 영향을 강하게 받은 법인세제를 유지하여 온 것은 독일소득세제의 영향이라고 볼 수 있다.18)

라. 의회 제출 및 심의과정

(1) 1898년 소득세법 개정안의 제출 및 심의

일본 정부는 1898년(메이지 31년) 5월에 제12회 의회에 다른 증세법안과 함께 1898년 소득세법 개정안(이하 '1898년 개정안'이라고만 한다)을 제출하였다.19) 그러나 지조(地租)의 증세를 위한 지조조례의 개정법률안을 둘러싼 다툼으로 6월에 의회가 해산되면서 폐기되었다. 위 개정안에 따르면 소득은 제1종 법인의 소득, 제2종 지대·차임·이자 등의 소득, 제3종 농업·상업·공업 등 영업의 소득, 제4종 봉급·급여 등 근로의 소득, 제5종 기타의 소득으로 분류하고 법인의 소득 이외에는 총액으로 200엔의 생계비를 공제한 후에 법인의 소득을 포함하여 각각의 소득마다 누진세율을 적용하였다. 다만, 그 잔액이 20엔 미만이면 과세하지 않았다.20) 당시 「중의원 소득세법 개정법률안 심사특별위원회」가 구성되었는데 법인에 대하여 누진세율을 적용하는 문제에 관하여 반대하는 견해가 다수 제기된 것 이외에는 더 이상 심의가 진행되지 못하였다.

---

16) 堀口和哉(주1), 17면.

17) 堀口和哉(주1), 18면.

18) 堀口和哉(주1), 18~19면.

19) 堀口和哉(주1), 20면. 증세법안이란 대장대신인 마츠카타마사요시(松方正義)는 청일전쟁 이후의 재정계획과 관련하여 각의에 증세에 관한 의견서를 제출하면서 증세의 대상으로 고려한 주조세(酒造稅), 영업세(營業稅) 등의 법안을 말한다. 堀口和哉(주1), 18~19면.

20) 堀口和哉(주1), 46~47면; 汐見三郎/柏井象雄/佐伯玄洞/伊藤武夫, 「各国所得税制論」, 有斐閣, 1934, 262~268면. 각 분류소득별로는 다시 누진세율을 적용하고 있는 것은 분류소득세 방식과 종합소득세 방식의 이념이 결합된 것으로 볼 수 있다고 한다. 大蔵省主税局 編, 「所得税百年史」, 大蔵省主税局, 1988, 15면. 또한 현행 일본소득세법이 종합소득을 다시 이자소득, 잡소득 등 10종류로 분류하고 있는 것은 각 소득의 금액을 계산할 때 각각의 담세력의 차이를 고려하겠다는 사고에 바탕을 둔 것으로서 분류소득세 방식의 흔적이 남아 있는 것이라고 한다. 이는 우리 소득세법의 경우에도 타당한 설명이라고 생각한다. 金子宏, 「租税法」, 第17版, 弘文堂, 2012, 179면.

(2) 1899년 소득세법 개정안의 제출 및 심의

(가) 개정안의 제출

일본 정부는 지조 문제를 해결하고 1898년 11월에 다시 소득세법 개정안을 제13회 의회에 제출하였다. 이는 1898년 개정안을 제12회 의회에서의 논의와 정부 내부에서의 검토결과를 반영하여 수정한 것이었다. 1898년 개정안과 비교하여 보면 ① 소득분류를 5가지에서 3가지로 줄이고, ② 제1종소득(법인소득)에 비례세율을 적용하며, ③ 제2종소득(공·사채이자)에 대하여 원천징수제도를 적용하고, ④ 생계비공제는 삭제하였다.[21] 그러나 1898년 개정안이 수정된 이유는 상세하게 알 수 없다.[22]

(나) 중의원에서의 심의

중의원에서 공·사채이자에 원천징수를 하면 공·사채가격에 나쁜 영향을 줄 수 있다는 이유로 제2종소득에 관한 규정을 삭제하는 내용으로 수정하였다.[23]

(다) 귀족원에서의 심의

귀족원은 중의원에서와 달리 공·사채이자에 원천징수를 하는 것이 징세가 간편하고 탈세방지에 효과가 있다는 이유로 본래의 규정을 되살리자는 견해가 강하여 이를 부활시켰다. 그리고 중의원도 결국은 이에 동의하였다. 그 결과 거의 정부원안과 동일한 내용으로 소득세법 개정안이 통과되었고 1899년 2월 10일 법률 제17호로 공포되어 같은 해 3월 5일 시행되었다.[24] 제정 소득세법의 경우에는 여러 쟁점을 둘러싸고 치열한 찬반논의를 거친 것과는 비교가 된다. 이는 소득세법이 이미 제도로서 정착되었기 때문이 의원들 사이에서 거부감이 적었던 탓으로 추측된다.

마. 법률의 내용

1899년 소득세법(1899년 2월 10일 법률 제17호)[25]의 주요 내용은 다음과

21) 堀口和哉(주1), 23면.
22) 堀口和哉(주1), 47면.
23) 堀口和哉(주1), 23면.
24) 堀口和哉(주1), 23면.
25) 법인소득에 대한 과세부분만을 발췌한 것이다.

같다.

제1조 제국내 이 법률시행지에 주소를 두고 있거나 1년 이상 거소를 두고 있는 자는 이 법률에 따라 소득세를 납부할 의무가 있다.

제2조 전조에 해당하지 않는 자도 이 법률시행지에 자산영업 또는 직업을 보유하는 경우에는 그 소득에 따른 소득세를 납부할 의무가 있다.

제3조 소득세는 아래의 세율에 의하여 이를 부과한다.

제1종 법인의 소득 1,000분의 25

제2종 이 법률시행지에서 지불하는 공채·사채의 이자 1,000분의 20

제3종 앞의 제1종, 제2종에 속하지 않는 소득

이하 생략

제4조 ① 소득은 아래의 구별에 따라 이를 산정한다.

1. 제1종의 소득은 각 사업연도 총익금에서 같은 연도 총손금, 전년도 이월금 및 보험책임준비금을 공제한 것에 의한다. 다만 제2조에 해당하는 법인의 소득은 이 법률시행지에 있어서의 자산 또는 영업에서 발생한 각 사업연도의 익금에서 같은 연도 손금을 공제한 것에 의한다.

이하 제2호, 제3호 생략

② 전항 제1호의 경우에 익금 중 이 법률에 의하여 소득세를 과세당한 법인으로부터 수취한 배당금 및 이 법률시행지에서 지급을 받은 공채사채의 이자가 있는 때에는 이를 공제한다.

제5조 아래의 소득에는 소득세를 부과하지 않는다.

제1호부터 제3호까지는 생략

4. 영리를 목적으로 하지 않는 법인의 소득
5. 영리의 사업에 속하지 않는 일시의 소득
6. 외국 또는 이 법률을 시행하지 않는 지역의 자산영업 또는 직업에 의한 소득. 다만, 이 법률시행지에 본점을 두고 있는 법인의 소득은 제외한다.
7. 이 법률에 의하여 소득세를 부과하고 있는 법인으로부터 수취한 배

당금

제6조 생략

제7조 납세의무가 있는 법인은 각 사업연도마다 손익계산서를 정부에 제출하여야 한다. 다만 제2조에 해당하는 법인은 각 사업연도마다 이 법률시행지에 있어서의 자산 또는 영업에 관한 손익을 계산하고 그 계산서를 정부에 제출하여야 한다.

제8조부터 제34조 생략

제35조 정부는 제1종 및 제3종의 소득금액을 결정한 때에는 이를 납세의무자에게 통지하여야 한다.

제36조부터 제41조 생략

제42조 ① 제1종의 소득에 대하여는 각 사업연도마다 소득세를 징수한다.
② 제2종의 소득에 대하여는 금액을 지급할 때 지급자가 그 소득세를 징수하여 그때마다 이를 정부에 납부하여야 한다.
③ 생략

제43조 제40조의 청구가 있는 때에는 정부는 그 확정에 이를 때까지 세금의 징수를 유예할 수 있다.

제44조부터 제47조 생략

2. 1899년 소득세법의 주요 내용 검토 및 평가

가. 개 관

1899년 소득세법 개정의 주요 내용으로는 ① 법인소득에 대하여 2.5퍼센트의 비례세율로 과세를 실시하게 된 것, ② 통상조약의 개정과 관련하여 납세의무자의 범위를 정비한 것, ③ 공·사채의 이자과세를 신설하여 2퍼센트의 비례세율로 원천징수하게 된 것, ④ 개인에 대한 소득세에 대하여 누진세율을 인상하여 연 소득 2,000엔 이상의 자에 대한 조세부담을 늘린 것, ⑤ 소득금액 조사를 위하여 소득조사위원회를 세무서 관내에 둔 것 등을 들 수 있다.[26] 개정 내

26) 堀口和哉(주1), 24면.

용 중에서 법인세제와 관련하여서는 법인소득에 대하여 과세를 개시한 것과 원천징수제도가 도입된 것이 무엇보다 의미가 있다.[27] 한편, 공·사채의 이자가 분리되어 낮은 세율로 과세되고 법인으로부터의 배당 및 상여가 비과세되었으며 양도소득이 종래와 마찬가지로 비과세되었으므로 전체적으로는 자산소득이 우대되었다고 평가할 수 있다.[28] 이하에서는 구체적인 내용을 상세히 살펴보기로 한다.

나. 주요 내용

(1) 납세의무자의 범위 정비

1899년 소득세법 제1조, 제2조는 주소, 거소, 소득원천을 기준으로 납세의무자의 범위를 정하고 있다.[29] 제정 소득세법은 외국인에 대한 과세와 관련하여 별다른 규정을 두지 않았다. 제정 소득세법이 입법될 당시 주요 국가들은 외국인에 대하여 소득세를 과세하고 있었으나 입법자들은 일본에 거주하고 있는 외국인의 소득에 대하여는 과세할 수 없다고 판단하였기 때문이었다. 그 이유는 구체적으로 알려져 있지 않지만 당시 일본이 주요 국가들과 체결한 통상조약상의 치외법권 조항 때문에 일본에 거주하는 외국인에게 과세하더라도 그 외국인이 임의로 납세하지 않을 경우 이를 실효성 있게 집행할 방법이 없었으므로 일본이 과세권을 '사실상' 포기한 것이라고 생각된다. 따라서 반대 논리로 통상조약을 대등하게 개정하여 치외법권 조항을 없애더라도 당연히 일본 정부가 외국인에 대한 과세권을 갖게 되는 것은 아니었다. 일본 정부는 개항 이후 불평등조약의 개정에 힘을 쏟아 1894년 영·일통상항해조약을 체결하여 치외법권을 철폐한 것을 시작으로 1897년까지는 불평등조약을 대부분 개정하는데 성공하였으므로 외국인에 대한 소득과세를 위하여 1899년 소득세법은 제1조, 제2조에서 납세의무자의 범위를 규정하게 된 것이다.[30]

1899년 소득세법 제1조는 납세의무자의 범위와 관련하여 거주지국주의(居住地國主義)를 취하고 있는데, 이에 따르면 일본에 거주하는 외국인의 소득도 과

---

27) 土方成美, 「現代日本文明史: 第6巻」, 東洋経済新報社, 1940, 388면.
28) 金子宏(주20), 44~45면.
29) 高木勝一(주8), 40면.
30) 堀口和哉(주1), 32~37면.

세대상이 되지만 동시에 외국에 거주하는 일본인은 납세의무를 부담하지 않았다. 또한 거주지국주의를 취함에 따라 발생하는 국제적 이중과세를 해결하기 위하여 제5조에서 '외국 또는 이 법률을 시행하지 않는 곳의 자산, 영업 또는 직업에 의한 소득'을 비과세소득으로 규정함으로써 분류소득세 방식의 입법례가 대체로 취하는 외국소득면제 방식을 채택하였다.[31]

위 제1조, 제2조는 '주소 또는 거소'를 납세의무자와 납세의무의 범위를 정하는 기준으로 하고 있는데 그 주소 등의 의미에 대하여는 소득세법에 규정을 두고 있지 않다. 그렇다면 이를 어떤 기준으로 해석할 것인가? 사실 이 문제는 현행 우리 소득세법에서도 마찬가지로 제기되고 있는 문제이다. 당시 입법자와 세무실무는 이들 개념은 일본 민법에 따른다고 보았다.[32] 세법이 정교하게 운용되려면 민·상법과 같은 기본 법전의 정비가 필수적임을 보여주는 예라고 할 수 있다.[33]

(2) 분류소득세 방식 도입

제정 소득세법은 종합소득세 방식(global system)을 취하고 있었다. 그러나 1899년 소득세법은 분류소득세 방식(schedular system)으로 전환하였다.[34] 두 방식 중 어느 것이 우월하다고 말하기는 어렵다. 다만 일반적으로 소득세제의 초기 단계에서는 인적공제제도가 발달하지 못하고 비례세율을 채택하고 있으므로 분류소득세 방식이 각종의 소득에 대하여 담세력에 상응한 과세를 행하기에 적

---

31) 다만, 이 법률시행지에 본점을 두고 있는 법인의 소득은 과세한다. 같은 호 단서. 국제적 이중과세를 고려한 규정을 두었다는 것은 해외와의 교류확대에 대비한 것으로 이해할 수 있다. 高木勝一(주8), 40면; 堀口和哉(주1), 38면. 그 이후 거주자에 대하여 전세계소득을 과세하는 방식, 즉 거주자를 무제한납세의무자로 규정하는 방식이 국제적으로 인정받게 되면서도 일본도 1920년(타이쇼우 9년)의 소득세법 개정시에 거주자에 대하여는 해외소득도 과세소득에 포함시키는 것으로 하고 국제적 이중과세의 조정을 위하여 외국세액을 손금산입하는 제도를 채택하였다. 또한 1953년(소화 28년)에는 외국세액공제 방식도 도입하였다.

32) 1899년(메이지 32년) 1월 16일자 제13회 제국의회 귀족원 소득세법 개정 법률안 심사특별위원회 속기록 제2호 7면, 와카츠키레이지로우(若槻禮次郎)의 발언; 武本宗重郎, 「実務参考 所得税法詳解」, 帝国税務調査会, 1919, 59~60면.

33) 堀口和哉(주1), 39면.

34) 종합소득세 방식은 과세의 대상인 소득을 합산하여 세율을 적용하는 방식이고 분류소득세 방식은 소득을 그 원천 또는 성질에 따라 분류하고 각 종류의 소득별로 과세하는 방식이다. 金子宏(주19), 179면.

절하다고 평가되고 소득세제가 발달하면서 각종의 통일적인 인적공제와 누진세율이 채택되면 소득세는 각 개인의 '종합적인' 소득의 크기에 따라 과세되어야 한다는 사고가 자리잡게 되어 종합소득세 방식으로 전환하는 경향이 있다고 한다.[35] 그렇다면 일본은 어떤 이유로 기왕의 종합소득세 방식에서 분류소득세 방식으로 전환한 것일까? 제정 소득세법이 당초 종합소득세 방식을 취한 이유를 살펴보면 그 답을 알 수 있다. 제정 소득세법은 ① 굳이 소득을 분류할 만큼 법인이나 공·사채의 비중이 높지 않았고, ② 이토우히로부미가 간결한 프로이센의 세제를 선호하였는데, 당시 프로이센의 소득세제는 종합소득세 방식을 취하고 있었기 때문에 종합소득세 방식을 취하였던 것이다.[36] 즉, 제정 소득세법 시행 당시 일본의 소득세제가 고도로 발달하였기 때문이 아니었던 것이다. 따라서 1899년 소득세법을 개정하면서 오히려 본격적으로 소득과세의 초기 단계로 진입한다는 의미에서 분류소득세 방식을 취하였다고 볼 수 있을 것이다.

1899년 소득세법이 분류소득세 방식을 채택하였다고 보는 것이 통설적인 견해이기는 하나, 일부 견해는 분류소득세 방식을 채택한 것으로 보지 않는다. 분류된 소득의 종류를 살펴보면, 개인소득, 법인소득 이외에 공·사채의 이자에 관한 소득이 있지만 공·사채의 이자에 관한 소득은 개인소득 중 일부를 원천징수하여 징수의 편의를 도모하기 위한 것에 불과하므로 법인소득을 과세하기로 한 것 이외에는 제정 소득세법과 차이가 없다는 것이다.[37] 그러나 적어도 제도적인 측면에서는 분류소득세 방식이 처음 도입되었다는 사실을 무시하기 어렵다고 생각된다.[38] 이때 도입된 분류소득세 방식은 현재도 일본 및 우리 소득세법제에 남아 있다.

(3) 생계비공제제도의 미도입

1898년 개정안은 법인소득 이외의 소득은 200엔의 생계비를 공제한 잔액에 각각의 소득에 대한 누진세율을 적용하여 세액을 산출하도록 규정함으로써 생계비공제제도를 처음으로 도입하고자 하였다. 이에 대하여 제12회 의회의 심의

35) 金子宏(주19), 179면.
36) 堀口和哉(주1), 45면.
37) 堀口和哉(주1), 48~49면; 吉牟田勲, 「日本租税史の変遷」, ジェイ・アイ・エス, 1995, 70면.
38) 堀口和哉(주1), 49면.

과정에서는 종전보다 진보된 입법이라는 평가와 함께, 200엔이 너무 적은 금액이 아닌가 하는 문제제기는 있었지만 반대하는 견해는 없었다.[39] 그러나 제13회 의회에 제출된 새로운 개정안은 생계비공제제도를 도입하지 않기로 하였다. 생계비 공제가 도입되지 않은 것은 아직 소득세가 광범위하게 과세되지 않아 그 모순이 표면화되지 않았고 세수의 확보가 보다 우선한다는 생각 때문이었을 것으로 추측한다.[40]

(4) 원천징수제도의 도입

일본 원로원은 제정 소득세법의 입법 과정에서 원천징수도입에 관하여 논의를 하기는 하였지만 큰 진전이 없이 입법을 포기하였다.[41] 1899년 소득세법은 공·사채에서 발생하는 이자소득(제2종소득)에 대한 소득세는 원천징수제도에 의하여 징수하는 것으로 하였다(같은 법 제3조 제1항, 제42조 제2항). 당시 정부위원이었던 와카츠키레이지로우(若槻禮次郎)의 설명에 따르면 원천징수제도를 도입한 것은 공·사채의 이자소득에 대한 소득세의 탈세를 방지하기 위해 확실하고 간편한 징세제도가 필요하였고 동시에 납세자의 고통을 적게 하기 위한 것이었다고 한다.[42] 또한 법인에 대한 과세는 그 실질이 배당에 대한 원천징수에 해당하므로 이것과의 균형을 맞추기 위하여 공·사채 이자소득에 원천징수제도를 도입한 것이라고도 한다.[43] 이런 관점은 법인의제설적인 것이라고 할 수 있다.

그러나 중의원은 법안 심의과정에서 원천징수제도가 징세를 간편하게 하고 탈세를 방지할 수 있다는 점은 인정하면서도 공·사채의 가격에 부정적인 영향을 미치고 결국 공·사채의 발행자에게 과세하는 것과 다를 바 없게 될 수 있다고 하여 제2종소득에 관한 규정을 삭제하였다. 이 수정안은 귀족원에서 다시 번복되었다. 귀족원은 탈세를 방지할 필요성이 더 크다는 이유에서 제2종소득에 관한 규정을 다시 부활시키기로 하였던 것이다. 중의원은 귀족원의 재수정안에

39) 堀口和哉(주1), 58면.

40) 堀口和哉(주1), 58면.

41) 제정 소득세법의 입법자료인 「수입세법률안」에는 원천징수제도가 포함되어 있었다.

42) 1898년(메이지 31년) 12월 13일 "제13회 제국의회 중의원 소득세법 개정 법률안 심사특별위원회 속기록 제1호", 1~2면, 와카츠키레이지로우(若槻禮次郎)의 발언.

43) 1899년(메이지 32년) 1월 31일 "제13회 제국의회 중의원 의사속기록 제22호", 2면, 와카츠키레이지로우(若槻禮次郎)의 발언.

대하여 재심의를 거쳐 — 일부 반대 견해도 있었으나 — 이를 수용하였다.[44]

(5) 법인과세 도입(제3조)

(가) 배 경

법인소득에 대한 비과세에서 과세로 전환한 것은, 첫째 일본 정부의 재정수요가 크게 증가하였고, 둘째, 상법의 정비와 함께 상사회사가 크게 증가하여 더 이상 법인을 보호할 필요성도 적어지게 되고 오히려 개인과의 공평이라는 측면에서 법인소득에 과세할 필요가 커졌으며, 셋째, 법인소득을 비과세함에 따라 법인을 이용한 조세회피행위가 횡행하게 되었기 때문이었다.[45] 이에 따라 의회에서도 별다른 논의가 없이 법인소득에 대한 과세가 수용되었다.[46]

(나) 법인본질론과의 관계

법인소득에 대한 과세와 관련하여 법인세의 성격을 어떻게 볼 것인가의 문제는 법인본질론과 관련되어 논의되어 왔다. 실질적으로는 몰라도 적어도 이념적으로 법인세제의 기본적 구조는 법인의 본질을 어떻게 파악할 것인가에 따라 달라지게 된다.[47] 법인의제설은 본래 법적 주체는 자연인만 될 수 있고 법인은 의제된 인격자에 불과하다고 이해하는 견해이다. 법인실재설은 법인도 자연인과 마찬가지로 실재하는 실체를 가진 단체로 이해하는 견해이다. 법인의제설의 입장에서는 법인을 독립된 담세력의 수체로 보지 않으므로 법인세는 개인소득세의 예납 또는 원천과세적인 것으로 본다. 반면 법인실재설의 입장에서는 법인세를 법인의 독자적인 담세력에 따른 조세로 본다. 따라서 법인의제설에 따르면 개인 주주에 대한 배당과세는 법인의 소득에 대한 법인세와 이중과세의 관계에 있으므로 그 조정을 위한 조치가 필요하게 된다.[48] 법인실재설에 따르

44) 堀口和哉(주1), 52~53면. 그 후 1920년에는 정기예금이자소득도 제3종소득에서 제2종소득으로 변경되어 원천징수의 대상이 되었고, 1940년에는 근로소득도 원천징수의 대상이 되었다.

45) 堀口和哉(주1), 65~66면; 明治財政史編纂会 編, 「明治財政史: 第6巻」, 明治財政史発行所, 1928, 12면; 大蔵省主税局 編(주20), 17면. 그 중 가장 중요한 이유는 법인을 이용한 조세회피·포탈의 방지에 있다고 보는 견해로는 武田隆二, “法人税創設期の課税所得計算の特徴”, 「税務会計研究の現代的課題」, 第一法規, 1995, 69면.

46) 堀口和哉(주1), 66면.

47) 堀口和哉(주1), 62면.

48) 초기 소득세제에서 일반적으로 법인의제설에 입각하여 이중과세조정제도를 두고 있었다.

면 법인에 대한 과세와 개인 주주의 소득과세는 관계가 없으므로 이중과세조정을 위한 별도의 조치는 필요하지 않다.[49]

이런 이론적 대립은 조세의무의 존부나 다과에 직접 영향을 미치는 실질적인 다툼이라기보다는 법인세의 성격을 설명하기 위한 일종의 비유로서 시대의 흐름에 따라 어떤 견해가 힘을 얻기도 하고 혹은 쇠퇴하기도 하였다.[50] 또한 현실적으로 두 입장 중 어느 한 입장을 관철하고 있는 국가는 찾아보기 어렵다. 예를 들어 1891년 프로이센의 법인세제는 이론적으로는 법인실재설에 입각해 있었으나 실제로는 3.5퍼센트의 공제규정에 의하여 이중과세를 조정하고 있었다. 일본의 1899년법도 이중과세조정을 위한 규정을 두고 있었다. 위 규정으로 인하여 1899년법이 법인실재설의 입장을 취한 것인지 혹은 법인의제설의 입장을 취한 것인지 견해가 대립하고 있다.[51] 당시 정부위원이었던 와카츠키레이지로우(若槻禮次郎)는 당초 개정안에 들어 있던 누진세율의 근거로서 "소득이 많은 회사는 적은 소득세로는 그다지 부담을 느끼지 않으므로 개인과 동일하게 하고자 한다"라고 진술하고 있는 것을 보면 일본 정부는 법인실재설을 이념적 배경으로 삼고 있었던 것으로 판단된다.[52] 반면 제12회 의회에서의 심의에서는 누진세율보다 비례세율 쪽이 지지를 받았고, 결국 제13회 의회에 제출된 소득세법 개정안에는 비례세율로 수정되어 있다. 당시 귀족원 심의과정에서 법인소득과세를 하는 근거로서 징세의 편의, 조사의 간이 등이 제시되고 있는 것을 보면 의회에서는 법인의제설적인 입장이 강하게 반영된 것으로 생각된다.[53]

그러나 그 이후 시기에는 오히려 법인실재설적인 사고가 강해져 1920년(타이쇼우 9년)의 세제개혁시에는 법인으로부터 수취한 배당에 대하여 3종소득으로 누진과세하는 안이 제출되었고 최종적으로는 배당의 60퍼센트에 대하여 과

1803년 영국의 경우 법인도 개인과 동일하게 표준세율로 과세한 후에 수취배당은 모두 과세가 된 소득으로 하여 법인, 개인 모두 비과세하였다. 미국의 경우에도 개인의 수취배당은 비과세였다. 堀口和哉(주1), 63면.

49) 堀口和哉(주1), 62~63면.

50) 忠佐市, "法人税の課税根拠の素描", 「会計」, 64(6), 1953, 78면.

51) 堀口和哉(주1), 68면.

52) 堀口和哉(주1), 69면.

53) 1899년(메이지 32년) 1월 21일 제13회 제국의회 귀족원 의사속기록 제14호, 177면, 와타나베코우키(渡辺洪基)의 진술 부분.

세대상으로 하게 되었다. 그 후 법인실재설적인 사고는 슈프 권고에 이르기까지 계속되었다.[54] 1899년법 시행 직후인 1901년 마츠에 세무관리국장[松江税務管理局長]이었던 칸바야시케이지로우(上林敬次郎)가 저술한 「소득세법강의」에 따르면 법인소득과세의 실시는 현실적으로는 법인본질론과 무관하게 법인을 이용한 조세포탈의 방지를 위한 것이었다고 한다.[55]

현재 우리나라에도 법인세법과 법인본질론은 무관하다는 견해가 유력하지만, 법인세법이 역사적 산물이고 과거 독일 및 일본의 입법과정에서 법인본질론적 사고가 영향을 미친 것이 사실이라면 적어도 입법자의 입법의도를 이해한다는 측면에서는 여전히 법인본질론이 제한적인 유용성을 갖고 있다고 생각된다.

(다) 법인세율

제12회 의회에 제출된 1898년 개정안에는 법인에 대하여도 1,000분의 10에서 1,000분의 50까지 소득에 따라 9단계의 누진세율을 부과하는 것으로 되어 있었다. 그 근거는 법인은 개인과 구별되는 별개의 인격으로서 개인으로부터 독립된 존재로 본다는 것이었다.[56] 이에 대하여 제13회 의회에서 수정제출된 소득세법개정안에는 비례세율로 수정이 되어 있고 배당소득은 제1차 개정안과 마찬가지로 면세로 되어 있었다. 당초 일본 정부는 법인실재설에 입각하여 법인의 경우에도 개인과 동일하게 9등급의 누진세율을 적용하기로 하였으나 1898년 개정안에 대한 중의원 심의과정에서 비례세율을 선호하는 분위기가 나타나자 비례세율로 수정한 것이다.[57] 또한 법인소득의 세율을 1,000분의 25로 정한 것은 법인과 개인의 균형을 맞추기 위한 것이었다.[58] 다만 1905년부터 1919년까지 합명회사, 합자회사의 법인소득에 대해서는 누진세율이 적용되었다.

---

54) 堀口和哉(주1), 997, 68면.

55) 上林敬次郎(주12), 21~22면.

56) 1898년(메이지 31년) 6월 2일 "제12회 제국의회 중의원 소득세법 개정 법률안 심사특별위원회 속기록 제1호", 4면, 와카츠키레이지로우(若槻禮次郎)의 발언.

57) 堀口和哉(주1), 69면; 大蔵省主税局 編(주20), 17면. 일반적으로 법인세율은 누진세율보다는 비례세율인 경우가 많은데 그 이유는 경제적 지위가 다른 주주, 경영자, 종업원 등이 관련되어 있어 법인세부담이 각각 어떻게 귀속되는지 분명하지 않기 때문이라고 한다. 田中二郎, 「租税法」, 第3版, 有斐閣, 1990, 506~507면.

58) 1898년(메이지 31년) 12월 13일 "제13회 제국의회 중의원 소득세법 개정 법률안 심사특별위원회 속기록 제1호", 15면, 와카츠키레이지로우(若槻禮次郎)의 발언.

(라) 이중과세조정

1898년 개정안에는 법인소득에 대하여 누진세율을 적용하면서 개인이 수취한 배당소득은 비과세로 하였다. 그 이유로 정부위원인 와카츠키레이지로우(若槻禮次郎)는 법인실재설에 입각하여 개인이 수취한 배당소득에 대하여도 과세하는 것이 맞고 영국, 프로이센 모두 개인의 배당소득에 대하여 과세하고 있다고 설명한 후, 일본의 경우에는 법인소득에 대하여 처음으로 과세하는 것이므로 납세자의 감정을 고려하여 개인에게는 과세하지 않고 법인에 대하여 과세하기로 하였다는 취지로 설명하고 있다.[59]

(6) 소득계산의 방법 규정

1899년 소득세법은 제4조에서는 각각의 소득의 계산방법을 규정하고 있다. 그 중에서 살펴 볼 필요가 있는 제1종 및 제3종소득이다.

(가) 제1종소득(법인소득)의 계산

① 총익금·총손금 개념의 채택 1898년 개정안 제5조 제1항은 "전조 제1종소득은 각 사업연도 총익금에서 총손금 및 법률에 따라 적립하여야 하는 준비금 최소액을 공제한 것의 이전 3개년 평균에 의한다"라고 규정하고 있었고, 제9조는 "제1종소득금액은 손익계산서를 조사하여 정부가 결정한다"라고 규정하고 있다. 그 의미는 회사의 과세소득은 기업회계의 손익에 따라 계산한다는 것이다.[60] 일본의 입법자들은 소득세법 제정시부터 사업활동의 결과인 순이익에 대하여 과세를 한다는 입장을 취하였던 것으로 보인다. 즉 제정 소득세법 제2조 제2항은 "제1항을 제외하고 자산 또는 영업 기타로부터 발생한 것은 그 종류에 따라 수입액 또는 수입물품대금 중에서 국세, 지방세, 구정촌세, 비황저축금(備荒貯蓄金), 제조품의 원가, 판매품의 원가, 종대(種代), 비료, 영리사업에 속하는 장소물건의 차입료, 수선료, 고인급료(雇人給料), 부채의 이자 및 잡비를 제

59) 1898년(메이지 31년) 12월 13일 제13회 제국의회 중의원 소득세법 개정 법률안 심사특별위원회 속기록 제1호, 3~4면. 와카츠키레이지로우(若槻禮次郎)는 "이중과세가 아니지만 이중과세처럼 느껴진다"라고 말하고 있다. 堀口和哉(주1), 67~68면. 그러나 그 이후에는 법인실재설적인 사고가 보다 강화되어 1920년(타이쇼우 9년)의 세제개혁시에는 법인으로부터의 배당을 3종소득에 포함시켜 누진세율을 적용하는 제출되었고, 최종적으로는 배당의 60퍼센트를 과세대상으로 하게 되었다. 堀口和哉(주1), 68면.

60) 堀口和哉(주1), 76~77면.

외한 것으로써 소득으로 한다"라고 규정하였던 것이다.[61]

위 개정안 제5조 제1항은 1899년 소득세법 개정안 제출시에는 제4조 제1항 제1호로 "제1종소득은 각 사업연도 총익금에서 동년도 총손금을 공제한 것에 의한다"라고 바뀌어 최종적으로 확정되었다. 그러나 1899년 소득세법상 법인소득계산 규정은 위 조문 1개에 불과하여 매우 간단하였으므로[62] 소득계산방법이 분명하지 않아 의회 심의과정에서 몇 가지 구체적인 사항이 논의되기도 하였다. 이에 관하여 정부는 상법의 규정에 입각하여 또는 독자적으로 파악하고 있는 사실관계를 바탕으로 답변을 하였다.[63] 1899년 소득세법이 시행된 이후에도 총익금, 총손금의 의미는 모두 해석에 맡겨져 있었는데 그 의미는 상법의 이익계산규정과 그 해석에 따르는 것으로서 그와 다른 세법 독자적인 해석은 일반적으로 허용되지 않았다.[64] 그러나 상법의 규정은 채권자보호의 원칙에 따라 보수주의에 입각한 것이었으므로 정확한 소득을 추구하는 세법의 요청에 부합하지 않는 경우가 많았다. 따라서 법인은 각 사업연도마다 손익계산서를 제출하고 정부는 그 손익계산서를 조정하여 소득을 결정하였다. 손익계산서를 제출하지 않으면 정부가 조사결정하였다. 징수는 각 사업연도마다 행하였지만 그 시기는 일정하지 않았다. 당시 부과과세제도가 실시되고 있었지만 소득계산규정은 법률은 물론, 시행규칙 및 대장대신 내훈(内訓,「소득세법시행상취급방(所得税法施行上取扱方)」)도 매우 간단하게 되어 있었다. 따라서 소득의 계산방법은 통일된 원칙에 기한 것이 아니라 전적으로 법인의 손익계산서에 의존하고 있었다.[65] 정부당국도 그 소득의 산정이라는 근대적 개념을 충분히 이해할 때까지 상당한 기간이 필요하였다.[66] 그러나 세법은 그 이후 개정을 통하여 복잡하게 바뀌고 세무실무의 필요에 따라 법인소득이론, 세무회계이론도 점차 발전하였으

61) 林健久,「日本における租税国家の成立」, 東京大学出版会, 1965, 303면.

62) 堀口和哉(주1), 71면.

63) 법인의 소득계산에 관하여는 귀족원 소득세법 개정법률안 특별위원회에서 세부적인 부분까지 심의되었다(메이지 32년 1월 12일 및 16일).

64) 高木勝一(주8), 47면; 大村巍, "会計思考の発展と所得計算論争－大正年代の論争を中心として－",「税大論叢」, 11号, 1977, 5면.

65) 田中二郎(주57), 493~494면.

66) 행정재판소는 뒤에 가서야 판례로 감가상각비를 손금으로 인정하였다. 이상 堀口和哉(주1), 75~76면.

며 행정재판소의 판례도 이러한 발전을 수용하는 방향으로 나아가게 되었다.[67]

② 주요 쟁점　　1899년 소득세법 제4조 제1항 제1호에 따르면 법인의 소득계산방법이 명확하지 않았으므로 몇 가지 사항에 대하여 의회 심의과정 혹은 법률시행 과정에서 문제가 되었다. 구체적으로 문제가 된 항목들은 다음의 것들이었다.

㉮ 상여금　　일본 정부는 1898년 개정안을 제출하면서 당시 회사의 결산실무를 조사하여 보면 상여금을 급여로 비용처리하는 경우와 이익처분에 의하는 경우의 두 가지 방식이 있는데 대체로 후자로 처리하는 경향이 있다고 보고 하면서, 이익처분에 의한 임원상여는 손금에 산입되지 않는다고 설명하였다.[68] 행정재판소 역시 "임원상여는 급여와 같이 회사의 손익 유무와 관계없이 회사가 의무로서 지급하여야 하는 것과 달리 회사에 이익이 있는 경우에 한하여 지급하여야 하므로 이는 이익처분에 의하여야 하고 손금에 해당하지 않는다"는 취지로 판시하였다.[69] 그러나 세무실무에서는 법인이 정관에 당기순이익과 무관하게 정기적으로 혹은 일시적으로 지급하는 취지로 정하고 지급한 금원은 상여금이라는 명칭을 쓰더라도 실질이 근로의 비율에 대응하는 것으로 정하여진 것이므로 손금에 산입할 수 있다고 해석하였다. 결국 상여금은 정기적인 급여로서의 성격을 가진 것과 이익처분에 의한 것으로 나누어져 전자는 손금산입하고 후자는 손금불산입하는 것으로 처리하였다.[70] 두 가지 유형의 상여 중에서 이익처분의 한 항목으로서의 상여는 일본에 특유한 제도로서[71] 그 연원은 에도시대 상인의 이익처분법이었던 삼분법[三ッ割法]에서 유래한 것이라고 한다.[72]

---

67) 堀口和哉(주1), 77~79면.

68) 1898년(메이지 31년) 6월 2일 "제12회 제국의회 중의원 소득세법 개정 법률안 심사특별위원회 속기록 제1호", 5면, 와카츠키레이지로우(若槻禮次郎)의 발언.

69) 1900년(메이지 33년) 제112호, 1900년(메이지 33년) 11월 14일 행정재판소 판결.

70) 堀口和哉(주1), 72면. 한편 중의원은 1902년(메이지 34년)에 개최된 제15회 제국의회에 제출된 소득세법개정안과 관련하여 상여금을 총익금에서 공제하여야 한다고 결정하였으나 귀족원이 이를 거부하여 손금에 산입하는 길이 막히게 되었다.

71) 武田隆二, "王子製紙の利益処分案の変遷", 「会計制度の展開」, 千倉書房, 1986, 161면; 武田隆二(주45), 77면.

72) 武田隆二(주45), 77면. 초기의 삼분법은 이익처분시 이익금을 1/3, 2/3로 나눈 후에 앞의 1/3을 상업사용인에 대한 상여로, 뒤의 2/3를 상인의 배당금으로 분배하였던 것이다. 후기에는 이익금을 3등분하여 각각 상업사용인에 대한 상여, 내부유보, 배당으로 분배하였는

이처럼 상여금의 이중적으로 파악하는 태도는 우리 법인세법에까지 그 흔적을 남기고 있다(우리 법인세법 시행령 제43조 제1항).

㉯ 적립금 1899년 소득세법이 개정될 당시 해운회사, 철도회사 등의 대기업은 장래의 지출에 대비하여 이미 감가상각적립금, 화폐준비적립금, 배당준비금 등을 적립하고 있었다. 이러한 적립금을 어떻게 취급할 것인지에 대하여 일본 정부는 실제로 적립금이 해당 사업연도 내에 지출되는 것은 아니므로 손금에 포함되지 않는다는 입장을 취하였다. 당시 행정재판소도 마찬가지의 입장을 취하였다.[73] 현행 일본법인세법 및 우리 법인세법은 수익비용대응의 관점에서 특정한 충당금의 손금산입을 인정하고 있지만 당시에는 "적립금은 배당할 수 없으므로 소득이 아니다" 혹은 "이월되는 경우에는 재과세된다"는 논리로 적립금을 비과세하여야 한다는 주장이 제기되고 있었다.[74] 이에 대하여 일본 정부는 "배당할 수 있는 금원만 소득인 것은 아니다"라거나 "전기의 이월금은 소득 중에 산입되지 않는다"라고 반박하였고,[75] 이를 반영하여 당초의 개정안 제4조 제1항 제1호를 1899년 소득세법 제4조 제1항 제1호와 같이 제1종소득 계산시 전년도 이월금 및 보험책임준비금을 공제하는 내용으로 수정하였다. 또한 「소득세법시행상취급방」 제1조에 총익금에서 전년도 이월익금을 공제한다는 취지의 규정을 두었다.[76] 이러한 규정들은 이월익금도 일단 당기의 익금에 해당한다는 것으로 전제로 하는 것이다. 반면 이월결손금은 처음부터 당기의 손금으로 인정하지 않았다. 그 근본적인 원인은 당시 소득계산이 독자적이고 통일된 원칙에 기한 것이 아니었기 때문이었다.[77] 그 이후 1919년 무렵의 실무해석을 보면, 이월익금은 이미 과세된 것이므로 총익금에 포함되면 안 되는 것으로서 만일 총익금에 포함되어 있다면 이를 공제하여야 하는 반면, 이월결손금

데 다시 3요소를 불균등하게 분배하는 방식으로까지 발전하였다. 武田隆二, "利益処分法の淵源としての三ッ割法", 「会計制度の展開」, 千倉書房, 1986, 139~140면.

73) 1902년(메이지 35년) 제218호, 1903년(메이지 36년) 7월 10일 행정재판소 제1부 판결; 1899년(메이지 32년) 1월 12일 "제13회 제국의회 귀족원 소득세법 개정 법률안 심사특별위원회 속기록 제1호", 9~10면, 와카츠키레이지로우(若槻禮次郎)의 발언.

74) 堀口和哉(주1), 73면.

75) 1899년(메이지 32년) 1월 16일 "제13회 제국의회 귀족원 소득세법 개정 법률안 심사특별위원회 속기록 제2호", 3면, 와카츠키레이지로우(若槻禮次郎)의 발언.

76) 堀口和哉(주1), 73~74면.

77) 吉国二郎, 「法人税法: 理論篇」, 昭和45年版, 財経詳報社, 1970, 91면.

이 있는 경우에는 당기의 손금에 산입하거나 이익으로 전보하는 경우 이를 손금으로 보아야 한다는 것으로 정리되었다.[78] 현재 일본이나 우리 법인세법은 이월결손금이 있는 경우 법인의 선택에 따라 이월공제 혹은 소급공제하지만 당시의 구 일본상법(메이지 32년 법률 제48호로 개정된 것. 이하 '구 일본상법'이라고만 한다) 제67조는 회사는 손실을 전보한 후에 이익을 분배할 수 있다고 규정하고 있었기 때문에 그 취지에 따라 세법을 해석한 것으로 판단된다.[79] 한편, 1926년(타이쇼우 15년)에는 소득세법 시행규칙 제1조로 "법인의 이전사업연도에서 이월된 익금 또는 손금 그 사업연도의 소득계산시 익금 또는 손금에 산입하지 않는다"라는 규정이 신설되어 많은 논란을 불러 일으켰는데 그 규정은 세법이 종래의 상법 의존 경향에서 벗어나 독자성을 갖추기 시작하였음을 보여주는 것이었다.[80]

㈐ 감가상각비 일본 정부는 1899년 소득세법의 개정안을 제출하면서 감가상각비 계상을 위하여 감가상각적립금 또는 감가상각준비금이라는 명칭으로 감가상각비 상당액을 적립하더라도 이를 손금으로 볼 수 없다고 설명하였다.[81] 이것은 감가상각비를 계상할 때 간접법을 허용하지 않는다는 취지가 아니라 감가상각비의 계상 그 자체가 허용되지 않는다는 취지였다. 당시 세무당국은 고정자산의 시가평가에 의한 평가차손은 손금으로 인정하였지만 감가상각비는 손금으로 인정하지 않았다. 구 일본상법 제26조 제2항은 "재산목록에는 동산, 부동산, 채권(債券), 기타 재산에 그 목록 작성시의 시가를 기재하여야 한다"라고 규정하고 있었으므로, 결산기에 자산의 시가가 전기보다 감소하면 그 감소액만을 손금으로 인정하였던 것이다. 당시에는 감가상각에 의한 원가배분이라는 사고가 존재하지 않았던 것이다.[82] 이에 대하여 법인측에서는 감가상각비를 손금으로 산입하여 줄 것을 주장하면서 다수의 행정소송을 제기하였다. 초기의 판례는 감가상각비의 손금성을 부인하였으나 이후 감가상각을 재산평가의

78) 武本宗重郎(주32), 94~95면.

79) 大村巍(주64), 42면.

80) 大村巍(주64), 45면.

81) 1899년(메이지 32년) 1월 12일 "제13회 제국의회 귀족원 소득세법 개정 법률안 심사특별위원회 속기록 제1호", 9~10면, 와카츠키레이지로우(若槻禮次郎)의 발언.

82) 堀口和哉(주1), 75~76면; 大村巍(주64), 15면; 武田隆二(주45), 76면.

방법 중 하나로 파악하여 전기보다 자산의 시가가 감소한 것으로 보아 감가상각비를 손금으로 인정하는 판결이 선고되었다.[83] 그 결과 선박의 감가상각비를 손금으로 인정하는 주세국장(主稅局長)의 통첩이 나왔다.

㉣ **수취배당의 익금불산입** 1899년 소득세법은 법인의 소득이 최종적으로는 개인에 귀속된다고 하는 법인의제설적인 입장을 취하고 있었으므로 세무실무는 수취배당을 익금에 산입하지 않는다고 해석하였다.[84]

(나) 제3종소득(개인소득)의 계산

개인소득의 경우 소득 개념은 총수입에서 필요경비를 뺀 것이었다. 또한 급여소득, 사업소득은 예산연액, 산림소득은 전년도소득을 기준으로 과세하였다. 그러나 급여소득, 사업소득에 대하여 예산주의를 채용한 결과 소득을 정확하게 파악할 수 없게 되어 많은 탈세가 발생하게 되었다.[85]

(7) 징세기구의 정비

제정 소득세법은 전문적 징세기관을 두지 않고 민간인으로 구성된 조사위원회에 의존하여 징세를 행하였다. 그러나 조세수요가 증가함에 따라 전문적인 징세기구가 필요하게 되었다.[86] 그 첫 단계로 1879년에 징세기구가 부현(府縣)의 관할에서 대장성의 관할로 이전되었다. 그 취지는 ① 국세징수사무를 지방행정에서 분리하고, ② 과거 징세장과 대장성 사이에 지방관이 개재하여 관리가 복잡하고 징세의 취급이 통일되지 않은 폐해가 있어 이를 시정하며, ③ 징세행정이 부현단위로 작게 분화되어 있어 경비가 과다하게 소요되는 폐해를 고치고, ④ 증세, 신세(新稅)의 창설에 대처하여 세무행정의 확정, 혁신이 필요하게 되었기 때문이다. 그 결과 대장성은 전국에 23개의 세무관리국을 두고 다시 그 하부기관으로 세무서를 설치하여 징세업무를 담당하게 하였다. 그러나 소득세의 조사사무 등은 여전히 부현지사군구장 등에게 맡겨져 있었다. 이에 1899년

83) 초기의 판결은 1900년(메이지 33년) 제112호, 1900년(메이지 33년) 11월 14일 행정재판소 판결이고, 감가상각비를 손금으로 인정한 판결은 1902년(메이지 35년) 제218호, 1903년(메이지 36년) 7월 10일 행정재판소 제1부 판결 및 1903년(메이지 36년) 제51호, 1903년(메이지 36년) 7월 10일 행정재판소 제1부 판결이다.

84) 武田隆二(주45), 80면.

85) 高木勝一(주8), 47면.

86) 高木勝一(주8), 47면.

소득세법 개정시에는 소득세의 조사사무 등을 세무서로 이관하도록 한 것이다.[87] 이 개정의 결과 조사위원회는 결의기관에서 자문기관으로, 지방관의 관할에서 대장성의 관할로 성격이 변화하였다. 결과적으로 조사위원회는 그 권한이 크게 축소되었지만 1947년(쇼와 22년)까지 계속 존속하였다.[88] 1899년 소득세법에 의하여 소득세사무가 국세조직으로 편입되어 조세의 집행업무가 통일된 체계를 갖추게 됨에 따라 훗날 소득세제의 정교화, 납세자수의 증가, 경제거래의 광역화에 대응할 수 있었다고 평가된다. 이상의 내용은 제3종소득에 관한 것으로서, 제1종 법인소득은 정부가 독자적으로 손익계산을 조사하여 사정하였다.[89]

3. 1899년 소득세법 개정의 의미와 평가

가. 최초의 의회 입법 소득세법

제정 소득세법은 원로원에서 제정되었다. 따라서 납세의무자인 국민의 대표자인 의회에서 제정된 것이 아니었다. 1899년법은 최초로 의회에서 입법이 이루어진 소득세법이라는 점에서 의미가 있다.

나. 일본 현대 소득세제의 형성

소득세제는 대체로 제국주의 전쟁을 통하여 비약적인 발전을 보였다. 일본의 경우에도 청일전쟁을 거쳐서 1899년 소득세법의 개정을 통하여 현대 소득세제가 형성되었다고 할 수 있다.[90] 학자 중에는 실질적으로는 제정 소득세법이 아닌 1899년 소득세법 개정에 의하여 일본에 근대적인 소득세제가 '시작'되었다고 평가하는 사람도 있다.[91]

다. 일본 법인소득과세의 효시

1899년법은 처음으로 법인소득을 소득과세의 대상으로 삼았다는 점에서 큰 의미가 있다. 다만 그 과세방법은 주주 소득으로서의 배당을 법인의 지급단계에서 원천징수하는 형태를 취하고 있어서 본래 의미의 법인소득과세로서의

87) 高木勝一(주8), 47~48면; 堀口和哉(주1), 77~78면.
88) 高木勝一(주8), 48면.
89) 堀口和哉(주1), 88면.
90) 高木勝一(주8), 51면.
91) 堀口和哉(주1), 91면.

성격은 약하다고 평가할 수 있다.[92]

라. 외국법의 영향

제정 소득세법의 경우 영국 및 프로이센의 소득세제가 영향을 미쳤으나 둘 중에서는 프로이센의 소득세제가 보다 강한 영향을 미쳤다. 1899년 소득세법 개정시에도 위 두 나라의 소득세제가 강한 영향을 주었다. 우선 영국소득세법의 요소로는 분류소득세로의 이행, 원천징수제도의 도입, 법인소득과세 등을 들 수 있다. 도입되지는 않았지만 논의의 대상이었던 생계비공제도 영국소득세법의 영향이다. 반면 프로이센 소득세법은 법인실재설적 요소와 관련하여 일정 부분 영향을 미쳤다.[93]

Ⅲ. 1913년 일본소득세법 개정

1913년의 개정시에는 제1종소득 중 합명회사, 합자회사 및 주주 20명 이하의 주식회사 소득(갑)에는 개인소득과의 균형을 고려하여 초과누진세율을 적용하고 기타 법인의 소득(을)에는 비례세율을 적용하였다(1913년 소득세법 제3조).

Ⅳ. 1920년 일본소득세법 개정[94]

1899년 일본소득세법의 개정에 의하여 성립된 법인세제는 1919년까지 지속되었다. 그러나 제1차 세계대전 종료와 함께 일본의 주식회사제도는 크게 발전하였다. 그 결과 법인은 주주로부터 독립된 주체이고 법인소득과세는 법인 그 자체의 소득에 대한 과세라는 사고방식이 강해졌다. 이에 따라 1920년(타이쇼우 9년) 7월 31일 법인세제에 대한 큰 폭의 개정이 이루어졌다.

---

92) 鈴木章, 「法人税制の研究」, 光陽出版社, 2003, 14~15면.

93) 그 이후 법인실재설은 슈프 권고 이전까지 일본의 법인소득세제에 지속적인 영향을 미쳤다. 이상 堀口和哉(주1), 18~19면.

94) 법률 제11호.

1. 개정의 경과

가. 개정의 배경

1899년법에 의하여 성립된 법인세제는 1919년까지 계속 유지되었다.[95] 1899년법은 아직 일본의 회사제도가 미성숙한 상태에 있음을 고려하여 주식회사 및 주주를 우대하는 방침을 취하였다. 특히 주식회사의 경우에는 균등출자, 공동지배가 행하여졌으므로 법인은 주주의 집합체이고 법인소득은 주주에게 귀속되는 것이라는 관념이 강하였다. 따라서 법인소득세는 개인소득세의 원천징수 성격을 갖고 있었다. 하지만 제1차 세계대전이 끝나자 일본의 주식회사제도가 크게 발전하였고 법인은 주주로부터 독립된 주체이며 법인소득과세는 법인 그 자체의 소득에 대한 과세라는 사고가 강해졌다. 그 결과 법인소득과 별도로 주주의 배당소득에 대하여 과세하더라도 이중과세가 아니라는 생각이 지배적으로 되었다. 특히 시대적으로 제1차 세계대전으로 인한 1915년의 호황은 배당액수를 크게 증가시켰고 그로 인하여 빈부간의 격차가 벌어지자 배당소득에 대하여 비과세하는 것은 불공평하다는 견해도 팽배하였다.

또한, 일본 정부는 1920년에 국방의 강화와 산업기반 정비를 위하여 국방비 등을 장기적으로 증가시킬 계획을 세웠는데 이를 위하여 소득세와 주세(酒稅)를 증세하기로 하였다.[96]

이러한 시대적 배경하에서 하라타카시(原敬) 내각은 1920년 소득세법 개정작업을 시작하였다.[97] 당시 소득세제 개정의 중심인물은 대장대신이었던 타카하시코레키요(高橋是清)이었다.

당시 타카하시코레키요는 빈부격차로 인한 사회주의의 대두를 우려하였다. 따라서 그는 응능부담원칙에 따라 종합·누진과세제도와 함께 주주수취배당종합과세, 법인유보소득과세, 법인초과소득과세의 도입을 근본방침으로 삼았다.[98]

---

95) 그 기간 동안 법인세제의 변천에 관하여는 中村継男, 「改正法人所得税法詳解」, 東京税務二課会, 1920, 3~9면.

96) 大間知啓輔, “日本の独立課税型の法人所得税 1920~49年(1)－高橋是清と1920年の法人所得税の改革－”, 「熊本学園大学経済論集」 第15巻 第1·2号, 2008, 29면.

97) 大間知啓輔(주96), 26~27면.

98) 大間知啓輔(주96), 31~33면.

나. 제1차 개정안

제1차 개정안은 제42회 제국의회 중의원에 제출되었다. 주요 내용과 심의 경과는 다음과 같았다.[99]

(1) 주요 내용

(가) 제1종소득세: 법인소득과세

① 유보소득과세　　법인의 유보소득에 대하여 과세하는 누진과세이다. 주주수취배당에 대하여 종합과세를 하면서 법인의 사내에 유보한 소득에 대하여 과세하지 않으면 조세를 회피하기 위하여 법인소득을 배당하지 않고 유보할 것이 예상되었는데, 이를 방치하면 수취배당소득을 종합과세하는 경우와 비교하여 조세부담의 불균형이 생기기 때문이었다. 법인의 유보소득에 대하여는 다음의 세율로 과세하도록 되어 있었다.[100]

유보소득금액	세　율
유보소득이 납입자본금 이하	7.5%
유보소득이 납입자본금 이상	15% (다만 유보소득 중 소득총액의 5% 이하의 금액에 대하여는 7.5%)

② 초과소득과세　　초과소득이란 자본금의 일정비율을 초과하는 소득으로서 이에 대하여는 초과누진세율을 적용한다는 것이다. 1899년법은 법인소득세를 주주의 배당소득에 대한 소득세의 원천과세로 규율하였으므로 단일세율로 과세하도록 하였다. 그러나 제1차 개정안은 법인소득세를 법인 그 자체의 소득으로서 과세하여 개인소득과 마찬가지로 누진세율로 과세하도록 하였다. 법인소득의 담세능력은 법인소득의 자본금에 대한 비율로 나타날 수 있다고 보아 다음과 같이 법인소득의 자본금에 대한 비율을 기준으로 누진세율을 적용하는 것으로 하였다.[101]

---

99) 大間知啓輔(주96), 31~34면.
100) 大間知啓輔(주96), 34~35면.
101) 大間知啓輔(주96), 35면.

초과소득금액	세 율
자본금의 8% 초과, 10% 이하	1%
자본금의 10% 초과, 20% 이하	3%
자본금의 20% 초과, 30% 이하	6%
자본금의 30% 초과	10%

③ 청산소득과세　　청산소득은 법인이 해산할 때 잔여재산의 가액이 해산시 법인의 순자산액을 초과하는 금액을 말한다. 따라서 잔여재산에서 순자산을 뺀 금액으로 계산한다. 여기서 순자산액은 납입주식금액, 출자금액, 적립금액, 최후의 사업연도의 유보소득합계액을 더한 것이다. 1899년법의 경우 청산소득도 주주(출자자)의 소득으로 보았으므로 주주수취배당을 과세하지 않는 것과 동일하게 이를 과세하지 않았다. 그러나 개정안은 청산소득도 법인의 소득으로 보아 7.5퍼센트의 세율로 과세하기로 한 것이다. 한편 합병시의 청산소득은 피합병회사의 주주가 합병회사로부터 받은 주식의 납입금액(출자금액) 또는 금전의 합계액이 피합병회사의 합병 당시 순자산금액을 초과하는 금액으로 하였다.[102]

(나) 제2종소득세: 공·사채 이자 등

1899년법과 마찬가지로 공채이자는 2퍼센트의 세율로, 사채이자는 3퍼센트의 세율로 과세하였다. 정기예금이자는 1899년법상 제3종소득세로서 부과과세되었는데 이를 제2종소득으로 이전하여 3퍼센트의 세율로 원천분리과세하기로 하였다. 이들 소득을 분리과세한 것은 원천과세를 통하여 조세의 탈루를 막기 위한 것이었다. 한편, 국채이자는 계속 비과세하기로 하였는데, 과거에 일본 정부가 국채이자를 비과세하기로 약속하였기 때문이었다.[103]

(다) 제3종소득세: 개인소득과세

1899년법과 같이 주주의 배당소득을 비과세하면 소득의 다과에 따른 부담의 불균형이 발생하므로 다른 소득과 종합하여 제3종소득세를 과세하기로 하였다. 과거 1899년법은 법인소득과세를 주주에게 귀속되는 소득에 대한 소득세의

102) 大間知啓輔(주96), 35~36면.

103) 大間知啓輔(주96), 36면.

원천과세로 파악하였기 때문에 주주의 수취배당에 대하여 과세하면 이중과세가 된다고 보아 주주수취배당은 비과세로 정했다. 그러나 1920년 무렵에는 법인을 주주로부터 독립된 별개의 납세의무자로 인식하여 이중과세가 아니라고 보았던 것이다.[104] 그 사회·경제적 배경으로서 제1차 세계대전 종전 후 노동운동 등으로 주주계층이 수취배당의 비과세로 더욱 부유해지는 것에 대한 반대의 목소리가 높았던 점, 주식회사의 지배구조가 대주주에 의한 1인지배 혹은 경영자 지배구조로 전환된 것을 드는 견해도 있다.[105] 이에 따라 과거에 비과세하던 주주수취배당과 임원상여를 과세로 전환하여 제3종소득으로서 종합과세하는 것으로 하였다.[106] 반면, 각종 공제액을 인상하여 제3종소득세의 부담을 낮추었다.[107]

제1차 개정안은 주주수취배당을 전액 과세하는 내용으로 되어 있었는데 이와 관련하여서는 의회 심의과정에서 주식취득을 위하여 차입한 자금의 이자는 비용으로 공제하여 줄 것을 요구하는 견해가 제기되었다. 그 견해는 주식발행회사가 신주를 발행하면서 주주에게 주식인수자금을 대여하여 주는 경우가 있는데 만일 그 경우에 발생하는 이자를 비용으로 인정하여 주지 않는다면 회사의 증자가 방해를 받을 것이라는 것을 이유로 들었다. 이에 대하여 대장대신 타카하시코레키요는 오히려 주식투기를 유발하여 산업의 견실한 발달에 방해가 되고 차입금을 주식의 인수에 사용한 것인지 여부를 확인하기가 쉽지 않다는 점을 들어 반대하였다.[108] 그러나 제42회 제국의회 중의원 심의과정에서 일본정부는 수취배당의 20퍼센트를 이자비용으로 개산공제(概算控除)하는 내용으로 수정안을 제시하였다.[109]

(2) 심의경과

제1차 개정안은 정당과 의원들을 자극하였으며 특히 고액의 배당소득자 계층은 두려움을 느꼈다. 주주의 수취배당소득 전액을 다른 소득과 합산하여 누

104) 大間知啓輔(주96), 34면.
105) 大間知啓輔(주96), 34면.
106) 大間知啓輔(주96), 34~35면.
107) 大間知啓輔(주96), 36~37면.
108) 1920년 1월 31일자 제42회 제국의회 중의원 소득세법 개정법률안 외 6건 위원회의록 제2회, 4면.
109) 大間知啓輔(주96), 41~42면, 63면.

진과세하는 내용을 담고 있었기 때문이었다. 대장대신 타카하시코레키요는 국방의 충실 및 지방 산업기반 정비 등을 위하여 세제 개정이 필요하다고 주장하였지만 야당측은 주주, 경영자 등을 배경으로 제1차 개정안에 반대하였다. 특히 야당과 헌정회는 군비를 확장하면 아시아의 평화가 위태로워지고 민생이 어려워진다는 이유를 들어 반대하였다. 또한 수취배당을 전액 과세하는 것은 경제·사회적으로 영향이 적지 않으므로 그 다음해까지 세제 개정을 미루자는 주장도 있었다. 반면 여당, 정우회, 국민당은 법안의 취지에는 찬성하였지만 심의결과 입법적 불비사항이 있어 제1차 개정안의 수정안을 제출하였다. 이 수정안은 중의원을 통과하였지만 귀족원에서의 심의과정 중인 1920년 2월 26일에 중의원이 해산됨에 따라 법률로 제정되지 못했다.[110)]

다. 제2차 개정안

1920년 3월 15일 토쿄주식시장의 주가가 폭락한 것을 계기로 일본에도 공황이 시작되었다. 제1차 세계대전 중인 1915년 시작된 호황기에 자본이 과잉축적된 것이 원인이었다. 일본 정부는 이러한 시대적 분위기에서 1920년 7월 제1차 개정안을 수정한 제2차 개정안을 의회에 제출하였다. 법안은 2가지 측면에서 수정되었다. 첫째, 유산자를 대표하는 의원은 배당전액과세안을 급진적이라고 생각하였으므로 정부는 이를 완화하였고, 둘째, 원안수정에 의한 세수감액을 전보하기 위하여 법인배당과세를 채택하는 등 법인소득세를 보완하였다.[111)] 아래에서는 제2차 개정안의 내용과 심의과정에서의 수정사항을 함께 살펴보기로 한다.

(1) 주요 내용

(가) 제1종소득세

제1차 개정안에 따른 과세방식, 즉 법인을 독립된 납세의무자로 보는 입장은 변하지 않았지만 구조에는 상당한 수정이 있었다.[112)]

① 초과소득과세　　귀족원은 초과소득을 결정하는 기준을 소득의 납입자

110) 大間知啓輔(주96), 39면.

111) 大間知啓輔(주96), 39~41면.

112) 大間知啓輔(주96), 38면.

본금에 대한 비율에서 소득의 자본금(납입자본과 적립금의 합계)에 대한 비율로 변경하였다. 그 결과 제1차 세계대전으로 인한 호황으로 적립금이 급증하여 온 기존 회사들은 유보소득에 대한 세부담액이 낮아지는 혜택을 보게 되었다.[113] 초과소득과세의 세율도 최종적으로 귀족원안대로 확정되었다. 귀족원안에서는 자본금－소득비율이 10퍼센트 이하에 상당하는 소득을 비과세로 하고 자본금－소득비율이 20퍼센트, 30퍼센트를 각각 초과하는 초과소득에 적용하는 세율은 인상하였다. 그 결과 기존의 대규모 상장회사는 조세부담이 크지 않았다.[114]

② 유보소득과세　　제2차 개정안은 유보소득세의 세율을 제1차 개정안보다 높여 놓았지만 귀족원은 심의과정에서 이를 제1차 개정안보다도 현저히 낮게 수정하였다.[115]

③ 배당소득과세　　중의원 심의과정에서는 제2차 개정안에 포함되어 있지 않은 배당소득과세(제1종소득)에 관한 규정이 신설되었다.

후술하는 바와 같이 의회 심의과정에서 주주수취배당과세가 완화됨에 따라 세수의 감소가 예상되었다. 이에 중의원 심의과정에서 세수의 감소를 보충하기 위하여 법인소득과세를 강화하기로 하고 법인이 배당하는 금액에 과세하기로 한 것이다. 중의원은 그 세율을 4퍼센트로 제안하였는데, 귀족원은 5퍼센트로 인상하였고 최종적으로 귀족원의 안이 확정되있다. 법인소득에 대한 과세는 주주의 배당에 대한 원천과세와 같은 형태로서 법인이 배당하는 금액에 과세하는 것으로 하였다.[116]

(나) 제2종소득세

제2종소득세의 세율은 귀족원 심의과정에서 인상되었다. 귀족원은 공채이자의 세율을 2퍼센트에서 4퍼센트로, 기타 이자(사채, 정기예금 이자)의 세율을 3퍼센트에서 5퍼센트로 각각 인상하였다.[117]

---

113) 大間知啓輔(주96), 43면.

114) 이 점은 귀족원 의원들이 대부분 대규모 상장회사의 주주였던 것과 관련이 있다. 이상, 大間知啓輔(주96), 42~43면.

115) 구체적인 수정의 경과에 관하여는 大間知啓輔(주96), 43면.

116) 大間知啓輔(주96), 42면.

117) 大間知啓輔(주96), 43면.

(다) 제3종소득세

일본 정부는 제42회 제국의회 중의원 심의과정에서의 비판을 의식하여 제2차 개정안에서는 처음부터 배당공제율을 20퍼센트로 하였다. 그러나 제43회 제국의회의 중의원 심의과정에서는 공황이라는 시대적 배경으로 인하여 반대입장이 커지면서 여당측에서 그 공제율을 30퍼센트로 인상하는 안을 제안하였고 다시 귀족원은 공제율을 40퍼센트로 인상하는 안을 제안하였다. 최종적으로는 귀족원의 안이 확정되어 배당과세가 크게 완화되었다.[118]

제3종소득세의 세율도 제1차 개정안에 비하여 경감되어 확정되었다.

(2) 심의경과

의회로 제출된 제2차 개정안에 대하여는 경제계의 반대를 이유로 야당측에서 철회 또는 연기를 요구하였다. 이에 대하여 타카하시코레키요는 국방의 충실을 기하기 위하여 세제 개정이 필요하다고 답하였고 대체로 야당도 국방의 확충이라는 명문에는 강하게 반대하기 어려웠으므로 타카하시코레키요는 소득세법의 개정을 관철시킬 수 있었다. 제2차 개정안은 중의원과 귀족원에서 각각 여러 수정을 거쳐 통과되어 1920년 7월 31일에 법률 제11호로 공포되었다(이하 '1920년법'이라고만 한다).[119]

1920년법은 심의과정에서 상당한 수정이 있었는데 많은 경우 귀족원의 안이 최종안으로 되었다. 그 이유는 귀족원의 권한이 중의원과 대등하였고, 귀족원 구성원의 다수가 부유한 주주들로서 회사와 주주의 이익을 옹호하였기 때문이다.[120]

2. 법률의 내용

소득세법(법률 제11호)

제1조 본법 시행지에 주소를 갖거나 1년 이상 거소를 갖고 있는 자는 본법에 따라 소득세를 납부할 의무가 있다.

---

118) 大間知啓輔(주96), 42면. 이를 소득과세에 응능부담의 원칙이 급진적으로 도입되는 것을 완화하였다고 평가하기도 한다. 大間知啓輔(주96), 44면.

119) 大間知啓輔(주96), 40면.

120) 大間知啓輔(주96), 45면.

제2조 전조의 규정에 해당되는 자는 다음 각 호의 하나에 해당하는 경우에 소득세를 납부할 의무가 있다.

1. 본법 시행지에 자산 또는 가진 경우
2. 본법 시행지에 있어서 공채, 사채, 은행정기예금 또는 정기예금의 성질을 가지는 은행예금의 이자를 지급받는 경우
3. 본법 시행지에 본점 또는 주된 사무소를 가진 법인으로부터 이익 또는 이식의 배당, 잉여금의 분배 또는 이익 또는 잉여금이 처분된 상여 또는 상여의 성질을 가진 급여를 받은 경우

제3조 소득세는 다음 소득에 대하여 부과한다.

제1종

갑	법인의 초과소득
을	법인의 유보소득
병	법인의 배당소득
정	법인의 청산소득
무	본법시행지에 본점 또는 주된 사무소를 가진 법인의 본법시행지에 있어서의 자산 또는 영업에서 발생하는 소득

제2종

갑	본법 시행지에서 지급받은 공채, 사채, 은행정기예금 또는 정기예금의 성질을 가진 은행예금의 이자
을	제1조의 규정에 해당하는 자는 본법 시행지에 본점 또는 주된 사무소를 가진 법인으로부터 받은 이익 또는 이식의 배당, 잉여금의 분배 또는 이익 또는 잉여금의 처분된 상여 또는 상여의 성질을 가진 급여

제3종

제2종에 속하는 개인의 소득

제4조 ① 법인의 소득은 각 사업연도의 총익금에서 총손금을 공제한 금액에 따른다. 다만 보험회사의 경우에는 각 사업연도의 이익금 또는 잉여금에 따른다.

② 본법 시행지에 본점 또는 주된 사무소를 가진 법인의 소득은 본법 시행지의 자산 또는 영업에 대하여 전항의 규정을 준용하여 계산한다.

③ 법인이 사업연도 중에 해산 또는 합병에 따라 소멸된 경우에는 그 사업연도의 개시부터 해산 또는 합병에 이를 때까지의 기간을 1 사업연도로 본다.

제5조 법인의 각 사업연도의 소득이 동년도의 자본금액에 대하여 연 10 퍼센트의 비율을 곱하여 산출된 금액을 초과하는 경우에는 그 초과금액을 법인의 초과소득으로 한다.

제6조 ① 법인의 각 사업연도의 자본금액은 각 월말에 있어서 납입주식금액, 출자금액 또는 기금 및 적립금액의 월할평균으로 계산한다.

② 전항 계산의 경우 이월결손금이 있는 경우에는 그 각 월말의 금액의 월할평균으로 이를 계산하여 자본금액에서 공제한다.

제7조 본법 시행지에 본점 또는 주된 사무소를 가진 법인 또는 소득세를 과세하여야 하는 소득과 기타 소득이 있는 법인의 각 사업연도의 자본금액은 명령에서 정한 바에 따라 이를 계산한다.

제8조 본법에서 적립금이라 함은 적립금 기타 명칭을 불문하고 법인의 소득 중 그 유보된 것을 말한다.

제9조 ① 법인의 각 사업연도의 소득 중 적립금으로 된 금액을 법인의 유보소득으로 한다.

② 법인의 적립금을 감소한 경우에는 그 감소액을 전보할 때까지 그 후 각 사업연도의 유보소득에 대하여 소득세를 과세하지 않는다.

③ 적립금을 감소한 법인이 합병으로 인하여 소멸된 경우에는 합병 후 존속하는 법인 또는 합병으로 인하여 설립된 법인에 대하여 전항의 규정을 적용한다. 다만, 합병시 합병으로 인하여 소멸하는 법인의 적립금을 합병 후 존속법인 또는 합병으로 인하여 설립된 법인의 주식금액 또는 출자금액에 충당한 것에 대하여는 그렇지 않다.

제10조 ① 법인의 각 사업연도의 소득 중 이익의 배당 또는 잉여금의 분

배에 충당된 금액을 법인의 배당소득으로 한다.

② 법인의 적립금을 감소하여 이익의 배당 또는 잉여금의 분배에 충당한 금액은 이를 전항의 배당소득에 가산한다.

제11조 ① 법인이 해산한 경우 그 잔여재산의 가액이 해산 당시 납입주식금액, 출자금액, 적립금 및 최후의 사업연도에 있어서의 유보소득의 합계금액을 초과한 경우에는 그 초과금액을 법인의 청산소득으로 한다.

② 법인합병을 한 경우 합병으로 인하여 소멸한 법인의 주주 또는 사원이 합병 후 존속하는 법인 또는 합병으로 인하여 설립된 법인으로부터 합병으로 인하여 취득한 주식의 납입금액 또는 출자금액 및 금전의 총액이 합병으로 인하여 소멸한 법인의 합병 당시의 납입주식금액, 출자금액, 적립금 및 최후의 사업연도의 유보소득의 합계금액을 초과하는 경우에는 그 초과금액을 합병으로 인하여 소멸한 법인의 청산소득으로 본다.

제12조 합병 후 존속하는 법인 또는 합병으로 인하여 설립된 법인은 합병으로 인하여 소멸한 법인의 소득에 대하여 소득세를 납부할 의무가 있다.

제13조 제2종소득은 그 지급을 받아야 하는 금액에 의한다.

제14조부터 제20조 생략(제3종소득에 관한 규정)

제21조 ① 제1종소득에 대한 소득세는 다음의 세율에 따라 부과한다.

갑	초과소득금액은 다음 각 호의 구분에 따라 순차로 각 세율을 적용한다.	
	소득금액 중 자본금액에 대하여 10퍼센트의 비율을 곱하여 산출된 금액을 초과하는 금액	4퍼센트
	20퍼센트의 비율을 곱하여 산출된 금액을 초과하는 금액	10퍼센트
	30퍼센트의 비율을 곱하여 산출된 금액을 초과하는 금액	20퍼센트
을		5퍼센트
병		5퍼센트

정 7.5퍼센트

무 7.5퍼센트

② 법인의 사업연도 말에 있어서의 적립금 및 그 사업연도의 유보소득의 합계금액이 그 사업연도 말의 납입주식금액, 출자금액 또는 기금 및 이를 대신하여야 하는 적립금의 합계금액의 50퍼센트에 상당하는 금액을 초과하는 경우에는 그 초과금액에 속하는 그 사업연도의 유보소득에 대한 세율은 11퍼센트이고, 그 사업연도 말에 납입주식금액, 출자금액 또는 기금 및 이를 대신하여야 하는 적립금의 합계금액에 상당하는 금액을 초과하는 경우에는 그 초과금액에 속하는 그 사업연도의 유보소득에 대한 세율은 20퍼센트로 한다. 다만 그 사업연도에 있어서의 소득의 5퍼센트에 상당하는 금액 이내의 금액에 대하여는 그 세율은 5퍼센트로 한다.

제22조 제2종의 소득에 대한 소득세는 다음의 세율에 따라 이를 부과한다.

갑	공채의 이자	4퍼센트
	기타	5퍼센트
을		7.5퍼센트

제23조 생략(제3종소득의 세율)

제24조 제1종소득의 납부의무자는 명령에서 정한 바에 따라 재산목록, 대차대조표, 손익계산서 또는 청산 또는 합병에 관한 계산서 및 제4조부터 제11조의 규정에 따라 계산한 소득 및 자본금액의 명세서를 첨부하여 그 소득을 정부에 신고하여야 한다. 다만 본법 시행지에 본점 또는 주된 사무소를 가진 법인은 본법 시행지에 있는 자산 또는 영업에 관한 손익을 계산한 소득 및 자본금액의 명세서를 첨부하여야 한다.

제25조 생략

제26조 ① 제1종의 소득금액은 제24조의 신고에 의하고 신고가 없거나 신고를 불상당하다고 인정하는 경우에는 정부의 조사에 따라 정부가 이를 결정하고 제3종의 소득금액은 소득조사위원회의 조사에 따라 정부가 이를 결정한다.

② 생략

제27조부터 제56조 생략

제57조 세무서장 또는 그 대리관은 세무상 필요가 있는 경우에는 납세의무자, 납세의무 있다고 인정되는 자 또는 전조 제1항의 지불조서를 제출할 의무 있는 자에게 질문할 수 있다.

제58조 세무서장 또는 대리관은 조사상 필요한 경우에는 납세의무자 또는 납세의무가 있다고 인정되는 자에게 금전 또는 물품을 지급할 의무가 있다고 인정되는 자에 대하여 그 금액, 수량, 가격 또는 지급기일에 대하여 질문할 수 있다.

제59조 ① 제26조, 제51조 또는 제52조의 규정에 따라 제1종 또는 제3종 소득금액을 결정하는 경우에는 정부는 이를 납세의무자에게 통지하여야 한다.

② 본법 시행지 내에 주소 또는 거소를 두지 않은 납세의무자가 납세관리인의 신고를 하지 않은 경우에는 전항의 통지는 공고로 갈음할 수 있다. 이 경우 공고의 초일로부터 7일이 경과한 경우에는 그 통지가 있는 것으로 본다.

제60조 ① 납세의무자는 전조의 규정에 따라 정부로부터 통지받은 소득금액에 대하여 이의가 있는 경우에는 통지를 받은 날로부터 20일 내에 불복사유를 갖추어 정부에 심사의 청구를 할 수 있다.

② 전항의 청구가 있는 경우에도 불구하고 정부는 세금의 징수를 유예하지 않는다.

제61조 ① 전조 제1항의 청구가 있는 경우에는 소득심사위원회의 결의에 따라 정부가 이를 결정한다.

② 소득심사위원회는 전조 제1항의 청구를 한 자에 대하여 그 소득에 관한 사항을 질문할 수 있다.

③ 제52조의 규정은 소득심사위원회의 결의에 이를 준용한다.

제62조부터 제64조 생략

第65조 전조 제1항의 청구가 있는 경우에는 정부는 소득금액을 심사하고 수입예산연도에 대하여 4분의 1 이상의 감손이 있는 경우 이를 경정한다.

第66조 납세의무자는 제61조의 결정 또는 전조의 경정처분에 관하여 불복이 있는 경우에는 소원 또는 행정소송을 제기할 수 있다.

第67조 ① 제1종소득에 대하여는 사업연도마다 소득세를 징수한다. 다만 청산소득에 대하여는 청산 또는 합병의 경우에만 징수한다.

② 제2종소득에 대하여는 그 금액지급시에 지급자가 그 소득세를 징수하여 다음달 10일까지 이를 정부에 납부한다.

③ 제3종소득에 대하여는 소득세의 연액을 4분하여 다음의 4기에 이를 징수한다. 다만, 납세의무자가 납세관리인의 신고를 하지 않고 본법 시행지 외로 주소 또는 거소를 이전한 경우에는 즉시 그 소득세를 징수할 수 있다.

제1기 그 해 9월 1일부터 30일까지

제2기 그 해 11월 1일부터 30일까지

제3기 다음해 1월 1일부터 31일까지

제4기 다음해 3월 1일부터 31일까지

第68조 전조 제2항에 규정에 따라 징수하여야 하는 소득세를 징수하지 않은 경우 또는 그 징수한 세금을 납부하지 않은 경우에는 국세징수의 예에 따라 지급자로부터 징수한다.

第69조 법인해산된 경우에 청산소득에 대한 소득세 또는 전조의 규정에 따라 징수한 세금을 납부하지 않고 잔여재산을 분배한 경우에는 그 세금에 대하여 청산인은 연대하여 납세할 의무가 있다.

第70조 제64조 제1항의 청구가 있었던 경우 정부는 경정처분이 확정될 때까지 세금의 징수를 유예할 수 있다.

第71조, 第72조 생략

第73조 납세의무자가 납세지에 현재 있지 않은 경우 그 소득의 신고, 납세 기타 소득세에 관한 이례의 사항을 처리하기 위하여 납세관리인을 정하여 정부에 신고하여야 하고, 본법 시행지 외에 주소 또는 거소를 이전하는 경우에도 같다.

第74조 ① 사기 기타 부정한 행위로 인하여 소득세를 포탈한 자는 그 포탈한 세금의 3배에 상당하는 벌금 또는 과료에 처한다. 다만, 자수한 자 또는 세무서장에 신고한 자는 그 죄를 묻지 않는다.

② 전항의 경우에 제3종소득에 대한 소득세를 포탈한 자의 소득금액은 제26조 제1항의 규정에도 불구하고 정부에서 이를 결정하여 직접 그 세금을 징수한다.

第75조 ① 정당한 사유 없이 제56조 제1항의 규정에 따라 정부에 제출하여야 하는 지불조서를 제출하지 않거나 부정한 기재를 한 지불조서를 제출한 자는 천엔 이하의 벌금에 처한다.

② 전항의 규정에 따라 처벌된 자에 대하여는 그 제출에 관한 지불조서에 대하여 제56조 제2항의 규정에 따라 금액을 교부하지 않는다.

第76조 소득의 조사 또는 심사의 사무에 종사하는 또는 종사한 자가 그 조사 또는 심사에 관하여 지득한 비밀을 정당한 사유 없이 누설한 경우에는 오백엔 이하의 벌금에 처한다.

第77조 본법을 범한 자는 형법 제38조 제3항 단서, 제39조 제2항, 제40조, 제41조, 제48조 제2항, 제63조 및 제66조의 예에 따른다. 다만 전조의 죄를 범한 자에 대하여는 그렇지 않다.

3. 주요 내용 및 평가

가. 제1종소득세

(1) 개 관

1913년(타이쇼우 2년) 소득세법 개정시 합명회사, 합자회사 및 주주 20명 이하의 주식회사 소득은 갑(甲)종으로 하여 초과누진세율을 적용하고 기타 법인소득은 을(乙)종으로 하여 비례세율을 적용하도록 하였다. 갑종의 경우에는 개인사업과 실질적으로 다를 바 없다는 고려에서 위와 같이 구분한 것이었다.[121]

그러나 1920년법은 갑종과 을종의 소득구분을 폐지하고 새로이 초과소득, 유보소득, 배당소득 및 청산소득으로 구분하여 각각 다른 세율을 적용하도록 하고 초과소득 및 유보소득에 대해서는 누진세율을 적용하였다.

(2) 초과소득과세

(가) 내 용

법인은 독립된 고유의 납세주체로서 담세능력이 있으며 그 담세능력은 자본금(납입자본과 적립금의 합계)에 대한 법인소득의 비율로 측정할 수 있다는 논리에 따른 것이다.[122] 이는 당시 일본 정부의 입장이기도 했다.[123] 구체적인 초과소득세액은 다음과 같이 계산하였다.

초과소득금액 = 법인소득금액 - (자본금 × 10%)
초과소득세액 = 초과소득금액 × 초과누진세율

한편 초과누진세율은 다음과 같다.[124]

초과소득금액	초과누진세율(%)
자본금의 10%를 초과하고 20% 이하인 금액	4
자본금의 20%를 초과하고 30% 이하인 금액	10
자본금의 30%를 초과하는 금액	20

당시 세무실무가였던 나카무라시게오(中村継男)는 초과소득과세의 입법취지에 관하여 다음과 같이 설명하고 있다.

"초과소득에 대한 이유를 생각하니, 본래 법인은 자연인과 다르게 고유의 자본을 갖고 있지 않은 것으로서 사업경영상의 자금은 반드시 이를 출자자로부

121) 1913년(타이쇼우 2년) 3월 18일 제30회 제국의회 중의원 소득세법중개정법률안 외 2건 위원회의록 제4회, 26면.

122) 大間知啓輔(주96), 51면.

123) 1920년(타이쇼우 9년) 7월 9일자 제43회 제국의회 중의원 소득세법개정법률안 외 5건 위원회의록 제4회, 46면.

124) 大間知啓輔(주96), 45면.

터 나오지 않으면 안 된다. 따라서 출자자는 그 출자에 대하여 적어도 일반이자율에 상당하는 이익을 획득할 수 없다면 출자에 응하지 않을 것이므로 법인의 자본에 대한 일정비율 이하의 이익에 대하여는 일부러 과세를 관대하게 하는 방법으로 사업자금의 집적을 도와주지 않으면 안 된다. 반대로 그 소득 중 자본에 대한 일정비율의 금액을 초과하는 금액은 담세력이 큰 것으로써 제3종소득의 경우 큰 소득을 올린 자에 대하여 누진세율을 적용하는 것과 같은 취지로 높은 정도의 누진세율을 두어 과세를 하지 않으면 부담의 형평을 기대하기 어렵고, 이것이 세법개정에서 특히 초과소득의 항목을 두어 법인의 각 사업연도 소득이 자본금액에 대하여 연 10퍼센트의 비율로써 산정된 금액을 초과할 때에는 그 초과액에 대하여 과세를 하는 새로운 제도를 둔 이유이다."[125] 즉 자본이익률이 높을수록 주식발행에 의한 자본의 대규모 조달이 가능하게 되므로 담세력이 크다는 것이다.[126]

이에 반하여 대장성은 1937년 간행한 明治大正財政史에서 다음과 같이 설명하고 있다.

"법인은 법률상 독립된 인격자일 뿐만 아니라, 그 기업소득은 결국 자본합동의 조직에 따른 법인에 특수한 유리한 지위에 기하여 획득한 것으로 그 자본금액에 대하여 보통의 이익 이상의 소득을 얻게 된 경우에는 이에 상당하는 부담을 과하는 것이 당연하다고 인정되는 것에 따른 것이다."[127]

(나) 평 가

메이지 중기까지만 하여도 주식회사를 설립할 때 주주들이 균등하게 출자하는 경향이 있었다고 한다. 따라서 균등한 지분권자들이 회사를 공동지배하는 것으로 인식되었기 때문에 회사는 주주의 집합체이고 그 이익은 곧 주주에게 귀속한다는 사고방식이 존재하였다. 따라서 1889년에 법인소득에 대하여 과세를 시작하면서 법인소득세는 주주에게 귀속하는 소득을 원천징수하는 방식으로 규율하였던 것이다. 그러므로 다시 주주의 수취배당에 대하여 과세하면 이중과

125) 中村継男(주95), 35~36면.

126) 이런 설명은 모든 법인기업이 상장주식회사라는 것을 전제로 한 것이라고 한다. 이상, 大間知啓輔(주95), 51면.

127) 大藏省, 「明治大正財政史: 第6巻(內國稅 上)」, 財政經濟學會, 1937, 1084면.

세가 된다고 보아 주주의 수취배당소득은 비과세로 하였다.[128)]

그 후 제1차 세계대전을 거치고 자본축적이 진행되면서 지배구조에 변화가 일어나 주주에 의한 공동의 회사지배는 대주주의 1인지배 혹은 경영자에 의한 지배로 변화하였다. 따라서 회사의 소득을 곧바로 주주들의 소득과 동일시하는 의식에도 변화가 생겼다. 그 결과 회사의 소득은 곧 회사 자체에 귀속된다는 의식이 강해졌고 1920년법은 이런 사고의 변화를 바탕으로 법인도 개인과 마찬가지로 조세부담능력에 따라 누진세를 부과하여야 한다는 전제하에 초과소득과세를 규정하게 된 것이다.[129)]

이와 관련하여 중의원 의원이었던 이마이즈미카이치로우(今泉嘉一郎)는 중의원 심의과정에서 제3종소득세에서 법인으로부터의 이득을 종합하여 누진세율을 적용하는 이상 법인의 초과소득에 대하여 누진세율을 적용할 필요가 있는지 물었는데, 타카하시코레키요는 간단하게 법인도 '개인으로부터 독립된 인격을 누리므로' 그 조세부담능력에 따라 누진과세되어야 한다는 입장을 밝히고 있다.[130)]

1920년법은 조세부담능력을 자본금에 대한 소득의 비율로 평가하였는데 이를 '상대기준'이라고 한다.[131)] 이에 반하여 소득의 절대적인 크기로 조세부담능력을 평가하는 것을 '절대기준'이라고 한다.[132)] 1920년법도 개인의 소득에 대하여는 절대기준을 채택하였다. 1920년법이 법인의 소득에 대하여만 절대기준을 채택한 이유는 분명하게 밝혀져 있지 않은데 다음과 같이 설명하는 견해가 있다.

A회사는 자본금 1,000만엔, 소득 10만엔이고 B회사는 자본금 10만엔, 소득

128) 大間知啓輔(주96), 47면.

129) 中村継男(주95), 12~15면.

130) 이상, 1920년 7월 9일자 제43회 제국의회 중의원 소득세법개정법률안 외 5건 위원회의록 제4회, 46면.

131) 大間知啓輔(주96), 49면.

132) 미국 루스벨트 대통령은 1935년 연두교서에서 법인소득세의 개정을 권고하면서 법인초과소득과세를 제안하였는데 그 제안은 법인소득의 절대액을 초과소득세율 결정의 기준으로 삼는 절대기준을 택하였다. House of Representatives, the Committee on Way and Means, "Proposed Taxation of Individual and Corporate Incomes, Inheritances, and Gifts", 74th Cong. 1st Sess., July 8, 1935 in Reams(ed.), I*nternal Revenue Acts of the United States 1909~1950 Legislative Histories, Laws, and Administrative Documents, Vol. 12*, 1979, p.3.

5만엔이라고 가정하면 A회사의 자본이익률은 1퍼센트, B회사의 자본이익률은 50퍼센트가 된다. A회사가 소득의 절대액은 B회사의 2배이지만 자본이익률이 낮기 때문에 배당, 증가, 이익의 내부유보 모두 쉽지 않다는 것이다. 따라서 단순히 소득의 절대액이 크다는 이유로 높은 세율에 따라 과세하면 A회사의 확대재생산이 어려워진다는 것이다.[133]

(3) 유보소득과세

(가) 내 용

주주수취배당에 대하여 종합과세를 하므로 주주는 배당을 회피하고 법인소득을 사내에 유보할 유인이 생긴다. 따라서 이에 대하여 과세하지 않으면 배당을 실시하는 회사의 경우와 불균형이 발생하게 되므로 유보소득에 대하여 과세하기로 한 것이다. 일본 정부는 그 목적을 달성하기 위하여 중과세를 하기로 하였다. 구체적인 유보소득세액은 다음과 같이 계산하였다.[134]

유보소득금액	유보소득세율
자본금의 50% 이하	5%
자본금의 50% 초과	10%
자본금 초과	20%

(나) 평 가

유보소득과세에 대하여는 여러 비판이 있었다. 자본금의 규모에 따라 과세가 달라지므로 과세형평에 문제가 있다는 것, 사업회사의 경우에는 조세회피 목적보다는 사업의 필요상 소득을 유보하는 경우가 많다는 것, 주주수취배당을 비과세하던 시기(1899년부터 1919년까지)에도 법인들이 비용절감, 신제품 개발을 위한 투자 등의 목적으로 사내유보를 위하여 노력하였다는 것 등이 대표적인 비판이었다. 또한 법인은 주주로부터 독립되어 있으므로 주주의 배당소득세를 고려할 필요가 없다는 점도 지적되었다. 일본 정부는 이러한 비판을 수용하는 한편 실제로 동족회사 또는 보전회사를 이용하여 소득을 유보하는 방식으로 조

133) 大間知啓輔(주96), 49면.

134) 大間知啓輔(주96), 45~46면, 59~60면.

세를 회피하는 경우는 있는 것이 사실이었으므로 1926년 소득세법 개정시 일반 법인에 대한 유보소득세를 폐지하고 동족법인에 한하여 유보소득과세를 하는 것으로 개정하였다.[135]

(4) 배당소득과세

(가) 내 용

배당소득은 법인소득 중 배당의 분배에 충당한 금액을 말한다. 여기에 5퍼센트의 세율을 적용한다. 주주수취배당에서 40퍼센트를 공제하기로 수정한 결과 조세수입의 감소가 예상되었으므로 이를 전보하기 위한 것이다.[136]

(나) 평 가

1920년법은 법인의 소득에 대하여 독립적으로 법인소득세를 과세하기로 하였으므로 법인소득을 주주소득으로 하여 소득세의 원천과세를 하는 것은 조세이론에 맞지 않는 것이다. 배당소득과세는 전적으로 세수확보를 위한 정책목적에 기한 것이었다. 결국 1926년 소득세법 개정시 배당소득과세는 폐지되었다.[137]

(5) 청산소득과세

법인이 해산·합병한 경우 발생하는 청산소득에 대하여는 7.5퍼센트의 세율로 과세하였다.[138] 법인이 의식적 혹은 무의식적으로 자산을 과소표시하거나 부채를 과대표시함에 따라 회계상 이익은 실제 이익보다 축소표시된다. 따라서 회계상 드러나지 않는 이익은 법인소득세 과세를 받지 않고 비밀적립금으로 남게 되는데 법인이 청산할 때 이 비밀적립금이 청산소득으로 바뀌게 된다. 이 청산소득을 과세한다는 것이다. 1899년부터 1919년까지의 기간 중에는 청산소득과세가 이루어지지 않았으므로 비밀적립금에 대해서 과세하지 않았다. 청산시 비밀적립금은 주주의 소득으로 되어 각 주주에게 분배되지만 일시소득으로서 주주 단계에서도 소득세가 과세되지 않았다. 청산소득과세가 도입된 이후에도 1940년까지는 비밀적립금을 분배받은 주주의 소득에 대하여 소득세를 과세하지

135) 大間知啓輔(주96), 60면.
136) 大間知啓輔(주96), 46면.
137) 大間知啓輔(주96), 61면.
138) 大間知啓輔(주96), 46면.

않았다.[139)]

나. 제2종소득세

제2종소득에 관하여는 앞서 본 바와 같다.

다. 제3종소득세

법인소득에 관한 개정과 관련하여서는 개인주주의 수취배당소득을 종합소득에 포함되어 누진과세하기로 하였다. 이에 대하여 주주와 유산자를 대표하는 의원들이 반발하였다. 귀족원, 중의원 모두 배당액에서 일정률을 공제하여 과세하는 안, 즉 배당세액공제가 포함된 안을 제출하였고, 최종적으로 40퍼센트를 개산(概算)공제하여 주는 귀족원의 안이 채택되었음은 앞서 본 바와 같다. 일본정부는 배당세액공제제도를 둔 이유를 이중과세의 조정이 아니라 주주가 배당수입을 얻기 위하여 지출한 이자비용을 경비로 공제해 주는 것으로 설명하였다. 이는 독립과세형 법인소득세의 논리를 일관하기 위한 것이었다.[140)] 그 밖에도 개인의 국외소득과세, 산림소득에 관한 과세, 근로소득공제, 소액소득자에 대한 가족부양료공제, 과세최저한 인상, 세율 등에 관하여 개정이 있었다.

4. 1920년 소득세법 개정의 의미와 평가

가. 독립과세형 법인소득세제의 확립

1920년법은 과거 주주의 배당소득에 대한 원천징수의 실질을 갖던 법인소득세를 법인의 소득 그 자체에 대한 과세로 전환시켰다는 점에서 그 이전 시대 일본법인세제와는 질적인 차이를 보인다. 이후 1940년 일본법인세법 제정시까지 이런 틀은 변하지 않는다.

나. 독일법인세제의 영향

제1차 개정안에 관한 중의원 회의록을 보면, 1920년 소득세법의 제1차 개

139) 1920년부터 1925년까지는 적립금을 유보소득과세 후의 소득이 누적된 것으로 보아 청산회사의 적립금은 청산소득에서 제외하였다. 그 후 1926년부터 1939년까지에는 유보소득과세의 세율이 청산소득세율보다 지나치게 낮아짐에 따라 그 조정을 위해서 적립금 부분을 청산소득에 포함시키되 다른 청산소득보다 낮은 세율을 적용하는 것으로 했다. 大間知啓輔(주96), 62면.

140) 大間知啓輔(주96), 63면.

정안을 작성할 때 외국의 입법례도 많이 참고한 것으로 보인다.[141] 구체적으로 참고한 입법례로는 영국, 프랑스, 미국, 이탈리아 등이 언급되어 있다. 그러나 과거의 경우에는 주요 국가의 소득세법을 모두 번역하여 입법과정에서 참고자료로 제공한 것에 비하여 1920년 소득세법 개정시에는 여러 가지 어려움으로 인해 그 정도까지 완벽하게 준비하지는 못한 것으로 보인다.[142] 기본적으로 과거에 비하여 외국법에 대한 의존도 자체가 준 것으로 보인다. 어떻게 보면 세법의 입법에 대한 자신감이 생긴 것으로 볼 수도 있을 것이다.

예를 들어 중의원 의원인 와가와고우타로우(小川郷太郎)는 제1차 개정안의 심의과정에서 "외국의 입법은 아무래도 좋습니다. 우리나라의 법률을 생각하고 있는 것이니까"라는 진술을 하고 있다.[143] 독자적인 입법의 자신감이 반영된 진술이라고 할 수 있을 것이다.

그럼에도 불구하고 독일법인세제의 영향은 비교적 분명하다. 앞서 본 1891년 프로이센 소득세법은 개인, 법인 모두 소득의 절대액을 기준으로 같은 정도의 누진세율을 적용하였다. 또한 법인소득에 과세하고 다시 주주수취배당에 대하여 과세를 하였는데 그때 주식회사의 소득에서 자본금의 3.5퍼센트 상당액을 공제하였다. 그 이유는 법인소득에 대한 이중과세의 세부담을 경감하는데 있었다. 결국 이 시기 독일의 법인소득세는 일본의 1899년법과 마찬가지로 소득세의 원천과세형이라고 할 수 있다.[144]

그 후 독일은 20세기에 들어서 독립과세형 법인소득세를 구상하였다. 그 성과물이 초과소득과세 방식을 채택한 1908년 프로이센 「회사세법(Gesellschaft-

141) 타카하시코레키요는 외국의 자료는 가능한 범위 내에서 최대한 입수하여 개정안을 마련하는데 참고하였다고 진술하고 있다. 1920년(타이쇼우 9년) 1월 31일 제42회 제국의회 중의원 소득세법개정법률안 외 6건 위원회의록(속기) 제2회, 3면. 위 회의록 14면에도 외국의 입법례가 언급되고 있다(다만 어떤 국가의 입법례인지는 특정되지 않고 있다).

142) 대장성 주세국장 마츠모토시게이(松本重威)의 진술. 그는 그 이유로 영국법은 역사가 오래되고 개정이 잦으며 법문이 난잡한 점. 프랑스, 미국법은 전문을 구하기 어렵다는 점 등을 들고 있다. 1920년(타이쇼우 9년) 1월 31일 제42회 제국의회 중의원 소득세법개정법률안 외 6건 위원회의록(속기) 제2회, 10면.

143) 1920년(타이쇼우 9년) 제42회 제국의회 중의원 소득세법개정법률안 외 6건 위원회의록(속기) 제2회, 14면.

144) 大間知啓輔(주96), 49~50면. 그 이유는 주식회사의 법인화가 불충분하여 법인소득을 주주에게 귀속하는 소득으로 생각하는 사고가 남아 있었기 때문일 것이라고 추측한다. 같은 글, 50면.

steuergesetz) 초안」이었다. 이 초안은 실정법으로 성립하지는 못하였지만 법인의 소득을 절대적인 크기가 아닌 상대적인 크기에 따라 과세하기로 하였다는 점에서 주목할 만한 것이었다. 회사세법 초안은 회사의 기초자본금에 대한 소득의 비율(상대기준)에 따라 정해진 초과누진세율을 초과소득에 적용하도록 하였던 것이다.[145] 일본 1920년법의 법인 초과소득과세는 이 회사세법 초안에서의 초과소득과세 방식과 거의 동일하다. 다만 독일의 회사세법 초안은 결국 법률로 성립하지 못했고 1920년 독일법인세법 초안으로 계승된다. 1920년 독일법인세법초안은 법인의 과세소득에 대하여 10퍼센트의 비례세율을 적용하고 부가세로서 순자산에 대한 과세소득 비율을 기준으로 소득에 초과누진세율을 적용하는 내용으로 되어 있었다. 이때 부가세는 회사세법 초안과 동일하게 자본금에 대한 과세소득의 비율을 기준으로 과세하도록 되어 있었지만 입법과정에서 수정되어, 자본금에 대한 과세소득의 비율(이익률)을 기준으로 결정되는 초과누진세율을, 과세소득이 아닌 법인의 이익배당소득에 적용하여 배당세를 과세하는 것으로 변경되었다(1920년 독일법인세법 제12조 제1항 제2호, 제13조).

반면, 여전히 소득세 원천과세형의 법인소득세제가 계속된 영국으로부터의 영향은 극히 미미했다.

이처럼 독일 및 일본이 영국과 다른 길을 걷게 된 것은 주식회사제도의 발전과정이 달랐기 때문이라고 생각된다. 즉 영국의 주식회사는 파트너십 또는 개인기업이 점진적으로 발전한 것이어서 법인이기는 해도 출자자 개인의 구성체라는 의식이 강하게 존속했다. 반면 독일이나 일본의 경우 영국에 비하여 자본축적이 더디어 자본집중을 위한 기업형태로서의 주식회사제도를 장려한 결과 주식회사제도가 단기간에 급성장하여 주주로부터 독립된 법인이라는 관념이 지배적으로 된 것이라고 한다.[146]

145) 독일회사세법(Gesellschaftsteuergesetz) 초안 제2조, 제4조 in: Sammlung der Drucksachen des Preussischen Hauses der Abgeordneten (Anlagen zu den Stenographischen Berichten) 21. Legislaturperiode, II. Session 1908/09, 1. Band, Drucksachen Nr 1 bis 32, 1909, S. 573. 원문은 이 책의 부록에 실려 있다.

146) 大間知啓輔(주96), 52면.

V. 1926년 일본소득세법 개정

1. 개정의 경과

1926년(타이쇼우 15년) 제1종소득세에 관하여 구조를 변경하는 개정이 있었다. 종래의 배당소득과 유보소득의 구분을 폐지하여 보통소득으로 일원화하여 5퍼센트(외국법인은 10퍼센트)의 세율로 과세하고,[147] 초과소득에 대하여는 4퍼센트에서 20퍼센트까지의 초과누진세율을 적용하였다. 청산소득과세는 종전과 같았다.

또한 「소득세법 시행규칙」 제1조에 "법인의 전 사업연도에서 이월된 익금 또는 손금은 그 사업연도의 소득계산상 익금 또는 손금에 이를 산입하지 않는다"라는 규정을 신설하였다. 하지만 그 이외에 법령상으로는 소득계산에 관한 규정은 없었고 소득계산은 과거와 동일하게 과세관청의 주도적인 해석에 좌우되었다.

개정 전과 비교하여 보면, 제2종소득세가 과세된 제2종소득이 익금으로서 과세되는 것은 다름이 없었지만 개정 전에는 제1종소득세와 제2종소득세가 경합하여 과세된 반면, 개정 후에는 보통소득에 대한 제1종소득세 산출액에서 기납부 제2종소득세액을 공제하는 것으로 하였다.

그리고 과거에는 과세당국이 조세법령을 행정해석하면서 대장성의 내훈 또는 달(達)의 형식을 취했으나, 1926년의 개정을 계기로 대장대신의 명령에 따른 통첩의 형식을 취하게 되었다. 그 첫 번째 것이 후술하는 대장성 주세국장 명의의 1927년(쇼와 2년) 1월 6일 주비제1호통첩으로 국세당국에 하달되었다.[148]

2. 주요 내용 및 평가

가. 법인배당소득과세와 유보소득과세의 폐지

1920년 소득세법 개정시 일본 정부는 일관되게 법인을 납세의무자로 설정한 독립과세형 법인소득세제를 구상하였다. 그러나 의회 심의과정에서 의원들

147) 보통소득을 계산할 때 총익금에서 총손금을 공제하도록 하였다.

148) 위 통첩에 관한 상세는 渡邊善藏, 「所得税法資本利子税法釈義」, 自治館, 1927 참조.

의 반대에 부닥쳐 당초의 구상과 어느 정도 차이가 있는 개정이 이루어지게 되었다. 대표적으로 체계에 맞지 않는 제도가 배당소득과세 및 유보소득과세제도였다.

배당소득과세는 법인소득을 배당소득에 대한 원천징수로서 과세하는 경우가 아니면 양립되기 어려운 제도였으므로 폐지되었다. 유보소득과세의 경우 사업회사는 유보소득에 대한 과세에도 불구하고 사업설비 등의 확장 및 개량을 위하여 자본을 확대하고 소득의 유보를 위해 애쓰는 경향이 있다. 또한 소득을 유보할수록 적립금, 자본금이 증가하므로 자본금에 대한 과세소득의 비율이 낮아져서 초과소득세액은 감소하는 결과로 되었다. 이론적으로도 법인 자체의 소득에 과세하면서도 주주가 법인을 지배하는 것으로 보아 주주가 수취배당과세 회피의 의사로 법인소득을 유보한 것으로 보아 과세하는 것은 모순되는 측면이 있었다. 이런 문제점을 의식하여 1926년 소득세법 개정시 배당소득과세 및 일반법인에 대한 유보소득과세를 폐지하게 된다. 다만 제3종소득에 속하는 배당소득의 종합과세세율이 유보소득세율보다 높았기 때문에 주주들은 소득을 유보하기 위한 동족회사(同族會社) 또는 보전회사(保全會社)를 설립하고 소득을 동족회사 또는 보전회사에 유보하는 형태의 조세회피행위를 추구하는 경향이 있었다. 이 경우 주주들은 동족회사 또는 보전회사의 임·직원으로서 보수를 받음으로써 실질적으로 소득을 배당받았다. 따라서 이런 동족회사 또는 보전회사 설립을 통한 조세회피에 한해서는 여전히 유보소득과세를 유지할 필요가 있었다.[149] 이에 따라 도입된 것이 후술하는 동족법인가산과세제도였다.

나. 법인보통소득과세의 도입

1926년 1월 26일 카토우타카아키(加藤高明) 내각의 대장대신 하마구치오사치(浜口雄幸)는 배당소득세 회피의 의사 없는 일반법인에 대하여까지 조세회피 방지목적의 유보소득세를 과세하는 것은 불합리하므로 이를 폐지하겠다고 제안하였다. 동시에 그는 유보와 배당의 구별 없이 보통소득세(5퍼센트의 비례과세) 신설을 제안하였다.[150]

---

149) 大間知啓輔(주96), 64~66면; 大蔵省 編(주127), 1159~1161면.

150) 大間知啓輔(주96), 66면.

다. 동족회사가산과세의 도입

(1) 의제배당과세제도

일본 정부는 동족회사를 통한 조세회피에 대처하기 위해 1923년 3월 일본 소득세법 개정시 의제배당과세제도를 도입하였다. 이 제도는 동족회사의 유보소득 중 일정액을 초과하는 부분, 즉 과도한 유보부분을 배당한 것으로 의제하여 과세하는 제도였다(같은 법 제73조의3).151) 그러나 의제배당을 포함한 법인배당소득액과 각 주주에 대한 수취배당액을 계산하고 각 세액을 계산하는 과정이 지나치게 번잡하다는 문제가 있었다. 따라서 1926년 개정시에 동족회사의 의제배당과세제도를 대신하여 동족회사가산과세제도를 새로 도입하였다.152)

(2) 동족회사가산과세제도

새로운 제도는 유보소득과세를 동족회사로 한정하여 과다하다고 인정되는 초과유보금에 가산세율을 적용한 후 신설된 보통소득세에 그 세액을 가산하는 것이었다. 가산과세 여부는 정부, 구체적으로 세무서장의 판단에 위임되어 있었다.153)

Ⅵ. 1940년 일본법인세법 제정154)

일본에서는 1940년 법인세법이 소득세법에서 분리되었다. 주식회사제도가 기업의 지배적 형태가 되는 고도의 자본주의사회에서는 소유와 경영의 분리, 가계와 기업의 분리가 나타났다. 그러한 분배기구의 명확화는 소득이 외형적 표준에 의하지 않고 배당, 이자, 봉급, 임금 등의 형태로 포착될 수 있는 조건을 형성하였으므로 소득세제가 발전하는 바탕이 되었다. 이는 법인소득세가 개인소득세로부터 분리독립되는 원인도 되었으나 동시에 세원(稅源)인 법인의 이윤과 개인의 배당소득과의 관계가 복잡하게 되어 그 세제상 취급이 어려운 문제로 대두되었다.155)

151) 이 제도에 관한 상세는 大間知啓輔(주96), 65면; 大蔵省 編(주127), 1159~1161면.

152) 大間知啓輔(주96), 66면.

153) 大間知啓輔(주96), 66면.

154) 1940년(쇼와 15년) 3월 29일 법률 제25호.

155) 高橋誠, "初期所得税制の形成と構造－日本所得税制史その一", 「経済志林」 26巻 1号, 1958,

1. 제정의 배경

중일전쟁 발발후 전쟁이 장기화됨에 따라 전시에 맞도록 세제를 정비할 필요성이 커졌다. 이에 일본 정부는 1939년 제74회 제국의회에서 중앙·지방을 아우른 세제정리안을 다음 기 의회에 제출하겠다는 뜻을 밝혔다. 이에 따라 1939년 4월 설치된 세제조사회는 28회의 회의를 거쳐 같은 해 10월에 일본 정부에 그 결과를 보고했고 일본 정부는 이를 바탕으로 국세 및 지방세 전반에 걸친 광범위한 개정안을 작성하여 제75회 제국의회에 제출하였다. 이 개정작업에는 직접 국세의 체계를 정비하는 작업이 큰 비중을 차지하고 있는데 법인소득과세와 관련하여서는 법인세를 소득세로부터 분리하기로 하였다.[156)]

본래 법인은 개인과 성질이 다르므로 소득세를 과세할 때에도 개인과는 달리 소득의 종류나 크기를 중시할 필요가 적었고[157)] 과거부터 과세표준, 세율, 과세방법 등이 개인에 대한 소득세과세의 경우와는 완전히 달랐다. 따라서 1940년의 세제 정리시에는 소득세를 개인에 한하여 과세하고 법인에 대하여는 그 본질을 고려하여 법인세를 창설하며 제1종소득세와 법인자본세를 통합하기로 하였다. 법인세는 그 본질은 법인의 소득에 대한 과세였으므로 근본적으로는 종래의 제1종소득세와 다르지 않았지만 법인소득계산에 관하여 중요한 개정이 있었다.[158)]

48면.

156) 雪岡重喜, 「所得税·法人税制度史草稿: 調査資料」, 大蔵省主税局調査課, 1955, 61~62면.

157) 「… 원래 법인은 개인과 그 성질이 상당히 다르며, 개인의 경우와 같이 소득의 종류 및 대소에 따라 과세를 다르게 할 필요도 없다고 생각되므로 소득세는 원칙적으로 개인에 대해서만 과세하는 것으로 하고, 법인에 대해서는 따로 법인세를 창설하여 현행 제1종소득세 및 법인자본세를 일괄하여 과세하는 것으로 한 것입니다. 그러나 이 세율은 산업에 대한 영향 등을 충분히 고려함과 함께, 소득계산방법의 개정 등을 아울러 생각하여 일반법인의 소득에 대해서는 100분의 18로 하고, 자본에 대해서는 현행 1,000분의 1.2를 1,000분의 1.5로 인상하는 것으로 하였습니다.」 1940년(쇼와 15년) 2월 9일 제75회 제국의회 중의원 의사속기록 제9호 소득세개정법률안 외 30건 제1회독회, 154면, 대장대신 사쿠라우치유키오(桜内幸雄)의 법안설명 부분. 1940년(쇼와 15년) 3월 19일 제75회 제국의회 귀족원 의사속기록 제22호 소득세법개정법률안 외 36건 제1독회, 286면, 대장대신 사쿠라우치유키오(桜内幸雄)의 법안설명 부분도 같은 취지이다.

158) 雪岡重喜(주156), 74면.

2. 제정 준비과정

가. 주세국시안

주세국(主稅局)에서 마련한 시안 중 법인세법에 관한 것은 다음과 같았다.

(1) 법인에 대하여는 법인세를 과세하고 현행 제1종소득세, 법인영업수익세 및 법인자본세를 폐지한다(현행 초과소득세는 임시이득세에 통합한다).
(2) 법인세는 법인의 소득 및 자본에 대하여 부과한다.
(3) 법인의 소득계산상 법인세는 손금에 산입하지 않는다. 법인의 과세소득은 해당 사업연도의 이득에 대한 임시이득세를 공제한 잔액으로 한다.
(4) 전 사업연도(사업연도의 기간이 6개월인 경우에는 전 2 사업연도)에 발생한 결손금은 현 사업연도의 소득계산상 이를 손금산입한다.
(5) 법인세의 세율은 소득금액의 20퍼센트, 자본금액의 0.15퍼센트로 한다.
(6) 법인이 수취한 배당 및 이자에 대한 분류소득세는 법인의 소득에 대한 세액에서 공제한다.
(7) 법인세에 대해서는 지방부가세를 인정하지 않는다.
(8) 위 사항들을 제외하고 법인세에 대해서는 제1종소득세 및 법인자본세의 예를 따른다.

나. 법률안요강

(1) 주세국시안의 (1)과 동일하다.
(2) 법인세는 법인의 각 사업연도의 소득, 청산소득 및 각 사업연도의 자본에 대하여 부과한다.
(3) 법인소득의 계산상 법인세 및 임시이득세는 손금에 산입하지 않는다. 법인의 과세소득은 해당 사업연도의 이득에 대한 임시이득세를 공제한 잔액으로 한다.
(4) 법인의 각 사업연도 개시일 전 1년 이내에 개시된 사업연도에서 발생한 결손금은 현 사업연도의 소득계산상 손금에 산입한다.
(5) 법인세는 다음 세율에 따라 부과한다.
  (가) 각 사업연도의 소득

① 세법시행지에 본점 또는 주사무소를 둔 법인 18퍼센트
② 세법시행지에 본점 또는 주사무소를 두지 않은 법인 28퍼센트

(나) 청산소득 18퍼센트

(다) 각 사업연도의 자본 0.15퍼센트

(6) 청산소득 중 적립금 및 비과세소득으로 이루어진 부분에 대하여는 법인세를 부과하지 않는다.

(7) 주세국시안의 (6)과 동일하다.

(8) 주세국시안의 (8)과 동일하다.

3. 법률의 내용

제1조 본법 시행지에 본점 또는 주된 사무소를 둔 법인 및 본법 시행지에 동산 또는 영업을 둔 법인은 본법에 따라 법인세를 납부할 의무가 있다.

제2조 본법 시행지에 본점 또는 주된 사무소를 둔 법인의 경우 그 소득 및 자본의 전부에 대하여 법인세를 부과하고 본법 시행지에 본점 또는 주된 사무소를 두지 않은 법인에 대하여는 본법 시행지에 있어서의 자산 또는 영업의 소득 및 이에 관한 자본에 대하여만 법인세를 부과한다.

제3조 전조에 규정에 따라 법인세를 부과하는 소득 및 자본은 아래에 열거한 것으로 한다.

1. 각 사업연도의 소득
2. 청산소득
3. 각 사업연도의 자본

제4조 ① 본법 시행지에 본점 또는 주된 사무소를 둔 법인은 각 사업연도의 소득은 각 사업연도의 총익금에서 총손금을 공제한 금액에 의한다. 다만, 상호보험회사 및 회원조직의 거래소의 경우는 각 사업연도의 잉여금에 의한다.

② 법인이 각 사업연도에 있어서 납부 또는 납부하여야 할 법인세 및 임시이득세는 전항의 소득의 계산상 이를 손금에 산입한다.

③ 법인의 각 사업연도 개시일 전 3년 이내에 개시된 사업연도에 있어

서 발생한 손금으로서 명령으로 정한 것은 제1항의 소득의 계산에 이를 손금에 산입한다.

제5조 ① 소득세법 제6조 및 제7조의 규정은 법인세의 부과에 이를 준용한다.

② 신탁회사의 각 사업연도의 소득의 계산에 대하여는 합동운용신탁으로 인한 수입 및 지출은 그 총익금 및 총손금에서 이를 각 공제한다.

제6조 ① 법인이 해산된 경우에 있어서 그 잔여재산의 가액이 해산 당시의 출자주식 금액 또는 출자금액 및 적립금액의 합계액을 초과하는 경우에는 그 초과금액으로서 법인의 청산소득으로 한다.

② 법인합병을 위한 경우에 있어서 합병으로 인하여 소멸한 법인의 주주 또는 사원이 합병 후 존속하는 법인 또는 합병으로 인하여 설립된 법인으로부터 합병을 원인으로 취득한 주식의 출자를 마친 금액 또는 출자금액 및 금전의 총액이 합병으로 인한 소멸한 법인의 합병 당시의 출자주식 금액 또는 출자금액 및 적립금액의 합계금액을 초과하는 경우에는 그 초과금액은 이를 합병으로 인하여 소멸하는 법인의 청산소득으로 간주한다.

제7조 ① 본법 시행지에 본점 또는 주사무소를 둔 법인의 각 사업연도의 자본은 각 사업연도의 각 월말에 있어서의 출자주식금액, 출자금액, 기금 또는 갹출금에서 각 월말에 있어서의 이월결손금을 공제한 금액의 월할평균액에 당해 사업연도의 월수를 곱한 것을 12로 나누어 계산한 금액에 의한다.

② 본법 시행지에 본점 또는 주사무소를 두지 않은 법인의 각 사업연도의 자본은 본법시행지에 있어서의 자산 또는 영업에 대한 전항의 규정에 준하는 명령의 정한 바에 따라 계산한 금액에 의한다.

제8조 법인이 사업연도 중에 해산 또는 합병으로 인하여 소멸하는 경우에 있어서는 그 사업연도의 처음부터 해산 또는 합병에 이르는 기간을 1사업연도로 간주한다.

제9조 본법에 있어서의 적립금액은 적립금 기타 명의의 여하를 묻지 않

고 법인의 각 사업연도의 소득 중 그 유보한 금액을 말한다.

제10조 합병 후 존속하는 법인 또는 합병으로 인하여 설립된 법인은 합병으로 인하여 소멸한 법인의 소득 및 자본에 대하여 법인세를 납부할 의무가 있다.

제11조 북해도, 부현, 시정촌 기타 명령으로 지정하는 공공단체, 신사 및 민법 제34조 규정에 의하여 설립된 법인에는 법인세를 부과하지 않는다.

제12조 명령으로 지정한 중요산물의 제조, 채굴 또는 채취를 위한 법인에는 명령의 정한 바에 따라 제조, 채굴 또는 채취의 사업을 개시한 연도 및 그 다음해부터 3년간 그 의무로부터 발생하는 소득에 대하여 법인세를 면제한다.

제13조 ① 제4조의 규정에 의하여 법인의 각 사업연도의 소득을 계산하는 경우에 있어서 법인이 국채를 소유한 경우에는 국채의 이자액 중 그 국채를 소유한 기간의 이자액의 100분의 70에 상당하는 금액을 명령의 정한 바에 의하여 그 소득에서 공제한다. 다만, 국채의 이자에 대하여 외화채특별세 또는 배당이자특별세가 부과된 경우에는 그 공제액은 그 국채를 소유한 기간의 이자액에서 그 이자액에 대한 외화채특별세 상당액 또는 배당이자특별세 상당액을 공제한 잔액의 100분의 70에 상당하는 금액으로 한다.

② 전항의 규정은 법인의 청산소득의 계산에 관하여 이를 준용한다.

제14조 ① 법인의 각 사업연도분의 임시이득세액은 당해 사업연도의 소득금액에서 이를 공제한다.

② 법인세를 부과하여야 하는 소득과 기타 소득이 있는 법인의 소득금액에서 공제하여야 하는 임시이득세액은 명령의 정하는 바에 의하여 이를 계산한다.

제15조 법인은 청산기간 중에 있어서 발생하였거나 또는 합병에 의하여 발생한 소득에 있어서 본법 기타 법률에 의하여 법인세를 부과할 수 없는 금액은 법인의 청산소득금액에서 이를 공제한다.

제16조 ① 법인세는 다음 세율에 의하여 부과한다.

1. 각 사업연도의 소득

   본법 시행지에 본점 또는 주된 사무소를 둔 법인
   소득금액의 100분의 18

   본법 시행지에 본점 또는 주된 사무소를 두지 않은 법인
   소득금액의 100분의 28

2. 청산소득 소득금액의 100분의 18
3. 각 사업연도의 자본 자본금액의 1,000분의 15

② 법인이 각 사업연도에 있어서 납부한 소득세법 제10조에 규정되어 있는 배당이자소득에 대한 분류 소득세액은 명령에 정한 바에 의하여 당해 사업연도의 소득에 대한 법인세액에서 이를 공제한다.

③ 전항의 경우에 있어서 공제하여야 하는 소득세법 제10조에 규정되어 있는 배당이자소득에 대한 분류소득세는 법인의 소득계산상 이를 손금에 산입하지 않는다.

④ 전 2항의 규정은 청산소득에 대한 법인세에 있어서 이를 준용한다.

⑤ 제1항의 규정에 의하여 산출된 각 사업연도의 자본에 대한 법인세액이 연 10엔에 미치지 못하는 경우에는 연 10엔으로 한다.

⑥ 제4조에 의하여 계산된 소득금액 없는 법인의 당해 사업연도의 자본에 대한 법인세는 이를 면제한다. 제1항 및 전항의 규정에 의하여 산출된 각 사업연도의 자본에 대한 법인세액이 그 사업연도의 소득금액에서 그 사업연도의 소득에 대한 법인세액을 공제한 잔액을 초과하는 경우에는 그 초과액에 상당하는 각 사업연도의 자본에 대한 법인세에 대하여도 같다.

제17조 ① 동족회사가 각 사업연도에 있어서 유보된 금액 중 다음 각 호의 1에 해당하는 금액이 있는 경우에는 정부는 그 사업연도의 소득을 금액으로 환산한 금액 중 5만엔 이하의 금액에 100분의 20, 5만엔을 초과하는 금액에 100분의 30, 10만엔을 초과하는 하는 금액에 100분의 40, 50만엔을 초과하는 금액에 100분의 50, 100만엔을 초과하는 금액에

100분의 65를 곱한 회계금액의 소득년액에 대한 비율을 구하고 이를 세율로 하여 다음의 각 호의 1에 해당하는 금액(각 호 모두 해당하는 경우에는 그 중 다액인 것)에 적용하여 산출된 금액을 각 사업연도의 소득에 대한 법인세에 가산할 수 있다.

1. 각 사업연도의 소득 중 유보된 금액이 그 사업연도에 있어서의 소득의 10분의 3에 해당하는 금액을 초과하는 경우에는 그 초과금액
2. 각 사업연도의 소득 중 유보된 금액에서 그 사업연도에 있어서의 소득의 10분의 1에 상당하는 금액을 공제한 잔액 및 그 사업연도 말에 있어서의 적립금액의 합계가 그 사업연도 말에 있어서의 출자주식금액 또는 출자금액의 2분의 1에 상당하는 금액을 초과하는 경우에는 그 초과금액. 단 그 사업연도 말에 있어서의 적립금액이 출자주식금액 또는 출자금액의 2분의 1을 초과하는 경우에 있어서는 그 초과액은 이를 공제한다.

② 전항의 각 사업연도의 소득 및 소득 중 유보한 금액은 그 사업연도의 소득 및 자본에 부과하여야 하는 법인세액(전항의 규정에 의하여 가산하는 세액을 포함하지 않는다) 및 제14조의 규정에 의하여 공제하여야 하는 임시이득세액을 그 사업연도의 소득 및 그 소득 중 유보된 금액의 쌍방에서 공제한 잔액에 의한다.

③ 본법에 의하여 동족회사라고 하는 것은 주주 또는 사원의 1인 및 그와 친족, 사용인, 명령으로 정하는 출자관계 있는 법인 등 특수한 관계 있는 자의 주식금액 또는 출자금액의 합계가 그 법인의 주식금액 또는 출자금액의 2분의 1 이상에 상당하는 법인을 말한다.

제18조 ① 납세의무 있는 법인은 명령의 정한 바에 의하여 재산목록, 대차대조표, 손익계산서 또는 청산·합병에 관한 계산서 및 제4조부터 제9조의 규정에 의하여 계산한 소득금액 및 자본금액의 명세서를 첨부하여 그 소득금액 및 자본금액을 정부에 신고하여야 한다. 또한 본법 시행지에 본점 또는 주된 사무소를 두지 않은 법인은 위의 본법 시행지에 있어서의 자산 또는 영업에 관한 손익을 계산 소득금액의 명세서 및 본법시행지에 있어서의 자산 또는 영업에 관한 자본금액의 명세서를 첨

부하여야 한다.

② 전항의 규정은 제1조에 규정한 법인에 법인세를 부과하여야 하는 소득 또는 자본이 없는 경우에 있어서 이를 준용한다.

제19조 법인의 소득금액 및 자본금액은 전조의 신고에 의한 신고를 하지 않은 경우 또는 신고가 불상당하다고 인정되는 경우에는 정부의 조사에 의하여 정부가 이를 결정한다.

제20조 세무서장 또는 그 대리관은 조사상 필요한 경우에는 납세의무 있는 법인 또는 납세의무 있다고 인정되는 법인에 질문을 하거나 또는 그 기장서류 기타 물건을 검사할 수 있다.

제21조 세무서장 또는 그 대리관은 조사상 필요한 경우에는 납세의무 있는 법인 또는 납세의무 있다고 인정되는 법인에 금전 또는 물품을 지급할 의무가 있다고 인정되는 자에 대하여 또는 납세의무 있는 법인 또는 납세의무 있다고 인정되는 법인으로부터 금전 또는 물품의 지급을 받을 수 있는 권리를 가지고 있다고 인정되는 자에 대하여 그 금액, 수량, 가격, 지급기일 등에 대하여 질문할 수 있다.

제22조 제19조의 규정에 의하여 법인의 소득금액 및 자본금액을 결정한 경우 또는 제17조의 규정에 의하여 세액가산을 결정한 경우는 정부는 이를 납세의무 있는 법인에게 통지하여야 한다.

제23조 ① 납세의무 있는 법인이 전조의 규정에 의하여 정부의 통지를 받은 소득금액, 자본금액 또는 가산세액에 대한 이의가 있는 경우에는 통지를 받은 날로부터 20일 이내에 불복의 사유를 갖추어 정부에 심사의 청구를 할 수 있다.

② 전항의 청구가 있는 경우라 하더라도 정부는 세금의 징수를 유예하지 아니한다.

제24조 ① 전조 제1항의 청구가 있는 경우에는 소득세법의 소득심사위원회의 결의에 의하여 정부가 이를 결정한다.

② 소득세법 제38조 및 제68조 제2항의 규정은 전항의 경우에 있어 이

를 준용한다.

제25조 전조 제1항의 결정에 대하여 불복하는 법인은 소원을 하거나 또는 행정재판소에 출소할 수 있다.

제26조 법인세는 사업연도마다 이를 징수한다. 다만, 청산소득에 대한 법인세는 청산 또는 합병시에 이를 징수한다.

제27조 법인이 해산된 경우에 있어서 각 사업연도의 소득 또는 자본에 대한 법인세 또는 청산소득에 대한 법인세를 납부하지 아니하고 잔여재산을 분배한 경우에는 그 세금에 대하여 청산인은 연대하여 납세의 의무가 있는 것으로 한다.

제28조 동종회사의 행위 또는 계산에 있어서 법인세 포탈의 목적이 있다고 인정되는 경우에 대하여는 그 행위 또는 계산에 관계없이 정부는 그 인정하는 바에 의하여 소득금액 및 자본금액을 계산할 수 있다.

제29조 사기 기타 부정한 해위에 의하여 법인세를 포탈한 자는 그 포탈한 세금의 3배에 상당하는 벌금 또는 과료에 처하고 즉시 그 세금을 징수한다. 다만, 자수 또는 세무서장에게 신고한 자는 그 죄를 묻지 아니한다.

제30조 제20조의 규정에 의하여 장부서류 기타 물건의 검사를 거부, 방해 또는 기피하거나 허위의 기재를 한 장부서류를 제시한 자는 1천엔 이하의 벌금에 처한다.

제31조 법인의 소득 또는 자본의 조사 또는 심사의 사무에 종사하거나 종사한 자가 그 조사 또는 심사에 관하여 알게 된 비밀을 정당한 사유 없이 누설한 경우에는 1천엔 이하의 벌금에 처한다.

제32조 제29조의 죄를 범한 자에 대하여는 형법 제38조 제3항 단서, 제39조 제2항, 제40조, 제41조, 제48조 제2항, 제63조 및 제66조의 규정을 적용하지 아니한다.

제33조 북해도, 부현, 시정촌 다른 공공단체는 법인세의 부가세를 부과하지 못한다.

부 칙

제34조부터 제35조 생략

제36조 쇼와 15년 4월 1일을 포함하는 사업연도의 직접 사업연도분의 제1종소득세, 제1종소득세부가세(所得稅附加稅), 법인자본세 및 명령으로 지정한 제1종소득세부가세에 상당하는 조세는 이를 법인세로 간주한다. 제4조 제2항의 규정을 적용하는 법인이 본법 시행 전에 합병을 행한 경우에 있어서 합병 후 존속하는 법인 또는 합병으로 인하여 설립된 법인의 합병일을 포함하는 사업연도가 본법 시행 후에 종료하는 경우에 있어서 합병으로 인하여 소멸된 법인의 최후의 사업연도분의 제1종소득세, 제1종소득세부가세, 법인자본세 및 명령으로 지정한 제1종소득세부가세에 상당하는 조세와 청산소득에 대한 제1종소득세 및 제1종소득세부가세에 대하여도 동일하다.

제37조 쇼와 15년 4월 1일을 포함하는 사업연도의 직전 사업연도분의 임시이득세는 제4조 제2항의 규정에 불구하고 법인의 각 사업연도의 소득의 계산상 이를 손금에 산입한다.

제38조 본법 시행 후 종료하는 사업연도에 있어서 또는 본법 시행 후에 해산으로 인한 청산기간 중에 법인의 납부된 제2종의 소득에 대한 소득세액 및 자본이자세액은 이를 소득세법 제10조에 규정하는 배당이자소득에 대한 분류소득세액으로 간주하여 제16조 제2항 내지 제4항의 규정을 적용한다.

제39조 본법 시행 후 종료하는 사업연도에 있어서 법인의 납부된 광업세액, 특별광산세액 또는 거래소영업세액은 명령의 정한 바에 따라 그 전부 또는 일부를 해당 사업연도의 소득에 대한 법인세액에서 공제한다.

제40조 법인이 본법 시행 후 종료하는 사업연도에 있어서 공채 및 사채이자세가 부과된 국세를 소유하는 경우에는 그 국채를 소유한 기간분의 이자액에 대한 공채 및 사채이자세를 배당이자특별세로 간주하여 제13조의 규정을 적용한다.

제41조 생략

4. 주요 내용의 검토

1940년 일본법인세법은 법인세를 소득세로부터 분리시키면서 종래의 제1종소득세와 다른 두 가지 사항을 개정했다.

가. 법인세손금불산입

종전의 제1종소득세에 대해서는 소득계산상 그 기에 납부한 소득세, 임시이득세 등은 손금에 산입하였다. 그러나 그렇게 할 경우 법인의 조세부담관계가 불명확하게 될 뿐만 아니라 세율이 높은 임시이득세 등을 포함한 법인과세 전체의 세액이 법인소득의 60~70퍼센트에 달할 경우에는 세부담 때문에 이익의 파동이 커지게 되어 조세부담의 공평을 기대할 수 없게 되는 문제점이 있었다. 예를 들면 법인 제1기 영업성과가 매우 좋았다면 제2기에는 제1기분의 조세부담이 급격하게 증가하므로 제2기 소득이 급감한다. 따라서 제3기에는 조세부담이 급격하게 감소하게 된다. 그 결과 제3기 소득이 급증하므로 제4기에는 조세부담이 급증하게 된다. 결국 법인소득에 대한 과세를 손금산입하면 과세소득과 조세수입이 가동적으로 된다. 이는 과세당국의 입장에서도 기업의 입장에서도 바람직하지 않다.[159] 따라서 1940년 일본법인세법 제정시에 법인세를 손금불산입하는 것으로 개정하였다.[160]

---

159) 특히 당시에는 전시 재정수요로 인하여 법인소득과세가 법인소득의 절반 이상을 차지하게 되었으므로 그 영향이 현저했다고 한다. 이상, 雪岡重喜(주156), 75~76면.

160) 「… 다음으로 법인소득의 계산상 현행에 비해 2가지 점을 개정하기로 하였습니다. 첫 번째는 세금의 공제에 관해서입니다. 아시다시피 현행 제1종소득세에 대해서는 소득의 계산상 소득세, 임시이득세 등을 손금(損金)으로 하는 것으로 되어 있으나, 이와 같은 계산방법에 따르면 법인의 부담관계가 지극히 공정하지 않을 뿐 아니라 상당히 높아진 세율하에서는 세부담 때문에 이익의 현저한 파동이 발생하는 경우가 생기므로 이번에 법인조세부담의 적정과 명확함을 기하기 위해 소득의 계산상 법인세는 이것을 손금으로서 공제하지 않는 것으로 개정하였습니다. 단, 임시이익세는 그 성질에 비추어 우선 이것을 납부한 뒤 법인세를 부과하는 것으로 정해졌으므로 각 사업연도의 이익에서 그 이익에 대해 부과되는 임시이익세액을 공제한 잔액을 과세소득으로 하여 이것에 법인세를 부과하는 것으로 하였습니다. …」 1940년(쇼와 15년) 2월 9일 제75회 제국의회 중의원 의사속기록 제9호 소득세개정법률안 외 30건 제1회독회, 154면, 대장대신 사쿠라우치유키오(桜内幸雄)의 진술부분. 사쿠라우치유키오는 1940년(쇼와 15년) 3월 10일 제75회 제국의회 귀족원 의사속기록 제22호 소득세법개정법률안특별위원회 의사속기록, 286면에서도

나. 이월결손금 공제

1940년의 일본법인세법 제정시에는 법인소득을 사업연도 단위로 총익금에서 총손금을 빼서 구하는 원칙에 대한 예외를 두어 사업연도 개시 전 3년 이내에 발생한 이월결손금은 그 후의 사업연도에 발생한 익금에서 공제할 수 있도록 하였다. 그 이유로는 사업의 성질, 업종의 차이에 따라 시기적으로 수익의 기복이 심한 회사와 그렇지 않은 회사 간에 부담의 불균형을 시정할 필요가 있다는 점을 들고 있다. 즉 전자의 경우 후자보다 높은 조세부담을 지게 되는 경우가 많다는 것이다. 전시상황으로 인한 증세는 위와 같은 조세부담의 불균형을 더 심화시킬 것으로 예상되었으므로 이를 피하기 위해서 이월손금의 통산을 허용하기로 한 것이다. 그러나 동시에 이월결손금을 무제한으로 인정하면 개인기업, 자본감소·추가출자 등의 방법으로 이월결손금을 전보한 회사와의 균형이라는 관점에서 타당하지 않다. 따라서 일본 정부안은 당초 이전 1년 이내, 2개년 통산을 규정하고 있었지만 의회 심의과정에서 의도하는 목적을 달성하기 위해서 이전 1년 이내는 너무 짧다는 의견이 유력하게 되어 이전 3년 이내, 4개년 통산으로 수정되었다.161)

5. 제정 일본법인세법의 의미와 평가

1940년 일본법인세법의 제정과 관련하여 일본 의회의 회의록을 검토하여 보면 여전히 외국의 입법례에 대하여 비교법적인 기초조사가 이루어졌음을 알

같은 취지로 설명하고 있다.

161) 雪岡重喜(주156), 76~77면; 「… 법인소득계산방법에 관한 개정의 두 번째는 결손금의 이월공제를 인정한 것입니다. 즉, 현행 세법에서는 법인의 소득을 각 사업연도마다 버림계산하는 것으로 되어 있으나, 법인기업의 실정에 충분히 따르기 어려운 경우도 있으므로 이번에 위의 원칙에 어느 정도의 예외를 두어 이전 1년 내에 생긴 결손금은 현 사업연도의 이익과 통산하여 소득을 계산하는 것으로 하였습니다. 또한 법인이 받는 배당이자소득에 대해서는 그 성질과 징세기술 등에 비추어 개인과 마찬가지로 원천에 대해 분류소득세를 부과하는 것으로 되어 있으나, 부담의 중복을 피하기 위해 그 세액은 이것을 법인세액에서 공제하는 것으로 하고 있습니다. 법인세는 이상의 것 외에 대체로 현행의 제1종소득세 및 법인자본세의 예에 따르는 것으로 하고 있습니다. …」 1940년(쇼와 15년) 2월 9일 제75회 제국의회 중의원 의사속기록 제9호 소득세개정법률안 외 30건 제1회독회, 154면. 대장대신 사쿠라우치유키오(桜内幸雄)의 진술부분. 사쿠라우치유키오는 1940년(쇼와 15년) 3월 10일 제75회 제국의회 귀족원 의사속기록 제22호 소득세법개정법률안 특별위원회 의사속기록, 286~287면에서도 같은 취지로 설명하고 있다.

수 있다. 즉, 적어도 당시의 독일, 영국, 미국, 이탈리아의 법인세제에 대해서는 일본 정부가 상당한 수준의 지식을 갖고 있었다는 점을 확인할 수 있다.

정부위원 오오야한지로우(大矢半次郎)는 '세계 각국의 사례'를 볼 때 대체로 개인소득에 대해서는 초과누진세율을 적용하지만 법인소득에 대해서는 초과누진세율을 적용하지 않는다고 전제하고, 명칭이 무엇이든 간에 법인에 대한 소득과세와 개인에 대한 소득과세는 본질적인 차이가 있으므로 법인세를 소득세로부터 독립시키는 것이 타당하다고 설명하고 있다.[162)]

그는 영국의 법인세제와 관련해서도, "영국에서는 법인이나 개인이나 동일한 과세방식을 적용하고 있으나, 영국에서는 결국 법인에 대해 과세하는 것은 법인의 독립성을 인정하지 않고 개인이 납입해야 할 것을 원천으로 과세한다"고 진술하고 있다. 이로 미루어 일본 정부가 영국 법인세제의 본질에 관해 정확하게 이해하고 있으며 의식적으로 영국의 법인세제를 배제하였다는 사실을 확인할 수 있다.[163)]

오오야한지로우는 법인에 대해서도 분류소득세를 과세할 수는 있다고 하면서 영국, 프랑스 등에서는 법인소득에 대해서 분류소득세를 과세하고 있다고 진술하고 있다. 그러나 그는 일본의 경우에 법인에 대해서 분류소득세를 과세하면 오히려 법인의 조세부담이 가벼워질 것이고, 개인은 소득의 종류에 따라

---

162) 1940년(쇼와 15년) 3월 19일 제75회 제국의회 귀족원 소득세법개정법률안특별위원회 의사속기록 제2호, 3면, 정부위원 오오야한지로우(大矢半次郎)의 진술부분. 아울러 그는 다음과 같이 법인의 초과소득과세와 개인의 종합소득과세가 동일한 것이 아니라는 점을 의원들에게 설명하고 있다. 그 진술을 보면 일본 정부의 법인세제에 대한 이해의 폭이 깊다는 점을 확인할 수 있다. 「… 초과소득에 대한 세는 개인의 종합소득세에 상응하는 것이라는 이야기인데, 저희들은 그렇게 생각하지 않습니다. 아무래도 개인의 소득세에 대해서는 한계효용설이 대체로 기본이 될지도 모르지만 소득이 많아질수록 탄력이 많으므로 초과누진세율로 과세합니다. 이것이 개인의 소득세의 본질이지만 법인에 대해 초과소득에 대한 세를 과세하는 것은 자본에 대해 일정 이율 이상의 이익을 올리는 경우 거기에 특별한 부담여력이 있는 것이라 보고 과세하고 있습니다. 따라서 소득의 대소에는 따르지 않고, 자본에 대한 이율을 보고 과세하는 것이므로 개인의 경우의 초과누진세율과는 다소 차이가 있지 않습니까? 다시 말하지만 개인소득에 대한 과세와 법인소득에 대한 과세는 전혀 다르게 보아야 합니다. 과세표준의 계산방법, 세율방식도 전혀 별개의 것이며, 이것을 양자를 비교해서 무겁다거나 가볍다거나 말할 수는 없다고 생각합니다. …」 위 의사속기록, 13면, 정부위원 오오야한지로우(大矢半次郎)의 진술부분.

163) 1940년(쇼와 15년) 3월 19일 제75회 제국의회 귀족원 소득세법개정법률안특별위원회 의사속기록 제2호, 13~14면, 정부위원 오오야한지로우(大矢半次郎)의 진술부분.

담세력에 차이가 있으므로 분류소득세에서 세율에 차이를 두어 과세하지만 법인은 그 사업을 영위하는 과정에서 발생하는 이익과 손실이 전부이므로 이들을 포괄하여 이익의 대소에 따라 과세하면 충분하며 소득의 종류에 따라 세율에 차이를 두어 과세할 필요는 없다고 설명하고 있다.[164)]

한편 오오야한지로우가 이탈리아의 법인세제에 관하여 언급하고 있는 부은 "이탈리아 등에서는 일본처럼 국가 총동원법에 따른 배당제한을 하지 않는다"라고 진술하는 부분이다.[165)]

중의원 의원인 오야마쿠라노스케(小山倉之助)도 일본 정부에 대하여 법인에 대한 중복과세 문제를 거론하면서 미국은 자회사로부터 수취한 배당에 대하여 85퍼센트를 손금산입하고, 독일은 자본금의 25퍼센트 이상을 투자한 회사로부터 수취한 배당에 대하여 과세하지 않는다는 점을 지적하고 있다.[166)] 또한 그는 법인 초과소득과세는 미국 세제에서 볼 수 있는 것이라고 진술하거나 영미 세제에서는 임원의 보수·상여를 경비로 본다고 진술하고 있는 것을 보아 영미 세제에 관하여도 상당한 지식을 갖추고 있었다는 점을 알 수 있다.[167)]

그러나 전체적으로 종합하면 역시 이전 시기와 마찬가지로 독일법인세제의 영향이 비교적 두드러진다고 할 수 있다. 무엇보다도 그 당시 주요 국가 중에서 법인세를 소득세로부터 독립시킨 입법례는 독일이 유일했기 때문이었다.

Ⅶ. 1947년 일본법인세법 개정[168)]

1. 개정의 배경

제2차 세계대전 종전 후 최초의 법인세법 개정은 1946년(쇼와 21년)에 이루어졌다. 이 개정으로 기존의 임시이득세가 폐지되고 법인세로 통합되었다. 그

164) 위 의사속기록, 13면, 정부위원 오오야한지로우(大矢半次郎)의 진술부분.

165) 1940년(쇼와 15년) 3월 20일 제75회 제국의회 귀족원 소득세법개정법률안특별위원회 의사속기록 제3호, 21~22면, 정부위원 오오야한지로우(大矢半次郎)의 진술부분.

166) 1940년(쇼와 15년) 2월 9일 제75회 제국의회 중의원 의사속기록 제9호 소득세개정법률안 외 30건, 157면.

167) 위 소득세개정법률안 외 30건, 157면.

168) 1947년(쇼와 22년) 3월 31일 법률 제28호.

결과 법인세는 각 사업연도의 보통소득, 초과소득, 자본, 청산소득으로 과세되게 되게 되었다. 제2차 세계대전의 특수상황으로 인하여 신설되었던 종전의 규정들이 정리된 것 이외에는 각 사업연도 보통소득의 계산에 관한 규정은 기본적으로 변화가 없었다. 다만 주식발행액면초과금은 그 50퍼센트를 익금불산입하게 하고 기부금의 손금산입한도액을 계산하는 경우 그 비율을 일정한 비율로 통일하게 하였다.[169]

그 후 1947년 3월 31일 법률 제28호로 전면개정된 일본법인세법은 이른바 슈프 세제 직전의 법인세제이다. 특히, 1947년부터 법인세에 대하여 신고납세제도가 채택됨에 따라 신고 및 납부 규정에 관하여 전면적인 개정을 할 필요가 생겼기 때문이었다. 제정 법인세법은 카타카나로 되어 있었고, 표현이 간결한 만큼 이해하기 어렵다는 비판이 있었다. 또한 하나의 조문에 너무 많은 내용을 담고 있는 경우도 많았다. 1947년 일본법인세법은 이러한 점을 개선·반영하기 위한 입법이었다.[170]

2. 법률의 내용

제1장 총칙

제1조 다음에 열거한 법인은 법률에 따라 법인세를 납부할 의무가 있다.

1. 이 법률의 시행지에 본점 또는 주된 사무소를 둔 법인
2. 이 법률의 시행지에 본점 또는 주된 사무소를 두지 않은 법인으로 이 법률의 시행지에 자산 또는 사업을 두고 있는 것

제2조 본법 시행지에 본점 또는 주된 사무소를 둔 법인의 경우 그 소득 및 자본의 전부에 대하여 법인세를 부과하고 본법 시행지에 본점 또는 주된 사무소를 두지 않은 법인에 대하여는 본법 시행지에 있어서의 자산 또는 영업의 소득 및 이에 관한 자본에 대하여만 법인세를 부과한다.

제3조 법인이 합병한 경우에 있어서는 합병 후 존속하는 법인 또는 합병으로 인하여 설립된 법인은 합병으로 인하여 소멸한 법인의 소득 및 자

---

169) 忠佐市, "プレ税務会計史(未定稿)(2)", 「商学集志」 45巻 1号, 1975, 12면.

170) 吉国二郎, 「戦後法人税制史」, 税務研究会, 1996, 28면.

본에 대하여 법인세를 납부할 의무가 있다.

제4조 법인세는 도도부현(都道府縣), 시정촌(市町村) 그 밖의 다른 명령으로 정하는 공동단체 및 민법 제34조의 규정에 의하여 설립된 법인에는 이를 부과하지 않는다.

제5조 제9조의 규정에 의하여 계산한 각 사업연도(청산 중의 사업연도를 제외한다. 이하 같다)의 보통소득금액(제6조의 규정에 따라 법인세를 면제하는 경우에 있어서의 해당 업무로부터 발생한 소득금액을 포함한다. 이하 본조에 있어서 같다)이 없는 법인의 해당 사업연도의 자본에 대한 법인세는 이를 면제한다. 제17조 및 제41조의 규정에 따라 산출된 각 사업연도의 자본에 대한 법인세액이 그 사업연도의 보통소득금액으로부터 그 사업연도의 보통소득 및 초과소득에 대한 법인세액을 공제한 잔액을 초과하는 때에는 그 초과액에 상당하는 각 사업연도의 자본에 대한 법인세에 대하여도 동일하다.

제6조 ① 명령으로 지정한 중요산물의 제조, 채굴 또는 채취를 하는 법인에는 명령으로 정한 바에 따라 제조, 채굴 또는 채취의 사업을 개시한 사업연도 및 그 다음 사업연도 개시일로부터 3년 이내에 끝나는 사업연도에 있어서 그 업무에서 발생한 각 사업연도의 보통소득에 대한 법인세를 면제한다.

② 전항의 중요산물의 제조, 채굴 또는 채취를 한 법인이 그 설비를 증설한 경우에는 명령으로 정하는 바에 따라 해당 사업연도 및 그 다음 사업연도 개시일로부터 3년 이내에 종료하는 사업연도에 있어서 그 증설한 설비에 의하여 산물의 제조, 채굴 또는 채취의 업무에서 발생한 각 사업연도의 보통소득에 대한 법인세를 면제한다.

제7조 ① 이 법률에 있어서는 사업연도는 법령 또는 정관에서 정한 사업연도를 말한다.

② 법인이 사업연도의 중간에 해산 또는 합병으로 인하여 소멸한 경우에 있어서는 그 법률의 적용에 관하여는 그 사업연도 개시일로부터 해산 또는 합병일까지의 기간을 1 사업연도로 본다.

제2장 과세표준

제8조 법인세는 다음에 열거한 소득 및 자본에 대하여 이를 부과한다.

1. 각 사업연도의 보통소득
2. 각 사업연도의 초과소득
3. 청산소득
4. 각 사업연도의 자본

제9조 ① 본법 시행지에 본점 또는 주된 사무소를 둔 법인은 각 사업연도의 보통소득은 각 사업연도의 총익금에서 총손금을 공제한 금액에 의한다.

② 법인이 각 사업연도에 있어서 납부 또는 납부하여야 할 법인세 또는 벌금 또는 과료(통고처분에 의한 벌금 또는 과료에 상당하는 금액을 포함한다)는 전항의 보통금액 계산상 이를 손금에 산입하지 않는다.

③ 법인이 각 사업연도에 있어서 지출한 기부금 중 명령이 정하는 바에 따라 계산한 금액을 초과하는 부분의 금액은 제1항의 보통소득 계산상 이를 손금에 산입하지 않는다. 다만, 명령으로 정한 기부금에 대하여는 명령이 정하는 바에 따라 이를 손금에 산입한다.

④ 각 사업연도 개시일 전 3년 이내에 개시된 사업연도에 있어서 발생한 손금으로서 명령으로 정한 것은 제1항의 소득의 계산에 이를 손금에 산입한다.

제5조 ① 소득세법 제6조 및 제7조의 규정은 법인세의 부과에 이를 준용한다.

② 신탁회사의 각 사업연도의 소득의 계산에 대하여는 합동운용신탁으로 인한 수입 및 지출은 그 총익금 및 총손금에서 이를 각 공제한다.

제6조 ① 법인이 해산된 경우에 있어서 그 잔여재산의 가액이 해산 당시의 출자주식 금액 또는 출자금액 및 적립금액의 합계액을 초과하는 경우에는 그 초과금액으로서 법인의 청산소득으로 한다.

② 법인합병을 위한 경우에 있어서 합병으로 인하여 소멸한 법인의 주주 또는 사원이 합병 후 존속하는 법인 또는 합병으로 인하여 설립된

법인으로부터 합병을 원인으로 취득한 주식의 출자를 마친 금액 또는 출자금액 및 금전의 총액이 합병으로 인한 소멸한 법인의 합병 당시의 출자주식 금액 또는 출자금액 및 적립금액의 합계금액을 초과하는 경우에는 그 초과금액은 이를 합병으로 인하여 소멸하는 법인의 청산소득으로 간주한다.

제7조 ① 본법 시행지에 본점 또는 주사무소를 둔 법인의 각 사업연도의 자본은 각 사업연도의 각 월말에 있어서의 출자주식금액, 출자금액, 기금 또는 갹출금에서 각 월말에 있어서의 이월결손금을 공제한 금액의 월할평균액에 당해 사업연도의 월수를 곱한 것을 12로 나누어 계산한 금액에 의한다.

② 본법 시행지에 본점 또는 주사무소를 두지 않은 법인의 각 사업연도의 자본은 본법 시행지에 있어서의 자산 또는 영업에 대한 전항의 규정에 준하는 명령의 정한 바에 따라 계산한 금액에 의한다.

제8조 법인이 사업연도 중에 해산 또는 합병으로 인하여 소멸하는 경우에 있어서는 그 사업연도의 처음부터 해산 또는 합병에 이르는 기간을 1사업연도로 간주한다.

제9조 ① 이 법률의 시행지에 본점 또는 주된 사무소를 두고 있는 법인의 각 사업연도의 보통소득은 각 사업연도의 총익금에서 총손금을 공제한 금액으로 한다.

② 법인이 각 사업연도에 있어서 납부 또는 납부하여야 하는 법인세 또는 벌금 또는 과료(통고처분에 의한 벌금 또는 과료에 상당하는 금액을 포함한다)는 전항의 보통소득 계산상 이를 손금에 산입하지 않는다.

③ 법인이 각 사업연도에 있어서 행한 기부금 중 명령에서 정한 바에 따라 계산된 금액을 초과하는 부분의 금액은 제1항의 보통소득의 계산상 이를 손금에 산입하지 않는다. 다만, 명령으로 정한 기부금에 대하여는 명령의 정한 바에 따라 이를 손금에 산입한다.

④ 전 3항의 규정에 의한 것 이외에 제1항의 보통소득의 계산에 관하여 필요한 사항은 명령으로 이를 정한다.

제10조 ① 법인이 각 사업연도에 있어서 소득세법 제18조의 규정에 따라 납부한 소득세액은 명령으로 정한 바에 따라 법인의 각 사업연도의 보통소득 및 초과소득에 대한 법인세액에서 이를 공제한다.

② 전항의 경우에 있어서 공제하여야 하는 소득세법 제18조의 규정에 따라 납부한 소득세액은 법인의 각 사업연도의 보통소득의 계산상 이를 손금에 산입하지 않는다.

③ 전 2항의 규정은 청산소득에 대한 법인세에 대하여 이를 준용한다.

제11조 이 법률의 시행지에 본점 또는 주된 사무소를 두지 않은 법인으로 이 법률의 시행지에 자산 또는 사업을 보유하고 있는 것의 보통소득은 이 법률의 시행지에 있는 자산 또는 사업에 대하여 제9조의 규정에 준하여 계산한 금액으로 한다.

제12조 ① 소득세법 제4조 및 제7조의 규정은 법인세를 부과하는 경우에 대하여 이를 준용한다.

② 예탁회사의 각 사업연도의 보통소득의 계산에 대하여는 합동운용신탁으로 인한 수입 및 지출은 그 총익금 및 총손금에서 각 이를 공제한다.

제13조 ① 법인의 각 사업연도의 초과소득은 각 사업연도의 보통소득이 각 사업연도의 자본의 금액에 대하여 100분의 10을 곱하여 산출한 금액을 초과하는 경우에 그 초과액에 의한다.

② 전항의 초과소득의 계산의 기초로 되는 각 사업연도의 보통소득은 제9조 제3항 단서의 규정을 적용하지 않고 계산한 금액에 의한다.

제14조 ① 법인의 청산소득은 아래의 금액에 의한다.

1. 법인이 해산한 경우에 그 잔여재산의 가액이 해산 당시의 출자주식금액 또는 출자금액을 초과하는 경우의 그 초과액
2. 법인이 합병한 경우에 합병 후 존속하는 법인 또는 합병으로 인하여 설립된 법인이 합병으로 소멸한 법인의 주주 또는 사원에 대하여 교부하는 주식의 납입금액 또는 출자금액 및 금전의 총액이 합병으로 인하여 소멸한 법인의 합병 당시의 출자주식금액 또는 출자금액을 초과하는 경우 그 초과액

② 법인이 해산한 경우에 있어서 청산 중에 지출한 기부금으로 명령으로 정한 것의 가액은 이를 잔여재산의 가액에서 공제한다.

③ 제9조 제5항의 규정은 제1항의 청산소득의 계산에 이를 준용한다.

제15조 ① 이 법률의 시행지에 본점 또는 주된 사무소를 둔 법인의 각 사업연도의 자본은 각 사업연도의 각 월말에 있어서의 출자주식금액, 출자금액, 기금 또는 갹출금의 월할평균액 및 각 사업연도 개시시의 적립금액의 합계금액에 해당 사업연도의 월수를 곱한 것을 12분하여 계산한 금액에 의한다.

② 종교법인 또는 법인에 있어서의 노동조합의 각 사업연도의 자본은 수익을 목적으로 하는 자산 또는 사업에 대하여 전항의 규정에 준하여 명령으로 정하는 바에 따라 계산한 금액에 의한다.

③ 이 법률의 시행지에 본점 또는 주된 사무소를 두지 않은 법인으로 이 법률의 시행지에 자산 또는 사업을 둔 것의 각 사업연도의 자본은 이 법률의 시행지에 있는 자산 또는 사업에 대하여 제1항의 규정을 준용하여 명령으로 정한 바에 의하여 계산한 금액에 의한다.

④ 법인이 합병한 경우에 있어서의 각 사업연도의 자본의 계산에 관하여는 전 3항의 규정에 관계없이 명령으로 달리 규정할 수 있다.

제16조 ① 이 법률에 있어서 적립금액은 적립금 기타 법인의 각 사업연도의 보통소득 중 그 유보된 금액을 말한다.

② 법인세로서 납부되어야 하는 금액은 전항의 유보된 금액에 산입하지 않는다.

제3장 세율

제17조 법인세는 아래의 세율에 의하여 이를 부과한다.

1. 각 사업연도의 보통소득

이 법률의 시행지에 본점 또는 주된 사무소를 둔 법인

소득금액의 100분의 35

이 법률의 시행지에 본점 또는 주된 사무소를 두지 않은 법인으로

그 법률의 시행지에 자산 또는 사업을 보유한 것

소득금액의 100분의 45

2. 각 사업연도의 초과소득

각 사업연도의 초과소득금액을 아래의 각급으로 구분하고 순차로 각 세율을 적용한다.

각 사업연도의 보통소득 중 해당 사업연도의 자본의 금액에 대하여 100분의 10을 곱하여 산출된 금액을 초과하는 금액 100분의 10

마찬가지로 100분의 20을 곱하여 산출된 금액을 초과하는 금액

100분의 20

마찬가지로 100분의 30을 곱하여 산출된 금액을 초과하는 금액

100분의 30

각 사업연도의 자본의 금액이 연 10엔 이하인 법인에 한하여 본호에 규정하는 세율 100분의 10은 이를 100분의 5로 하고 마찬가지로 100분의 20은 이를 100분의 15로 하고 마찬가지로 100분의 30은 이를 100분의 25로 한다.

3. 청산소득

청산소득금액은 다음과 같이 구분하고 각 세율을 적용한다.

적립금 또는 법률 또는 기타 법령에 의하여 법인세가 부과되지 않은 소득으로 이루어진 금액 100분의 20

기타의 금액 100분의 45

4. 각 사업연도의 자본 자본금액의 1,000분의 5

제4장 신고

제18조 ① 납세의무가 있는 법인은 제21조의 규정에 해당하는 경우를 제외하고 각 사업연도 종료일부터 2개월 이내에 그 확정된 결산에 기하여 해당 사업연도의 보통소득금액, 초과소득금액 및 자본금액을 기재한 신고서를 정부에 제출하지 않으면 안 된다.

② 전항의 규정에 의한 신고서에는 명령에서 정하는 바에 따라 재산목

록, 대차대조표, 손익계산서, 제6조, 제9조, 제11조부터 제13조 및 제15조의 규정에 따라 계산한 각 사업연도의 보통소득금액, 초과소득금액 및 자본금액의 계산에 관한 명세서 및 해당 소득 및 자본에 대한 법인세의 세액의 계산에 관한 명세서를 첨부하여야 한다.

③ 이 법률의 시행지에 본점 또는 주된 사무소를 두지 않은 법인으로 그 법률의 시행지에 자산 또는 사업을 보유하고 있는 것은 전항의 서류 외, 이 법률의 시행지에 있어서의 자산 또는 사업에 관한 손익을 계산한 각 사업연도의 보통소득금액 및 초과소득금액의 산출에 관한 명세서와 함께 이 법률의 시행지에 있어서의 자산 또는 사업에 대하여 자본금액의 계산에 관한 명세서를 첨부하여야 한다.

④ 종교법인 또는 법인인 노동조합은 전 2항의 규정을 준용하고 수익을 목적으로 하는 자산 또는 사업의 각 사업연도의 보통소득금액 및 초과소득금액의 계산에 관한 명세서와 함께 해당 자산 또는 사업에 대하여 자본금액의 계산에 관한 명세서를 첨부하여야 한다.

⑤ 제1항부터 전항까지의 규정은 법인에 법인세를 부과하여야 하는 각 사업연도의 보통소득, 초과소득 또는 자본이 없는 경우에 대하여 이를 준용한다.

제19조 ① 납세의무가 있는 법인이 전조 제1항의 경우에 있어서 동항의 신고기한까지 결산이 확정되지 않은 경우에는 동항의 규정에 의한 신고서의 제출에 갈음하여 동항의 신고기간까지 해당 사업연도의 보통소득금액, 초과소득금액 및 자본금액을 개산(概算)하고 그 개산에 의한 해당 사업연도의 보통소득금액, 초과소득금액 및 자본금액을 기재한 신고서를 정부에 제출하여야 한다.

② 전항의 신고서에는 명령의 정한 바에 따라 그 개산(概算)에 의한 해당 사업연도의 보통소득금액, 초과소득금액 및 자본금액의 계산에 관한 명세서, 법인세의 세액의 계산에 관한 명세서 기타 필요한 서류를 첨부하여야 한다.

③ 전조 제5항의 규정은 제1항의 신고서의 제출에 있어서 이를 준용한다.

제20조 ① 전조 제1항의 규정에 의하여 개산(槪算)신고서를 제출한 법인은 해당 사업연도의 결산이 확정된 경우에는 결산확정일부터 20일 이내에 그 확정된 결산에 기하여 해당 사업연도의 보통소득금액, 초과소득금액 및 자본금액을 기재한 신고서를 정부에 제출하여야 한다.

② 제18조 제2항부터 제5항까지의 규정은 전항의 신고서의 제출에 있어서 이를 준용한다.

제21조 ① 납세의무가 있는 법인에 대하여 법령 또는 정관에 정한 사업연도(이하 법정사업연도라고 한다)가 6개월을 초과하는 경우에 있어서는 이 법률의 적용에 대하여는 법정사업연도 개시일부터 6개월간을 1사업연도로 본다. 이 경우에 있어서는 해당 법인은 해당 사업연도의 보통소득금액, 초과소득금액 및 자본금액을 계산하고 해당 기간의 종요일부터 2개월 이내에 해당 사업연도의 보통소득금액, 초과소득금액 및 자본금액을 기재한 신고서를 정부에 제출하여야 한다.

② 제19조 제2항 및 제3항의 규정은 전항의 신고서의 제출에 대하여 이를 준용한다.

③ 전 2항의 규정은 종교법인 및 법인인 노동조합에 대하여 이를 적용하지 않는다.

제22조 ① 납세의무가 있는 법인은, 전조 제1항의 규정에 해당하는 경우에 있어서는 법정사업연도 종료일부터 2개월 이내에, 그 확정된 결산에 기하여 해당 법정사업연도(전조 제1항의 규정에 의하여 1사업연도로 보는 기간을 포함한다)의 보통소득금액, 초과소득금액 및 자본금액을 기재한 신고서를 정부에 제출하여야 한다.

② 제18조 제2항, 제3항 및 제5항의 규정은 전항의 신고서의 제출에 대하여 이를 준용한다.

③ 제19조 및 제20조의 규정은 제1항에 규정하는 신고기간까지 해당 법정사업연도의 결산이 확정되지 않은 경우에 대하여 이를 준용한다.

제23조 ① 해산된 법인은 잔여재산 중 출자주식금액 또는 출자금액을 초과하는 부분을 분배하고자 하는 경우에는 명령의 정한 바에 따라 명령

으로 정한 기간까지 청산소득금액을 기재한 신고서를 정부에 제출하여야 한다.

② 전항의 신고서에는 명령의 정한 바에 따라 해산시에 있어서의 재산목록 및 대차대조표, 잔여재산분배시에 있어서의 재산목록 및 대차대조표 기타 청산에 관한 계산서 및 해당 청산소득에 대한 법인세의 세액계산에 관한 명세서를 첨부하여야 한다.

제24조 ① 합병 후 존속하는 법인 또는 합병으로 인하여 설립된 법인은 합병일부터 2개월 이내에 합병으로 인하여 소멸한 법인의 청산소득금액을 기재한 신고서를 정부에 제출하지 않으면 안 된다.

② 전항의 신고서에는 합병으로 인하여 소멸된 법인의 합병시에 있어서의 대차대조표 기타 합병에 관한 서류 및 합병으로 인하여 승계한 자산의 명세서를 첨부하여야 한다.

제25조 ① 제18조부터 전조의 규정에 의하여 정부에 신고서를 제출한 법인 또는 제18조부터 전조의 신고기한 후에 신고서를 제출한 법인은 신고서에 기재한 각 사업연도의 보통소득금액, 초과소득금액 또는 자본금액 또는 청산소득에 대하여 탈세가 있는 것을 발견한 경우에는 즉시 정부에 신고하여 그 신고서를 수정하여야 한다.

② 전항의 신고서의 수정을 한 경우에 있어서는 수정에 관한 명세서를 정부에 제출하여야 한다.

제5장 납부

제26조 ① 아래의 각호에 열거한 법인세는 명령의 정하는 바에 따라 해당 각호에 정한 기한 내에 이를 납부하여야 한다.

1. 제18조 제1항의 규정에 의한 신고서에 기재된 각 사업연도의 보통소득, 초과소득 및 자본에 대한 법인세에 대하여는 같은 항의 신고기한
2. 제19조 제1항의 규정에 의한 신고서에 기재된 각 사업연도의 보통소득, 초과소득금액 및 자본에 대한 법인세에 대하여는 같은 항의 신고기한
3. 제20조 제1항의 규정에 의한 신고서에 기재된 각 사업연도의 보통소

득, 초과소득금액 및 자본에 대한 법인세(전호의 규정에 의하여 납부하여야 하는 법인세를 제외한다)

4. 제21조 제1항의 규정에 의한 신고서에 기재된 각 사업연도의 보통소득, 초과소득 및 자본에 대한 법인세에 대하여는 같은 항의 신고기한
5. 제22조 제1항의 규정에 의한 신고서에 기재된 각 사업연도의 보통소득, 초과소득 및 자본에 대한 법인세(전호의 규정에 의하여 납부하여야 하는 법인세를 제외한다)에 대하여는 같은 항의 신고기한
6. 제22조 제3항에 대하여 준용하는 제19조 제1항의 규정에 의한 신고서에 기재된 각 사업연도의 보통소득, 초과소득 및 자본에 대한 법인세(제4호의 규정에 의하여 납부하여야 하는 법인세를 제외한다)에 대하여는 같은 항의 신고기한
7. 제22조 제3항에 있어서 준용하는 제20조 제1항의 규정에 의한 신고서에 기재된 각 사업연도의 보통소득, 초과소득 및 자본에 대한 법인세(제4호 및 전호의 규정에 의하여 납부하여야 하는 법인세를 제외한다)에 대하여는 같은 항의 신고기한
8. 제23조 제1항의 규정에 의한 신고서에 기재된 청산소득에 대한 법인세에 대하여는 같은 항의 명령으로 정한 신고기한
9. 제24조 제1항의 규정에 의한 신고서에 기재된 청산소득에 대한 법인세에 대하여는 같은 항의 신고기한

② 제18조부터 제24조의 신고기한 후에 신고서를 제출한 법인의 각 사업연도의 보통소득, 초과소득 또는 자본 또는 청산소득에 대한 법인세 또는 제25조 제1항의 규정에 의한 신고서의 수정으로 인하여 증가한 각 사업연도의 보통소득, 초과소득 또는 자본 또는 청산소득에 대한 법인세에 대하여는 해당 신고서의 제출 또는 수정일에 납부하여야 한다.

제27조 법인이 해산된 경우에 있어서 각 사업연도의 보통소득, 초과소득 또는 자본 또는 청산소득에 대한 법인세를 납부하지 않고 잔여재산을 분배한 경우에는 그 세금에 대하여는 청산인 및 잔여재산의 분배를 받은 자는 연대하여 납세의 의무가 있다. 단, 잔여재산의 분배를 받은 자는 그 받은 이익의 한도에서 그 책임이 있다.

第28조 납세의무가 있는 법인이 제26조 제1항에 규정한 기한 내 또는 같은 조 제2항에 정한 신고서의 제출 또는 수정일에 법인세를 완납하지 않은 경우에는 정부는 국세징수법 제9조의 규정에 의하여 이를 독촉한다.

제6장 과세표준의 경정 및 결정

第29조 ① 제18조 제1항, 제20조 제1항, 제22조 제1항, 제22조 제3항에 있어서 준용하는 제20조 제1항, 제23조 제1항 또는 제24조 제1항의 규정에 의한 신고서가 제출된 경우 또는 이러한 신고서에 대하여 제25조 제1항의 규정에 의한 수정이 있었던 경우 신고 또는 수정에 관한 과세표준(각 사업연도의 보통소득, 초과소득 또는 자본 또는 청산소득을 말한다. 이하 같다)이 정부에 있어서 조사된 과세표준과 다른 경우에는 정부는 그 조사에 의하여 과세표준을 경정한다.

② 제19조 제1항, 제21조 제1항 또는 제22조 제3항에 있어서 준용하는 제19조 제1항의 규정에 의한 신고서가 제출된 경우 또는 이러한 신고서에 대하여 제25조 제1항의 규정에 의한 신고서의 수정이 있었던 경우에 있어서 신고 또는 수정에 관한 과세표준이 정부에 있어서 조사된 과세표준과 다른 경우에는 정부는 그 조사에 의하여 과세표준을 경정할 수 있다.

第30조 정부는 납세의무가 있다고 인정되는 법인이 신고서를 제출하지 않은 경우 또는 법인세를 과세하여야 하는 소득 또는 자본이 없다는 취지의 신고서를 제출한 경우에 있어서는 정부의 조사에 의하여 과세표준을 결정한다.

第31조 정부는 전 2조의 규정에 의한 과세표준의 경정 또는 결정 후, 경정 또는 결정한 과세표준에 대하여 탈루가 있음을 발견한 경우에는 정부의 조사에 의하여 과세표준을 경정한다.

第32조 정부는 전 3조의 규정에 의하여 과세표준을 경정한 경우는 이를 납세의무가 있는 법인에게 통지한다.

第33조 제29조부터 제31조의 규정에 의하여 과세표준을 경정 또는 결정한 경우에 있어서는 전조의 통지를 한 날부터 1개월 후를 납기한으로 하고, 그 추징세액(그 부족세액 또는 결정에 의한 세액을 말한다. 이하 같다)을 징수한다.

제7장 동족회사에 관한 과세의 특례

第34조 ① 정부는 동족회사의 행위 또는 계산으로 법인세를 면하려는 목적이 있는 것으로 인정되는 것이 있는 경우에 있어서는 그 행위 또는 계산에 관계없이 정부의 인정한 바에 의하여 과세표준을 계산할 수 있다.
② 이 법률에 있어서 동족회사라 함은 주주 또는 사원의 1인 및 이를 친족, 사용인, 명령으로 정한 출자관계가 있는 회사 등 특수관계가 있는 자가 가진 주식 또는 출자의 금액의 합계액이 그 회사의 주식 또는 출자금액의 2분의 1 이상에 상당하는 회사를 말한다.

第35조 ① 정부는, 동족회사가 각 사업연도의 보통소득 중 그 10분의 3에 상당하는 금액을 초과한 것을 유보한 경우에 있어서는 그 초과액에 대하여 특별한 율을 곱하여 산출한 금액을 해당 사업연도의 보통소득에 대한 법인세에 가산할 수 있다.
② 전항의 특별한 율은 동족회사의 해당 사업연도의 보통소득금액을 연액으로 환산한 금액 중 10만엔 이하의 금액에 100분의 35, 10만엔을 넘는 금액에 100분의 55, 20만엔을 넘는 금액에 100분의 65, 50만엔을 넘는 금액에 100분의 70, 100만엔을 넘는 금액에 100분의 75를 곱하여 얻은 금액의 합계금액의 보통소득금액에 대한 율로 한다.
③ 전 2항의 각 사업연도의 보통소득 및 보통소득 중 유보된 금액은 그 사업연도의 보통소득, 초과소득 및 자본에 부과된 법인세액(같은 항의 규정에 의하여 가산되는 세액을 포함하지 않는다)을 그 사업연도의 보통소득 및 그 보통소득 중 유보된 금액의 쌍방에서 공제한 금액에 의한다.
④ 제1항의 규정은 그 법률의 시행지에 본점을 두지 않은 회사로 이 법률의 시행지에 자산 또는 사업을 둔 것 기타 명령으로 정한 회사에는 이를 적용하지 않는다.

⑤ 제32조 및 제33조의 규정은 제1항의 규정에 의하여 세액을 가산한 경우에 대하여 이를 준용한다.

제8장 심사, 소원 및 소송

제36조 ① 납세의무가 있는 법인은 제32조의 규정에 의하여 정부가 통지한 과세표준, 전조 제5항에 있어서 준용되는 제32조의 규정에 의하여 정부가 통지한 가산세액 또는 제44조의 규정에 의하여 정부가 통지한 세액에 대하여 이의가 있는 경우에는 통지를 받은 날부터 1개월 이내에 불복의 사유를 갖추어 정부에 심사의 청구를 할 수 있다.

② 전항의 청구가 있었던 경우에 있어서 정부는 세금의 징수를 유예하지 않는다. 단, 정부가 부득이한 사유가 있음을 인정하는 경우에는 세금의 징수를 유예할 수 있다.

제37조 ① 정부는 전조 제1항의 청구가 있었던 경우에는 이를 결정하고 납세의무가 있는 법인에 통지한다.

② 전항의 경우에 있어서 필요한 사항은 정령(政令)으로 정한다.

제38조 ① 전조 제1항의 결정에 대하여 불복이 있는 법인은 소원(所願)을 하거나 또는 재판소에 출소할 수 있다.

② 제29조부터 제301조까지의 규정에 의하여 정부가 한 경정 또는 결정, 제35조 제1항의 규정에 의하여 가산세액 또는 제43조의 규정에 의하여 추징세액에 관한 소원 또는 소송은 심사의 결정을 거친 후가 아니면 이를 할 수 없다.

제9장 잡칙: 생략

제10장 벌칙: 생략

3. 주요 내용의 검토

1947년 일본법인세법의 가장 중요한 특징은 신고납세제도가 도입된 것이라고 할 수 있다. 이에 앞서 1945년(쇼와 20년) 임시조세조치법 개정시에 대법인, 즉 자본금 500만엔 이상의 법인 및 대장대신이 지정한 법인은 결산확정 후

60일 이내에 법인세 기타 국세의 금액을 스스로 산정하고 신고와 동시에 그 세액을 납부하도록 하는 규정이 신설되어 1945년 4월 1일 이후에 종료되는 사업연도분부터 적용되었다. 그러나, 이 제도는 법인이 신고 및 신고세액에 대한 납부의무를 부담하지만 정부가 신고 후에 법인과세소득금액 및 이에 기한 법인세액을 결정하는 구조로 되어 있었다. 따라서 어디까지나 부과과세제도의 틀 안에 있는 제도였다.[171]

1947년 개정에 따라 신고납세제도로 전면적으로 이행하였는데 1947년법은 신고하여야 할 금액은 확정된 결산에 바탕을 두고 계산하여야 하는 취지의 규정을 두고 대차대조표 및 손익계산서를 신고서에 첨부하도록 하였다.

---

171) 해당 법인은 스스로 법인세액을 계산해야 했기 때문에 대장성 주세국은 1945년 9월에 「법인각세의 취급(法人各税の取扱)」이라는 소책자를 배포하였다. 忠佐市(주169), 6면.

제 6 장

일제시대 및 미군정기의 우리 법인세제

CHAPTER 06 일제시대 및 미군정기의 우리 법인세제

Ⅰ. 일제시대의 법인소득과세

1. 개 관

일제는 대한제국 병합 후인 1916년 7월 칙령 제183호에 의하여 그 해 8월 1일부터 일본소득세법 중 법인의 소득세에 관한 규정을 조선에 의용시행하였다.[1] 이에 따른 조세를 '법인소득세'라고 하였는데 ① 조선반도 내에 본점 또는 주된 사무소를 둔 법인의 소득, ② 조선반도 이외의 곳에 본점 또는 주된 사무소를 둔 법인으로서 조선에 자산 또는 영업을 가진 때 그 자산 또는 영업으로부터 생긴 소득에 대하여 과세하도록 하였다. 과세소득은 법인의 각 사업연도 총소득 중에서 비과세소득을 제외한 것으로 하고 이를 초과소득, 유보소득, 배당소득으로 분류하여 세율을 적용하도록 하며 청산소득에 대하여도 과세하였다.[2] 당시 조선에 투자를 한 자본가들은 대부분 일본에 주소를 두고 있었고 출자에 대한 배당금을 개인소득에 합산하여 법인소득세의 세율보다 높은 제3종소득세의 세율을 적용받고 있었으므로 조선에서 법인소득세를 과세하는 대신 일본 본토에서 제3종소득세의 과세를 면제한다면 일본 자본의 조선 유치를 촉진하고 조선총독부의 재정자립에 기여할 수 있다는 의도에 따른 것이었다.[3] 그 후

1) 大藏省, 「明治大正財政史」 第13編 外地財政(上), 財政経済学会, 1939, 359-360면. 다만, 조세불복에 관하여 규정한 같은 법 제36조부터 제39조까지의 규정은 의용되지 않았다.

2) 국세청, 「세정100년약사」, 국세청, 1996, 236면.

3) 大藏省(주1), 359면. 조선총독부는 1916년 8월 7일 조선에서의 사정을 반영하여 법인소득세를 과세하기 위하여 조선총독부령 제65호로 「소득세법 시행규칙」을 제정하였다. 大藏

1920년 일본 본토에서의 소득세법 개정을 계기로 같은 해 7월에 제령(制令) 제16호로 조선소득세령을 제정·공포하면서 식민지 조선에 대하여 본격적인 소득과세를 시작하였다.[4] 다만, 일본 본토의 경우와 달리 법인세법은 해방될 때까지도 단행법령으로 분리하지 않았다.

2. 칙령 제183호[1916년(타이쇼우 5년) 7월 21일]

식민지 조선에 최초로 적용된 소득과세에 관한 법령은 칙령 제183호로서 그 내용은 다음과 같다.

소득세법 중 법인의 소득세에 관한 규정은 이를 조선에 시행한다. 다만, 동법 제36조 내지 제39조의 규정은 그러하지 아니하다.

3. 소득세법시행규칙[1916년(타이쇼우 5년) 8월 7일 부령 제65호]

가. 제정의 경과

일제는 칙령을 공포한 직후, 식민지 조선에서의 사정을 고려하여 소득세법 중 법인의 소득세에 관한 규정을 의용하기 위한 목적에서 1916년 8월 7일 조선총독부령으로 「소득세법 시행규칙」을 공포하였다. 내용을 보면 의용되는 일본 소득세법의 내용을 일부 수정·보완하기 위한 것임을 알 수 있다.

나. 법령의 내용

제1조 ① 납세의무 있는 법인은 매 사업연도 결산확정일로부터 30일 내에 관할 부윤·군수·도사에게 소득세법 제7조의 신고를 하여야 한다.
② 주식회사 또는 주식합자회사는 전항의 신고와 동시에 그 사업연도 말일의 현재 주주 또는 사원의 수를 신고하여야 한다. 다만, 회사가 무기명식의 주권을 발행한 경우는 그 무기명식으로 할 것을 청구한 주주의 수를 부기하여야 한다.

제2조 부윤·군수·도사는 소득세법 제9조에 따라 소득금액을 결정하여 납세의무가 있는 법인에게 이를 통지하여야 한다.

省(주1), 360면.

4) 김옥근, 「일제하 조선재정사논고」, 일조각, 1994, 95면.

제3조 ① 소득세법 제2조에 해당하는 법인은 납세지를 정하고 그 관할 부윤·군수·도사에게 신고하여야 한다.
② 전항의 신고를 하지 않은 경우는 조선총독이 그 납세지를 지정한다.
③ 제1항의 법인납세지를 변경하는 경우에는 그 취지를 신납세지 관할 부윤·군수·도사에게 신고하여야 한다.

제4조 ① 소득세법 제2조에 해당하는 법인납세관리인을 정한 경우에는 그 시명 및 주소 또는 거소를 납세지를 관할하는 부윤·군수·도사에게 신고하여야 하고 납세관리인을 변경하는 경우에도 동일하다.
② 납세관리인은 납세지의 부·군·도에 주소 또는 거소를 가진 자여야 한다.
③ 납세관리인의 성명, 주소 또는 거소를 변경하고자 할 경우에는 납세관리인이 그 취지를 부윤·군수·도사에게 신고하여야 한다.

4. 조선소득세령[1920년(타이쇼우 9년) 7월 31일 제령 제16호][5]

가. 제정의 경과

그 후 일제는 일본소득세법의 의용을 중단하고 1920년 제령(制令)으로 조선소득세령을 제정하여 시행하였다. 그 내용은 일본소득세법의 내용과 매우 유사하다.[6] 이 조선조득세령은 해방 이후에도 우리나라 법인세법이 제정될 때까지 거듭하여 개정되면서 주된 법원(法源)으로 기능하였다.[7]

나. 법령의 내용

제1조 조선에 본점 또는 주된 사무소가 있는 법인은 이 영에 의하여 소득세를 납부할 의무가 있다.

제2조 전조의 규정에 해당하는 법인이 조선에 자산 또는 영업을 행한 때에는 그 자산 또는 영업에서 생기는 소득에 대하여 소득세를 납부할 의

5) 조선소득세령의 번역은 국가법령정보센터 홈페이지를 참고하였다(www.law.go.kr 2011. 1. 19. 최종방문)

6) 藤本修三. "朝鮮租税制度(上)", 「朝鮮」 15巻 10号, 1931, 9면.

7) 심지어 미군정기에도 거의 매년 개정이 있었다.

무가 있다. 다만, 소득세법 시행지, 대만·관동주 또는 화태에 본점 또는 주사무소를 둔 법인에 대하여는 그러하지 아니하다.

제3조 소득세는 다음의 소득에 대하여 이를 부과한다.

1. 법인의 초과소득
2. 법인의 유보소득
3. 법인의 배당소득
4. 법인의 청산소득
5. 전조의 규정에 의하여 납세의무가 있는 법인의 조선에서의 자산 또는 영업에서 생긴 소득

제4조 ① 법인의 소득은 각 사업연도의 총익금에서 총손금을 공제한 금액에 의한다. 다만, 보험회사에 있어서는 각 사업연도의 이익금 또는 잉여금에 의한다.

② 전항의 총익금·이익금 또는 잉여금 중 국채의 이자 또는 저축채권법에 의하여 발행한 저축채권의 이자가 있는 때에는 이에 상당한 금액은 총익금·이익금 또는 잉여금에서 이를 공제한다.

③ 제2조의 규정에 의하여 납세의무가 있는 법인의 소득은 조선에서의 자산 또는 영업에 대하여 전 2항의 규정에 준하여 이를 계산한다.

④ 법인이 사업연도 중에 해산 또는 합병으로 인하여 소멸한 경우에는 그 사업연도 초부터 해산 또는 합병에 이르기까지의 기간을 1 사업연도로 본다.

제5조 법인의 각 사업연도의 소득이 동연도의 자본금액에 대하여 연 100의 10의 비율로 산출한 금액을 초과한 때에는 그 초과금액을 법인의 초과소득으로 한다.

제6조 ① 법인의 각 사업연도의 자본금액은 각 월말의 불입주식금액·출자금액 또는 기금 및 적립금액의 월평균으로 이를 계산한다.

② 전항에 따른 계산의 경우 이월결손금이 있는 때에는 그 각 월말에서의 금액의 월할평균으로 이를 계산하여 자본금액에서 공제한다.

제7조 제2조의 규정에 의하여 납세의무가 있는 법인 또는 소득세를 부과

하여야 할 소득과 기타의 소득이 있는 법인의 각 사업연도의 자본금액은 조선총독이 정하는 바에 의하여 이를 계산한다.

제8조 이 영에서 적립금이라 함은 적립금, 기타 명의를 불문하고 법인의 소득 중에서 유보한 것을 말한다.

제9조 ① 법인의 각 사업연도의 소득 중 적립금으로 한 금액을 법인의 유보소득으로 한다.

② 법인이 적립금을 감소한 때에는 그 감소액을 전보하기에 이르기까지 그 후의 각 사업연도의 유보소득에 대하여 소득세를 부과하지 아니한다.

③ 적립금을 감소한 법인이 합병으로 인하여 소멸한 때에는 합병 후 존속하는 법인 또는 합병으로 인하여 설립되는 법인에 대하여 전항의 규정을 적용한다. 다만, 합병시 합병으로 인하여 소멸되는 법인의 적립금으로 합병 후 존속하는 법인 또는 합병으로 인하여 설립되는 법인의 주식금액 또는 출자금액으로 충당한 것에 대하여는 그러하지 아니하다.

제10조 ① 법인의 각 사업연도의 소득 중 이익의 배당 또는 잉여금의 분배에 충당한 금액을 법인의 배당소득으로 한다.

② 법인이 적립금을 감소시켜 이익의 배당 또는 잉여금의 분배에 충당한 금액은 이를 전항의 배당소득에 가산한다.

제11조 ① 법인이 해산한 경우에 그 잔여재산의 가액이 해산 당시의 불입주식금액·출자금액·적립금 및 최후사업연도의 유보소득의 합계금액을 초과한 때에는 그 초과금액을 법인의 청산소득으로 한다.

② 법인이 합병을 한 경우 합병으로 인하여 소멸되는 법인의 주주·사원이 합병 후 존속하는 법인 혹은 합병으로 인하여 설립되는 법인으로부터 합병으로 인하여 취득하는 주식의 불입제 금액 또는 출자금액 및 금전의 총액이 합병으로 인하여 소멸되는 법인의 합병 당시의 불입주식금액·출자금액·적립금 및 최후사업연도의 유보소득의 합계금액을 초과한 때에는 그 초과금액은 합병으로 인하여 소멸되는 법인의 청산소득으로 본다.

제12조 합병 후 존속하는 법인 또는 합병으로 인하여 설립되는 법인은 합병으로 인하여 소멸되는 법인의 소득에 대하여 소득세를 납부할 의무가 있다.

제13조 다음 각 호의 법인에게는 소득세를 부과하지 아니한다.

1. 조선총독이 지정하는 공공단체
2. 민법 제34조의 규정에 의하여 설립한 법인, 금융조합·금융조합연합회, 어업조합, 수산조합, 중요물산동업조합·중요물산동업조합연합회, 상업회의소 그 밖의 이와 유사한 법인으로서 조선총독이 지정하는 것

제14조 ① 한 곳에서 1년에 5천2백50불돈 이상의 제선능력 또는 제강능력이 있는 설비로 제철사업을 경영하는 법인에게는 조선총독이 정하는 바에 의하여 개업한 해 및 그 이듬해부터 10년간 그 사업에서 생기는 소득에 대하여 소득세를 면제한다.

② 전항의 규정에 의하여 소득세의 면제를 받는 제철사업의 범위는 조선총독이 이를 정한다.

제15조 한 곳에서 1년에 5천2백50불돈 이상의 제선능력 또는 제강능력을 증가하는 설비를 한 때에는 능력증가의 해 및 그 이듬해부터 10년간 그 증가한 능력에 대하여 전조의 규정을 준용한다.

제16조 ① 전2조의 규정에서 5천2백50불돈으로 되어있는 것은 저인선철 제조사업에 대하여는 2천5백불돈으로 한다.

② 전항의 저인선철의 표준성분은 조선총독이 이를 정한다.

제17조 ① 조선총독의 인가를 받은 계획을 기준으로 조선총독이 정하는 기간 내에 제철능력의 설비 또는 그 능력증가의 설비를 완성한 때에는 그 완성의 해를 제14조의 개업한 해 또는 제15조의 능력증가의 해로 본다.

② 전항의 규정에 의한 설비완성 전의 설비에 의하여 사업을 경영하는 경우에도 그 능력에 대하여 소득세를 면제한다. 다만, 전항의 기간 내에 설비를 완성한 때에는 그러하지 아니하다.

제18조 조선총독이 지정하는 중요물산의 제조업을 경영하는 법인에게는

조선총독이 정하는 바에 의하여 개업한 해 및 그 이듬해부터 3년간 그 업무에서 생기는 소득에 대하여 소득세를 면제한다.

제19조 소득세의 면제를 받는 제철사업 또는 중요물산의 제조업을 계속하거나 또는 계속한다고 인정할 만한 사실이 있는 법인은 그 업무에 대하여 소득세의 면제기간이 잔존한 때에 한하여 그 면제기간을 승계한다.

제20조 소득세법 시행지, 대만·관동주 또는 화태에서 소득세를 면제하는 각 당해지의 제조업에서 생기는 소득에 대하여는 조선총독이 정하는 바에 의하여 소득세를 면제한다.

제21조 ① 소득세는 아래의 세율에 의하여 이를 부과한다.

1. 초과소득금액을 아래의 각급으로 구분하여 차례로 각 세율을 적용한다.
   소득금액 중 자본금액에 대하여 연 100분의 10 비율로 산출한 금액을 초과한 금액 100분의 4
   동 100분의 20 비율로 산출한 금액을 초과한 금액 100분의 10
   동 100분의 30 비율로 산출한 금액을 초과한 금액 100분의 10
2. 유보소득금액 100분의 5
3. 배당소득금액 100분의 5
4. 청산소득금액 100분의 7.5
5. 제2조의 규정에 의하여 납세의무가 있는 법인의 자산 또는 영업에서 생긴 소득금액 100분의 7.5

② 법인의 사업연도 말의 적립금 및 그 사업연도의 유보소득의 합계금액이 그 사업연도 말의 불입주식금액·출자금액·기금 및 이를 대신할 수 있는 적립금의 합계금액의 2분의 1에 상당한 금액을 초과한 경우에는 그 초과금액에 속하는 그 사업연도의 유보소득에 대한 세율은 100분의 10으로 하고, 그 사업연도 말의 불입주식금액·출자금액·기금 및 이를 대신할 수 있는 적립금의 합계금액에 상당한 금액을 초과한 때에는 그 초과금액에 속하는 그 사업연도의 유보소득에 대한 세율은 100분의 20으로 한다. 다만 그 사업연도에서의 소득의 20분의 1에 상당하

는 금액 이내의 금액에 대하여는 그 세율을 100분의 5로 한다.

제22조 ① 소득세를 납부할 의무가 있는 법인은 조선총독이 정하는 바에 의하여 재산목록, 대차대조표, 손익계산서, 청산·합병에 관한 계산서 및 제4조 내지 제11조의 규정에 의하여 계산한 소득 및 자본금액의 명세서를 첨부하여 그 소득을 정부에 신고하여야 한다. 다만, 제2조의 규정에 의하여 납세의무가 있는 법인은 조선에서의 자산 또는 영업에 관한 손익을 계산한 소득 및 자본금액의 명세서를 첨부하여야 한다.
② 전항의 규정은 소득세를 부과하여야 할 법인에 대하여 그 소득이 없는 경우에 이를 준용한다.

제23조 소득금액은 전조에 규정한 신고에 의하며, 신고가 없는 때 또는 신고가 불성실하다고 인정한 때에는 정부의 조사에 의하여 정부가 이를 결정한다.

제24조 소득세는 법인의 사업연도마다 이를 징수한다. 다만, 청산소득에 대하여는 청산 또는 합병시에 이를 징수한다.

제25조 법인이 해산한 경우에 청산소득에 대한 소득세를 납부하지 아니하고 잔여재산을 분배한 때에는 그 세금에 대하여 청산인이 연대하여 납세의 의무를 진다.

제26조 소득세를 납부할 의무가 있는 법인이 조선에 본점 또는 주사무소를 가지지 아니한 경우에는 납세지를 정하여 신고하여야 한다. 신고가 없는 때에는 조선총독이 그 납세지를 지정한다.

제27조 소득세를 납부할 의무가 있는 법인이 조선에 본점 또는 주사무소를 가지지 아니한 경우에는 그 소득신고, 납세 및 기타 소득세에 관한 일체의 사항을 처리하도록 하기 위하여 납세관리인을 정하여 신고하여야 한다. 조선 외로 본점 또는 주사무소를 옮기려 하는 때에도 또한 같다.

제28조 세무공무원은 조사 상 필요한 때에는 납세의무자 또는 납세의무가 있다고 인정한 자에게 질문을 하거나 그 소득에 관한 장부 및 물건을 검사할 수 있다.

제29조 사기 및 기타 부정행위에 의하여 소득세를 포탈한 자는 그 포탈한 세금의 3배에 상당하는 벌금 또는 과료에 처한다. 다만, 자수한 자 또는 시장·군수에게 신고한 자는 그 죄를 묻지 아니한다.

제30조 제28조의 규정에 의한 세무공무원의 질문에 대하여 답변을 하지 아니하거나 또는 허위진술 및 장부·물건의 검사를 거부·방해 또는 기피한 자는 100원 이하의 벌금 또는 과료에 처한다.

제31조 조선광업령 제60조에 규정하는 특허광업에서 생기는 소득에 대하여는 그 특허조건에 별도로 정한 것이 있는 경우에 한하여 이 영을 적용하지 아니한다.

5. 제1차 세제정리[8)]

일제는 조선총독부의 경비가 급속하게 팽창하자[9)] 식민지 조선에서 재원을 조달하기 위하여 1923년에 조선총독부 내에 재정조사위원회를 설치하고 세제를 정비하고자 하였으나 위 위원회는 특별한 성과 없이 해체되었다.[10)] 일제는 다시 1926년 6월에 세제를 근본적으로 개혁하기 위하여 세제조사위원회를 설치하였다.[11)] 세제조사위원회의 제1차 실행안 중 일반소득세를 조세체계의 중추로 한다는 내용에 따라 1927년 조선소득세령이 개정되어 유보소득과 배당소득의 구별이 폐지되고 보통소득으로 과세하도록 하였다.[12)]

6. 제2차 세제정리

일제는 만주사변의 확대에 따른 경비의 조달을 위하여 1934년 제2차 세제정리를 실시하였다. 제2차 세제정리는 제1차 세제정리 방침 중 실시하지 못한

8) 이하 1, 2, 3차 세제정리의 시대구분은 국세청(주2), 280면 이하에 따른 것이다.

9) 그 이유는 한민족의 저항을 탄압하기 위한 사법·경찰기구의 강화, 식량약탈을 위한 산미증식계획의 강행, 식민지 지배의 기반을 조성하기 위한 철도·통신 등 사회간접자본의 확충 등 때문이다. 국세청(주2), 280면.

10) 상세는 김옥근(주4), 85면 및 같은 면의 각주 13.

11) 김원주, "한국 조세법제의 발전방향", 「한국조세법학의 어제·오늘·내일」, 문연 김원주 교수 정년기념논문집 간행위원회, 2000, 60면.

12) 국세청(주2), 285면.

사항을 시행하는데 중점을 두었으며 특히 징세액이 가장 클 것을 예상되었던 일반소득세의 창설에 초점이 맞추어졌다.[13] 일반소득세가 창설되어 소득세는 제1종소득세, 제2종소득세, 제3종소득세로 구성되게 되었다. 그 중 법인의 소득에 대하여 과세하는 것이 제1종소득세로서 종래의 법인소득세에 해당하던 것이었다. 제1종소득세의 과세소득은 다시 보통소득, 초과소득, 청산소득으로 구성되어 있었다. 제2종소득세는 법인·개인을 불문하고 공·사채이자, 은행예금이자, 대부신탁이익과 비거주자가 조선내 법인으로부터 받는 이익배당 및 특정소득에 대한 원천세였으므로 역시 법인세에 포함되는 것으로 볼 수 있었다.[14] 일본은 1940년 세제개혁에서 법인소득에 대한 과세를 분리하여 법인세를 신설하는 한편 종래의 소득세를 분류소득세와 종합소득세로 개편하였으나 조선에서는 특수사정을 이유로 기존의 제도를 유지하였고,[15] 이러한 소득세체계는 해방될 때까지 계속 유지되었다.[16]

7. 제3차 세제정리

일제는 1939년 9월 조선총독부 내에 세제조사위원회를 설치한 후 1940년 조세체계 전반을 전시화(戰時化)하여 조세징수를 증대하기 위한 제3차 세제정리를 실시하였다.[17] 이에 따라 법인세에 해당하는 제1종소득세의 세율이 인상되고 초과이득세는 임시이득세[18]와 통합되었다.[19]

---

13) 국세성(주2), 288~289면.

14) 제3종소득세는 개인에 대한 소득세였다.

15) 일본에서의 세제개혁은 조세부담의 균형 및 보편화를 도모하고 세제에 탄력성을 부여하며 세제의 간소화를 도모하기 위한 것이었으므로 조세수입을 감소시킬 개연성이 있었다. 따라서 식민지인 조선에서는 이를 실시하지 않은 것이었다. 정덕주, "일제 강점기 세제의 전개 과정에 관한 연구－식민지배 정착을 위한 세제 변화를 중심으로－", 「세무학연구」 제23권 제4호, 2006, 212면.

16) 이상 국세청(주2), 291~292면.

17) 국세청(주2), 343면.

18) 1935년에 창설된 임시이득세는 만주사변과 금수출재금지조치로 호황을 누린 군수산업과 수출산업에서 발생한 임시이득을 조세로 흡수하기 위한 것으로서 법인에 한하여 해당 사업연도의 이익 중 기왕 사업연도의 평균이익을 초과하는 금액을 과세표준으로 하는 것이므로 법인세의 일종이라고 할 수 있지만 한시세로 도입된 것이므로 본고에서는 검토의 대상에서 제외한다. 상세는 국세성(주2), 290, 294~295면.

19) 이 시기에 금융조합, 산업조합 등의 잉여금에 대하여 과세하는 특별법인세가 신설되었다.

Ⅱ. 미군정기의 법인소득과세

미군정청은 1945년 11월 2일 군정명령(Ordinance) 제21호로 종래의 법령은 미군정청이 특수명령으로 이를 폐지할 때까지 효력을 계속되도록 하였다. 따라서 미군정기에도 일단 일제시대의 법인세제가 효력을 유지하게 된다. 전체적인 조세정책의 관점에서 보면 미군정청은 일부 세목의 폐지와 과세범위의 축소 및 세율의 조정 등 단편적인 세제개혁을 단행하여 일제 말기의 무질서한 조세체계를 부분적으로 정비하면서 일부 세목의 세율을 상향 조정하였다. 이는 세수를 증가시키고 동시에 인플레이션을 억제하기 위한 것이었다.[20] 그러나 군정기간 중의 세제정비는 사회·경제여건의 변동에 대응하는 근본적인 세제개혁은 아니었다.[21] 미군정기의 세제정비 중 법인세제와 관련이 있는 것은 일제가 한시세로 과세하였던 임시이득세와 특별법인세가 기한만료의 자동폐지된 것이다. 미군정청은 1945년 10월 9일 법무국 안에 법전편찬부를 설치하였고, 1946년 10월 12일 군정법령 제118호로 남조선과도입법의원을 설치하였으나 세법의 편찬과 관련된 구체적인 움직임은 나타나지 않는다. 1947년 6월 3일 미군정청이 남조선과도정부로 개편되면서 그 사법부 산하에 법전기초위원회(法典起草委員會)가 구성되었으나 역시 세법의 입법작업은 그 임무범위에서 제외되어 있었다.[22)]

역시 일반적인 법인에 대한 소득과세가 아니므로 본고의 검토대상에서 제외한다. 상세는 국세청(주2), 345면.

20) 송쌍종, “조세실체법의 회고와 전망”, 「한국 법학 50년 – 과거·현재·미래」, 한국법학교수회, 1998, 527면. 구체적인 내용에 관한 상세는 재무부, 「재정금융의 회고」, 재무부, 1958, 55~57면.

21) 국세청(주2), 391면; 이형구/전승훈 편, 「조세·재정정책 50년 증언 및 정책평가」, 한국조세연구원, 2003, 649면.

22) 최종고, “해방후 기본법제의 제정과정”, 「법제연구」 제8호, 1995, 106~108면.

제 7 장

우리 법인세법의 제정과정

CHAPTER

07 우리 법인세법의 제정과정

Ⅰ. 입법준비과정

제헌헌법 제100조는 "현행 법령은 이 헌법에 저촉되지 아니하는 한 효력을 가진다"라고 규정하였으므로 여전히 조선소득세령이 법인소득과세의 법원(法源)으로 적용되었다. 정부수립 후 1달 뒤인 1948년 9월 15일 대통령령 제4호 법전편찬위원회직제에 의하여 법전편찬위원회가 설치됨으로써 법전기초위원회에서 지지부진하게 진행되어 오던 법전편찬 작업이 재개되었다. 세법전은 그 대상에 포함되지 않았다.[1] 세법전의 편찬은 재무부의 주도하에 1948년 10월 3일[2]에 발족한 세제개혁위원회의 주도하에 진행되었기 때문으로 추측된다. 세제개혁위원회는 재무부 산하에 설치되었으며, 9개의 조문으로 구성된 세제개혁위원회 규정을 두고 당시 재무부장관이었던 김도연(金度演)이 위원장, 당시 재무부차관이었던 장희창(張熙昌)이 부위원장을 맡았다.[3] 실제 세제개혁안은 재무부 산하의 사세국(司稅局)에서 기초하였다.[4]

---

1) 최종고, "해방후 기본법제의 제정과정", 「법제연구」 제8호, 1995, 112~114면.

2) 자유신문 1949. 1. 6.

3) 동아일보 1948. 10. 3, 1면 보도. 그 이외의 위원으로 사세국장(司稅局長) 차균찬(車均燦), 징수서장(徵收署長) 이창호(李昌浩), 직세서장(直稅署長) 임명직(林命稷), 간세서장(間稅署長) 정악필(鄭樂弼), 서울사세청장(司稅廳長) 조순구(趙舜九), 조선곡자(朝鮮麯子) 주식회사 김영일(金榮一), 재우회장(財友會長) 장수길(張壽吉), 문명선(文明善), 김용갑(金容甲), 임동운(林東雲), 윤성지(尹星志), 성균관대학교 교수 정래길(丁來吉), 유한양행(柳韓洋行) 이건웅(李健雄), 국회재경위원회 2인, 내무부지방국 1인으로 구성되어 있었다. 이상, 경향신문 1948. 10. 3, 4면.

4) 동아일보 1948. 11. 25, 1면.

Ⅱ. 세제개혁위원회와 세제개혁안

세제개혁위원회는 1948년 10월 28일에 제1회 회의를 개최하고[5] 1948년에는 기존의 세제를 유지하며 새로운 세제는 1949년부터 실시하기로 결정하였다. 제2회 회의부터는 사세국이 기초한 세제개혁안을 바탕으로 논의를 진행하였다. 재무부는 세제개혁안을 준비하면서 일제시대의 세제를 기초로 하여 직접세의 과세부담을 증가시키고 간접세의 과세부담은 경감시키는 방향으로 새로운 세법을 제정하기로 하였다.[6] 세제개혁위원회의 제2회 회의는 1948년 11월 30일 개최되어 주로 소득과세에 관하여 검토를 진행하였다.[7] 세제개혁위원회는 1949년 2월 9일에 다시 회의를 재개하여 같은 달 12일부터 전문분과위원회 회의를 거쳐 세제개혁안을 성안하였고, 정부는 이를 국회에 제출하였다.[8] 한편 세제개혁위원회는 세제개혁안을 성안하면서 수차례의 회의결과를 바탕으로[9] 다음과 같은 세제개혁기본요강을 확정하였다.[10][11]

---

5) 경향일보 1948. 11. 2, 1면. 한편, 동아일보 1948. 10. 30, 1면에 따르면 1948. 10. 29이라고 한다.

6) 정래길, "세제개혁의 제문제①", 동아일보 1949. 1. 16.자 1면. 같은 저자는 재무당국이 1948. 12. 상순경에 그와 같은 방향을 발표하였다고 한다.

7) 동아일보 1948. 12. 1.자 1면.

8) 경향신문 1949. 2. 15.자 1면.

9) 일간지 보도에 의하면 1948. 10. 29에 제1차회의를 시작으로, 같은 해 11. 30, 1949. 2. 14에 회의를 가진 사실이 확인된다(한편, 경향일보 1948. 11. 2, 1면 보도에 따르면 제1차회의는 1948. 10. 28에 개최되었다고 한다). 동아일보 1948. 10. 30, 1면 및 12. 1. 1면; 자유신문 1948. 12. 2, 2면 및 1949. 2. 15, 1면 각 보도 내용. 제1차회의시에는 1948년까지는 기존의 세제를 유지하고 새로 제정한 세법은 1949년부터 실시하기로 결정하였다. 경향일보 1948. 11. 2, 1면; 동아일보 1948. 10. 30, 1면.

10) 동아일보 1949. 4. 17.; 재무부, 앞의 책, 58면. 실무적으로 위 요강의 작성을 담당한 것도 재무부 사세국(司稅局)이었다. 동아일보 1948. 11. 25.자 1면. 위 요강의 내용과 관련하여 동아일보에 보도된 것과 재무부, 앞의 책, 58면에 실려 있는 것 간에 다소간의 불일치가 있다. 본고에서는 작성 일자가 앞서는 동아일보의 내용에 따랐다. 재무부 사세국은 오늘날 세제실과 국세청 본청의 정책입안과 세정집행 업무를 겸임하였다. 국세청, 「세정100년약사」, 국세청, 1996, 378면.

11) 위 요강의 확정시기는 분명하지 않다. 다만, 자유일보 1949. 2. 23. 보도에 의하면 적어도 그 무렵에는 요강이 확정된 것으로 보인다. 위 요강은 1949. 4. 15. 재무부장관 김도연의 대국민담화 형식으로 발표되었다. 동아일보 1949. 4. 17, 1면.

세제개혁기본요강

(一) 국민경제적 원칙에 부합하고 경제재건에 이바지하고자 전반 국민소득을 참작하여 소득세 및 호별세 등 인세(人稅)계통의 부담을 완화하고 인플레이션으로 인한 모든 차익을 제거할 방침으로 부동구매력을 흡수하고 소비를 억제하기 위하여 간접 국세에 있어서 사치 및 소비유통면에 중과한 것

(二) 종래의 부동산중점주의의 세제를 동산 및 표현되지 아니하는 재산에 치중하는 세제를 구성하기 위하여 일반소득세 및 영업세 등의 과세방법에 대하여 특히 고려를 한 것

(三) 최소한도로 가능한 신세를 창설하며 또는 과세대상을 확장하여 국가재정에 기여케 한 것

(四) 소(小)소득자에 경감하고 대(大)소득자에 중과하는 동시에 국민개납주의를 취한 것

(五) 경제상태 더욱이 물가의 무상(無常)한 변동에 대응하고 현실 사정에 적합한 과세가 절실히 요청되므로 우선 금번 신설한 영업세에 대하여 종래의 전년실적과세주의를 현년실적주의로 개정하는 동시에 조사부과의 신중을 기한 것

(六) 세제의 간소화와 민주화를 기하기 위하여 세법을 통합력, 조문의 간소, 조치의 통속화를 강구한 것

정부는 1949년 3월 8일 위와 같은 원칙에 입각하여[12] 작성한 소득세법안 및 법인세법안 등 18개의 법안에 관하여 국무회의 심의를 거쳐 국회에 회부하였다.[13][14] 당시 세제개혁위원회 위원이었던 정래길은 1948년 11월 24일자 동아일보에 실은 논설에서 새로운 세법을 제정하면서 일제시대의 세제를 일소하고 새로운 세제를 창설하자는 견해와 혹은 임시적으로 기존 세제를 수정하여 사용하면서 대대적인 세제개혁을 하자는 견해를 대립시켜서 소개하고 있다.[15] 역시 세제개혁위원회 위원이었던 김용갑도 1949년의 세제개혁이 근본적 개혁에 이르

12) 자유일보 1949. 2. 23에 인용된 재무부 장관 김도연의 같은 달 22. 진술 및 국세청(주10), 378면.

13) 동아일보 1949. 3. 16, 1면.

14) 이상, 김원주, “한국 조세법제의 발전방향”, 「한국조세법학의 어제·오늘·내일」, 문연 김원주 교수 정년기념논문집 간행위원회, 2000, 61면; 차병권, 「조세개론」, 제2전정판, 박영사, 1984, 100면.

15) 정래길, “세제개혁의 관견(상)”, 동아일보 1948. 11. 24, 1면. 정래길 교수는 일단 과거의 세제를 일소한 새로운 세제를 확립한 후에 점진적으로 이를 수정하여 가자는 의견을 취하고 있다. 정래길, “세제개혁의 관견(하)”, 동아일보 1948. 11. 26, 1면.

지 못하고 임시조치에 그쳤다는 점을 인정하고 있는데, 그는 일간지에 게재한 논설에서 그 이유로 ① 세입예산의 편성 문제로 시간이 촉박하고, ② 당시 한국경제가 파행상태로서 원천세제로 단일화하기 어렵다는 점을 들고 있다. 그는 1949년 세제개혁의 목표로 부담의 균형을 고려하여 조세상호간의 맥락을 조정하고 세율을 조절하여 그 적용구분의 합리화를 도모함으로써 민원이 가장 많던 양도소득과세 및 재정적 근거가 박약한 특별행위세, 법인자본세, 이익배당세를 철폐한 것에 있다고 주장하고 있다. 아울러, 그는 1949년 세제개혁의 특색으로 ① 국민소득의 전반적 감퇴를 고려하여 소득세등 인세계통의 부담을 완화하고 파행경제에 대응하기 위하여 인플레이션에 따른 모든 차익을 제거하고자 간접국세로 사치 및 소비유통의 측면에서 중과한 것, ② 종래의 부동산 중점주의세제를 동산 및 표현되지 않는 재산에 치중하는 세제로 개편하기 위하여 영업세의 과세대상과 그 방법에 특별히 고려한 것, ③ 인플레이션의 억제와 소비절약을 위하여 유통면에 신세를 창설하여 감면재원의 염출과 보충을 고려한 것 등을 들고 있다.[16)]

Ⅲ. 세제개혁임시조치안

1. 개 관

정부 수립 후 한국정부는 여러 기본 법률의 입법 작업에 박차를 가하였다. 특히 세법의 경우에는 1948. 10. 3. 재무부 산하에 설치된 세제개혁위원회의 주도하에 편찬작업이 진행되었다. 재무부는 1949. 3.경 세제개혁의 방향을 제시한 세제개혁임시조치안을 공표하였다. 저자가 확인한 것은 세제개혁임시조치안이라는 제하에 경향신문 1949. 3. 3.~5.자에 게재된 내용이다. 어떤 경위로 위와 같은 문서가 작성되었는지 여부에 관하여는 현재까지도 알려진 바 없다. 다만 그 직후인 1949. 4. 세제개혁위원회는 세제개혁기본요강을 발표하였다. 세제개혁임시조치안 중 법인세법과 직접 관련이 있는 것은 ① 법인세법을 분리 제정한다는 것과 ② 신고납세제도를 채택한 것이다. 그 이외의 부분도 사료로서의 가치

16) 김용갑, “세제개혁의 진전”, 동아일보 1949. 6. 6, 1면.

가 있다고 판단되므로 여기에서 살펴보기로 한다.

2. 내 용

재무부초안 전문[17)]

금번 재무부에서는 국민조세정책의 근본 이념에 입각하여 새로운 세제개혁임시조치안을 기안작성하였는데 그 대체의 요강은 다음과 같다.

1. 대한민국조세정책의 근본이념

대한민국의 건국이념은 진정한 민주주의에 있는 것이다. 그러하므로 대한민국의 정치경제사회문화등 모든 문물제도는 진정한 민주주의이념하에 개수(改修) 편성되어야 할 것이며 국가민족은 이 최고이념을 지행하여 유구한 향상발전이 있을 것이다. 이 근본정신은 대한민국헌법의 전문과 동법 제2조 제5조 제8호로써 엄연히 선포되어 있으므로 이제 우리가 개수(改修)제정하려는 조세제도의 근본이념도 진정한 민주주의규범에 조화통일되어야 할 것이다.

2. 대한민국조세제도의 최고원칙

(1) 조세라 하는 것은 국가 및 공공단체가 그 목적을 달성하기 위하여 경비를 획득할 목적으로 국민경제의 주체에서 그 재물을 강제적으로 과징하는 사실을 말하는 것이다. 국가 및 공공단체가 그 목적달성에는 소요비용이 필요하고 그 활동을 활발히 할수록 비용이 증가케 됨은 불가피한 사실이다. 이 소요비용은 국가재산의 확장, 국영 또는 공영사업의 수입증강 혹은 국채발행등으로 획득하는 방도도 있을 것이나 무제한한 국유재산의 확장 및 제반사업의 국가독점은 민유재산과 민간사업을 압박하여 국민경제를 위축시킴을 고려하여 우리 헌법은 국유와 국영사업을 명시 또는 제한한 것이며(헌법 제85조부터 제89조), 내외채의 모집은 급기야 국민부담으로 돌아가고 말 것이므로 역시 신중고려하여야 할 것이다.

여기에서 조세가 국가 및 공공단체비용 염출에 있어서 중요한 지위를 점하는 것이다. 조세는 국가 또는 공공단체가 그 목적달성의 수단으로 불가피한 방도일뿐더러 일면 국민에게 일방적 희생을 부담케 하는 것이므로 국민경제와 표리일체의 관계에 있게 되는 것이다.

하여간 조세는 내용상 본질상 국민경제현상이므로써 진정한 민주주의적 국민경제를 토대로 수단방법을 강구하여야 할 것이다. 이에 국민경제적 원칙의 요구가 우리 대한민국의 조세제도의 근본원칙이 될 것을 확인한다.

---

17) 경향신문 1949. 3. 3.자 2면.

(2) 현재 모든 사태는 물심양면으로 불안동요되고 있음을 표현하고 있을뿐더러 한편 건국초기에 있는 대한민국은 공사비와 외비(外費)의 신설, 후생비 교육비 등의 증가는 물론 기타 시책과 국가건설에 막대한 경비가 요청되고 있는 현실에 비추어 경상적 조세대책으로 만으로는 도저히 사회실정에 부합치 못할뿐더러 국가재정수요를 감당할 수 없으므로 과도적으로는 사회주의적 임시 시책을 가미하여 수단결핍의 방지 또는 배제를 도모하고 재정정책적 원칙요구에 적합한 세제를 채택할 것이다.

3. 조세제도의 기본적 개혁목표[18]

민국세제의 기본적 개혁은 국가재정경제제(諸)정책에 순응하여 통제의 단순화, 민주화와 아울러 세원확보를 도모하는 동시에 중앙지방을 통(通)한 국민부담의 균형을 목표로 국내각방면의 지식경험을 총망라하여 신중히 조사연구한 후 가장 합리적인 세제를 수립할 것이나 다음의 각 항을 근본목표로 할 것.

(1) 세제는 재정경제제(諸)정책의 진전에 수반하여 기동성과 탄력을 갖출 것
(2) 소득세를 중추세로 하고 보충세로 수익세제도특별소득세제도 또는 재산세제도 등의 채택여부에 대하여 연구할 것
(3) 소비세 및 유통세를 적당히 안배할 것
(4) 현물세제도에 대하여 연구할 것
(5) 국세징수법 및 간접국세범칙자처분법의 정비개편에 대하여 연구할 것
(6) 국세, 지방세의 조정 및 지방재원분여에 관하여 연구할 것
(7) 사세(司稅)기구의 정비강화 및 직원의 대우개선에 관하여 연구검토할 것

4. 세제개혁의 임시조치목표

국가개정, 경제정책의 진전에 순응하여 세제의 근본적 개혁을 함에는 상당한 시일과 신중한 연구 및 준비를 요하는 바이나 일면 사회상태의 변천과 경제사정의 추이는 현행 세제에 대하여 허다한 긴급조치를 요구하므로 간선(干先)적당한 대응책을 강구코저하는 바 현재의 민생사정에 비추어 증세적 개혁이 불가능하며 동시에 신생민국의 재정팽창은 감세적 개혁도 불가능하므로 이후의 개혁은 주로 전지역 각개인을 통한 부담의 균형, 국세상호간 및 국세지방세간의 맥락조절, 급격한 경제사정 및 사회상태변천으로 인한 불가피한 수정 등 사회적 개혁을 목표로 함.

5. 임시조치의 기본방침

(1) 구매력을 흡수하여 소비를 억제하고 물가변동에 대응할 수 있는 조치를 강구하여 조세수입을 확보하고 경제재건에 이바지할 것

18) 경향신문 1949. 3. 4.자 2면.

(2) 재산소득과 불로소득에 중과하고 근로소득에 경과 또는 면제할 것
(3) 대소득에 중과하고 중소소득에 경과 또는 면제할 것
(4) 최저생활비 이하는 면세하고 생활필수품에는 경과 또는 면세할 것
(5) 과세로 인하여 자본 또는 저축의 저해와 세원의 고갈을 피하도록 할 것
(6) 사회생활상 국민경제상 기타 국책수행상 가치가 다대한 사업시설, 기업 또는 행위에 대하여는 경과 또는 면세할 것

6. 임시조치요강
(1) 국민부담의 실정에 비추어 소득세, 호별세 등 인세(人稅) 계통의 부담을 완화하고 그 보충재산을 소비세 및 유통세계통에서 포착하는 방도를 강구할 것
(2) 세율의 균형을 기하기 위하여 각세에 겸하여 세율의 조절 및 적용구분의 합리화를 기도할 것
(3) 세제의 간소화 및 민주화를 기하기 위하여 세법의 통합분리, 조문의 간결, 용어의 통속화, 납세신고의 장려 및 국민 개납주의(皆納主義)의 채용 등의 방도를 강구할 것
(4) 사회상태 및 경제사정의 급격한 변화에 대응하여 현행세 중 불합리한 점을 제거, 개정하며 아울러 세제의 탄력성을 부여할 것
(5) 국세 및 지방세 상호간의 부담균형과 재원조절에 유의할 것
(6) 임시조치로 인한 저감(低減)재원의 보충과 아울러 임시조치에 수반하는 불가피한 최소한도의 신세(新稅)를 창설할 것

7. 임시조치에 의한 조세체계
○ 소득세 = ▲일반소득세 ▲특별소득세 ▲법인세
○ 수익세 = ▲지세 ▲영업세 ▲광세(鑛稅)
○ 유통세 = ▲상속세 ▲증여세 ▲등록세 ▲ 인지세 ▲통행세 ▲ 유흥음식세 ▲입장세 ▲전기와사세(瓦斯稅) ▲마권세 ▲골패세(骨牌稅)

8. 세목별 임시조치요항
(一) 직접국세
갑. 소득세계통
가. 제1종소득세
A. 법인세라 개칭하고 소득세령에서 분리하여 단행법을 제정할 것
B. 자기부과제도를 채용할 것
나. 제2종소득세
「라」항 신설하는 특별소득세와 병합하고 본세목을 폐지할 것
다. 제3종소득세
A. 일반소득세라 개칭하고 「라」항 특별소득세를 포섭하여 새로운 소득세

법을 제정할 것

B. 제3종소득중 일시소득에 속한 것 또는 종합과세하기에 부적합한 소득을 제외하고 원칙적으로 항구적 정기수입되는 소득만을 종합하여 과세할 것

C. 과세 최저한, 각종소득세 공제액을 인상하고 세율을 적당히 개정할 것

D. 일시징수액을 인상하고 납기를 2기로 할 것

E. 예약세금납부제도를 폐지할 것

라. 특별소득세

제2종소득과 제3종소득 중 비영업대금이자 기타 일시소득에 대하여 각 소득의 성질에 의하여 적당한 세율을 정하여 원천과세 또는 수시부과과세로 할 것

을. 수익세계통

가. 지세(地稅)

A. 농지개혁실시관계를 고려하여 경제실태에 적합한 개정을 하도록 연구 및 준비할 것

B. 창씨개명 복구정리를 단행하여 과세상 지장이 없도록 조치할 것

나. 사업세

A. 세령운용에 불편하고 일부비난이 많은 본세는 영업세로 개조(改組)할 것

B. 구 영업세령을 기본으로 하나 현재 경제실정에 적합한 원태를 선택하여 외형표준에 의하여 과세할 것

C. 연 2기로 나누어 각기 월간(月間)의 실적으로 조사하여 과세할 것[19)]

다. 광세

광구세율을 적당히 인상하고 광산세를 부과할 것이나 광업정책의 실시관계를 고려하여 개정하도록 연구 및 준비할 것

라. 법인자본세[전시세(戰時稅)]

법인기업의 발달을 육성하기 위하여 폐지할 것

마. 이익배당세(전시세)

주식의 대중화를 도모하기 위하여 폐지할 것

(二) 유통세

가. 상속세

A. 준상속과세를 분리하여 「라」항 신설의 증여세에 병합할 것

B. 상속의 세율적용종별(稅率適用種別)을 이중으로 하고 세율을 상당히 인상할 것

19) 이 부분부터는 경향신문 1949. 3 5, 2면 소재.

C. 과세최저액 및 부양가족공제액을 인상하고 호주상속에 대하여 기초공제제도를 채용할 것
D. 금납(金納)과 물납제도를 병용할 것
E. 연부연납기간을 단축할 것

나. 등록세
정액세율을 인상할 것

다. 통행세
종량세율을 종가 비례세율로 개정할 것

라. 증여세 신설
A. 상속세 중 준상속과세를 분리하여 증여세를 신설할 것
B. 상속과세외에 일반재산의 증여에 의하여 친족관계 유무를 막론하고 전부과세할 것

마. 면허세의 신설
음료세령의 면허료제도를 확장하여 일반면허와 아울러 면허세를 신설할 것

바. 조선은행권발행세
국립중앙은행법이 발포될 때까지 현행대로 존속할 것

사. 인지세
A. 신용경제계에 융통많은 어음에 대하여 계급 정액세로 구분과세할 것
B. 수표를 과세대상으로 추가할 것
C. 세율을 전면적으로 상당히 인상할 것
D. 등록세와의 조절을 기할 것

(三) 소비세

가. 특별행위세의 폐지
전시세 중 특히 민원이 많은 특별행위세를 폐지할 것

나. 다음의 세령은 그 내용을 개정할 것
(1) 음료세
A. 면허료제도를 새로 창설될 면허세에 통합할 것
B. 과세인지첩용의 과세방법을 폐지할 것
C. 음료세령을 주세법과 청량음료세법으로 구분할 것
D. 주세는 대체로 변경하지 아니하되 각급별 주세약의 세율을 조절하여 상당히 증세도모할 것
E. 청량음료세에 대하여는 세율을 적당히 인상할 것
(2) 물품세
A. 사치품에 대하여 세율을 인상하고 과세종목을 정비할 것
B. 석유제품 및 사탕을 과세종목에 추가할 것

C. 군정시에 폐지하였던 물품중 담세력이 있는 사치품은 다시 과세할 것
(3) 유흥음식세
A. 예기의 화대 이외의 세율변경은 보류할 것
B. 과세장소의 구분에 대하여 연구할 것
C. 식사를 목적으로 하는 식당음식점 등에 대한 면세음식점제도를 둘 것
D. 과세음식점에 대한 과세최저한을 철폐할 것
E. 숙박요금에 대한 과세를 폐지할 것
F. 요리점 등의 경영자에게 교부금제도를 연구할 것
(4) 입장세
A. 경기투우장개설에 대한 것을 고려할 것
B. 군정시 철폐된 과세대상으로 담세력 있는 것은 부활할 것
C. 세율을 연극, 영화 및 음악에 대하여 적당히 구분조절할 것[20]
D. 면세점(點)을 재검토할 것
(5) 마권세
쌍경마 기타 특수한 배당이 부수하는 경마에 대하여 세율을 인상할 것
(6) 전기와사세(電氣瓦斯稅)
A. 국영할 때까지 존치할 것
B. 면세점(點)을 적당히 인상할 것
(7) 직물세
직물에 대한 물품과세과세부활과 종가(從價)과세인 점에 비추어 현행대로 잉치(仍置)할 것
(8) 골패세
군정시 세율을 대폭인상하였으므로 현행대로 잉치할 것
(9) 지방세제개혁의 임시조치요강
중앙지방을 통한 근본적 세제개혁이 실시될 때까지 다음 요강에 의하여 잠정적 조치를 강구하고자 함
A. 현행 지방세에 관한 제세법령을 종합하여 단일 「지방세법」을 제정할 것
B. 세목의 폐지 또는 창설은 가급적 보류할 것
C. 현재 경제실정에 적합하도록 불합리한 결함을 시정할 것
D. 국세지방세를 통한 국민부담의 균형과 수입증가를 도모하여 지방자치단체의 국고의존을 이탈할 것
(10) 임시조치에 의한 지방세체계
▲ 서울특별세시

---

20) C.부터는 경향신문 1949. 3. 6, 2면 소재.

(一) 국세부가세
1. 지세부가세
2. 영업세부가세
3. 광세부가세
(二) 독립세
1. 호별세
2. 가옥세
3. 면세지특별세
4. 임야세
5. 도축세
6. 어업세
7. 차량세
8. 부동산취득세
9. 입정세
10. 축견세
11. 선세
12. 특별영업세
13. 부읍면세

▲ 부읍면세
(一) 부가세
(A) 국가부가세
1. 지세
2. 영업세부가세
3. 광세부가세
(B) 도세부가세
1. 호별부가세
2. 가옥부가세
3. 면세지특별지부가세
4. 부동산취득부가세
(二) 독립세
1. 차량세
2. 특별영업세
3. 축견세
4. 선세
5. 교통세

(11) 지방세임시조치요항
(一) 호별세
1. 각종 공제와 세율을 국세인 개인소득세와 조화시킬 것
(가) 과세최저한을 인상시킬 것
(나) 부양가족공제 및 근로소득공제는 국세인 개인소득세에 준하여 인상할 것
(二) 가옥세
현행등급별 부과지수 일개당 금액을 적당히 인상할 것
(三) 도축세
현행세율을 적당히 인상할 것
(四) 입정세
현행세율을 적당히 인상할 것
(五) 부동산취득세
중앙토지행정처(현귀속농지관리국) 불하농지에 대하여 면세할 것
(六) 사업세폐지에 수반하여 동 부가세를 폐지하고 영업세 창설로 인하여 동 부가세를 창설할 것
(七) 특별영업수익세는 폐지하고 특별영업세로 개정할 것
(八) 다음 세목은 현행대로 존치할 것
지세부가세, 광구세부가세, 부동산취득세동부가세, 면세지특별지세, 임야세, 어업세, 차량세, 축견세, 선세, 교통세

Ⅳ. 법인세법의 제정 및 공포

정부가 1949년 4월 6일자로 국회에 제출한 법인세법안(의안번호 010084)의 제안이유에 따르면 "현재까지 시행되고 있는 조선소득세령은 제1종소득과 제3종소득으로 구분이 되어 있어서 법인에게는 제1종소득세라는 종목으로 과세하고 있는데 이것은 일반국민이 이해하기에 대단히 곤란하게 되어 있으므로 조선소득세령 중에서 법인에 관한 사항을 분리하여 법인세법으로 제정하려는 것인바 이는 법을 간소화하는 동시에 과세대상 및 면세의 범위를 확중하고 신고납세제도를 창설함으로써 조세의 민주화와 세수입의 증가 및 민족자본육성을 기하려는 것임"이라고 하였다.[21] 법인세법안의 주요 골자는 다음과 같았다.[22]

21) 국회사무처, 「대한민국 법률안연혁집」 제5권, 국회사무처, 1992, 4859면.
22) 국회사무서(주21), 4859~4860면.

① 우리나라에 본점 또는 주사무소와 자산 또는 사업을 가진 법인은 법인세를 납부하도록 함(제1조)
② 세입의 증가를 도모하기 위하여 법인의 사업연도가 1년 미만인 경우에는 그 직전 사업연도에서 발생한 결손금에 한해서만 세금을 공제키로 함(제4조)
③ 공공성을 가진 국책에 관한 중요한 산업을 경영하는 법인에 대하여는 법인세를 감면토록 함(제11조)
④ 공채(公債)정책의 권장을 위하여 법인이 소유하는 국채의 이자소득을 비과세 대상으로 함(제13조)
⑤ 세수입의 증대를 위하여 과세대상범위를 확대함(제17조)
⑥ 국민의 자발적인 세납부제도의 확립과 세수입의 사무적인 간소화를 위하여 이 법이 정한 소득금액 등의 신고납세제도를 창설함(제18조~제20조)
⑦ 이 법의 실효성 있는 시행을 위하여 사기 기타 부정의 행위로 법인세를 포탈한 자는 그 포탈한 세금의 3배에 상당하는 벌금 또는 과료에 처하도록 함(제35조)
⑧ 이 법이 정한 것을 위반한 자는 중벌에 처하도록 함(제36조, 제37조)
⑨ 지방자치단체 및 공공단체는 이중으로 법인세의 부가세(附加稅)를 부과하지 못하도록 함(제38조)
⑩ 특별법인에 대하여는 일반법인보다 가벼운 세율을 적용하도록 함(제39조)

법인세법안은 1949년 7월 7일 제4회 국회(임시회) 재정경제위원회에서 심사되어 수정가결된 후[23] 같은 해 9월 29일 제5회 국회(임시회) 제10차 본회의에 상정되어 같은 날 홍성하(洪性夏) 재경위원장의 수정제안설명과 장희창(張熙昌) 당시 재무부차관의 제안이 있은 후 그 다음날인 30일 제5회 국회(임시회) 제11차 본회의에서 축조심의에 들어갔다.[24] 같은 날 진행된 제1독회 과정에서는 정광호(鄭光好), 이진수(李鎭洙), 유진홍(俞鎭洪) 의원 등이 토론하였고, 같은 날 제2독회에 들어가 축조심의가 계속되었으며 법인세율에 관하여 이를 40퍼센트로 하자는 정부안, 35퍼센트로 하자는 재정경제위원회 수정안, 30퍼센트로 하자는 장병만(張炳晩) 의원안 등이 제의되었다. 결국 토론결과 재정경제위원회 수정안이 채택되었고 세부적인 자구수정은 법사위에 위임하기로 의결하였다. 법인세율을 포함하여 재경위에서의 수정사항은 다음과 같다.[25]

23) 저자가 국회에 문의한 결과 재정경제위원회 회의록은 현재 보존되어 있지 않다고 한다.
24) 동아일보 1949. 9. 30, 1면.
25) 국회사무처, 앞의 책, 4860면.

① 법인의 육성을 위하여 세율을 법인의 소득금액의 100분의 40에서 100분의 35로 인하조정함(제16조)
② 특별법인에 대하여도 일반법인과 같이 세율을 소득금액의 100분의 25에서 100분의 20으로 인하조정함(제39조)
③ 법률 체제상 제21조를 제34조로 함
④ 이 법은 공포일로부터 시행하도록 함(제40조)

같은 날 국회는 조선이익배당세령, 조선법인자본세령, 조선특별행위세령 폐지에 관한 법률안도 함께 상정하였다. 위 법률안들은 내용이 간단하므로 독회를 생략하고 재정경제위원회 경위 수정안을 통과시키자는 박순석(朴順碩) 의원의 동의(動議)에 따라 국회는 독회 없이 재경위 수정안대로 의결하였다.[26] 정부는 국회가 수정가결하여 제정한 법인세법을 같은 해 11월 7일 법률 제62호로 공포하였다. 법인세법의 제정과 함께 이익배당세와 법인자본세가 폐지되었다.[27] 법인세법을 공포한 후 같은 달 23일 김도연(金度演) 장관은 제정 법인세법에 관하여 해설담화를 발표하였다. 김도연 장관은 법인세법의 제정 취지와 관련하여, ① 종래 법인소득은 조선소득세령 중 제1종소득세로 과세됨에 따라 개인소득세인 제3종소득세와 함께 규정되어 있어 내용이 복잡하고 일반인이 이해하기 어렵기 때문에 이를 단행법으로 제정하여 법령을 간소화하고, ② 과세대상과 면세범위의 확충, 과세표준계산방법의 개정, 신고납세제도의 창설을 통하여 조세의 민주화와 세수입의 증가를 도모하며, ③ 자본육성과 외자도입을 고려하여 법인자본세 폐지와 함께 법인에 대한 과세를 경감하고자 하였음을 밝혔다.[28]

Ⅴ. 제정 법인세법의 주요 내용

제정 법인세법의 주요 내용은 다음과 같다.[29][30] 그 구체적인 내용을 살펴

26) 경향신문 1949년 10월 1일자 1면; 동아일보 1949년 10월 1일자 1면.
27) 한성일보 1949년 10월 1일자 면수는 불상.
28) 동아일보 1949년 11월 24일자 1면.
29) 한국조세연구원, 「한국 조세정책 50년(제4권·법인세 자료집)」, 한국조세연구원, 1997, 24~27면.
30) 법인세법이 제정된 이후의 개정 과정과 주요 내용에 관하여는 한국개발연구원, 「경제법제

보면 그 뼈대는 현행 법인세법에까지 면면히 이어져 내려고 있음을 확인할 수 있다.

1. 납세의무자

납세의무자로 내국법인, 외국법인, 비영리법인을 규정하였다.

2. 과세소득의 범위

각 사업연도소득과 청산소득을 과세소득으로 규정하고 기타 비과세 소득에 관한 규정을 두었다.

3. 납세지

법인세는 법인의 본점 또는 주사무소의 소재지, 자산 또는 사업장의 소재지를 그 납세지로 한다.

4. 각 사업연도소득 및 과세표준

총익금에서 총손금을 공제하여 계산한 금액이 각 사업연도소득이고 그 금액에서 각 사업연도 개시의 직전 사업연도에서 발생한 이월결손금을 공제한 금액이 과세표준이다.

5. 부당행위계산부인 규정

부당행위계산에 관하여 정부가 인정하는 바에 따라 소득금액을 계산할 수 있다.

60년사」, 해남, 2011, 157~163면.

제 8 장

제정 법인세법의 비교법적 계보

CHAPTER 08 제정 법인세법의 비교법적 계보

Ⅰ. 서 설

이제 다시 처음 제기한 문제로 돌아와 보자. 그렇다면 제정 법인세법은 계보적으로 어느 법의 영향하에 성립하였는가. 이 문제는 우리 법인세법의 비교법적 연구의 전제로서 규명되어야 할 필요성이 있다. 일단 일본의 1940년 법인세법이 직접적이고도 가장 강력한 영향을 미친 것은 분명하다. 일본의 1940년 법인세법은 일본 역사상 처음으로 법인소득과세에 대한 독립입법인데, 제정 법인세법과 거의 일대 일로 대응시킬 수 있을 정도로 유사성이 높다는 점은 앞서 살펴보았다. 그렇다면 다시 일본의 1940년 법인세법은 어떤 법의 영향을 받아 성립한 것인가.

일본의 1940년 법인세법은 일본소득세법에서 분화한 것이다. 일본소득세법이 처음 탄생한 것은 1887년인데 그 소득세법에는 당시 프로이센 소득세법과 영국소득세법의 영향이 강하였다. 그 후 일본소득세법은 몇 차례의 개정을 거쳤고 그 성과물이 일본법인세법으로 집약되었다. 그러나 일본법인세법이 어떤 입법례의 영향을 받은 것인지에 대하여는 일본에서도 상세한 연구가 이루어진 바 없다.[1)]

1) 후지사와히로시(藤沢弘)는 1920년 소득세법 개정시 조사입안 작업에 종사한 대장성 주세국원인데, 그가 법인세법 제정 1년 전인 1939년(쇼와 14년) 저술한 「税制はどう改まるか: 現行法との比較解説」, 清水書店, 1939, 75면 이하를 보면 법인세의 입법례로 영국, 미국, 독일의 예가 간략하게 소개되어 있어 적어도 대장성이 이 3개국에 관한 정보를 갖고 있었다는 점을 짐작할 수 있다. 반면 구체적인 근거의 제시 없이 일본법인소득세제가 독일 법

1913년 일본소득세법 개정시 의회 논의과정을 보더라도 여전히 외국의 입법례에 관한 언급이 종종 등장한다.[2] 여기서의 외국은 주로 유럽을 지칭하는데, 일본 정부는 입법을 준비하면서 외국의 입법례를 참고하였으나[3] 일본소득세법의 제정시와는 다르게 이를 무조건적으로 수용하는 입장이 아니었고 오히려 일본의 제도와 근본적인 측면에서 차이가 있는 경우에는 이를 배제하는 등 자주적으로 활용하였다는 사실을 확인할 수 있다.[4]

결국 법인세법의 기본틀을 이루는 몇 가지 중요 쟁점을 중심으로 비교법적인 친근성을 검토하지 않을 수 없을 것이다. 저자는 이런 관점에서 과세소득의 계산구조, 법인본질론, 개별 제도, 입법형식이라는 세 가지 관점에서 일본 1940년 법인세법의 비교법적 계보를 가려 보고자 한다.

Ⅱ. 과세소득의 계산구조의 측면

1920년 조선소득세령이 제령으로 제정됨에 따라 조선에 대하여도 법인소득과세가 실시되었다. 조선소득세령은 일본소득세법을 조선에서 실시하기 위하여 단순화시킨 것이라고 할 수 있는데 일본소득세법의 개정에 맞추어 거의 매년 개정되었다. 해방 후인 1949년 11월 7일에는 우리 법인세법이 제정되었는데 이 제정 법인세법은 몇 개의 조문과 신고납세방식이 도입되었다는 점을 제외하면 1940년 제정 일본법인세법을 거의 그대로 옮겨 온 것과 다를 바 없는 법률이었다. 결국 조선소득세령과 1940년 일본법인세법이라는 두 갈래 길을 통하여 일본법인세제의 소득계산구조가 우리나라 법인세제로 계수되었다고 할 수 있

인세법의 영향하에 있었을 것이라고 가정하고 논지를 전개한 글로는 大間知啓輔, "日本の独立課税型の法人所得税 1920~49年(1)", 「熊本学園大学 経済論集」 第15巻 第1·2合併号, 2008, 25면 이하가 있다.

2) 1913년(타이쇼우 2년) 3월 12일 제30회 제국의회 중의원 소득세법중개정법률안 외 2건 위원회의록 제2회, 8~9면.

3) 의회 논의과정에서 언급되는 국가는 프로이센, 영국, 이탈리아, 네덜란드 등이다. 1913년(타이쇼우 2년) 3월 12일 제30회 제국의회 중의원 소득세법중개정법률안 외 2건 위원회의록 제2회, 10면.

4) 1913년(타이쇼우 2년) 3월 12일 제30회 제국의회 중의원 소득세법중개정법률안 외 2건 위원회의록 제2회, 9면.

다. 여기서는 중요한 세법 개정을 기준으로 삼아 일본법인세제상 소득계산 관련 규정의 성립과 변천을 살펴보기로 한다.

1. 일본의 법인 소득계산구조 성립과 변천

가. 1899년 일본소득세법

(1) 과세소득금액의 계산구조: 총익금과 총손금

1899년 일본소득세법은 법인의 과세소득인 제1종소득을 각 사업연도의 총익금에서 총손금, 전년도 이월금 및 보험책임준비금을 공제하여 계산하도록 규정하였다(같은 법 제4조 제1항 제1호). 이 기본 틀은 우리나라의 현행 법인세법까지도 근본적으로 바뀌지 않은 채 계속되고 있다. 법문에서 전년도 이월금 및 보험책임준비금을 공제하기로 하였다. 이월금을 공제한 것은 전년도에 소득세를 과세한 것에 대하여 다시 과세하지 않는다는 점을, 보험책임준비금을 공제하지 않기로 한 것은 그 성격이 예금으로서 수익이 아니라는 점을 명확하게 하기 위한 것이었다.[5] 위 규정의 의미에 관한 해설은 1899년 4월 1일 대장대신내훈(大藏大臣內訓) 「소득세법시행상취급방심득(所得税法施行上取扱方心得)」 제1조에 나와 있는데 일본의 경우 법인소득에 대한 과세 초기부터 통달에 의하여 과세소득계산 방법에 관한 보충설명이 이루어졌다는 점이 특징이다.[6]

그러나 그 이외에 총익금, 총손금의 내용에 관하여는 아무런 구체적인 내용이 없이 '과세의 공평이라는 이념과 실무상의 타당성을 기초로 세법 독자적인 입장에 따른 해석'에 맡겨져 있었다.[7] 실무계의 해석을 대표하는 것으로는 1899년법 시행 직후 마츠에세무관리국장[松江税務管理局長]이었던 칸바야시케이지로우(上林敬次郎)가 저술한 「소득세법강의」를 들 수 있는데, 그는 법인의 총익금을 「자본이용의 결과로서 수입된 금액(資本利用ノ結果トシテ収入シタル金額)의 총계」를 말하는 것으로서 ① 주금 또는 출자금을 구성하는 수입액과 ② 자본결손의 전보목적인 사채(社債), 차입금, 예금에 따른 수입금을 제외한다고

5) 1899년(메이지 32년) 1월 21일 제13회 제국의회 귀족원 의사속기록 제14호, 177면.

6) 鈴木一水, 「税務会計分析—税務計画と税務計算の統合」, 森山書店, 2013, 192면.

7) 雪岡重喜, 「所得税·法人税制度史草稿: 調査資料」, 大蔵省主税局調査課, 1955, 48면; 大村巍, "会計思考の発展と所得計算論争－大正年代の論争を中心として－", 「税大論叢」 11号, 1977, 15면.

정의하였다.[8] 첫 번째 예외는 오늘날 자본거래로 부르는 거래를 말한다. 다만 그 당시에는 자본거래라는 개념 자체가 분명하지 않았다.[9] 두 번째 예외는 이른바 손익중성적 수입을 말한다.[10] 칸바야시케이지로우에 의하면 당시 일본의 세무실무는 익금과 손금의 개념과 관련하여 이미 총액주의와 순액주의의 관념을 갖고 있었다. 즉, 상품의 매매대금과 취득원가는 각각 익금과 손금으로 계상하도록 하며, 대여금이자는 이자만을 익금으로 계상하도록 하였다.[11] 전자가 총액주의고 후자가 순액주의인데, 본래의 사업에 관한 자본이용의 결과에 대하여는 총액주의를 적용하고 이와 관련된 금융·재무거래는 투자회수거래로 관념하여 순액주의를 적용한 것으로 보인다.[12] 한편 칸바야시케이지로우는 총손금을 다음과 같이 정의하였다.

"법인의 총손금은 하나의 사업연도 중에 그 사업을 위하여 지출한 경비(事業ノ爲メニ支出シタル経費) 및 고정자본 기타 자산의 시가 감소액 합계로 한다. 경비는 그 사업을 위하여 지출한 것에 한하므로 상품·원료의 대가, 사원·고용인의 임금, 고정자본인 토지·건물·기계·도구 등의 임차료, 수선비, 차입금의 이자, 제공과·여비, 우편통신비, 운송비, 보험료, 소모품비 등으로 하고, 대출금·예금, 예금의 인출, 차입금의 변제 등은 손금에 해당하지 않는다. 또한 토지, 건물, 기계, 기구 등의 구입 등 고정자본을 구성하기 위하여 지출한 비용은 오로지 자본이 변형된 것에 불과하므로 손금에 포함되지 않는다."[13]

위 기술을 풀어 보면, 우선 '사업을 위하여 지출한 경비'라는 것은 결국 사업관련성 있는 지출경비를 말하는 것이다.[14] 둘째로 자산의 평가차손이 손금인 것은 자산의 평가차익이 익금인 것에 대응하는 것이다. 그 당시에는 감가상각에 의한 원가배분이라는 사고 자체가 없었으므로 감가상각비는 손금항목의 예

8) 上林敬次郎, 「所得税法講義」, 松江税務調査会, 1901, 56면.
9) 자본거래 개념의 성립과정에 관하여는 황남석, "자본거래와 손익거래: 개념과 한계", 「상사법연구」 제35권 제1호, 2016, 207면 이하.
10) 武田隆二, "法人税創設期の課税所得計算の特徴", 「税務会計研究の現代的課題」, 第一法規, 1995, 72면.
11) 上林敬次郎(주8), 56~57면.
12) 武田隆二(주10), 73면.
13) 上林敬次郎(주8), 57~58면.
14) 武田隆二(주10), 75면.

시에도 들어있지 않다.[15] 그 이외에 손익중성적 지출 및 자본적 지출은 손금에 해당하지 않는다는 것이다.[16]

결국 1899년 일본소득세법에 최초로 규정된 총익금, 총손금이라는 개념은 현행 법인세제의 익금, 손금 개념과 크게 다르지 않지만 현행 법인세제와 비교할 때 다듬어지지 않은 상태에 있었다고 평가할 수 있다. 학계에서는 적지 않은 미비점에도 불구하고 일본의 법인세 소득계산의 구조는 이 시기에 이미 확립되어 있다는 평가도 있다.[17]

이처럼 총익금·총손금 개념을 사용하여 과세소득을 계산하는 것은 단순히 그 차익만으로 직접 과세소득으로 포착하는 발상에 대비되는 것으로서 위에서 살펴본 바와 같이 전자의 방식를 총액주의, 후자의 방식을 순액주의라고 한다. 현재 분명한 연결고리는 남아 있지 않지만 「1891년 프로이센 소득세법」 제7조가 법인소득(Einkommen)을 원칙적으로 상업과 영업으로부터의 연간총소득(gesamte Jahreseinkünfte)으로 보도록 하면서 그 중에서 그와 인과관계 있는 비용을 공제하도록 하고 있는 구조(같은 법 제9조 제1항)와 동일한 구조라고 볼 수 있다. 사실 그 무렵 일본의 소득세제는 이미 독일의 소득세제를 좇아가고 있었기 때문에 법인의 과세소득 개념만을 다른 법제로부터 빌어오는 것도 여의치 않았을 것으로 추측된다.

(2) 총익금과 총손금의 산정방법

1899년 일본소득세법은 총익금과 총손금의 개념 정의는 물론 구체적인 범위에 관한 규정도 두지 않았으므로 실제로 총익금과 총손금의 산정을 어떻게 할 것인지가 문제로 되었다. 다시 1899년 일본소득세법으로 돌아가 보면, 법인은 매 사업연도 통상총회 후 7일 이내에 관할 세무서에 각 사업연도의 손익계산서를 정부로 제출하여야 하고(같은 법 제7조, 같은 법 시행규칙 제3조), 정부는 제출된 손익계산서를 조사하여 과세소득금액을 결정하고 납세의무자에게 통지하도록 되어 있었다(같은 법 제9조, 제35조). 만일 법인이 손익계산서를 제출하지 않는 경우에는 정부가 손익을 조사하여 소득금액을 결정하였다(같은 법 시행

15) 武田隆二(주10), 76면.
16) 武田隆二(주10), 76면.
17) 武田隆二(주10), 81면.

규칙 제31조). 이러한 규정들을 종합하여 보면, 당시 법인의 소득계산은 법인이 상법에 따라 작성한 손익계산서를 바탕으로 정부가 결정하는 방식을 취하고 있었다는 것을 알 수 있다.[18] 판례도 같은 입장이었다.[19] 이와 관련하여 칸바야시케이지로우는 제1종소득의 결정과 관련된 위 절차규정을 근거로 총익금을 재무회계상 수익의 총액 개념으로, 총손금을 재무회계상 비용·손실의 총액 개념으로 해석하고 있다. 즉, 총익금, 총손금을 세법의 고유개념이 아니라 상법상 적법하게 계산된 손익계산서에 따른 항목으로 해석하고 있다.[20] 당시 세무실무도 세법의 독자적인 해석은 원칙적으로 허용되지 않는다고 보았다.[21] 이처럼 법인과세소득의 계산이 상법에 따른 회사의 결산에 의존하게 된 것은 두 가지 이유 때문이라고 할 수 있다. 첫째는 뒤에서 상술하는 독일 상법 계수의 영향에 기한 것이고,[22] 둘째는 당시 일본의 기업회계 자체도 제대로 발전하지 못하여 소득세법에 망라적인 과세소득 계산규정을 둘 역량이 없었기 때문이다.[23]

문제는 손익계산서 작성의 기초가 되는 상법 역시 이익계산에 관한 규정을 제대로 갖추지 못하고 있었다는 점이다.[24] 즉 재산목록 기재재산의 평가규정이

18) 相京溥士, "法人課税規定の変遷と法人税法22条4項の解釈", 「税法学」 566号, 2011, 9면. 반면 개인의 소득금액은 소득조사위원회가 조사하여 정부가 결정하였다(1899년 소득세법 제9조). 당시 정부위원인 와카츠키레이지로우(若槻禮次郎)는 이와 관련하여 귀족원 진술시 "회사의 소득은 회사에게 손익계산을 하여 그 사원이 보고 싶을 때에는 언제든지 보여주어야 합니다. 어떤 경우는 관청도 있는 것이므로 특별히 의심을 가지고 조사위원을 둘 필요는 없다"라고 설명하고 있다. 1899년(메이지 32년) 1월 16일 제13회 제국의회 귀족원 소득세법중개정법률안특별위원회 속기록 제2호, 6면.

19) 예를 들어, 1908년(메이지 41년) 행정재판소 제89호 판결은 "소득세법 시행규칙 제3조에 손익계산서를 제출하여야 하고 소득세법 제9조에 계산서에 따라 소득을 결정하는 것으로 하되 제출하여야 하는 계산서는 영리법인이 상법의 규정에 기하여 작성한 것이 아니면 안 된다는 것이 명확하다"라고 판시하고 있다. 関口健一郎, 「改正所得税法要義」, 巌松堂書店, 1916, 95면.

20) 上林敬次郎(주8), 61면, 64~65면; 相京溥士(주18), 6~7면, 9~10면.

21) 大村巍(주7), 5면.

22) 川端保至, "税務会計の制度的基礎", 高田正淳 編, 「テキストブック会計学 (6): 税務会計」, 1984, 11~16면.

23) 鈴木一水(주6), 192면.

24) 따라서 법인소득과세를 시작하면서도 세법이 독자적인 과세소득계산규정을 두지 않고 회사회계의 실질적 기준도 갖추지 못한 상법에서 과세소득계산의 기초를 찾은 것은 법제상의 불비라는 지적이 있다. 高橋志朗, 「わが国税務会計の発達とシャウプ勧告」, 同文館出

이익계산에 관련되는 상법 규정의 전부였다.

기준이 되는 명문의 규정이 법률에 충분하게 구비되어 있지 않았으므로 과세당국은 제출된 손익계산서의 내용과 관련하여 회사측의 회계처리를 부인하고 독자적인 판단을 내릴 때가 많았다. 이에 따라 메이지-타이쇼우 시대에 걸쳐서 여러 건의 의미 있는 행정소송이 제기되었다.[25)]

(3) 일본상법상 계산규정의 성립과정과 내용

전술한 바와 같이 법인소득은 법인이 상법에 따라 작성한 손익계산서에 따라 산정하는 것으로 해석하였지만 막상 당시 일본상법상으로는 이익계산에 관한 명문 규정이 거의 존재하지 않았다. 일본상법은 상업장부 작성에 관한 유일한 기준으로 재산목록 작성시 재산의 시가표시만을 규정하고 있을 뿐이었다.[26)]

일본상법상 계산규정체계는 독일상법을 계수한 것이었다. 독일의 이익계산체계가 일본으로 계수된 것은 메이지 시대 일본 정부를 초대로 일본 법무성의 법률고문으로 있던 독일의 법학자 헤르만 뢰슬러(Herman Roesler)가 1884년(메이지 17년)에 1861년 독일일반상법전(ADHGB)을 바탕으로 「상법초안」을 기초한 것에 뿌리를 두고 있다.[27)] 이하에서는 그 연혁을 간단히 살펴보기로 한다.

(가) 「상법초안」

상법초안 제33조는 다음과 같이 규정하고 있었다.

「각 상인은 개업시 및 이후 매익년 3개월 이내에 부동산의 총목록 및 대변차변의 비교표를 작성하고 양자를 별책으로 장부에 기입하여 서명하고 재산목록 및 비교표를 작성한 때는 모든 상품 및 요구권리 및 기타 총재산물건에 당시의 시세 또는 시가를 부여하며 변제를 받을 수 있는 일이 확실하지 않은 요구에 대하여는 그 추정하여 알 수 있는 손실을 공제하여 이를 기재하고 또 완전히 손실로 귀결되는 요구권리는 이를 전혀 기재하지 않는다(各商人ハ開業ノ時及ヒ爾後每翌年初ノ三月以内ニ不動産ノ総目録並ニ貸方借方ノ比較表ヲ製シ両ナカラ別冊ノ帳

版, 2011, 19면.

25) 高橋志朗(주24), 22면; 明治財政史編纂会 編, 「明治財政史 第6巻 租税(2)」, 丸善, 1904, 34면.

26) 高橋志朗(주24), 앞의 책, 19면.

27) 松尾俊彦, "明治期におけるわが国の商法会計制度に関する一考察", 「呉女子短期大学紀要」 9号, 1995, 81면; 坪谷善四郎 외, 「日本商法註釈 上」, 博文館, 1890, 12면.

簿ニ記入シテ署名スヘシ財産目録及ヒ比較表ヲ製スル時ハ總テノ商品及要求権利並ニ其他總テノ財産物件ニ当時ノ相場又ハ市価ヲ附スヘシ辨償ヲ得ルキ損失ヲ控除シテ之ヲ記シ又到底損失ニ帰スヘキ要求権利ハ全ク記スヘカラス)」.

이 규정은 1861년 독일일반상법전(ADHGB) 제31조를 계수한 것이었다.[28] 독일일반상법전 제31조는 다음과 같이 규정되어 있었다.

「제1항: 재산목록과 대차대조표를 작성할 때 모든 재산과 채권은 작성시에 부여되어야 할 가액으로 평가되어야 한다(Bei der Aufnahme des Inventars und der Bilanz sind sämmtliche Vermögensstücke und Forderungen nach dem Werte anzusetzen, welcher ihnen zur Zeit der Aufnahme beizulegen ist).

제2항: 회수가 의심스러운 채권은 회수 가능한 가액으로 평가되어야 하고, 회수할 수 없는 채권은 제거하여야 한다(Zweifelhafte Forderungen sind nach ihrem wahrscheinlichen Werte anzusetzen, uneinbringliche Forderungen aber abzuschreiben).」

독일일반상법전 제31조 제1항에서의 '부여되어야 할 가액(zur Zeit der Aufnahme beizulegen ist)'은 뢰슬러 상법초안에서는 '당시의 시세 또는 시가'로 분명하게 규정되어 있다. 독일의 경우 '부여되어야 할 가액'의 의미에 관하여 판례와 학설의 논의가 분분한 시기가 계속된 경험이 있었기 때문에[29] 뢰슬러는 이를 분명하게 시세 또는 시가로 지정한 것이다. 독일의 통설이 위 가액을 시세 또는 시가로 해석한 것은 사기 또는 허위로 실제가치보다 고가로 평가하는 것을 막기 위한 것이었는데 뢰슬러도 그 해석을 따른 것이었다.[30]

(나) 1890년(메이지 23년) 일본상법

1890년(메이지 23년)에 뢰슬러의 「상법초안」을 바탕으로 제정·공포된 일본상법 제32조는 다음과 같이 규정하고 있었다. 내용상 「상법초안」과 다르지 않다.

「제1항: 각 상인은 개업시 및 이후 매년초 3개월 내에 또 합자회사 및 주식

28) ロエスレル, 「ロエスレル氏起稿商法草案: 上」, 司法省, 1884, 128면.
29) 그 당시 판례의 구체적인 내용에 관하여는 松尾俊彦(주27), 83~84면.
30) 松尾俊彦(주27), 82면; 安藤英義, 「商法会計制度論」, 国元書房, 1985, 83면.

회사는 개업시 및 매사업연도의 종료시에 동산, 부동산의 총목록 및 대변차변의 대조표를 작성하고 특히 비치된 장부에 기업하고 서명할 책임이 있다(各商人ハ開業ノ時及ヒ爾後毎年初ノ三个月内ニ又合資会社及ヒ株式会社ハ開業ノ時及ヒ毎事業年度ノ終ニ於テ動産, 不動産ノ総目録及ヒ貸方借方ノ対照表ヲ作リ特ニ設ケタル帳簿ニ記入シテ署名スル責アリ).

제2항: 재산목록 및 대차대조표를 작성할 때에는 모든 상품, 채권 및 기타 모든 재산에 당시의 시세 또는 시가를 부여한다. 변제를 받을 수 있는 것이 확실하지 않은 채권에 대하여는 그 추정하여 알 수 있는 손실액을 공제하여 이를 기재하고 또 완전히 손실로 귀결되는 채권은 이를 전혀 기재하지 않는다(財産目録及ヒ貸借対照表ヲ作ルニハ總テノ商品, 債権及ヒ其他總テノ財産ニ当時ノ相場又ハ市場価値ヲ附ス辨償ヲ得ルコトノ確ナラサル債権ニ付テハ其推知シ得ヘキ損失額ヲ控除シテ之ヲ記載シ又到底損失ニ帰ス可キ債権ハ全ク之ヲ記載セス)」.

위 제32조는 1893년(메이지 26년)에 제정된 일본상법 제26조로 이어졌다.

(다) 1893년(메이지 26년) 일본상법

법전논쟁을 거쳐 1893년(메이지 26년) 우메켄지로우(梅謙次郎), 오카노케이지로우(岡野敬次郎), 타오베카오루(田部芳)가 기초한 상법전이 성립하였다. 위 1893년 일본상법 제26조는 다음과 같이 규정하고 있었다.

「제1항: 동산, 부동산, 채권, 채무 기타 재산의 총목록 및 대변차변의 비교표는 상인의 개업시 또는 회사의 설립등기시 및 매년 1회 일정한 시기에 이를 작성하고 특히 비치된 장부에 이를 기재하여야 한다(動産, 不動産, 債権, 債務其他ノ財産ノ総目録及ヒ貸方借方ノ比較表ハ商人ノ開業ハ会社ノ設立登記ノ時及ヒ毎年一回一定ノ時期ニ於テ之ヲ作リ特ニ設テカル帳簿ニ事業年度ノ終ニ於テ動産, 不動産ノ総目録及ヒ貸方借方ノ対照表ヲ作リ特ニ設ケタル帳簿ニ之ヲ記載スルコトヲ要ス).

제2항: 재산목록에는 동산, 부동산, 채권 기타의 재산에 그 목록작성시의 가격을 부여하여야 한다(財産目録ニハ動産, 不動産, 債権其他ノ財産ニ其目録調製ノ時二於ケル価格ヲ付スルコトヲ要ス).」

위 제2항을 보면 구 상법의 시세 또는 시가라는 표현이 가격이라는 추상적인 표현으로 바뀌었음을 알 수 있다. 대심원은 메이지 35년 판결에서 위 가격이

라는 표현은 교환가격을 의미한다고 판시하였다.[31)]

(라) 1899년(메이지 32년) 일본상법

1899년(메이지 32년) 일본상법은 상인이 장부를 비치하고 매일 매일의 거래 기타 재산에 영향을 미치는 일체의 사항을 정연하고 명료하게 기재하고(같은 법 제25조), 회사가 매년 1회 일정한 시기에 재산목록 및 대차대조표를 작성할 것(같은 법 제26조), 회사의 이사가 재산목록, 대차대조표, 영업보고서, 손익계산서, 준비금 및 이익 또는 이자배당에 관한 의안을 정기총회에 제출하고 그 승인을 얻을 것을 요구하고 있었다(같은 법 제192조). 이익의 배당에 관하여는 손실을 전보하고 준비금을 공제한 후의 금액을 배당가능이익으로 하여 규제하였다.[32)] 즉 1899년 일본상법상의 계산규정은 배당가능이익산정을 염두에 둔 것이었고 손익계산서도 그 원칙에 입각하여 작성되었다.[33)]

(마) 1911년(메이지 44년) 일본상법

1911년(메이지 44년) 일본상법의 개정에 따라 제26조가 다시 개정되었다. 제1항은 변화가 없고, 제2항은 다음과 같이 개정되었다.

「제2항: 재산목록에는 동산, 부동산, 기타의 재산에 그 가액을 부여하여 이를 기재하여야 한다. 그 가액은 재산목록 작성시의 가액을 초과할 수 없다(財産目録ニハ動産, 不動産, 其他ノ財産ニ其価額ヲ附シテ之ヲ記載スルコトヲ要ス. 其価額ハ財産目録調製ノ時二於ケル価額ヲ超ユルコトヲ得ス).」

제2항은 시가이하주의를 채택한 것이다. 이는 독일일반상법전 제31조를 계승한 1897년 독일상법(HGB) 제40조 제2항에 규정된 '부여되어야 할 가액'의 해석과 관련하여 독일통설의 해석론을 수용한 것이다.[34)] 즉 1897년 독일상법 제

31) 大審院, 「大審院民事判決録」 第8集 第5巻, 東京法学院, 1896, 59면.

32) 이와 함께 자본금의 4분의 1에 달할 때까지 배당액의 20분의 1 이상을 준비금으로 적립하도록 규정하였다. 1899년 상법 제194조.

33) 이상, 鈴木一水(주6), 193면. 법인소득과세가 시작될 당시 회사의 배당가능이익을 과세대상으로 한다는 발상이 가장 이해하기 쉬운 것으로 받아들여졌을 것이라고 보는 견해도 있다. 井上久彌, "確定決算主義見直し論の吟味", 「企業会計」 45巻 8号, 1993, 71면.

34) 安藤英義(주30), 150면; 松本烝治, 「商法原論: 第1巻」, 東京法学院大学, 1905, 224~225면; 田中章介, "わが国商法上の財産評価問題の遡及的考察", 「鳥取環境大学紀要」 1号, 2003, 20면.

40조는 다음과 같이 규정하고 있었다.

「제1항: 대차대조표는 독일화폐로 작성되어야 한다(Die Bilanz ist in Reichswährung aufzustellen).

제2항: 재산목록과 대차대조표를 작성할 때에는 모든 자산, 부채를 작성시에 부여되어야 할 가액으로 평가하여야 한다(Bei der Aufstellung des Inventars und der Bilanz sind sämmtliche Vermögensgegenstände und Schulden nach dem Werte anzusetzen, der ihnen in dem Zeitpunkte beizulegen ist, für welchen die Aufstellung stattfindet).

제3항: 회수가 의심스러운 채권은 회수 가능한 가액으로 평가되어야 하고, 회수할 수 없는 채권은 제거하여야 한다(Zweifelhafte Forderungen sind nach ihrem wahrscheinlichen Werte anzusetzen, uneinbringliche Forderungen abzuschreiben).」

(바) 1938년(쇼와 13년) 일본상법

1938년(쇼와 13년)에 상법이 개정되었는데 이때 재산평가와 관련하여서는 1897년 독일상법과 완전히 동일한 형식을 취하였다. 즉, 일반적인 재산평가 규정과 함께 주식회사에 관한 특별규정을 두는 형식을 채택하였다.[35] 이에 따라 같은 법 제34조 제1항은 「재산목록에는 동산, 부동산, 기타의 재산에 가액을 부여하고 이를 기재하여야 한다. 그 가액은 재산목록조성시에 있어서의 가액을 초과할 수 없다(財産目録ニハ動産, 不動産, 其他ノ財産ニ其価額ヲ附シテ之ヲ記載スルコトヲ要ス. 其ノ価額ハ財産目録調整ノ時ニ於ケル価格ヲ超ユルコトヲ得ズ)」라고 규정하여 시가이하주의를 유지한다는 것을 분명하게 하였고, 제2항으로 「영업용의 고정재산에 대하여는 전항의 규정에도 불구하고 그 취득가액 또는 제작가액에서 상당한 감손액을 공제한 가액을 부여할 수 있다(営業用ノ固定財産ニ付イテハ前項ノ規定ニ拘ラズ其ノ取得価額又ハ製作価額ヨリ相当ノ減損額ヲ控除シタル価額ヲ附スルコトヲ得)」라는 예외규정을 두었다.

또한 주식회사에 대한 특별 재산평가 규정으로 제285조를 두어 「재산목록에 기재된 영업용의 고정재산에 대하여는 그 취득가액 또는 제작가액을 초과하는 가액, 거래소의 시세 있는 유가증권에 대하여는 그 결산기 전 1월의 평균가

35) 松尾俊彦(주27), 82면; 安藤英義(주30), 83면.

격을 초과하는 가액을 부여할 수 없다(財産目録ニ記載スル営業用ノ固定財産ニ付テハ其ノ取得価額又ハ製作価額ヲ超ユル取引所ノ相場アル有価証券ニ付テハ其ノ決算期前一月ノ平均価格ヲ超ユル価額ヲ附スルコトヲ得ズ)」라고 규정하였다.

위 규정은 1897년 독일상법 제261조를 계수한 것이다. 위 독일상법 제261조는 다음과 같이 규정하고 있다.

「대차대조표를 작성할 때에는 다음 기준과 제49조를 적용한다(Für die Aufstellung der Bilanz kommen die Vorschriften des §. 49 mit folgenden Maßgaben zur Anwendung).

1. 거래소의 시세 또는 시장가격이 있는 유가증권 및 상품은 대차대조표 작성시의 시세 또는 시장가격 이하(다만 그 시세 또는 시장가격은 취득가액 또는 제작가액을 초과하여야 한다)로 평가하고 그 평가액은 취득가액 또는 제작가액을 초과할 수 없다(Werthpapiere und Waren, die einen Börsen－ oder Marktpreis haben, dürfen höchstens zu dem Börsen－ oder Marktpreise des Zeitpunktes, für welchen die Bilanz aufgestellt wird, sofern dieser Preis jedoch den Anschaffungs－ oder Herstellungspreis übersteigt, höchstens zu dem letzteren angesetzt werden).
2. 기타 자산은 취득가액 또는 제작가액 이하로 평가한다(andere Vermöge－nsgegenstände sind höchstens zu dem Anschaffungs－ oder Herstellungspreis anzusetzen).
3. 고정자산 기타 재산으로서 양도할 수 없고 회사의 영업에 장기간 제공되고 있는 것은 가격하락을 고려하지 않고 취득가액 또는 제작가액으로 평가한다. 다만 감가상각액 또는 그에 대응하는 수선적립금을 고려하여야 한다(Anlagen und sonstige Gegenstände, die nicht zur Weiterveräußerung, vielmehr dauernd zum Geschäftsbetriebe der Gesellschaft bestimmt sind, dürfen ohne Rücksicht auf einen geringeren Wert zu dem Anschaffungs－ oder Herstellungspreis angesetzt werden, sofern ein der Abnutzung gleich－kommender Betrag in Abzug gebracht oder ein ihr entsprechender Erneuerungsfonds in Ansatz gebracht wird).

4. 설립·관리비용은 대차대조표상 자산으로 계상할 수 없다(die Kosten der Errichtung und Verwaltung dürfen nicht als Aktiva in die Bilanz eingesetzt werden).
5. 자본금과 준비금, 수선적립금은 대변에 계상하여야 한다(der Betrag des Grundkapitals und der Betrag eines jeden Reserve– und Erneuerungsfonds sind unter die Passiva aufzunehmen).
6. 대차대조표 결산시에는 차변과 대변을 통산한 결과 도출되는 손익을 구별하여 적시하여야 한다(der aus der Vergleichung sämmtlicher Aktiva und sämmtlicher Passiva sich ergebende Gewinn oder Verlust muß am Schlusse der Bilanz besonders angegeben werden).」

(사) 소결론

위에서 검토한 바를 종합하여 보면 1940년 일본법인세법 제정시까지 일본상법상의 계산규정에는 큰 변화가 없었다고 하겠다. 일본법인세제의 소득계산구조는 상법회계에 따른 소득계산을 출발점으로 했는데 일본상법의 계산규정은 그 자체로 충분한 것이라고 보기 어려웠다. 보다 근본적으로 상법 규정은 기업활동의 이해관계를 조정하거나 공익적 입장에서 규제하기 위한 것이었으므로 세법 특유의 문제인 세입조달, 세부담의 공평, 조세행정의 효율성이라는 관점에서 기업의 경영성과인 소득을 계산하는 문제에 관하여 적합하다고 보기에는 어려웠다.[36] 두 규범의 괴리는 타이쇼우 시대로 접어들면서 두드러지게 나타나게 되었다. 타이쇼우 시대로 접어들면서 법인의 수와 법인소득세의 세수가 급증하였고[37] 법인들은 법인소득계산의 불합리성에 대하여 강하게 비판하기 시작하

36) 大村巍(주7), 5면.

37) 1899년법 시행 초기에는 주주의 숫자도 많지 않고 법인이익을 사외유출하는 경우가 적었고 사내유보를 비밀적립금으로 적립할 필요도 적었기 때문에 조세행정상으로 과세소득을 파악하여야 하는 필요성이 거의 없었다고 한다. 그 후 일본은 제1차 세계대전을 계기로 상공업이 크게 발전하여 제1차 세계대전이 일어난 1914년에는 기업규모가 전국에 2만개(자본금 21억엔)였지만 1918년에는 3만개(자본금 46억엔), 1916년에는 4만 6천개(자본금 121억엔)로 수는 2.3배, 자본금은 6배가 증가하여 기업회계의 수요가 크게 증가하였다. 또한 법인소득세의 세수는 1914년에는 1,316만엔에 불과하였지만 1918년에는 6,195만엔, 1920년에는 1억 2,794만에 이르러 1920년을 기준으로 법인소득세가 소득세 수입에서 차지하는 비중은 67퍼센트에 달하게 되었다. 이상 大村巍(주7), 9면; 鈴木章,「法人税制の研究」, 光陽出版社, 2003, 15면.

였다. 당시 세무직 공무원의 수가 적어서 가급적 간단하고 형식적인 기준으로 과세표준을 산정하였던 것도 그 이유 중 하나였다.[38] 그리고 그 비판을 뒷받침한 것이 서구에서 수입된 회계학의 논리였다. 타이쇼우 시대 이후부터 법인세 소득계산과 관련하여 몇 가지 주요 쟁점을 중심으로 해석론·입법론적 논쟁이 전개되었다.[39] 이에 관하여는 뒤에서 쟁점별로 살펴보기로 한다.

(4) 구체적인 과세소득의 범위

개별적인 계산규정이 없었기 때문에 구체적인 과세소득의 범위는 분명하지 않았다. 그러나 1899년 일본상법은 재산법과 시가주의를 취하고 있었으므로 확정결산주의에 따라 자산의 시가평가손익은 각각 익금과 손금에 포함되게 된다. 일본법원도 제1종소득은 사업연도를 통하여 모든 수입·지출 및 가격의 증감등을 가감한 계산금이라고 판시하였다.[40] 이와 관련하여 일본의 행정재판소 판례를 살펴보자.

(가) 익금의 범위

일본의 행정재판소는 앞서 본 세법과 상법의 관계에 입각하여 소득세법에 따라 회사가 제출해야 하는 손익계산서는 상법상 적법한 것으로서 상법이 회사 재산에 대하여 시가평가를 규정하고 있는 이상 1893년 상법 제26조에 따른 시가의 평가증은 익금에 포함된다는 점을 분명히 하였다.[41] 이런 일본 법원의 입장은 메이지 시대 이후에도 계속되었다.

선박보험적립금 및 선박대수선적립금이 손금인지 익금인지 여부에 관하여는 다툼이 있었다. 위 적립금은 회사가 자본유지를 위하여 필요한 것이므로 회사의 손실이라는 반론이 있었지만 판례는 훗날 사용하기 위하여 유보한 것으로서 현실적으로 자본을 전보한 손실은 아니므로 익금에 산입하여야 한다고 해석

38) 大村巍(주7), 10면.

39) 大村巍(주7), 5~6면. 논쟁의 그 중심에는 1917년 창간된 일본회계학회의 학술지 「회계」가 있었다. 大村巍(주7), 8면 이하.

40) 행정재판소 1901. 6. 26. 선고 메이지 39년 1호 판결; 忠佐市, “プレ税務会計史(未定稿)(1)”, 「商学集志」 44巻 1号, 1974, 6면.

41) 행정재판소 1902. 2. 29. 선고 메이지 40년 89호 판결; 忠佐市(주39), 6~7면. 회사의 재산자체의 가격이 시가 앙등에 의하여 전 사업연도말 가격보다 증가한 경우에는 그 차액은 익금에 포함된다고 판결한 것으로 행정재판소 1920. 7. 5. 선고 타이쇼우 9년 55호 판결.

하였다.[42)]

(나) 손금의 범위

행정재판소는 일반적으로 총손금은 현실의 지출 또는 동산, 부동산 가격의 하락 등을 말한다고 판시하였다.[43)] 이는 총익금의 개념에서 취한 입장과 동일한 것이다. 주로 문제가 된 것은 임원 또는 사용인의 보수·상여에 관한 것들이었다. 우선 임원에 대한 상여금은 이익처분에 의한 것은 총손금에 포함되지 않는다고 판시한 것이 다수를 차지하고 있었다.[44)] 당시 일본 상법학계의 다수설 및 판례는 임원의 보수 및 퇴직금은 경비로, 상여는 이익분여로 보는 견해를 취하고 있었는데 그 취지에 따른 것이다.[45)] 사용인에 대한 상여금 역시 이익의 일부로써 지급하는 경우에는 이익처분으로서 손금에 산입할 수 없다고 보았다.[46)]

제1종소득세의 세액은 손금에 산입하였다. 다만 판례는 해당 사업연도분의 제1종소득세는 그 사업연도에 확정되지 않으므로 해당 사업연도의 손금으로는 산입되지 않는다고 보았다.[47)]

(5) 확정결산주의의 성립

일본의 학계에서는 앞서 본 소득결정의 절차규정들을 근거로 일본의 법인세제가 당초부터 상법회계에 따른 이익을 출발점으로 하여 세법에 따라 가감수정하는 확정결산주의를 채택하였다고 해석하는 것이 일반적이다.[48)] 일본의 법

---

42) 행정재판소 1903. 7. 10. 선고 메이지 36년 51호 판결; 忠佐市(주40), 10면.

43) 행정재판소 1903. 7. 10. 선고 메이지 35년 218호 판결; 忠佐市(주40), 9면.

44) 행정재판소 1894. 11. 12. 선고 메이지33년 138호 판결; 행정재판소 1894. 11. 14. 선고 메이지 33년 112호 판결; 행정재판소 1894. 12. 28. 선고 메이지 33년 233호 판결; 행정재판소 1895. 5. 30. 선고 메이지 34년 22호 판결; 행정재판소 1924. 5. 26. 선고 타이쇼우 12년 46호 판결; 忠佐市(주40), 9면.

45) 다만 위 행정재판소 1924. 5. 26. 선고 타이쇼우 12년 46호 판결은 임원의 보수를 급여와 상여로 나누고 상여가 그 사업연도의 이익에 대한 비율로 정해지면 이익처분의 성격을 가지지므로 손금에 산입할 수 없다는 입장을 취했다. 忠佐市(주40), 9면.

46) 행정재판소 1911. 2. 20. 선고 메이지 43년 122호 판결; 忠佐市(주40), 10면. 이런 일본 판례의 입장이 우리 법인세법 시행령 제43조 제1항의 입법에까지 영향을 미치고 있는 것이다.

47) 행정재판소 1900. 11. 26. 선고 메이지 33년 181호 판결; 忠佐市(주40), 10면.

48) 高橋志朗, "わが国税務会計発達史の研究(上)", 「東北学院大学論集 経済学」 135号, 1997, 12면; 高橋志朗(주24), 18면; 吉国二郎, 「法人税法」, 財経詳報社, 1965, 91~92면. 이때부터 확정결산주의가 시작되었다는 견해로는 武田昌輔, "確定決算基準主義", 「企業会計」 51巻 1号, 1999, 100면; 川端保至(주22), 11~12면; 忠佐市, "確定決算主義の原則と法第22条第4

인세제에 부과과세제도가 적용되던 시기에는 법인이 상법규정에 따라 결산을 한 후 그 소득금액과 계산서류를 과세당국에 제출하면 이를 바탕으로 과세당국이 소득금액을 결정하였다. 따라서 납세자인 법인의 입장에서는 상법회계에 의존하지 않을 수가 없었으므로 자연스럽게 확정결산주의가 확립된 것이라고 할 수 있다. 법인세의 과세표준을 소득금액으로 한 이상 보고이익을 그 출발점으로 하게 된 것은 자연스러운 현상이었다.49)

한편 일부 학계에서는 일본이 의식적으로 세법 단계에서 확정결산주의를 계수한 것으로 보기도 하는데 구체적으로는 1874년 12월 22일자 작센소득세법(Das sächsische Einkommensteuergesetz von 1874) 제22조 제1호에서 연원을 찾을 수 있다고 한다.50)

작센소득세법 제22조 제1호는 과세소득과 관련하여 다음과 같은 규정을 두고 있었다.

「상업 및 영업의 경우 순이익은 상법전이 규정하고 있는 재산목록 및 대차대조표 작성의 원칙에 따라 산정한다. 상법전에 규정되어 있지 않은 경우에는 정규 상인의 관습에 따른다. 특히 출자자본 및 채권, 채무, 채무의 이자 등의 증가 기타 감소도 동일하다…(Beim Handels- und Gewerbebetriebe ist der Reingewinn nach den Grundsätzen zu berechnen, wie solche für die Inventur und Bilanz durch das Handelsgesetzbuch vorgeschrieben sind und sonst dem Gebrauche und andererseits von der Abnutzung des Anlagecapitals sowie von Forderungen, von Schulden und deren Zinsen…)51)」

項",「稅経通信」34巻 11号, 1979, 11면. 이에 대하여 그 당시에는 아직 기업회계의 실무나 관행 자체가 확립되지 않았으므로 일반적으로 소득계산의 상법회계에 대한 원칙적 의존을 의미하는 현행 일본세법상의 확정결산주의가 성립한 것으로 볼 수 없다는 견해로 高橋志朗(주24), 18면.

49) 鈴木一水(주6), 200~201면.

50) 川端保至(주22), 12~16면.

51) 1874년 12월 17일자 브레멘소득세법 제5조 별표B 제7호도 같은 취지의 규정을 두고 있었다. "순소득의 계산은 다음과 같이 계산한다: … 7. 상행위에서 발생한 이익 상법전의 규정에 따라 작성된 결산서에서 도출되는 그 금액(Zum reinen Einkommen sind zu rechnen: … 7. Der Gewinn aus Handelsgeschäften, so wie sich derselbe aus dem nach den Bestimmungen des Handelsgesetzbuchs aufgestellten Jahresabschluss ergibt…"

위 규정이 작동하려면 전제가 되는 상법전의 계산규정이 필요한데, 독일의 경우에는 이미 1861년에 — 충분하지는 않지만 — 독일일반상법전(ADHGB)이 제정되어 있었다.[52)53)]

(6) 재산법의 채택

회계학에서는 이익 또는 이윤계산의 원리로 전통적으로 재산법과 손익법의 대립이 있었다. 기업의 소득을 산정할 때 두 시점간 경제력의 순증가를 화폐가치로 측정하는 방법론을 재산법 또는 자산부채접근방법이라고 하는데,[54)] 재산법에 따르면 순손익은 다음과 같다.

순손익 = 기말순재산 - 기초순재산 - 추가출자액 + 출자환급액 = 기말자산 - 기말부채 - 기초자본-추가출자액 + 출자환급액

위 정의는 일반적으로 순자산증가설이라고도 하는 것으로서 독일의 샨츠(Schanz), 미국의 헤이그(Haig)가 주장한 것이다. 위 정의는 결국 소득을 재무상태표에 의하여 계산한다는 것을 의미하는데 독일세법은 소득을 위와 같이 정의하고 있다.

재산법의 개념 요소는 다음과 같다.[55)]

첫째, 기업의 순자산의 크기만으로 소득을 계산한다. 그 결과 기업의 거래활동은 사상(捨象)되고 영리의 의사로 거래활동을 행하는 경영자의 의사와 관계없이 소득이 계산된다.

둘째, 실지 재고가 중심이 되므로 계속기록의 필요가 없고, 평가손익이 곧 소득으로 된다. 실현의 개념이 존재하지 않는다.

셋째, 재산법은 정태적으로 해산을 예정하므로 기간배분의 문제를 중요시

52) *Schütz*, Der Maßgeblichkeitsgrundsatz gemäß § 5 Abs. 1 EStG - ein Fossil?, 2002, S. 24.

53) 일본법인세제가 채택한 확정결산주의는 독일세법 특유의 제도이다. 다른 주요 국가의 경우에는 경우 과세소득을 결산이익과 직접 결부시킨다는 의미에서의 확정결산준의를 채택하고 있지 않다. 井上久弥, "確定決算主義見直し論の吟味", 「企業会計」 45巻 8号, 1993, 69~70면.

54) 長穣, "法人税法における財産法の影響について", 「税務大学校論叢」 第1号, 1968, 85면.

55) 長穣(주54), 85~86면.

하지 않는다.

넷째, 재산법은 손익법과 달리 현금주의적 사고를 채택하지 않는다.

다섯째, 재산법은 경영자가 동시에 소유자인 것을 전제로 하므로 개인적 비용을 기업에서 지출하는 것을 용인하는 것을 전제로 한다. 그러므로 기업의 부정계산을 전제로 채권자를 보호하기 위하여 기업자산의 매각가치를 중요하게 보는 것이다.

반면 손익법은 기업의 소득 또는 이익을 영업계속 중의 수익액이 매출액을 초과한 부분으로 계산하는 방법이다. 손익법에 따르면 순이익은 다음과 같다.56)

순손익 = 총수익 - 총손익

손익법의 개념요소는 다음과 같다.57)

첫째, 손익법은 매일매일의 매상 등의 수익액과 수익을 올리기 위한 희생적 손실에 착안한다. 즉, 재산법이 기업자산에 착안하는 것과는 근본적인 차이가 있다. 수익과 비용에 착안하기 때문에 기중의 거래(transaction) 및 사건(events)과 같은 경험적 사실을 기초로 소득을 계산한다.

둘째, 손익법에는 계속기록의 존재가 전제로 되기 때문에 자산의 평가가치 대신 취득가액이 중심으로 되고 실현의 개념이 중요하게 된다.

셋째, 손익법은 동태적이고 계속기업을 예정하므로 수익비용의 기간배분 문제가 중요하게 된다.

넷째, 현금주의도 발생주의와 함께 중요시된다.

다섯째, 손익법은 경영자의 부정, 소득은닉의 존재를 전제로 하지 않는다. 경영자의 부정, 소득은익이 있다면 수익과 비용으로 순이익을 계산할 수 없기 때문이다.

앞서 본 바와 같이 1890년(메이지 23년) 일본상법 제32조 제1항은 재산목록과 재무상태표의 관계를 규정한 재산법의 계산체계를 전제로 하는 것이고, 같

---

56) 長穣(주54), 87면.

57) 長穣(주54), 87~88면.

은 조 제2항은 재산평가에 관한 시가주의 원칙을 규정한 것으로서 역시 재산법의 계산체계에 입각한 것이다.[58][59] 그리고 1899년 일본이 채택한 법인세 소득계산구조는 위 상법회계를 전제로 하므로 역시 재산법을 채택한 것이다.

나. 1913년 일본소득세법

1913년(타이쇼우 2년) 일본소득세법 개정시 법인의 과세소득계산 규정은 '각 사업연도의 총익금에서 총손금을 공제한 금액'으로 단순하게 바뀌었다(같은 법 제4조). 즉 '전년도이월금'이 삭제되었다. 이때에도 총익금 및 총손금의 정의 규정을 두지 않았다. 다만 같은 해 제정된 「소득세법시행상취급방(所得税法施行上取扱方)」은 전년도에 과세가 된 이월익금을 총익금에서 공제하고 동시에 총익금에서 총손금을 공제하고 난 순익금을 전년도 이월결손금의 전보에 충당한 경우에는 전년도 이월결손금을 손금으로 하도록 규정하고 있을 뿐이었다.[60] 당시의 실무는 전과 다름없이 상법의 계산규정을 존중하였다. 따라서 상법의 규정에 따라 법인 재산이 증가하는 것을 익금으로 법인 재산이 감소하는 것을 손금으로 해석하였다.[61] 1913년 일본소득세법에 따르면 법인은 각 사업연도의 재산목록, 대차대조표, 손익계산서 및 소득명세서를 첨부하여 관할 세무서에 신고하여야 하고(같은 법 제7조),[62] 관할 세무서는 신고에 따라 혹은 신고가 없거나 상당하지 않은 경우에는 조사에 의하여 과세소득금액을 결정하도록 하였다(같은 법 제9조). 1913년 소득세법은 첨부서류로 손익계산서 이외에도 상법이 요구하

58) 小林俊昭, "「シェアー簿記会計学原理」の歴史的展開－日本商法および税法が継受した原理－", 「長野経済短期大学論叢」 第42号, 2005, 104면. 다만 재산목록으로부터 재무상태표를 작성하다는 것만으로는 둘 사이의 상관관계가 분명하게 드러나지는 않는다는 지적이 있기는 하다. 그러나, 적어도 재산법 존중의 취지를 찾을 수는 있을 것이다. 小林俊昭(주58), 106면.

59) 일본상법은 제2차 세계대전 종전 후인 1950년(쇼와 25년) 개정 및 그 이후 몇 차례 개정을 거쳐 손익법의 이익계산체계로 이행하였다. 小林俊昭(주58), 103면, 106면.

60) 鈴木一水(주6), 194면.

61) 武本宗重郎, 「改正所得税法釈義」, 同文館, 1913, 93면("상법규정에 의한 손익은 회사재산의 증감을 말하는 것으로서 세법에 있어서도 그 의미로 해석하여야 한다").

62) 그 신고기한은 매 사업연도 결산확정일로부터 7일 이내였다(1913년 소득세법시행규칙 제3조 제1항). 여기서의 결산확정일은 그 사업연도 결산을 승인한 주주총회종결일 또는 총사원이 동의한 날로 해석되었다(鈴木保雄 等, 「最新会社税務精説」, 賢文館, 1938, 37면). 회사가 신고시에 첨부하여야 하는 재산목록, 대차대조표 및 손익계산서는 '상법의 규정'에 따라 작성하여 정기주주총회의 승인을 받아야 하는 것으로 해석되었다. 武本宗重郎(주61), 앞의 책, 93면.

는 다른 계산서류를 추가하였다. 이에 따라서 과세소득금액은 납세자인 법인이 상법의 규정에 따라 작성한 계산서류를 기초로 하여 정부가 결정한다는 점이 분명하게 되어 과세소득계산의 상법회계 의존성이 더 강화되었다.[63)]

그러나 여전히 일본상법의 계산규정 자체가 충분하지 않았기 때문에[64)] 세무실무에서는 판례 입장의 반영과 하급 과세관청의 조회에 대한 회답을 통하여 과세소득계산 실무의 통일을 도모하기 위한 노력을 기울였다.[65)]

이미 1903년 12월 27일 대장성 주세국장은 선령(船齡)을 25년으로 보아 6개월마다 결산할 때 2퍼센트씩을 상각하여 손금으로 인정하는 통첩(1903년 12월 27일 原甲 第565号 主税局長 通牒)을 발령하였는데, 이는 일본우선주식회사 및 동양기선주식회사와 동경세무감독국장 간의 제1종소득금액취소소송의 판결결과를 반영한 것이었다.[66)] 또한 1907년 7월 5일 아키타(秋田)국의 직(直)제175호「매출의 익금산입시기(掛売の益金算入時期)」에 대한 조회에 대하여 주세국은 같은 달 18일 왕(往)제11535호 주세국회답으로「권리확정의 시기(権利確定の時期)」를 냈다.[67)]

이러한 노력이 누적된 결과 점차로 법인의 과세소득계산이 체계를 잡아가기 시작했다.[68)]

---

63) 鈴木一水(주6), 194면. 1913년 소득세법에도 법인의 소득은 정부가 결정하는 것에 반하여 개인의 소득은 소득조사위원의 조사에 의하여 정부가 결정하도록 되어 있었다(같은 법 제9조). 이와 같은 차이에 대하여 중의원위원회에서 정부위원인 스가와라미치요시(菅原通敬)는 법인의 결산에는 공고, 감사가 의무로 되어 있어서 제출된 손익계산서를 정부가 조사하여 결정할 수 있지만 개인의 소득은 조사가 어렵고 정부가 독자적으로 결정하면 사정을 모두 살필 수 없는 폐가 있기 때문에 조사위원의 지식을 빌리는 것이라고 설명하고 있다. 1913년(타이쇼우 2년) 3월 17일 제30회 제국의회 중의원 소득세법중개정법률안 위원회의록 제3회, 15~16면.

64) 이처럼 메이지 상법의 회계규정이 부실했던 것은 뢰슬러 초안이 1861년 독일일반상법전(ADHGB)을 전범으로 했는데 그 법이 충분한 계산규정을 두지 않았기 때문이었다. 그 이후 1898년(메이지 31년) 독일상법이 개정되면서 제28조에 계산규정의 최고규범으로 '정규부기의 원칙(Grundsätze ordnungsmassiger Buchführung)'을 규정하였으나 그 다음해 성립된 1899년(메이지 32년) 상법은 그 개정사항의 조사를 게을리하여 그와 같은 규정을 두지 못하였다고 한다. 黒沢清,「日本会計制度発展史」, 財経詳報社, 1990, 169~179면.

65) 鈴木一水(주6), 195면.

66) 1903년(메이지 36년) 7월 10일 행정재판소 판결; 鈴木一水(주6), 195면; 武本宗重郎(주61), 100~101면.

67) 川端保至(주22), 12면.

68) 이처럼 통첩과 회답을 통하여 세법 독자 목적에 기한 규율이 이루어지고 과세소득계산 규정의 내용이 점차 갖추어지게 되었다는 것이 일본의 법인소득계산구조의 특징이라고 한

한편 사용인에 대한 상여금은 해당 사업연도의 주주총회에 의한 결산결의 이전에 지출된 것은 이익처분에 의한 것임이 증명되지 않는 한 설사 그 사업연도의 이익과 비례한다고 하여도 총손금에 포함된다는 판례가 이 시기에 나와서 그 이후에도 계속 유지되었다.[69] 위 상여금의 손금산입시기는 전년도의 근무태만 여부를 조사하여 그 다음해 첫달에 지급하는 경우에는 그 지출연도로 보았다.[70]

다. 1920년 일본소득세법

1920년 일본소득세법 개정시에도 과세소득계산은 총익금에서 총손금을 공제하여 계산하는 골격이 그대로 유지되었다(같은 법 제4조). 다만 제1종소득을 초과소득, 유보소득, 배당소득 및 청산소득으로 세분화하는 등 과세소득의 계산 및 신고에 관하여 몇 가지 개정이 있었다(같은 법 제3조).

신고절차상으로는 재산목록, 대차대조표, 손익계산서 등에 「소득 및 자본금액 명세서」[71]를 첨부하여 관할세무서에 제출하고(같은 법 제24조 제1항) 그 신고기한은 매 사업연도결산확정일부터 14일 이내로 하였다(같은 법 시행규칙 제16조). 종전과 같이 상당한 신고가 있는 경우에는 신고에 따라 소득금액이 결정되었다(같은 법 제26조 제1항).

(1) 소득세법시행상취급방심득(所得税法施行上取扱方心得)의 제정

위와 같이 상법에 따라 계산서류를 제출하도록 한 것은 종전과 마찬가지로 상법회계를 기초로 과세소득을 계산하는 구조가 유지되었기 때문인데, 상법회계규정이 상세하지 않아 실무적인 어려움이 있었으므로 세무당국은 상법규정과

다. 川端保至(주22), 12면.

69) 행정재판소 1917. 2. 8. 선고 타이쇼우 5년 5호 판결; 행정재판소 1917. 2. 13. 선고 타이쇼우 5년 26호 판결; 행정재판소 1918. 7. 2. 선고 타이쇼우 7년 64호 판결; 행정재판소 1918. 7. 23. 선고 타이쇼우 6년 20호 판결; 행정재판소 1918. 7. 25. 선고 타이쇼우 7년 39호 판결; 1919. 2. 20. 선고 타이쇼우 7년 42호 판결; 행정재판소 1919. 5. 15. 선고 타이쇼우 8년 9호 판결; 행정재판소 1920. 3. 3. 선고 타이쇼우 8년 61호 판결; 행정재판소 1920. 6. 1. 선고 타이쇼우 8년 72호 판결; 행정재판소 1920. 6. 1. 선고 타이쇼우 9년 34호 판결 등; 忠佐市(주40), 9~10면.

70) 행정재판소 1918. 7. 23. 선고 타이쇼우 6년 20호 판결. 개별적으로 급여액이 결정된 사령(辭令)이 교부된 연도라고 본 판례도 있다(행정재판소 1924. 5. 26. 선고 타이쇼우 12년 46호 판결).

71) 자본금액 명세서를 첨부하도록 추가한 것은 초과소득금액의 산정에 자본금액이 필요하기 때문이었다. 鈴木一水(주6), 196면 주7.

별도로 과세소득계산을 보완하는 규정을 제정하였다. 즉 1920년 「소득세법시행상취급방심득」[72]은 법인소득계산 규정으로 다음의 11개의 조문을 두었다.[73][74]

제1조 법인의 소득계산상 전기 이월익금은 이를 총익금 중에 산입하지 않는다.

제2조 법인합병의 경우 승계된 자산가격이 합병을 위하여 발행된 주식금액을 초과하는 경우의 합병차익은 이를 총익금 중에 산입하지 않는다.

제3조 법인의 자산감가상각 및 이월결손금의 전보는 그 사업연도의 손금으로 인정되는 것으로써 법인의 계산에서 순익금의 처분으로써 이를 한 경우에도 그 순익이 발생한 사업연도의 총손금 중에 이를 산입한다.

제4조 법인의 소득계산상 국채 및 저축채권법에 따라 발행된 저축채권의 이자는 그 금액을 소득세를 부과하지 않는 소득으로 간주한다.

제5조 법인의 총익금 중 국채 이외의 공채의 이자 기타 제2종소득 또는 다른 법인으로부터 수취한 배당금(소득세를 부과한 것인지 여부를 묻지 않는다)이라도 이를 공제하지 않고 과세소득으로 계산한다.[75]

제6조 보험회사의 이익금 또는 잉여금을 산출한 경우 보험계약으로 인한 배당금 또는 배당준비금을 공제한다. 다만 배당준비금에 대하여는 보험약관상 확정적 의무에 따라 적립된 것에 한하고 보험계약으로 인한 배당금은 이를 제3종소득으로 계산하지 않는다.

제7조 법인이 월 또는 월의 중간에 해산한 경우 해산일을 소득세법 제6조의 월말로 간주하고 자본금을 계산한다.

제8조 소득세법 제14조 제2항에 따라 이익의 배당으로 간주되는 금액은 법인의 해당 사업연도의 배당소득 중에 산입한다.

제9조 법인의 청산소득 또는 소득세법 제10조 제2항에 따라 배당소득계산을 할 때에는 잔여재산 또는 적립금 중 소득세를 부과하지 않은 소득

---

72) 大正九年八月十九日大蔵大臣官房秘令 57号.

73) 이것을 요약한 것이 1945년(쇼와 20년) 9월에 공개된 「法人各税の取扱」이다. 忠佐市(주 40), 9~10면.

74) 高橋志朗(주24), 54면 주 83.

75) 수취배당금과 수취공사채이자는 종래 총익금에 포함되지 않던 항목이었다. 鈴木一水(주 6), 196면.

또는 소득세가 면제된 소득으로 이루어진 것이 있더라도 이를 공제하지 않는다.

제10조 합명회사 또는 합자회사가 상법 제85조 또는 제105조에 따른 임의청산에 의하여 재산을 처분하는 경우 해산 당시의 총자산가액에서 채무금액을 공제한 것을 세법 제11조 제1항의 잔여재산으로 간주한다.

제11조 청산 중에 납임된 주식금액 또는 출자금이 있는 경우에는 청산소득의 산출상 이를 납입주식금액 또는 출자금액에 산입한다.

(2) 구체적인 과세소득의 범위

그럼에도 불구하고 여전히 과세소득의 산정과 관련된 규정들이 부족했기 때문에 행정재판소의 판결들이 중요한 의미를 갖고 있었다. 그 중 의미 있는 것들을 살펴보면 다음과 같다.

(가) 익금의 범위

이 시기에 주목할 만한 판결로는 익금의 귀속시기에 관한 행정재판소의 판결들이 있다. 행정재판소는 아직 미수 상태인 소작미의 생산량 평가액은 총익금에 가산하여야 하고,[76] 창고보관료는 수탁물 출고시까지 지급을 청구할 수 없지만 출고 전의 보관기간에 비례하여 보관료를 총익금에 가산하여야 한다고 판시하였다. 그리고 그 논거로는 총익금 중에는 채권의 가액도 산입되어야 한다는 것을 들고 있다.[77]

또한 법원은 궤도부설비로서 지급받은 보조금과 관련하여 중도공사정지 기타 사실이 있는 경우에는 법정이자를 더하여 반환하는 조건이 붙어 있는 경우라도 현실로 반환하는 것이 확정되지 않은 이상 지급받은 보조금을 익금에 산입해야 한다고 판시하였다.[78]

법원은 일본상법에 따른 시가의 평가증을 익금에 포함시킨다는 입장도 계속 유지하였다. 이에 따라 행정재판소는 제1종소득의 익금 중에는 법인소유재산의 시가 앙등에 의한 평가증, 원본자산에서 발생한 과실의 가격, 원본자산의

76) 1920. 7. 20. 선고 타이쇼우 9년 74호 판결; 1920. 12. 23. 선고 타이쇼우 9년 70호 판결; 忠佐市(주40), 8면.

77) 忠佐市(주40), 8면.

78) 행정재판소 1922. 10. 28. 선고 타이쇼우 5년 5호 판결; 忠佐市(주40), 9면.

처분에서 발생한 이득의 가격 등이 모두 포함된다고 판시하거나, 영리사업에 속하지 않는 일시소득도 과세된다고 판시하였다.[79] 또한 회사가 시가로 평가증을 하지 않은 경우에는 과세당국이 평가증을 하여 익금을 산정하였다.[80]

(나) 손금의 범위

손금의 산정과 관련하여 접대비는 해당 사업연도 내에 현실로 지급된 것이 증명된 경우에는 손금산입된다는 판결이 있었고[81] 합자회사의 업무집행사원에 대하여 정관이 정하는 바에 따라 해당 사업연도의 이익의 일부를 일정한 비율로 지급한 보수는 손금에 산입된다는 판결도 있었다.[82]

주식회사가 그 납입주금액을 초과하는 가격으로 자기주식을 매입하여 소각한 경우 납입주금액과 매입액의 차액은 회사의 손금으로 되고 배당소득을 구성하는 것은 아니라고 판시하였다.[83]

(3) 동족회사 행위계산부인 규정의 신설

1923년(타이쇼우 12년) 소득세법 개정시 동족회사 행위계산부인 규정이 신설되었다. 1920년 소득세법 개정시 법인소득에 대하여 과세하면서 동시에 주주의 배당소득에 대하여도 과세를 하였으므로 개인사업이나 개인재산을 법인으로 이전하여 중복과세로 인한 조세부담 증가에 대처하려는 경향이 현저해졌다. 일본 정부는 그러한 현상에 대응하기 위하여 1923년 소득세법 개정시 동족회사와 그 주주 기타 특수관계인 간의 행위로 소득세를 면탈할 목적이 있다고 인정되는 경우에는 과세당국이 그 행위에 관계없이 스스로 인정하는 바에 따라 소득금액을 계산할 수 있다는 규정을 신설했다(같은 법 제73조의3). 다시 1926년 소득세법 개정시에는 위 규정을 "동족회사의 행위 또는 계산으로 동족회사의 소득 또는 주주 기타 특수관계인의 소득에 대하여 소득세를 면탈하려는 목적이 있다고 인정되는 경우에는 그 행위 또는 계산에 관계없이 국세당국은 그 인정되는 바에 따라 그러한 자의 소득금액을 계산할 수 있다"라고 하는 규정으로 개정하

79) 행정재판소 1917. 5. 17. 선고 타이쇼우 6년 52호 판결; 忠佐市(주40), 6면.

80) 행정재판소 1922. 12. 23. 선고 타이쇼우 9년 12호 판결; 忠佐市(주40), 7면.

81) 행정재판소 1920. 3. 29. 선고 타이쇼우 8년 74호 판결; 忠佐市(주40), 9면.

82) 행정재판소 1917. 4. 4. 선고 타이쇼우 6년 10호 판결; 忠佐市(주40), 9면.

83) 행정재판소 1928. 7. 20. 선고 타이쇼우 15년 23호 판결; 忠佐市, "プレ税務会計史(未定稿)(2)", 「商学集志」 45巻 1号, 1975, 9면.

였다.[84] 동족회사 행위계산부인 규정은 우리나라 법인세법상 부당행위계산부인 규정에 대응하는 것으로서 일본 학계에서는 구 독일조세조정법(Steueranpassungsgesetz) 제6조 및 독일법인세법상 숨은 이익처분(verdeckte Gewinnausschüttung)과의 연관관계를 근거로 독일세법으로부터 계수한 것이라고 보는 견해가 지배적이다.[85]

라. 1926년 일본소득세법

1926년 일본소득세법 개정시에는 제1종소득세에 관하여 구조를 변경하는 개정이 있었다. 종래의 배당소득과 유보소득의 구분을 폐지하여 보통소득으로 일원화하여 5퍼센트(외국법인은 10퍼센트)의 세율로 과세하고, 초과소득에 대하여는 4퍼센트에서 20퍼센트까지의 초과누진세율을 적용하였다. 이 시기의 가장 주목할 만한 변화로는 1927년 주비(主秘) 제1호 통첩을 들 수 있다.

(1) 과세소득금액의 계산구조

1926년 일본소득세법 개정 이후에도 보통소득을 계산할 때에는 총익금에서 총손금을 빼도록 하여 기존의 소득계산구조를 계속 유지하였다.

이 시기에 강학상 총익금, 총손금의 개념 정의에 관하여 주목할 만한 견해가 제시되었다. 즉, 총익금은 자본의 납입 이외에 회사의 순자산 증가를 초래하는 원인이 되는 일체의 사실로, 총손금은 자본의 환급 및 해당 사업연도 이익금의 처분 또는 적립금의 감액에 의하여 배당금 또는 상여금을 지출하는 것 이외에 회사의 순자산 감소를 초래하는 원인이 되는 일체의 사실을 말하는 것으로 해석하는 견해가 등장한 것이다.[86] 이 견해는 현행 익금, 손금의 정의와 거의 일치한다. 한편 소득, 총익금, 총손금의 개념에 관하여 언급한 판례는 많지 않지만, 각 사업연도의 총익금 및 총손금이라 함은 각 사업연도 내의 수입금, 지출금과 동의어가 아니고 그 사업연도 내의 재산 및 재산가액의 증감을 포함하는 것이라는 판결이 있었다.[87]

이 시기에 법인결산 실무는 점차로 상법회계가 취하는 재산법에서 벗어나

---

84) 忠佐市(주83), 2면.

85) 대표적으로 清永敬次, "税法における同族会社の行為計算の否認規定(1)－大正12年所得税法及び大正15年所得税法－", 「法学論叢」 72巻 1号, 1962, 45면, 66~67면.

86) 片岡政一, 「税務會計」, 森山書店, 1932, 44면.

87) 행정재판소 1927. 7. 18. 선고 타이쇼우 15년 14호 판결; 忠佐市(주83), 8면.

손익법으로 이동하였고 세무회계도 상법회계로부터 독립하기 시작하였다. 당시 상법회계, 기업회계, 세무회계의 관계를 정리하여 보자면 우선 상법상 시가이하주의 및 기타 계산규정은 강행규정이므로 세법에도 원칙적으로 적용되기는 하였지만 그보다는 기업회계에 일반적으로 수용된 손익법의 원리가 세법 해석에 큰 영향을 미쳤다. 상법규정 또는 기업회계에 의할 때 타당하지 않은 부분에 대하여는 세법의 규정 그 자체의 취지에 입각하여 해석하였다.88)

이 시기에 상법상 계산규정과 법인과세소득의 관계에 관하여는 대차대조표에 의하여 과세소득을 계산한다는 원칙적 입장을 천명한 판례가 있다. “대차대조표라는 것이 해당 사업연도의 손익관계를 표시하는 것은 아니므로 그 자산 및 부채로 소득을 계산하는 것은 부당하다”고 주장한 원고 회사의 주장에 대하여 행정재판소는 당시 일본상법 제26조에 따르면 대차대조표는 일정한 시기의 재산 일체를 차변과 대변에 구분하여 대조 기재한 표로서 그 차변·대변에 재산을 구분할 때 어떤 기준에 의하는지는 규정되어 있지 않으나 계산상 동일하게 처리해야 하는 것은 동일하게 구분하여 귀속시켜야 하는 것이 당연하므로 차변·대변 또는 자산·부채의 명칭과는 관계없이 “대차대조표로부터 소득을 계산할 수 있다”고 판시하였다. 위 판결은 나아가 당시 상법 제27조에 연 2회 이상 이익배당을 하는 회사는 매 배당기에 제26조의 규정에 따라 재산목록과 대차대조표를 작성해야 한다고 규정하고 있는 것을 보더라도 위 점은 명백하다고 설시하였다.89)

확정결산주의와 제1종소득의 관계에 관하여 판단한 판례도 있다. 원고 회사는 제2기 확정결산과 관련하여 그 후 업무담당이사의 부정행위로 인한 손실이 발견됨에 따라 앞서의 확정결산을 변경하는 결의를 한 사실을 들어 과세결정의 취소를 구하였다. 이에 대하여 행정재판소는 제3기의 확정결산을 보면 제2기의 당초 확정결산을 전제로 하여 작성된 것이므로 제2기분을 당초의 확정결산에 의하여 과세한 것은 정당하다고 판시하였다.90)

행정재판소는 합병회사가 피합병회사로부터 승계한 자산가액보다 합병대가가 더 많은 경우 합병회사가 그 차액을 과세관청의 지도에 따라 자산으로 계

88) 忠佐市(주40), 15면.
89) 행정재판소 1927. 7. 18. 선고 타이쇼우 15년 14호 판결; 忠佐市(주83), 7면.
90) 행정재판소 1930. 9. 16. 선고 쇼와 5년 11호 판결; 忠佐市(주83), 7면.

상하였다면 제1종소득금액 계산상으로도 자산으로 보아야 한다고 판시하였다.[91] 이 판결은 합병법인이 합병의 대가로 교부한 합병교부금은 손금산입될 수 없다는 발상을 전제로 하는 것이다.[92]

또한 행정재판소는 1926년 소득세법 개정 이후에는 주식회사가 출자주금액을 초과하는 금액으로 자기주식을 매입하여 소각한 경우와 관련하여 기존의 견해를 바꾸어 감자가 이익분배의 방법으로 행해졌다고 인정되는 경우 초과환급액은 손금에 산입할 수 없다는 입장을 일관되게 견지하였다.[93]

(2) 1927년 주비(主秘)제1호 통첩

대장성 주세국은 1927년(쇼와 2년) 1월 6일 소득세, 영업수익세 및 자본이자세의 취급에 대한 종합통첩(所得税, 営業収益税および資本利子税の取扱いについての総合通牒)을 주비(主秘)제1호 통첩으로 각 세무감독국에 발령하였다.[94] 1920년 소득세법시행상취급방심득이 제정된 이후에 제1종소득세에 관한 연구가 진전되었고, 경제발전에 수반하여 경리내용이 복잡하게 되었으므로 이에 대응하기 위한 것이었다. 위 종합통첩에 의하여 상법으로부터 독립된 세법 독자의 과세소득 계산구조가 보다 뚜렷한 모습을 갖추게 되었다.[95] 위 통첩은 극비였지만 세무행정의 통일성을 위한 것이었으므로 그 내용은 곧 회계실무가 및 회계학자들에게 알려지게 되었다.[96] 종합통첩의 규율 내용은 대체로 지금은 일본법

---

91) 행정재판소 1929. 6. 20. 선고 쇼와 2년 320호 판결; 忠佐市(주83), 7면.

92) 忠佐市(주83), 7면.

93) 행정재판소 1933. 12. 14. 선고 쇼와 8년 62호 판결; 행정재판소 1934. 7. 24. 선고 쇼와 3년 345호 판결; 행정재판소 1934. 7. 24. 선고 쇼와 3년 346호 판결; 행정재판소 1935. 5. 30. 선고 쇼와 9년 10호 판결; 행정재판소 1935. 11. 19. 선고 쇼와 2년 281호 판결; 행정재판소 1938. 12. 6. 선고 쇼와 13년 31호 판결. 忠佐市(주83), 9면.

94) 위 종합통첩이 발령되기 전 해인 1926년경부터 재무회계 및 과세소득계산의 중요사항은 일반적으로 공정타당하다고 인정되는 회계기준이 성문화되기 이전에 과세당국의 내규로서 성문화되기 시작하였다. 鈴木一水(주6), 198면.

95) 高橋志朗(주47), 13면; 武田昌輔, "税務会計の史的発展とその現代的意義", 「税務会計研究」 第1号, 1990, 31면 이하; 雪岡重喜(주7), 48면. 그 전해인 1926년경부터 재무회계 및 과세소득계산의 중요사항은 일반적으로 공정타당하다고 인정되는 회계기준이 성문화되기 이전에 과세당국의 내규로서 성문화되기 시작하였다. 鈴木一水(주6), 198면.

96) 新井益太郎, "わが国法人課税の歴史的変遷: 上", 「政治経済論叢」 第8巻 第3号, 1959, 11~12면. 과세당국의 과세소득계산 방법이 국민에게 공개된 것은 슈프 권고에 따라 1950년 법인세법기본통달이 공표된 때가 처음이었다. 高橋志朗(주24), 13면.

인세법령에 규정되어 있는 것들이지만 현재의 관점에서 보면 이론적으로 타당하지 않은 것들도 적지 않다.[97] 이 무렵부터 신고절차의 관점에서는 여전히 상법회계가 적용되면서도 소득계산의 실질적 측면에서는 과세당국이 주도적으로 규율하는 현상이 두드러지게 나타나게 되었다.[98][99] 위 통첩은 세무당국의 유권적 해석으로서 그 이후 오랫동안 세무집행상의 내규로서 중요시되었지만 그 해석의 정당성을 의심받아 여러 차례 행정소송의 대상이 되었다.[100]

위 종합통첩의 내용 중 법인소득계산에 관련된 것을 살펴보면 다음과 같다.[101]

(가) 주식발행액면초과금의 익금산입(제25항)

법인의 총익금은 자본납입 이외에 순자산 증가의 원인으로 되는 일체의 사실을 가리키는 것으로써 회사가 액면 이상의 가격으로써 주식을 모집한 경우의 액면초과금 및 주식의 소각 또는 액면가 감액시 계산상의 차익이라도 익금산입하여야 한다.

(나) 감자차손익(제26항)

무상감자에 의한 법인의 순자산 증가액은 익금에 산입한다. 다만 이월결손금 전보에 충당한 부분은 익금에 산입하지 않는다.

유상감자에 의한 법인의 순자산 감소액은 손금에 산입하지 않는다. 감자에 의한 출자환급자산 중 감소한 자본금을 초과한 부분은 소득세법 제14조 제2항에 따라 의제배당으로 취급하고 그 실질은 주주 또는 사원에 이익의 분배에 불과하므로 손금으로 다루지 않는 것이다.

(다) 합병차익(제31항)

① 합병법인이 피합병법인의 주주 또는 사원에 대하여 교부하는 주식의 출자금액 및 수입자산의 대가로 인정되는 금전의 총액을 수입자산가액으

97) 雪岡重喜(주7), 51면.

98) 이것이 일본 세무회계 실무의 특징이며 그 경향은 제2차 세계대전 이후까지 계속되었다고 보는 견해로는 鈴木一水(주6), 198면.

99) 堀口和哉, "法人課税の創設と所得計算の発展", 「国学院経済学」, 第47巻 第3·4号, 1999, 67면.

100) 雪岡重喜(주7), 48면.

101) 원문은 高橋志朗(주24), 39~41면.

로부터 공제한 금액을 합병차익이라고 하고, 합병차익은 총익금에 산입하지 않는다.

② 합병차익을 총익금 중에 산입하지 않는다고 규정한 것은 보통의 경우 합병차익은 피합병법인의 적립금으로 구성된 부분이므로 전기이월금으로 본다는 취지이다. 따라서 합병차익으로 되어야 할 자산가액이 피합병법인의 자본금, 비밀유보금 등으로 이루어진 경우에는 이를 총익금에 산입한다.

(라) 창업비(제37항)

창업비의 상각은 손금으로 처리하거나 이익처분에 의하거나 관계없이 모두 손금에 산입한다.

(마) 상여 및 위로금(제40항부터 제42항까지)

법인이 그 임원에 대하여 이익이 있는 경우에만 지급하는 상여는 그 임원에 대하여 별도의 급여를 지급하지 않는다면 법인의 손금으로 한다(제40항).

법인이 그 임원에 대하여 지급하는 상여는 이를 손금으로 계상하더라도 정관의 규정 또는 총회의 결의 등에 의하여 명백하게 손금인 것을 인정할 수 있는 경우 외에는 익금처분으로 인정한다(제41항).[102]

법인이 그 임원 또는 사용인에 대하여 지급한 해산수당, 퇴직위로금, 창업공로금 등은 법인이 익금으로 계상하더라도 손금으로 취급하여야 한다(제42항).

(바) 건설이자배당(제43항)

상법 제196조에 따라 배당한 이자(이익에서 배당한 것을 제외한다) 및 상호보험회사의 기금이자는 손금으로 한다.

(사) 고정자산의 감가상각(제49갑항)

고정자산의 감가상각비가 손금으로 인정된 것은 1920년(타이쇼우 9년) 소득

---

102) 판례도 일관되게 회사의 임원에 대한 상여는 그것이 손금이라는 점에 대한 명확한 반증이 없거나 특수한 사정의 증명이 없는 한, 이익처분에 의한 것으로 보아야 하고 손금산입할 수 없다고 판시하였다. 행정재판소 1932. 2. 2. 선고 쇼와 6년 41호 판결; 행정재판소 1932. 4. 14. 선고 쇼와 7년 32호 판결; 행정재판소 1935. 6. 29. 선고 쇼와 6년 57호 판결; 행정재판소 1937. 10. 14. 선고 쇼와 6년 47호 판결; 행정재판소 1938. 10. 18. 선고 쇼와 13년 28호 판결; 忠佐市(주83), 11면.

세법 개정 이후인 같은 해 8월 15일자 대장대신내훈(大藏大臣內訓) 소득세시행상취급심득(所得稅施行上取扱心得) 제3조였다. 그러나 감가상각비의 손금한도액을 산정하는 기준이 정해져 있지 않았다. 따라서 과세관청은 상각액을 시부인할 때 법인이 채택한 상각방법과 무관하게 그 계산의 기초가 된 내용연수가 상당한지 여부를 우선 사정하고, 법인이 임의로 채택한 상각방법에 기하여 내용연수에 상당한 매년의 상각비율에 의하여 산출된 상각액을 한도로 시인하였다. 그러나 감가상각을 법인의 임의 계산에 맡기는 것은 기업의 유지·발전, 공정한 세무집행 기타 관점에서 타당하지 않았기 때문에 주비 제1호로 고정자산의 종류, 개개의 기계장치별로 개별적인 내용연수표를 정하고 상각방법도 정액법, 정률법 중에서 선택하도록 하였다. 이에 따라 구체적인 감가상각액의 손금산입방법은 다음과 같이 규정하였다.

① 감가상각액은 내용연수표에 따라 감가상각비율표의 비율(원가에 대한 비율 또는 미상각잔액에 대한 비율)에 의하여 계산한다.

② 미상각잔액을 기초로서 상각하는 법인에 대한 감가상각액은 미상각잔액에 대한 비율로 계산한 잔액을 한도로 한다. 원가를 기초로 상각하는 법인에 대한 감가상각액은 원가에 대한 상각비율로 계산한 잔액을 한도로 한다. 다만, 종래의 감가상각액의 합계액이 매기 비율표의 비율에 따라 계산한 상각액에 미달한 경우에는 누적액을 한도로 한다.

③ 내용연수의 일부 또는 전부를 경과한 고정자산을 취득하였거나 시가평가증감을 한 경우의 감가상각액은 적당하다고 인정되는 내용연수를 기준으로 상각범위액을 계산한다.

④ 원가를 기초로 상각하는 경우 그 누적액이 원가의 10분의 9에 달하는 경우 이후 상각을 인정하지 않는다.[103]

⑤ 법인은 내용연수의 전부를 경과하여도 그 감가상각누적액이 원가의 10분의 9에 달하지 않는 경우에는 그 차액을 임의로 상각할 수 있다.

⑥ 전쟁시에 물가가 앙등한 때 건설, 제조, 취득한 것 또는 전시에 시가평

103) 비율표에 있어서는 예를 들면, 내용연수 10년의 경우 원가에 대한 매년의 상각비율은 1할로 정해지므로 10년 후에는 전액상각되지만, 미상각잔액에 대하여는 원가의 1할이 잔존가액으로 되도록 비율이 정해지므로 둘 사이의 균형을 맞추기 위한 것이다. 雪岡重喜(주7), 50면.

가증을 한 것으로서 장래 가격의 하락이 현저할 것으로 인정되는 것에 대하여는 비율표의 비율의 배액까지 시인할 수 있다. 소득결정 당시 이미 하락한 사실이 인정되는 경우에는 그 정도까지 시인한다.

(아) 자산의 평가손익(제49을항)

토지, 건물, 기구, 기계 및 유동자산에 대하여 평가감을 한 경우, 시가 또는 원가보다 낮은 평가를 한 경우라도 시가 또는 원가 중에 낮은 것과 비교하여 그 감가액이 토지에 대하여는 그 가격의 5퍼센트, 기타 고정자산 및 유동자산에 대하여는 그 가격의 1할을 초과하지 않으면 이를 시인하고, 초과하면 초과부분을 부인한다. 다만 시가 또는 원가보다 장래 현저한 하락이 예상되는 특수한 경우에는 저감비율의 3배까지 시인하고, 소득결정 당시 이미 하락한 사실이 인정되면 그 정도까지 시인한다. 평가증의 경우도 평가감의 경우와 마찬가지로 시가를 넘지 않는 원가주의에 따라 처리하는 것으로 해석한다.

(3) 개별 계산규정의 신설

이 시기부터 일본 정부도 해석에 의해 가능한 분야와 그렇지 않은 분야를 의식하게 되었고, 후자는 입법에 의하여 해결하려고 하였다.[104] 이에 따라 「소득세법 시행규칙」 제1조 이외에 개별 법률에서 계산과 관련된 규정을 두기 시작했다. 예를 들어 1936년(쇼와 11년) 「퇴직수당적립금 및 퇴직수당법(退職手当積立金及び退職手当法)」은 퇴직수당적립금으로 적립한 금액을 총손금으로 처리하도록 규정하였다. 1939년(쇼와 14년)에는 임시조세조치법 규정이 신설되어 자본적 지출에 충당하기 위한 국고보조금을 실제로 자본적 지출에 충당했을 때에는 그 보조금의 전부 또는 일부를 손금에 산입하고, 법정의 사업에 관한 연구개발비로서 토지 이외의 자본적 지출에 속하는 것을 손금산입하며 같은 종류의 사업에 제공된 건물, 기계설비 또는 선박에 대하여는 단기상각의 효과가 발생하는 감가상각비의 손금산입을 인정하였다.[105] 특히 국고보조금과 연구개발비의 경우 법인이 그 지출액을 자산으로 계상한 경우 세법상으로는 자산으로 계산하지 않도록 간주하는 규정을 두었는데 이것이 압축기장의 시초이다.[106]

---

104) 忠佐市(주83), 2면.

105) 입법적으로는 처음으로 감가상각비의 손금산입을 인정한 규정이다. 忠佐市(주83), 2면.

106) 이상 忠佐市(주83), 1~2면.

(4) 손익의 귀속시기에 관한 판례의 집적

손익의 귀속시기에 관한 판례가 점차로 집적되기 시작하였다. 그 중 대표적인 것을 살펴보면 다음과 같다. 원고 회사는 제1기에 광업권 및 광업용자산을 20만엔에 매각하고 같은 해 중에 선금으로 10만엔을 수취하였다. 원고 회사는 익금으로 10만엔을 산입하고 양도자산의 장부가액 6만여엔을 전액 손금산입한 후 잔금은 부외자산으로 처리하였다. 그 후 제2기에 잔금의 일부를 수령하여 확정결산에 계상하고 다시 제3기에 잔금을 수령하였다. 이에 관하여 행정재판소는 제2기에 부외자산으로 처리했던 잔금 전액을 제2기의 익금으로 산입해야 한다고 판시하였다.[107] 이는 부외자산이 그 일부만이라도 장부상 경리된 경우에는 일부만이 아니라 전부가 그 사업연도로 추완되어야 한다는 입장에 선 것이다.[108]

또한 평가차익은 회사가 그 '평가증을 계상한 사업연도'의 총익금을 구성한다는 판례도 나왔다.[109]

마. 1940년 제정 일본법인세법

제정 일본법인세법에 규정된 과세소득도 종래 제1종소득세의 보통소득과 마찬가지로 각 사업연도의 총익금에서 총손금을 뺀 금액으로 하였다(같은 법 제4조 제1항). 신고절차의 경우 종전과 마찬가지로 재산목록, 대차대조표, 손익계산서와 소득금액 및 자본금액의 명세서를 첨부하여 소득금액 및 자본금액을 관할 세무서에 신고하도록 하였다(같은 법 제18조). 그 신고기한은 각 사업연도 결산확정일부터 14일 이내였다(같은 법 시행규칙 제18조). 소득금액의 결정은 신고에 의하고 신고가 없거나 상당하다고 인정되지 않는 경우에는 정부의 조사에 따라 결정되었다(같은 법 제19조). 이처럼 법인세법 제정 후에도 과세소득 계산방법, 신고절차 및 소득금액 결정은 본질적으로 종전과 다르지 않았다.[110] 다만 두 가지 측면에서만 차이가 있었다. 첫째는 납부하였거나 납부할 법인세가 손금 불산입되도록 명문의 규정을 두었다. 이것은 과거 제1종소득세는 손금에 산입된다는 종래의 일관된 행정해석을 뒤집은 것이었다. 두 번째로 각 사업연도 개시일 전 3년 이내에 개시된 사업연도에서 발생한 손금(이미 총익금에서 공제된

107) 행정재판소 1939. 10. 24. 선고 쇼와 14년 126호 판결; 忠佐市(주83), 8면.
108) 忠佐市(주83), 8면.
109) 행정재판소 1932. 2. 16. 선고 쇼와 2년 240호 판결; 忠佐市(주83), 11면.
110) 鈴木一水(주6), 198~199면.

것을 제외)은 손금에 산입하도록 하였다.[111)]

앞서 본 바와 같이 1926년 개정 소득세법 이후부터 법인소득계산을 위한 개별적인 규정들이 서서히 등장하기 시작했는데 그 추세는 1940년 법인세법 제정 이후에 가속화되었다. 그러나 개별 계산 규정은 기본법인 법인세법이 아니라 임시조세조치법 또는 특정한 단행법에 규정되었다.[112)]

그 중 중요한 사항을 살펴보면 다음과 같다.[113)]

(1) 기부금

지정기부금을 제외한 기부금은 손금산입한도액을 초과하는 부분을 손금에 산입할 수 없다는 규정을 두었다.

(2) 법인의 벌금, 과료

법인의 벌금, 과료는 손금불산입한다는 규정을 두었다.

(3) 포합주식

합병법인이 피합병법인의 주식을 합병 전에 취득한 경우에는 그 취득가액을 피합병법인 주주가 합병에 따라 취득한 합병대가로 본다는 규정을 두었다.

(4) 압축기장

(가) 국고보조금 및 연구개발비

교부받은 국고보조금을 자본적 지출에 충당한 부분 또는 연구개발비를 자본적 지출에 충당한 부분은 익금에 산입하지 않는다는 규정이 계속되었으나 압축기장을 법률상의 요건으로 하지 않았다. 따라서 그 보조금 또는 연구개발비 부분을 자산으로 계상한 경우에는 세법상으로는 자산으로 계상하지 않은 것으로 본다는 위임명령의 규정을 두었다. 이와 관련하여 국고보조금에 관한 대장성 주세국의 통첩은 압축기장을 하지 않은 경우에는 익금산입하지 않은 국고보조금 부분에 대하여는 평가감 또는 감가상각을 계산하지 않은 것으로 하고, 압

111) 忠佐市(주83), 3면.

112) 그리고 그 규정들은 제2차 세계대전 종전 이후 세법 정비 과정에서 다시 법인세법으로 옮겨졌다. 이상 忠佐市(주83), 3~4면.

113) 그 이외에 특례로서의 성격을 갖는 개별 계산규정이 여러 특별법에 규정되었으나, 여기서는 일반적인 법인세 소득계산구조를 다루므로 더 이상 살피지 않는다. 이에 관하여는 忠佐市(주83), 5면 참조.

축기장을 한 경우에는 그 계산에 의하는 것으로 하고 있다.

(나) 기업구조조정 관련

국고보조금 및 연구개발비의 경우와 달리 처음부터 압축기장이라는 명칭을 쓴 것이 있었다. 첫째, 일본발송전주식회사(日本発送電株式会社) 또는 배전주식회사(配電株式会社)에 출자하거나 제도고속도교통영단(帝都高速度交通営団)에 사업을 양도한 법인에 대하여 그러한 법정의 기업정비 과정에서 출자 또는 양도한 자산의 대가로 교부받은 주식 기타 법정의 유가증권 등의 취득가액을 출자 또는 양도한 자산의 구 장부가액으로 한 경우에는 교부가액과 구 장부가액(기장가액)과의 차액을 익금에 산입하지 않는다는 규정을 두었다.

둘째, 임시자금조정법에 근거를 둔 명령에 의하여 그 소유주식을 양도하고 그 주식양도대금으로 법정의 유가증권을 취득하여 그에 대하여 종전 자산의 장부가액(또는 그 가액을 넘지 않고 취득한 자산의 교부가액에 미치지 못하는 가액)으로 평가한 경우에는 그 교부가액과 새로운 평가액과의 차액은 익금에 산입하지 않도록 하는 규정을 두었다.[114]

셋째, 기업정비자금조치법에 의하여 자산의 평가교환을 하거나 기업합동으로 압축기장을 한 자산에 대하여 평가차익을 계상한 경우에는 그 평가교환을 하지 않은 것으로 본다는 규정을 두었다.[115]

(5) 주식발행액면초과금

주식발행액면초과금에 관한 규정을 두었다. 주식발행액면초과금에서 주식발행비를 공제한 잔액은 해석상 전액이 익금산입되어야 하지만 법정의 자본적 지출에 충당(설비확장유보금계정에 대기)하거나 법정의 유가증권 취득에 충당(액면초과금증권운영계정에 대기)한 경우에는 그 충당한 부분의 금액(액면초과금의 50퍼센트를 한도로 한다)을 익금에 산입하지 않도록 하였다.

---

114) 당시 상법의 자산평가규정은 주식회사의 고정재산 외에는 시가이하주의로 해석하는 것이 일반적이었기 때문이었다고 한다. 忠佐市(주83), 4면.

115) 그 입법형식에 의하면 압축기장은 하지 않지만 평가차익은 익금산입하지 않고, 구 장부가액까지의 평가차손 또는 신 장부가액과 구 장부가액과의 차액에 대하여는 감가상각액을 손금산입하지 않는다고 해석하였으므로 압축기장을 요건으로 하지 않았지만 동일한 세법상 효과를 거둘 수 있었다. 압축기장요건이 획일화된 것은 제2차 세계대전 종전 이후이다. 이상, 忠佐市(주83), 4면.

바. 1947년 일본법인세법

1947년 일본법인세법은 각 사업연도의 보통소득금액을 계산할 때의 기본 규정으로서 각 사업연도의 총익금에서 총손금을 뺀 금액에 의한다는 종래의 구조를 승계하면서도 벌금, 과료 등의 손금불산입, 기부금의 일부 손금불산입, 1년 이내의 이월결손금의 손금산입 등에 관하여 처음으로 법인세법에 규정을 두었고, 계산에 필요한 사항을 명령에서 정할 수 있도록 위임 규정을 두었다.[116] 이에 따라 종래 조세특별조치법에 있었던 국고보조금(자본적 지출에 충당하기 위하여 교부한 것), 지방공공단체보조금에 관한 규정이 「법인세법 시행규칙」으로 옮겨졌다.[117]

그 후 법인세법상의 소득계산규정이 본격적으로 정비된 것은 1950년(쇼와 25년)의 슈프 세제부터였다. 1967년(쇼와 42년)에서야 익금의 액에 산입하여야 할 수익의 액 및 손금의 액에 산입하여야 할 원가, 비용, 손실액의 계산원칙을 '일반적으로 공정타당하다고 인정되는 회계처리의 기준'에 따른다고 규정한 법인세법 제22조 제4항이 신설되었다. 상업장부의 작성에 관한 규정의 해석시 '공정한 회계관행'을 참작하여야 한다는 규정이 상법에 신설된 것도 1974년(쇼와 49년)에서였다.[118]

2. 개별 쟁점의 검토

앞서는 시기별로 일본법인세제의 소득계산구조를 개관하였다. 이하에서는 타이쇼우 시대 이후부터 법인세 소득계산과 관련하여 벌어진 논쟁들을 주요 쟁점별로 모아서 살펴본다.

가. 감가상각비의 손금산입 문제

1899년에 법인소득과세가 도입된 이래로 감가상각비를 손금으로 인정할 것인지 여부의 문제가 법인소득계산에서 중요한 논점이 되었다. 이미 기업회계에서는 메이지 정부가 근대회계도입작업의 '선도적 시행'조치로서 이미 메이지 시대 초기부터 국립은행 및 상업은행 등의 금융기관에 도입하도록 하였고, 그

116) 忠佐市(주83), 12면.
117) 忠佐市(주83), 12면.
118) 高橋志朗(주24), 48면 주 28.

후 각 산업으로 전파되었다. 메이지 10년대(1878~1887년)에는 정부로부터 보조금을 지급받기 위한 조건으로 회계방법 개선을 강요받은 해운회사들이 감가상각회계를 채택하였고, 1890년대부터 1900년대 초반까지 방적회사를 필두로 제조업의 분야에도 감가상각회계가 도입되었다.[119]

감가상각비를 법인세 과세시에 손금으로 인정할 것인지 여부에 관하여는 견해가 나뉘었다. 손금산입설은 이익을 자본금이용에 의한 것과 고정자산이용에 의한 것으로 나누고 통상의 순익금은 고정자산이용에 의한 상각비를 포함하고 있으므로 그 일부를 상각비로 분할하여 손금에 넣어야 한다는 것을 논거로 들었다. 반면, 손금부정설은 고정자산의 멸실부분은 이미 기말의 시가평가에 반영이 되어 순익금 산정과정에 흡수되므로 손금산입하면 이중으로 계산된다는 것을 이유로 들고 있다.[120]

과세당국은 「세무감가상각에 관한 특수 취급방(税務減価償却に関する特殊な扱い方)」[121]을 채택하였다.[122] 이에 의하면 회사가 이익처분방식으로 감가상각적립금을 적립한 경우에는 이를 소득으로서 과세하였지만 고정자산 시가평가차손을 계상한 경우에는 손금에 산입할 수 있었다.[123] 감가상각준비금 또는 감가상각적립금으로 적립하거나 그 명칭으로 손금계상한 경우[124] 소득으로 보아 손금불산입한 것은 당시 과세당국이 손금 계상기준으로 현금주의를 채택했기 때

---

119) 高寺貞男/醍醐聡, 「大企業会計史の研究」, 同文館出版, 1979, 241~246면.

120) 손금산입설도 손익계산과정에서 감가상각비를 배분하여야 한다는 사고에는 이르지 못하고 있다는 점에서 한계가 있다. 이상 武田隆二(주10), 77~78면.

121) 1899년(메이지 32년) 10월 2일 주세국(主税局)통첩. 그 내용은 武本宗重郎(주61), 95~97면에 실려 있다.

122) 高橋志朗(주24), 22면.

123) 1899년(메이지 32년) 10월 2일 주세국(主税局)통첩; 大村巍(주5), 15~16면. 전통적으로 회계이론상 감가상각비의 개념과 관련하여서는 크게 두 가지 학설이 대립되었다. 자산평가설은 감가상각비를 자산가치의 감소로 설명하였고, 비용배분설은 감가상각비를 원가의 배분 문제로 설명하였다. 국제회계기준 등 거의 대부분의 회계기준과 주요국의 세법은 비용배분설의 입장을 취하고 있다. 국제회계기준서 제1016호 문단 BC29; 김현동, "세법상 무형자산에 관한 규정의 문제점과 개선방안에 관한 연구", 연세대학교 대학원 박사학위논문, 2011, 50~53면.

124) 감가상각회계를 도입하는 것을 조건으로 보조금을 지급받지 않은 업종의 경우 당초부터 이익처분방식을 채용하지 않을 수 없었던 기업이 많아서 1899년부터 1900년 사이에 특히 이익금분배로서 기계대소각적립금(機械代消却積立金)을 계상하는 회사가 급증하였다고 한다. 상세는 高寺貞男, 「明治減価償却史の研究」, 未来社, 1974, 246~259면.

문이었다.[125] 1899년 소득세법 개정에 관여하였던 주세국(主稅局) 내국세과장 와카츠키레이지로우(若槻禮次郎)도 장래의 감가 또는 멸실을 예상하여 계상한 금액은 현실적으로 지출된 금액이 아니므로 일종의 적립금에 해당하고 손금은 아니라고 하였다.[126] 행정재판소도 그 논리를 따랐다.[127]

반면 고정자산시가평가차손을 손금으로 인정한 것은 일본상법(메이지 32년 법률 제48호로 개정된 것) 제26조 제2항이 "재산목록에는 동산, 부동산, 채권 기타의 재산에 그 목록작성시의 가격을 부여하여야 한다(財産目録ニハ動産, 不動産, 債権其他ノ財産ニ其目録調製ノ時ニ於ケル価格ヲ付スルコトヲ要ス)"라고 규정하고 있었기 때문이다. 위 규정에 따라 결산기에 자산의 시가가 전기에 비하여 감소한 경우에는 그 감소액을 손금으로 인정하였던 것이다. 그러나 회사측은 그와 같은 논리에 반대하였다.

1903년 일본우선주식회사(日本郵船株式會社)가 제기한 행정소송의 판결에서는 약간의 진전이 있었다. 당시 행정재판소는 한 사업연도의 선박에 대한 감가로서 2퍼센트(내용연수 25년), 건물의 감가로서 1퍼센트(내용연수 50년)의 상각금 공제를 인정하고 이를 부인한 과세처분을 취소하였다. 그 이유로서 회사의 재산은 당시 상법 제26조 제2항에 따라 시가로 평가하여야 하지만 선박은 시가를 평가하기가 어렵고 건물은 가격이 변동한다는 점을 들고 있다.[128] 위 판결을 전후하여 제소된 동양기선주식회사(東洋汽船株式會社), 오사카상선주식회사의 사건에 대하여도 선박의 감가상각금에 대하여 같은 취지의 판결이 선고되었다.[129] 위 판결들은 회사들이 감가상각비를 손금으로 인정한 것이 아니라 고정자산시가평가차손을 손금으로 인정한다는 논리를 전개했는데, 다만 시가를 측정하기 어려우므로 회사들이 계상한 '원가에서 정액법에 따른 금액을 차감한 금액'을 시가 상당액으로 인정한 것에 불과했다.[130] 과세당국도 위 판결들을 계기

125) 高橋志朗(주24), 22면.

126) 若槻禮次郎, 「現行租税法論」, 和仏法律学校講義録, 1900, 285~286면, 大村巍(주5), 18면에서 재인용.

127) 1900년(메이지 33년) 11월 14일 선고 메이지 33년 제112호 판결.

128) 1903년(메이지 36년) 7월 10일 선고 메이지 36년 제51호 판결.

129) 1903년(메이지 36년) 7월 10일 선고 메이지 35년 제218호 판결; 1903년(메이지 36년) 12월 25일 선고 메이지 36년 제123호 판결.

130) 高橋志朗(주24), 23~25면; 忠佐市(주40), 7면.

로 감가상각비를 손금으로 인정하는 쪽으로 선회하였는데 감가상각비를 시가평가에 따른 평가차손의 한 형태로 이해하는 전제하의 조치였다.[131] 그 결과 시가가 존재하는 경우에는 감가상각비를 공제한 자산 가액을 시가와 비교하여 보아야 하는 문제가 남게 되었다. 그리고 장부가액에서 직접 상각하지 않고 감가상각준비금 또는 감가상각적립금을 계상하는 간접법에 따른 감가상각은 일반적인 이익적립금으로 보아 손금으로 인정하지 않았다.[132]

일본 정부는 1908년(메이지 41년), 1910년(메이지 43년)에 입법적인 해결책을 모색하였지만 그 목적을 달성하지 못했다. 먼저 1908년(메이지 41년) 제24회 제국의회에서 일본 정부는 소득세법 개정안을 제출하면서 "선박운송업자의 선박, 창고업자의 창고 또는 제조업자의 기계의 감가는 명령으로 정하는 바에 따라 이를 경비로 본다"는 규정을 두었지만 중의원에서 소득세법 개정안을 포함한 세법개정안들이 모두 부결되었다.[133]

또한 1910년(메이지 43년) 제26회 제국의회에 제출된 소득세법 개정법률안 중에는 "제1종의 소득을 산정하는 경우에 있어서 고정자본의 감가에 대하여 상각적립금을 적립한 것에 대하여는 명령이 정하는 바에 따라 손금으로 본다"라는 규정을 두었다. 그러나 일본 정부는 법률안이 제출된 이후 경제사정이 변동하여 재원이 부족할 우려가 제기되자 스스로 그 법률안을 철회하였다. 그 이후에도 의원입법으로 같은 취지의 법률안이 의회에 제출되었지만 성립된 것은 없었다.[134] 1913년(타이쇼우 2년)에 간신히 소득세 개정법률이 성립하였는데 그 중에 감가상각비에 관한 규정은 들어있지 않았다.

이 문제는 상법 개정안에서도 검토가 되어 1911년(메이지 44년) 제27회 제국의회에서 그 상법개정법안이 제출되었다. 위 개정안 제26조는 재산목록에 기재된 재산가격은 종래 시가주의에 의하던 것을 「그 가액은 재산목록 작성시에 있어서의 가액을 초과할 수 없다(其価額ハ財産目録調製ノ時二於ケル価額ヲ超ユルコトヲ得ス)」고 고쳐 종래의 시가주의에서 시가이하주의(時價以下主義)로의 변경

131) 高寺貞男(주123), 299~301면; 高寺貞男/醍醐聡(주118), 254면; 武本宗重郎(주61), 100~101면.

132) 大村巍(주5), 17면.

133) 大村巍(주5), 17면.

134) 大村巍(주5), 17면.

을 담고 있었다.[135] 동시에 회사의 계산서류에 관하여는 새로이 "재산목록에 기재된 동산, 부동산, 채권 기타 재산의 가액은 거래소에서 거래되는 재산에 관하여는 재산목록제조시의 시가로, 기타 재산에 관하여는 재산목록제조시의 가액을 초과할 수 없다. 다만 그 시가 또는 가액이 재산의 취득가액 또는 제작가액을 초과하는 경우에는 그 취득가액 또는 제작가액을 초과할 수 없다(財産目録ニ掲タル動産, 不動産, 債権其他ノ財産ノ価額ハ取引所ニ相場アル財産ニ付テハ財産目録調製ノ時二於ケル相場ニ, 其他ノ財産ニ付テハ財産目録調製ノ時二於ケル価額ニ超ユルコトヲ得ス但其相場又ハ価額カ財産ノ取得価額又ハ製作価額ニ超ユルコトヲ得ス)"는 취지로 저가주의를 제안하고 있었다.[136] 또한 위 개정안 제190조의2 제2항은 "계속하여 영업의 용도로 제공된 재산에 관하여는 전항의 규정에도 불구하고 그 취득가액 또는 제작가액에서 상당한 감가액을 공제한 가액을 부여할 수 있다(継続シテ営業ノ用ニ供スル財産ニ付テハ前項ノ規定ニ拘ラズ其取得価額又ハ製作価額ヨリ相当ノ減価額ヲ控除シタル価額ヲ附スルコトヲ得)"라고 규정하였는데 이는 감가상각비를 손금으로 인정하는 취지의 규정이었다. 그러나 귀족원은 회사의 계산서류에 관한 개정안 중 제1항을 폐기하였고 양원협의회는 제2항을 폐기하여 결국 상법 제26조의 시가이하주의 규정만 통과되었다.[137]

입법적인 해결이 좌절되자 감가상각비에 관하여 적극적인 입장을 취하였던 과세당국도 주춤하였고 더 이상의 입법적 시도는 이루어지지 않았다. 그럼에도 불구하고 세무실무는 차츰 감가상각비를 손금으로 인정하는 방향으로 나아갔다. 그리하여 1918년(타이쇼우 7년) 4월 동경세무감독국은 훈령으로 「법인소득세영업세사무규정(法人所得税營業税事務規程)」을 작성하였는데 그 중에 감가상각비를 손금으로 인정하는 취지의 규정이 포함되어 있다. 또 주세국은 같은 해 7월 19일 주비(主秘) 제177호 주세국 통첩 「고정자산의 감가상각 및 시가평가손 인부취급방의 건(固定資産ノ減価償却時價評價損認否取扱方ノ件)」으로 「고정자산감구연수표(固定資産堪久年數表)」를 작성하여 각 세무감독국에 하달하였다. 위 통첩은 최초로 고정자산의 내용연수를 제시한 것이면서 동시에 고정자

135) "그 가액은 재산목록제조시에 있어서의 가액을 초과할 수 없다(其価額ハ財産目録調製ノ時二於ケル価額ヲ超ユルコトヲ得ス)." 구 일본상법 제26조. 大村巍(주5), 17면.

136) 제27회 제국의회제출상법개정법안 제190조의2 제1항. 大村巍(주5), 17면.

137) 大村巍(주5), 18면.

산을 평가감할 때의 감액비율 한도를 지시한 문건으로서 중요한 의미를 갖는다.[138] 앞서 살펴 본 1910년(메이지 43년) 제26회 제국의회에 제출된 소득세법 개정법률안의 의회 논의과정에서 주세국장이 답변한 내용을 보면 주세국은 개정법의 시행에 수반하여 내용연수표의 작성을 준비하고 있었던 것 같다. 따라서 비록 소득세법의 개정은 이루어지지 않았지만 위 고정자산감구연수표는 그 작업의 결과로 보인다.[139]

위의 고정자산감구연수표가 나온 후 세무당국 내에서도 평가감과 감가상각을 구분하자는 주장이 제기되었다. 즉, 세무부(税務部) 내에서 회계에 관한 권위자로 인정을 받았던 나카무라츠구오(中村継男)는 1920년 출판한 「개정 법인소득세법 상해」라는 저서에서 "평가감이라는 것은 자산의 현금에 대한 전화력(轉化力)을 말하고 감가상각이라는 것은 고정자산의 물리적 효용의 소비력을 계산하여 그 감가액을 소비연도의 수익에 부담시키는 사실을 말하는 것이므로 감가상각액은 반드시 원가를 기초로 하여 계산하여야 한다"라고 서술하고 있다.[140] 즉, 감가상각은 수익의 유무, 시가의 등락에 관계없이 계산된다는 점을 분명하게 한 것이다. 나카무라츠구오의 주장은 세무부 내에서 큰 영향을 주었고, 세무담당 공무원들이 감가상각의 본질에 대한 이해를 깊이 하는데 기여하였다.

세무실무상 감가상각비가 완전하게 인정을 받은 것은 1920년(타이쇼우 9년) 소득세법 개정 이후이다. 같은 해 8월 15일자 대장대신내훈(大藏大臣內訓)인 「소득세시행상취급심득(所得税施行上取扱心得)」 제3조는 "법인의 자산감가상각 및 이월결손금의 전보는 그 사업연도의 손금으로 인정하여야 하고(法人ノ資産減価償却及繰越缺損金ノ填補ハ其ノ事業年度ノ損金ト認ムベキモノナルヲ以テ…)"라고 규정하여 감가상각비의 손금산입을 분명하게 하는 동시에 "법인의 계산에 있어서 순익금의 처분으로써 이를 행한 경우에도 그 순익이 발생한 사업연도에 있어서의 총손금 중에 이를 산입하는 것으로 한다(法人ノ計算ニ於テ純益金ノ処分トシテ

138) 大村巍(주5), 18면, 25면. 그 구체적인 내용에 관하여는 위 논문 26~27면.

139) 高寺貞男(주123), 318~319면. 그 후 1937년(쇼와 12년) 5월에 대장성주세국통첩으로 감구연수표가 전면적으로 개정되었고 1938년(쇼와 13년)에는 시국산업용감구연수에 관한 특례가 규정되었다. 1942년(쇼와 17년)에 기존의 규정들을 통합하여 「고정자산내용연수표」라는 명칭으로 통첩이 발령되었다. 이때부터 내용연수라는 표현이 사용되기 시작하였다. 忠佐市(주83), 1면, 6면.

140) 中村継男, 「改正法人所得税法詳解」, 東京税務二課会, 1920, 162~163면.

以ヲ為シタル場合ト雖其ノ純益ノ生ジタル事業年度ニ於ケル總損金中ニ以ヲ算入スヘキモノトス)"라고 하여 이익처분방식도 인정하고 있다.[141]

그러나 감가상각준비금에 대하여는 주세국통첩으로 "법인의 자산감가상각은 손금에 속하는 것으로 하더라도 자산의 감가를 감가상각적립금으로 정리한 경우에는 그 적립금은 소득 중 유보된 것으로 한다(法人ノ資産減価償却ハ損金ニ属スル雖会社カ資産ノ減価ヲ表ハセセル減価償却積立金トシテ整理シタル場合ニ於テハ其ノ積立金ハ所得中留保シタルモノトス)"고 하여 통상의 이익유보를 위한 적립금(준비금)과 동일하게 취급하고 손금산입을 인정하지 않았다.[142] 감가상각비를 손금산입할 때 자산에서 직접 평가감을 하는 방식을 직접법, 적립금을 적립하는 방식을 간접법이라고 하는데, 단순히 회계처리방식의 차이 때문에 과세상의 취급을 달리하는 점에 대해서는 지속적으로 비판이 제기되었다.[143] 간접법에 의한 감가상각비의 손금산입이 인정된 것은 제2차 세계대전이 끝난 이후인 1948년(쇼와 23년) 「법인세법 시행규칙」 개정을 통해서였다.[144]

나. 주식발행액면초과금의 과세문제

1899년(메이지 32년) 소득세법 개정시 법인소득과세가 도입된 직후부터 주식발행액면초과금의 과세 여부가 문제로 되었다.

이 문제에 관하여 각 지역의 세무관리국에서는 주식발행액면초과금을 제1종소득, 즉 법인소득으로 과세할 것인지 문의가 있었는데, 주세국은 그때마다 과세하여야 한다는 회답을 주었다. 나아가 1907년(메이지 40년) 2월 4일에는 각 세무서마다 주식발행액면초과금의 과세가 다르게 처리되는 것을 막기 위해서 「주식회사가 액면 이상의 가격으로 주식을 발행한 경우 그 액을 초과한 금액은 소득에 산입하는 것으로 한다(株式会社カ額面以上ノ価格ヲ以テ株式ヲ発行シタル場合ニ於テハ其ノ額ヲ超ユル金額ハ所得ニ算入スヘキモノトス)」는 내용으로 제526호

141) 大村巍(주5), 29면.

142) 大村巍(주5), 29면.

143) 大村巍(주5), 28~32면.

144) 高橋志朗(주24), 27~28면, 51면 주50; 大村巍(주5), 32면. 吉国二郎 総監修, 「戦後法人税制史」, 税務研究会, 1996, 42면; 忠佐市(주83), 1면, 12~13면. 한편 1962년(쇼와 37년) 상법개정시에 회사의 계산과 관련하여 감가상각을 의무로 하는 규정이 제285조의3으로 창설되었다("고정자산에 관하여는 그 취득가액 또는 제작가액을 매결산기에 상당하게 상각하여야 한다"). 高橋志朗(주24), 51면 주51.

주세국장통첩을 발령하였다. 그 의도에 관하여 앞서 본 나카무라츠구오는 ① 회사의 통상의 업무집행에 의하여 발생하는 것은 아니지만 회사재산의 증가에 해당하고, ② 영리사업에 속하지 않는 일시의 소득에 해당하기 때문이라고 설명하고 있다.[145)]

이 문제에 관하여는 이미 1900년대 초반부터 행정소송이 제기되었는데 초기의 행정소송은 쟁점이 적절하다고 보기 어려웠다. 1899년(메이지 32년) 일본 소득세법 제5조 제5항은 '영리의 사업에 속하지 않는 일시소득'을 비과세소득으로 규정하였는데 주식발행액면초과금이 이에 속하는지 여부를 쟁점으로 하였기 때문이다. 행정재판소는 충분한 근거 제시 없이 주식발행액면초과금이 '영리사업에 속하는 소득'이라고 판단하였고 이러한 판단은 판례로 굳어졌다.[146)] 당시에는 회사측, 과세당국, 법원 모두 주식발행액면초과금의 자본성 자체에 관한 인식이 없었다.[147)] 그 후 1908년의 공통은행사건(共通銀行事件)에서 원고는 주식발행액면초과금을 자본과 동일시할 수 있다는 주장을 제기하였으나, 법원은 영리사업에 속하는 이익임을 들어 이를 받아들이지 않았다.[148)]

그 후 1913년 소득세법 개정시 비과세소득의 범위를 정한 구법 제5조가 개정되어 비과세소득규정의 적용범위는 개인소득의 계산에 한정되게 되었다.[149)] 더 이상 회사들은 주식발행액면초과금이 영리사업에 속하지 않는 일시소득이라고 주장할 수는 없게 되었다.

그러나 제1차 세계대전 후 일본경제의 호황으로 인하여 주식회사가 신주를 액면초과발행하는 경우가 많았기 때문에 주식회사들은 주식발행액면초과금에 대하여 과세하는데 더욱 반발하였다. 또한 회계연구가 심화됨에 따라 주식액면

145) 中村継男, "額面超過金に所得税を課する理由", 「会計学論叢」, 제5집, 1920, 92면.

146) 행정재판소 1908. 4. 14. 선고 메이지 40년 제48호 판결; 행정재판소 1908. 6. 23. 선고 메이지 41년 제81호 판결.

147) 高橋志朗(주24), 30면.

148) 행정재판소 1908. 10. 31. 선고 메이지 41년 제79호 판결. 그러나 원고가 자본과 동일시할 수 있다고 주장한 근거는 그 당시 상법 제194조 제2항에 따라 주식발행액면초과금을 준비금에 전입하여야 한다는 것에 불과했다. 따라서 원고가 주식발행액면초과금의 자본성을 제대로 인식하고 있었다고는 보기 어렵다. 高橋志朗(주24), 31면.

149) 이 개정을 계기로 법인소득계산이론이 소득원천설에서 순자산증가설로 전환되었다고 한다. 木村弘之亮, "シャウプ法人税構想における資金調達誘引措置", 日本租税研究協会 編, 「シャウプ勧告とわが国の税制」, 日本租税研究協会, 1983, 115~116면.

초과발행금의 본질에 관하여 자본설이 대두되었다.[150] 그 결과 자본설을 바탕으로 하여 주식발행액면초과금에 대한 과세의 취소를 구하는 행정소송이 여러 건 제기되어 큰 주목을 받게 되었다. 이런 주장에 대하여 과세당국은 법인의 자본을 제외한 순자산 증가는 모두 법인소득으로 보아야 한다는 독자적인 순자산 증가설에 입각하여 반론을 제기하였다.[151] 즉, 이런 입장은 주식액면총액만이 자본이라는 입장을 전제로 한 것이다.[152]

1919년 오사카상선주식회사[大阪商船株式会社]가 제기한 소송[153]에서 회사측은 ① 액면초과금은 주주가 회사의 목적을 달성하기 위하여 갹출한 것으로서 주금과 동일한 성질을 갖고 자본에 포함되는 것이며, ② 신주발행시의 액면초과금은 신주주가 구주주와 대등한 지위를 얻기 위하여 지출하는 것으로서 회사의 이익이 아니고, ③ 법인과세는 원천과세주의에 입각하여 각 주주에게 과세하는 대신에 편의상 회사에 과세하는 것이므로 주주가 주주로서 회사에 갹출한 액면초과금은 소득세법상의 이익이라고 할 수 없으며, ④ 설사 액면초과금이 이익이라고 하더라도 법정준비금으로 전입되어 있는 금액은 이익으로 볼 수 없다는 주장을 펼쳤다.[154]

---

150) 木村弘之亮(주149), 118~128면.

151) 高橋志朗(주24), 32면.

152) 이를 이익설이라고 한다. 高橋志朗(주48), 17면.

153) 행정재판소 1919. 12. 24. 선고 타이쇼우 8년 제35호 판결.

154) 피고의 주장은 당시 과세당국과 행정재판소가 갖고 있던 인식을 잘 보여주므로 다소 길지만 이곳에 인용하기로 한다. 행정재판소 1919. 12. 24. 선고 타이쇼우 8년 제35호 판결: 「… 원고는 액면초과금은 자본금에 속하는 것이라 하여 이익의 성질을 갖지 않기 때문에 소득계산상 제외해야 하는 것이라고 주장하지만 소득세법 제4조 제1항의 총익금이란 자본의 지불 이외의 적극재산의 증가액 및 소극재산의 감소액 전부를 가리키는 것으로 해석해야 한다. 액면초과금은 결코 자본이 아니다. 또한 자산의 증가를 초래하는 수익임에 의심이 없으므로 특별히 법문이 없는 이상은 이것을 총익금에서 제외할 이유가 없다. 생각건대 회사의 순재산액이 자본액을 초과하지 않으면 이익은 존재하지 않는다는 원고의 주장은 정당하지만 액면초과금을 자본이라고 칭하는 것은 잘못이다. 본래 주식회사의 자본이라는 것은 반드시 이것을 주식으로 나누는 것을 요하므로(상법 제143조) 주식금액의 합계는 곧 자본총액으로서 주식금액 이외에 자본금이 존재하지 않는다. 법문의 형식상 그럴 뿐 아니라 실질에서도 그러한 주식금액의 지불은 이것을 자본으로서 생산이자의 원금을 구성하게 하는 목적이 되므로 손익의 관념 밖임은 물론이지만 액면초과금은 영업 원금이라는 성질을 갖지 않는다. 주주권의 소득을 허용 받는 것에 대한 주금(株金) 이외의 특별한 대가이다. 독일 상법처럼 액면초과금 전부를 반드시 준비금에 포함시켜 이에 대해 일정한 이자 또는 배당금을 교부하는 법제 하에서는 그 규정을 종합하여

이에 관하여 행정재판소는 다음의 이유를 들어 원고의 청구를 기각하였다. ① 상법에서 자본이라고 하는 것은 주식액면금액을 가리키는 것이고, 액면초과금은 그 중에 포함되지 않는다. 액면초과금은 사원권을 행사하는데 어떠한 영향도 미치지 않는 동시에 주주에게 배당 등을 자유롭게 할 수 있어 자본에 관한 제한규정의 적용을 받지 않는다. ② 액면초과금이 영업상의 이익과 다른 것은 이익은 그 5퍼센트 이상을 자본의 25퍼센트에 달할 때까지 적립하면 되지만 액면초과금은 그렇지 않다는 점에 불과하고 이익과 어떠한 차이도 없다. ③ 소득세법이 원천과세주의를 취하고 있다고 해도 엄밀하게 모든 경우에 관철되고 있는 것은 아니다. 액면초과금은 반드시 갹출한 해당 주주만의 이익으로 돌아가는 것은 아니고 주주 중에서도 갹출액과 이득액의 손익이 반드시 일치하는 것은 아니다. ④ 액면초과금을 법정준비금에 전입하는 것은 특정한 소득에 관하여 그 처리를 한정함에 따라 발생하는 결과에 불과하고 액면초과금의 성질을 변경하는 것은 아니다.[155]

위 판결이 선고된 이후 학계와 실무계에서는 격렬한 찬반론이 오갔다.[156] 해석론에서는 두 입장이 팽팽하게 대립하였지만 입법론으로서는 액면초과금을 과세하여야 한다는 견해가 다수설이었다. 이는 당시 제1차 세계대전 직후의 경제호황으로 인하여 빈부격차가 심화되었음에도 세제가 자본가에게 지나치게 유리하고 저소득자에게 불리하다는 인식에 바탕을 둔 것이었다.[157] 그 후 앞서 본 1927년 주비(主秘)제1호 통첩 제25항은 주식발행액면초과금을 익금에 산입한다고 규정하였다. 결국 이 문제는 1940년(쇼와 15년)에 조세임시조치법 개정에 의

법률이 영업 원금이라는 성질이 있다고 인정한 것이다. 따라서 이것을 자본이라고 하는 설을 만든다 할지라도 일본 상법에서는 자본의 성질을 갖지 않는 것이 된다는 것에는 의심이 없다. 즉 (1) 법정준비금에 충당한 잔액을 배당할 수 있는 것은 자본금이 아니라고 인정했기 때문이다. (2) 특히 이것을 준비금에 포함되는 것을 요한다고 규정한 것도 자본금이 아니라는 것을 전제로 하지 않는 것이다. 만약 자본금이라고 하면 법문을 기다리지 말고 이것을 보류하는 것이 당연하며 어떠한 경우에도 배당을 허용해서는 안 된다. (3) 주금은 영업 원금의 구성요소이기 때문에 이익배당 및 회사해산의 경우 잔여재산 분배의 표준이지만(제197조 및 제229조) 액면초과금은 이에 반하여 그 지불에 따라 주주가 된 뒤 회사에 대해 어떠한 부담을 지게 하지 않는 이상은 모두 상법이 액면초과금을 영업 원금 또는 기본재산으로 인정하지 않는다는 증거이다. …」

155) 大村巍(주5), 34~35면.

156) 大村巍(주5), 35~36면.

157) 大村巍(주5), 36~37면.

하여 입법적으로 해결되었다. 즉 액면초과금에서 주식발행비를 뺀 잔액을 액면초과금의 50퍼센트를 한도로 하여 익금불산입하도록 하였다. 그 후 1949년(쇼와 24년)에 공표된 「기업회계원칙」이 잉여금이라는 개념을 처음으로 채택함에 따라 자본잉여금과 이익잉여금 간의 구분이 중요한 의미를 갖게 되었다. 이에 따라 1950년(쇼와 25년)의 개정 상법은 주식발행액면초과금을 자본준비금으로 적립하도록 규정하였는데 이로써 자본설의 입장이 입법적으로 확인되었다. 법인세법은 1950년(쇼와 25년) 개정시에 액면초과금에서 주식발행비를 공제한 금액을, 1951년(쇼와 26년) 개정시에 액면초과금 전액을 각각 익금불산입하도록 개정되었다.[158)]

다. 합병차익과 감자차익의 과세 문제

합병차익과 감자차익은 자본거래로 인한 순자산증가에 해당하므로 그 본질은 주식발행액면초과금과 다르지 않다. 그러나 1899년 법인소득세가 창설된 당시부터 액면초과금은 과세된 반면 감자차익과 합병차익은 과세에서 제외되었다.[159)]

합병차익에 대하여 과세하지 않는다는 것은 과세당국의 행정해석에 따른 것이다. 주세국은 1909년(메이지 42년) 4월 및 6월 회계검사원의 조회에 대하여 「무상감자에 의한 차금, 합병에 의한 차익은 과세하지 않는 것이 타당하다(無償減資ニヨル差金, 合併ニヨル差益ハ課税セザルヲ穏当トス)」, 「회사자본금액 변동에 의한 차액에 대하여는 과세하지 않는다(会社資本金額異同ニヨル差額ニ対シテハ課税セズ)」라는 회답을 보냈다. 과세당국은 감자나 합병 모두 단순한 자본금액의 변동이라는 인식을 하고 있었다는 점을 알 수 있다. 과세당국은 특히 합병의 경우 당시 적용되던 일본상법 제82조의 해석상 합병회사는 피합병회사의 권리·의무를 포괄적으로 승계하므로 피합병회사의 소득은 합병 후에 합병회사에서 과세될 수 있어서 특별히 합병차익을 과세할 필요는 없다고 판단하였다.[160)]

---

158) 高橋志朗(주24), 38면; 大村巍(주5), 37면.

159) 이와 관련하여 신설회사가 승계한 자산의 시가가 소멸회사의 장부가액보다 높은 경우에 그 차액을 과세할 것인지가 문제로 되었다. 행정재판소는 이를 재산평가차익이라고 볼 수 없음을 들어 과세결정을 취소하였다. 행정재판소 1915. 12. 15. 선고 타이쇼우 4년 72호 판결.

160) 大村巍(주5), 38면.

그러나 그 후 위 일본상법 제82조의 해석과 관련하여 합병회사가 승계하는 것은 피합병회사의 '확정된' 권리·의무만이라고 해석이 변경되자 다시 합병차익의 과세가 문제로 되었다. 주세국은 1917년(타이쇼우 6년) 7월에 「회사합병차익에 대하여는 소득세를 과세할 것(会社合併差益ニ対シテハ所得税ヲ課税スルコト)」이라는 내용으로 통첩을 발령했다. 주세국의 입장 변화가 너무 갑작스러운 것이었으므로 당연히 비판이 제기되었다. 그 중에 유력한 비판은 합병차익 중에는 피합병회사의 전년도이월금 및 적립금이 포함되어 있는데, 이 금액은 이미 과세된 것이므로 이중과세에 해당한다는 것이었다.[161] 행정재판소는 합병차익이 자본출자 이외에 회사의 재산이 실제로 증가하는 것이라는 이유로 익금에 산입하여야 한다고 판시하였다.[162]

반면 합병차익의 경우 주세국은 1920년(타이쇼우 9년) 소득세법 개정후 「소득세법시행상취급방심득(所得税法施行上取扱方心得)」[163]을 통해 「법인의 합병의 경우에 승계된 자산가액이 합병을 위하여 발행한 주식금액을 초과한 경우의 이른바 합병차익은 이를 총익금 중에 산입하지 않는 것으로 한다(法人ノ合併ノ場合ニ於テ承継シタル資産価格合併ノ為ニ発行シタルカ株式金額ヲ超過スル場合ノ所謂合併差益ハ之ヲ総益金中ニ算入セサルモノトス)」는 입장으로 바꾸었다. 그러나 단순하게 합병차익을 익금에 산입하지 않기로 한 것은 아니었다. 위 주비제2호소득세취급방통첩(主秘第二号所得税取扱方通牒)은 「내훈(제2조)에 있어서의 합병차익을 총익금에 산입하지 않는다고 규정된 것은 보통의 경우에 합병차익은 이를 전기이월금으로 간주한다는 취지에 다름아니다(内訓(第二条)ニ於テ合併差益ヲ総益金中ニ算入セストト規定シタルハ普通ノ場合ニ於テ合併差益ハ之ヲ前期繰越金ト看做スノ趣旨ニ外ナラス)」라고 하여 적립금으로 이루어진 부분은 이미 과세된 것으로 보아 이는 익금에 산입하지 않지만 「합병차익으로 되어야 하는 자산가격이 피합병법인의 자본금, 비밀유보금으로부터 이루어진 경우에는 이를 총익금 중에 산입하여야 한다(合併差益トカルヘキ資産価格カ被合併法人ノ資本金, 秘密留保金等ヨリ成ル場合ハ之ヲ総益金中ニ算入スルモノトス)」고 규정함으로써 그 이외의 부

161) 大村巍(주5), 38면.

162) 1922. 5. 15. 선고 타이쇼우 11년 54호 판결.

163) 大正九年八月十九日大蔵大臣官房秘令 57号.

분은 익금에 산입하여 과세를 한다는 입장을 밝히고 있다.[164] 이러한 과세관청의 입장에 대하여는 찬반양론이 제기되었다.[165]

감자차익에 대한 과세 문제가 처음 불거진 것은 1920년(타이쇼우 9년)의 소득세법 개정 후에 나온 주비제2호소득세취급방통첩(主秘第二号所得税取扱方通牒)[166]에서부터였다. 위 통첩은 「주식의 소각 또는 액면가 인하 등의 경우에 있어서 계산상의 차익이라도 소득산출상 이를 제외하여야 하는 것은 아니다(株式ノ消却又ハ切下等ノ場合ノオケル計算上ノ差益ト雖所得算出上之ヲ除外スヘキモノニアラス)」라고 하여 익금에 산입하도록 하였다. 그러나 판례는 이월결손금의 보전에 충당된 부분은 공제되어야 한다는 입장을 확립하였다.[167] 나아가 판례는 대차대조표에 적립금과 이월결손금을 동시에 계상하고 있는 경우 이월결손금이 적립금을 초과하는 부분에 한하여 공제하여야 할 이월결손금으로 본다고 판시하였다.[168]

쇼와시대에 들어선 이후에도 감자차익 및 합병차익의 과세는 종종 문제가 되었으나 법의 개정은 1950년(쇼와 25년)에서야 이루어져 감자차익과 합병차익 중 합병감자차익 및 적립금으로 이루어진 부분이 익금불산입항목으로 되었다. 그리고 1965년(쇼와 40년)의 일본법인세법 전면개정시 비로소 자본거래로 인한 순자산증가는 원칙적으로 익금불산입항목이 되었다.[169]

라. 이월결손금의 문제

1899년(메이지 32년) 법인소득세가 도입될 당시에 일본정부는 의회 논의과정에서 이월 익금에 대하여 과세하지 않는다는 점을 분명하게 하였다.[170]

---

164) 大村巍(주5), 39면.

165) 그 구체적인 내용은 大村巍(주5), 39~40면.

166) 大正九年八月大蔵大臣内訓.

167) 행정재판소 1926. 10. 30. 선고 타이쇼우 10년 70호 판결; 행정재판소 1927. 5. 27. 선고 타이쇼우 2년 53호 판결; 행정재판소 1932. 10. 6. 선고 타이쇼우 15년 43호 판결; 행정재판소 1933. 7. 8. 선고 쇼와 8년 66호 판결. 忠佐市(주83), 9면.

168) 행정재판소 1933. 7. 8. 선고 쇼와 8년 66호 판결; 행정재판소 1941. 7. 19. 선고 쇼와 10년 69호 판결. 행정재판소는 적립금을 판단할 때 그 사용목적이 정해져 있는지 여부를 구별하지 않는 입장을 취했다. 행정재판소 1933. 10. 12. 선고 쇼와 8년 63호 판결. 이상, 忠佐市(주83), 9면.

169) 大村巍(주5), 40~41면.

170) 1899년(메이지 32년) 1월 16일 제13회 제국의회 귀족원 소득세법중개정법률안특별위원회 속기록 제2호, 3면 정부위원 와카츠키레이지로우(若槻禮次郎)의 발언. 행정재판소 메

1899년(메이지 32년) 소득세법시행상취급방심득(所得稅法施行上取扱方心得)[171] 제1조는 「제1종소득(법인소득)을 산출하는 경우에 있어서 총익금 중 전년도 이월익금을 포함하는 것은 전년에 이미 소득세를 부과한 것이므로 이를 공제하고 또는 총손금 중 전년도 이월결손금을 포함하거나 또는 이를 포함하지 않았더라도 총익금에서 총손금을 공제한 순익금으로써 전년도 이월손금의 전보에 충당한 경우에는 전년도 이월손금은 손금으로써 공제하는 것으로 한다[第1種所得(法人所得)ヲ算出スル場合ニ於テ総益金中前年度繰越益金ヲ包含スルモノハ前年既ニ所得税ヲ賦セラレタルモノナルヲ以テ之ヲ控除シ又ハ総損金中前年度繰越欠損金ヲ包含シ若ハ之ヲ包含セザルモ総益金ヨリ総損金ヲ控除シタル純益金ヲ以テ前年度繰越損金ノ補塡ニ充当シタルトキハ前年度繰越損金ハ損金トシテ純損金ヨリ控除スルモノトス]」라고 규정하고 있었다. 즉 전년도 이월익금은 해당년도의 익금과 관계가 없지만[172] 전년도 이월손금은 해당년도의 손금으로서 익금에서 공제되는 것이다. 당시의 구 일본상법(메이지 32년 법률 제48호) 제67조가 「회사는 손실을 보전한 후가 아니면 이익배당을 할 수 없다(会社ハ損失ノ補塡ヲ為シタル後ニアラザレバ利益ノ配当ヲ為スコトヲ得ス)」라는 규정을 둔 것을 제1종소득의 계산에 수용한 것이라고 할 수 있었다.[173]

이러한 입장은 1920년(타이쇼우 9년) 일본소득세법 개정시까지 이어져 소득세시행상취급방심득(所得稅施行上取扱方心得)[174]은 이월결손금을 손금으로 취급하도록 하고 있다. 즉 위 내훈 제1조는 「법인의 소득계산상 전기이월금은 이를 총익금 중에 산입하지 않는 것으로 한다(法人ノ所得計算上前期繰越金ハ之ヲ総益金中ニ算入セサルモノトス)」라고 규정하고, 이어서 내훈 제3조는 「법인의 … 이월결손금의 보전은 그 사업연도의 손금으로 인정하여야 하는 것으로서 법인의 계산에 있어서 순익금의 처분으로서 이를 행하는 경우에도 그 순익이 발생한 사업연도에 있어서의 총손금 중에 이를 산입하여야 한다(法人ノ … 繰越欠損金ノ補塡ハ其ノ事業年度ノ損金ト認ムヘキモノナルヲ以テ法人ノ計算ニ於テ純益金ノ処分トシ

이지 1903. 5. 29. 선고 메이지 36년 58호 판결.

171) 1899년(메이지 32년) 4월 1일 대장성내훈(大藏省內訓).

172) 이월익금 이외에도 일반적인 적립금 산입의 경우도 마찬가지로 익금에 산입하지 않도록 규정하고 있었다. 雪岡重喜(주7), 48면.

173) 大村巍(주5), 42면; 忠佐市(주40), 14면.

174) 1920년(타이쇼우 9년) 8월 19일 대장대신내훈(大藏大臣內訓).

テ之ヲ為シタル場合ト雖其純益ノ生ジタル事業年度ニ於ケル総損金中ニ之ヲ算入スヘキモノトス)」라고 규정하고 있다.[175)]

이월결손금의 문제는 1926년의 일본소득세법 개정 후에 「소득세법 시행규칙」 제1조로 「법인의 전 사업연도로부터 이월된 익금 또는 손금은 그 사업연도의 소득계산상 익금 또는 손금에 이를 산입하지 않는다」는 규정이 신설되면서 그때까지 인정되어 왔던 이월결손금의 손금산입규정이 없어짐에 따라 논란이 생기게 되었다.

위와 같은 개정은 세 가지 이유에 기한 것이었다. 첫째, 소득의 본질이라는 관점에서, 소득의 기간적 계산단위인 1 사업연도의 소득을 순수하게 독립된 것으로 파악하려고 한 것이다. 즉, 소득세법은 소득을 '각 사업연도의' 총익금과 총손금의 차액으로 계산하므로 그 취지를 충실하게 고수하겠다는 것이다. 제1종소득을 배당가능이익과 구별하려는 의도도 담겨 있다고 하겠다.[176)]

둘째, 법인과 개인 간에 균형을 도모하기 위한 것이다. 개인소득세에 대해서는 이월결손금 공제를 인정하지 않았던 것과 균형을 맞추기 위한 것이다.

셋째, 동족회사 기타 회사와의 사이에 결손금 처리방법과 무관하게 균형을 지키기 위한 것이었다. 일반적인 주식회사는 신용 또는 배당의 문제와 얽혀있어 쉽게 할 수 없었지만, 개인적 동족회사의 경우 자산의 평가차손을 거액으로 계상하여 그 이후 사업연도의 이월결손금으로 세부담을 면하려고 하는 경향이 있었기 때문이었다.[177)]

이에 대한 비판으로는 다음과 같은 것이 있었다. 첫째, 입법절차가 공정하지 않았다는 것이다. 이는 1926년의 일본소득세법 개정시 의회에서 상당한 수정이 이루어졌고 논의도 많았음에도 정작 중요한 사항을 의회의 논의대상으로 되지 않는 사항을 시행규칙을 통해서 개정했다는 것이다. 특히 종래 소득계산규정은 대장대신의 내훈에서 정했는데, 내훈이 아닌 시행규칙에 의한 것이라는 점에서도 비난이 거셌다.[178)]

---

175) 大村巍(주5), 42~43면.

176) 忠佐市(주40), 15면.

177) 이상 堀口和哉(주99). 48~49면; 織田吉蔵, "法人の繰越欠損金と所得税", 「会計」 제19권 제5호, 1926, 87~91면.

178) 大村巍(주5), 42~43면.

둘째, 담세력의 관점에서 결손회사가 간신히 이익을 내는 시점에 영향을 받게 된다는 것이다. 셋째, 이월결손금을 인정하지 않더라도 다른 조작을 통해서 같은 결과를 발생시킬 수 있다는 것이다. 넷째, 영업이 계절적, 시기적인 영향을 크게 받는 법인의 경우에는 세부담이 불균형하다는 것이다.[179]

비판론에도 불구하고 위 개정은 일본법인소득과세의 역사에서 중요한 의미를 갖는다. 그 당시 소득계산에 관한 규정의 해석은 상법규정 또는 그 해석에 따르는 것이 일반적이었는데 처음으로 '세법령'에 독자적인 계산규정이 등장한 것이기 때문이다.[180]

그 후 1940년(쇼와 15년)의 세제 개정시가 되어서야 이전 3년 내의 이월결손금 범위 내에서 손금산입하는 규정이 신설됨으로써 이월결손금의 공제가 인정되게 되었다.

마. 수취배당금 비과세 문제

다른 회사로부터 받은 배당금 및 이자에 관한 취급은 법인의 본질에 대한 견해의 변화, 개인소득세의 종합과세화 등에 따라 큰 변화를 겪었다.

1899년 일본소득세법 제4조 제2항은 "전항 제1호의 경우 익금 중 이 법률에 따라 소득세가 부과된 법인으로부터 수취한 배당금 및 이 법률시행지에서 지급받은 공채·사채의 이자가 있는 경우 이를 공제한다"고 규정하였으므로 이러한 수입금은 총익금에서 공제되어 비과세되었다. 그러나 1920년 개정으로 위 규정은 삭제되고 수취배당금 등은 과세되었다. 법개정과 함께 소득세법시행상 취급방심득 제5조는 "법인의 총익금 중 국채 이외의 공채의 이자 기타 제2종소득 또는 다른 법인으로부터 수취한 배당금(그 소득세를 부과하였는지 여부는 묻지 않는다)이 있어도 이를 공제하지 않고 과세소득으로 계산한다"라고 규정하였다. 나아가 1926년 개정시에는 이자 등 수입에 관하여 제21조 제2항으로 "법인이 각 사업연도에 관하여 납부한 제2종소득에 대한 소득세액은 명령이 정한 바에 따라 해당 사업연도의 제1종소득에 대한 소득세액으로부터 이를 공제한다"라는 규정을, 제3항으로 "전항의 경우 공제되어야 하는 제2종소득에 대한 소득세는 제1종소득 계산상 이를 손금에 산입하지 않는다"라는 규정을 각각 두었다.

179) 이상 織田吉藏(주176), 74~80면.

180) 大村巍(주5), 45면.

3. 일본의 법인세 소득계산구조의 특징

가. 독일법의 계수

(1) 재산법 및 확정결산주의의 계수

일본의 법인세 소득계산구조의 특징으로서 우선 들 수 있는 것은 독일법 계수의 영향이다. 이 점은 독일의 세법이 취하고 있던 확정결산주의와 독일 상법회계를 그대로 수용함에 따라 자연스럽게 이루어진 것이라고 할 수 있다. 특히 당시 독일 상법회계 및 독일세법의 이익계산체계는 독일 회계학자였던 요한 프리드리히 셰르(Johann Friedrich Schär)의 재산법체계(2계정설)를 바탕으로 한 것이었으므로[181] 셰르의 이익계산체계가 일본으로 계수되는 결과가 되었다.[182] 여기서 셰르의 회계이론을 간단히 살펴보면 다음과 같다.

(2) 셰르의 이익계산체계

셰르는 회계의 수학적 기초로서 이계정설(二計定說)을 주창했다. 이계정설은 재산계정과 자본계정이라고 하는 두 계정의 대조에 입각하여 기업회계의 전 구조를 설명하려고 한 회계이론이었다. 이계정설은 재산법을 확립한 이론이라고 할 수 있다.[183] 2계정설은 다음의 기본등식에서 출발한다.

회계주체가 소유한 전재산의 가치(=재산) = 자본주의 순자산(=자본)

다시 재산은 적극재산(자산)과 소극재산(부채)으로 구별되므로 위의 등식은 다시 다음과 같이 표현된다.

자산 - 부채 = 자본

결국 위 등식에 따르면 순자산의 증감에 의하여 이익의 증감을 측정하게 된다.

---

181) 長穣(주54), 85면.
182) 小林俊昭(주58), 103면, 107면.
183) 小林俊昭(주58), 103면, 108면.

(3) 독일법 계수의 한계

독일법 계수의 영향이 법인세 소득구조계산 초기에는 현저했지만, 점차로 그 영향력이 약해졌다는 점은 주목할 만하다. 즉 다른 법률의 분야와 달리 법인세제의 경우에는 후술하는 바와 같이 일본 세무실무의 영향력이 매우 컸다. 그 이유는 일본상법상의 상법회계가 독일상법과 같은 수준에 이르지 못했기 때문이었다. 따라서 세무실무가들이 이해하는 범위 내에서 세법의 규범목적에 따라 이루어진 세무관행이 행정해석의 형식으로 축적되면서 일본의 독자성을 갖춘 소득계산구조가 성립하게 된 것이다. 이런 면에서 보자면 일본의 법인세제가 독일의 법인세제로부터 큰 틀에서 구조적인 영향을 받은 것은 사실이지만 개별규정 수준에서 독일의 계수법제라고 단언하기는 어렵다고 판단된다.

나. 세무실무를 통한 세무회계의 형성

일본은 확정결산주의를 채택하고 있었음에도 불구하고 일본상법의 계산규정 자체가 충분하지 않았고 이를 보완할 수 있는 회계기준이나 회계관행도 확립되지 않은 상태였다. 따라서 실무계에서는 재판례 및 과세당국의 해석을 바탕으로 계산규정 및 회계실무를 보완하고 육성하기 위한 노력을 계속하였다. 그리고 그 최초의 결실이 앞서 본 1927년 주비제1호통첩이라고 할 수 있다. 특히 당시에는 부과과세제도를 채택하고 있었으므로 세무법령의 해석 적용은 일차적으로 과세당국에게 위임이 되어 있었기 때문에 과세당국의 역할이 컸다.[184] 과세당국이 정립한 세무회계실무 또는 회계관행은 대체로 행정재판소의 판례에 의하여 지지를 받아 세무관습으로 확립되는 경향을 보였다. 그러나 세무법령의 해석이 법령의 형식으로 정리되는 경우는 많지 않았다.[185] 또한 과세당국이 정립한 세무회계실무는 반대로 기업회계실무의 형성에 큰 영향을 미쳤다.[186] 물론 타이쇼우 시대 이후 소득계산과 관련하여 기업회계이론이 거꾸로 세무회계실무에 영향을 적지 않게 미친 것도 부인할 수 없다.[187]

따라서 제2차 세계대전 이후 1950년의 슈프 세제가 성립하기 이전까지 법

---

184) 吉国二郎(주48), 92~93면; 鈴木一水(주6), 200면.

185) 吉国二郎(주48), 92면.

186) 이를 '역기준성(逆基準性)의 싹'이라고 표현하기도 한다. 이상 鈴木一水(주6), 201면.

187) 堀口和哉(주99). 67~68면.

인세 소득계산구조는 법령으로 정립되지 않고 전적으로 과세당국의 판단과 해석에 백지위임되어 있었다고 하여도 과언이 아닌데 이를 관료세무회계라고 부르는 이도 있다.188)

예를 들어 세무실무가(토쿄세무감독국 사무관)였던 카타오카세이이치(片岡政一)은 다음과 같이 말하고 있다.

"… 세무행정에 있어서 과세기술의 문제는 우선 '이익'의 계량이라고 하는 거에 집중된다. 이러한 세무집행관청의 직능의 발로(發露)로서 이익계량에 관한 많은 실험칙(實驗則)에 의하여 이루어진 세관습이 성립하고, 이것이 사회적으로도 의의를 갖게 된다. 그런데, 세관습에 대해서는 재료적(材料的)으로도 방법적으로도 세무관리의 연구가 전문적이고 사실에 접촉하고 있으며 세무관청의 내규에도 부합하므로 바로 그 세무관리의 체험이 세무의 해석에 의의를 갖는 것이라고도 할 수 있다. 이러한 이유로 나는 예전부터 일반부기회계이론에 대하여 세관습화된 손익인정의 정형(定型) 해석의 기준을 종합통일하는 것에 흥미를 가져 이 연구에 대하여 '세무회계'라는 명제를 붙여 부르고 있는 것이다. …

… 세무회계는 세무당국의 실무에서 이루어진 세관습의 집적을 골자로 하여 그 원리를 연구하여야 하므로 세무의 체험을 갖기 않고 이를 논하는 것은 허용되지 않는 것이 마땅하다. …"189)

또한 카타오카세이이치는 법인소득이 상법 및 재무회계에 바탕을 두고 법인재산의 증감변화를 측정한 재무제표를 기본 소재로 하여 파악되지만 세법의 독자적 필요성에 따라 이를 수정할 필요가 있다고 전제하고, 그 수정에 관한 사항을 법률에 정해 놓은 입법례도 있지만 제2차 세계대전 종전 이전의 일본은 이를 세무관습에 맡겨 두었다고 하면서 그 이유로는 법률에서 정할 경우에 사정에 맞추어 신속하게 정할 수 없다는 점을 들고 있다.190)

일본의 경우 세무실무를 통하여 소득계산구조가 성립하였으므로 집행의

188) 高橋志朗(주48), 13면; 高橋志朗(주24), 21~22면, 48면 주29; 長谷川忠, 「近代税務会計論」, 5訂版, ダイヤモンド社, 1975, 6면; 畑山紀, "富岡税務会計学の形成·応用の過程と発展方向", 富岡幸雄博士古稀記念論文集編集委員会, 「税務会計研究の現代的課題」, 第一法規, 1995, 3~4면.

189) 片岡政一, 「税務会計原理」, 文精社, 1935, 3~6면.

190) 片岡政一, 「税法上の損益」, 第一書房, 1938, 28면.

편의성과 확실성에 치중하는 경향이 강하게 되었다고 판단된다. 그리고 그 영향을 오늘날 우리나라의 법인세제에도 어느 정도 유효하다고 생각된다.

4. 우리 법인세 소득계산구조의 계수과정

우리 법인세 소득계산구조는 결국 일본법인세법상의 소득계산구조를 계수한 것이다. 여기서는 우리나라에서의 구체적인 계수과정을 검토하기로 한다. 우리나라의 경우 해방 전에는 조선소득세령에 의하여, 해방 후에는 제정 일본법인세법을 통해서 일본의 소득계산구조를 계수하였다고 할 수 있다.

가. 조선소득세령에 의한 계수

(1) 1920년 제정 조선소득세령(제령 제16호)

1920년 제정된 조선소득세령은 조선에 본점 또는 주된 사무소가 있는 법인은 법인의 초과소득, 유보소득, 배당소득, 청산소득, 자산·영업소득에 대하여 법인세를 납부할 의무를 지도록 하였다(같은 령 제3조). 이때 법인의 소득은 각 사업연도의 총익금에서 총손금을 공제한 금액에 의하되 보험회사의 경우 각 사업연도의 이익금 또는 잉여금에 의하도록 하였다(같은 령 제4조 제1항). 이와 같은 계산구조는 같은 해 개정된 일본소득세법의 소득계산구조와 완전히 일치하는 것이다. 그리고 역시 구체적인 총익금 및 총손금의 계산 규정이 결여되어 있는 점도 1920년 일본소득세법과 동일하다. 당시의 실무서를 보면 법인세 과세소득산정의 실무도 일본에서와 다르지 않았던 것으로 보인다.[191]

(2) 1927년 조선소득세령(제령 제8호)

1927년 4월 1일 개정된 조선소득세령은 법인의 과세소득을 보통소득, 초과소득, 청산소득으로 나누고(같은 령 제3조), 그 중 보통소득은 법인의 각 사업연도 총익금에서 총손금을 공제한 금액에 의하되 보험회사의 경우 각 사업연도의 이익금 또는 잉여금에 의하도록 규정하고 있다(같은 령 제4조 제1항). 1927년 조선소득세령의 과세소득 계산구조는 1926년 일본소득세법의 과세소득 계산구조를 그대로 옮겨 놓은 것이다. 그리고 그 이외에는 소득계산에 관한 구체적인 규

191) 예컨대, 松田金一郎, 「朝鮮所得稅令釋義」, 朝鮮財務協會京畿道支部, 1925, 16~63면. 그 이후의 시기도 마찬가지이다. 寺山時二, 「朝鮮所得稅令精義」, 朝鮮財務協會, 1935, 51~131면; 寺山時二, 「改訂 朝鮮所得稅令精義」, 朝鮮財務協會, 1941, 52~136면.

정은 없다.

(3) 1940년 조선소득세령(제령 제6호)

1940년 4월 1일 개정된 조선소득세령은 법인의 과세소득을 보통소득, 청산소득으로 나누고(같은 령 제3조), 그 중 보통소득은 법인의 각 사업연도 총익금에서 총손금을 공제한 금액에 의한다고만 규정하였다(같은 령 제6조 제1항). 한편 3년 이내의 이월결손금은 이월공제가 가능하도록 하였다(같은 령 제6조 제2항). 그 이외에는 종전과 차이가 없다. 위 규정들 역시 1940년 제정 일본법인세법의 개정 사항을 그대로 반영한 것이다.[192)]

나. 제정 법인세법에 의한 계수

저자가 장기간 조사한 바로 우리나라의 제정 법인세법에 관하여 현존하는 가장 오래된 저술은 1951년 경상남도 재무국 직세과장을 역임한 김을성이 쓴 「현행 법인세법의 개요」이다. 저자의 서문을 보면 "小著의 意圖는 … 難解한 稅法을 平易하게 解說하고 稅務計算의 原則과 稅額算出의 實例를 豐富히 公開하고 … 關係書式까지 無漏揭載하여 …"라고 되어 있어 실제 세무실무의 내용이 반영된 저술임을 알 수 있다.

위 김을성의 기술에 따르면 총익금, 총손금의 정의에 관하여 일본의 논의를 거의 그대로 전개하고 있다.[193)] 개별 쟁점에 관하여 살펴보자면 자산의 평가손익을 총익금 또는 총손금에 산입할 수 있다고 하고[법인세법 시행규칙(1951. 1. 1. 재무부령 제35호) 제13조], 주식발행액면초과금은 익금산입하며(같은 시행규칙 제13조, 제14조), 감자차익은 익금산입 또는 손금불산입하고(같은 시행규칙 제13조, 제19조) 감가상각비는 손금산입하는 것으로 기술하고 있다(같은 시행규칙 제32조). 또한 같은 시행규칙 제25조는 상여금은 사용인에 대한 것은 이익처분에 의한 것을 제외하고 손금산입하고 임원에 대한 것은 정관의 규정이나 총회의 결의에 의하여 명백히 손금임이 인정되는 경우를 제외하고 이익처분에 의한 것으로 본다고 규정하여 그 당시 일본법인세법의 해석론을 충실하게 따르고 있다.[194)]

---

192) 앞서 1934. 4. 30. 개정된 조선소득세령(제령 제6호) 제65조는 동족회사행위계산부인을 규정하였다.

193) 김을성, 「현행 법인세법의 개요」, 대한세제연구회, 1951, 19~20면.

194) 김을성(주193), 36~97면.

위 내용들은 일본이 1947년 이후 소득계산규정을 법인세법령에 명문화한 것과 마찬가지로 제정 법인세법의 시행규칙에 규정되어 있다.

Ⅲ. 법인본질론의 측면

법인본질론은 법인기업인 회사를 주주와의 관계에서 어떻게 이해할 것인지의 문제이다.

1. 법인의제설과 법인실재설

가. 개 관

본래 법인의제설과 법인실재설은 권리·의무의 귀속주체로서의 법인의 본질에 관한 논의로서 민사법학에서 발전한 것이다.[195]

세법에서 법인의제설과 법인실재설은 법인소득과세를 할 때 회사와 주주의 관계를 어떻게 볼 것인지의 문제이다. 현재는 위 법인본질론은 실제 법인세법상의 여러 문제와 필연적인 관련성은 없다고 보는 견해가 지배적이고[196] 위 두 입장으로 현실의 법인세제를 모순 없이 설명할 수도 없지만,[197] 적어도 일본

---

195) 이를 세법상의 논의로 끌어들인 나라는 일본과 그 영향을 받은 우리나라 외에는 없다고 한다. 小松芳明. "米英税法上の法人擬制説と実在説", 「税経通信」 11巻 3号, 1956, 24면.

196) 김완석/황남석, 「법인세법론」, 광교, 2014, 36면; 이창희, 「세법강의」, 제12판, 박영사, 2014, 494~495면; 이태로/한만수, 「조세법강의」, 신정10판, 박영사, 2014, 376면; 임승순, 「조세법」, 2014년판, 박영사, 2014, 548면. 일본에서의 비판론은 品川芳宣, 「課税所得と企業利益」, 税務研究会出版局, 1982, 68~72면. 비판의 요지는 법인의제설과 법인실재설의 논의는 법인소득의 실질적인 귀속자 또는 법인소득세의 실질적인 부담자가 누구인가라고 하는 논의로서 세율구조, 이중과세조정의 문제에 대하여 근거를 제공하는 것이 아니라는 것이다. 그리고 다양한 법인을 하나의 입장으로 포괄적으로 설명하려는 시도 자체가 비현실적이며, 현실의 세제는 그 시대의 산업구조, 소득분포상황 등의 실태에 따라 재정정책적으로 결정되는 것이지 법인의 본질에 따른 이해에 좌우되는 것이 아니라고 한다. 鈴木一水, 「税務会計分析—税務計画と税務計算の統合」, 森山書店, 2013, 95면; 忠佐市, "擬制説·実在説の発想批判", 「産業經理」 27巻 7号, 1964, 37면.

또한 법인소득은 주주인 개인이 보유하는 주식가격에 반영되므로 법인소득과 그 주주인 개인소득을 구별하여 논하는 것은 적당하지 않다는 법인·개인 일체과세의 관점에서 법인의제설과 법인실재설의 논의는 무의미하다는 주장도 있다. 水野忠恒, 「租税法」 第5版, 2011, 312~313면.

197) 鈴木一水(주196), 96면

의 법인세제사에서는 20세기 중반까지 위 법인본질론이 법인소득과세의 근거, 세율구조(누진세, 비례세), 수취배당금에 대한 이중과세조정, 회사의 유보소득에 대한 세율, 동족회사에 대한 과세, 주식양도소득에 대한 과세 등의 문제와 관련되어 논의가 되어 왔다.[198] 즉 조세정책적으로 위의 여러 문제들에 관하여 어떤 입장을 취할 것인가에 관하여 법인본질론이 정당화논리를 제공해 왔던 것이다. 따라서 일본의 법인세제가 법인본질론과 관련하여 어떤 입장을 이론적 바탕으로 하였는지 여부도 일본법인세제의 계수법적 위치를 판단하는데 중요한 기준이 될 수 있다고 생각한다.

나. 법인의제설

회사를 과세상 주주의 집합체로 이해하는 사고이다. 회사는 독립된 법인격을 부여받고 있기는 하지만 과세상으로 단순히 의제한 것에 불과하다는 것이다. 이 논리에 따르면 회사의 소득은 궁극적으로 주주 개인에게 귀속되는 것이므로 회사의 소득은 본래 주주 개인소득과세의 대상으로 되어야 할 것이므로 법인소득세는 주주의 개인소득세를 예납하는 것에 불과하다고 이해하게 된다. 법인소득과세를 개인소득세의 원천징수로 보기 때문에 세율구조의 측면에서는 비례세율을 적용하게 된다.[199]

다. 법인실재설

법인실재설은 회사를 실질적으로 주주로부터 분리된 개별 독립의 존재로 이해한다. 이에 따르면 회사는 법적 실재로서 법인격을 인정받을 뿐만 아니라 개인 주주와 개별 독립적으로 경제활동을 영위하는 사회적·경제적 실질을 갖춘 존재로 본다. 그러므로 회사 자체에 담세력이 인정되고 법인소득세는 그 회사가 가진 독자적인 담세력에 부과되는 조세로 이해된다. 세율구조는 누진세율을 선택하여도 무방하다는 결론에 이르게 된다.[200]

법인실재설을 취하는 경우에도 회사가 법인소득세를 부담하는 근거에 관

---

198) 鈴木一水(주196), 86면. 나아가 법인본질론과 회계학상의 회계주체론을 결부시켜 수증자본의 취급 문제까지 확대하는 견해도 있다. 佐橋義金, 「税務会計の歴史的展開」 제2판, 法律文化社, 1978, 227면.

199) 鈴木一水(주196), 85면.

200) 鈴木一水(주196), 85~86면.

하여는 여러 가지 설명이 있다. 회사는 국가에 의하여 법인형태로 사업활동을 영위하는 것이 인정되어 자본을 집중하고 특별한 이익을 얻을 수 있으므로 그러한 이익의 일부를 국고로 납부하여야 하는 것이라고 설명하는 특권설,[201] 회사는 정부로부터 공공서비스를 제공받고 동시에 공해 등 사회적 비용을 발생시키므로 공공서비스의 비용을 충당하는 사회적 비용을 보상하도록 회사에 상당한 부담을 지우도록 하는 것이라고 설명하는 이익설,[202] 배당소득은 대체로 고소득자에게 귀속하고 또한 법인소득은 부의 불평등의 원인이 되므로 법인소득에는 특수한 담세력이 있어 이에 대하여 과세하더라도 부담공평의 이념에 반하는 것은 아니라는 부담능력설,[203] 공동체유지를 위한 사회적 비용은 이를 구성하는 기업도 부담하여야 한다는 사회비용배분설[204] 등이 그것이다.

2. 일본법인세제상의 법인본질론

일본의 법인세제에서도 법인본질론이 일관되게 관철된 것은 아니었다. 오히려 초기 단계부터 법인본질론과는 무관하게 현실적인 조세부담의 공평, 징수의 확보, 기업의 발달정도, 경제사정 등을 고려하여 세제를 설계하였다고 할 수 있다.[205] 물론 그 세제를 뒷받침하는 논리로는 법인본질론이 등장한다. 앞서 일본의 법인세제 발달과정을 개관하면서 간단히 검토하기는 하였으나 시기별로 다시 살펴보면 다음과 같다.

가. 1899년 일본소득세법 개정

일본에 처음으로 법인소득과세가 도입된 1899년(메이지 32년) 소득세법 개정안이 귀족원에서 심의될 때 특별위원장인 와타나베코우키(渡辺洪基)는 "개인에게 직접 징수하는 것보다 편리하고 조사가 간이하다"[206]는 것을 이유로 들고

201) 林大造, "我国法人税制における擬制説と実在説", 「税経通信」第11巻 第3号, 1956, 48~56면; 水野忠恒(주196), 311면.

202) 林大造(주201), 48~56면; 武田隆二, 「法人税法精説」, 平成17年版, 森山書店, 2005, 10~11면; 水野忠恒(주196), 311면.

203) 林大造(주201), 48~56면.

204) 武田隆二(주202), 11면.

205) 鈴木一水(주196), 87면, 89면.

206) 1899년(메이지 32년) 1월 21일 제13회 제국의회 귀족원 의사속기록 제14호, 177면.

있다. 정부위원이었던 와카츠키레이지로우(若槻禮次郎)는 중의원 심의시에 "일본의 회사는 일본에서 과세가 되므로 그 배당금은 과세하지 않는다"[207]라고 진술하고 있다. 또한 "법인의 소득에 대하여는 이미 과세가 되었으므로 주권 소유자에 대하여 … 지급할 때에 과세한다고 할 수 있고"[208]라고 진술하였는데 그 위 진술들을 보면 법인소득과세를 개인주주의 소득에 대한 원천과세로 자리매김하고 있는 것을 알 수 있다. 또한 법인소득에는 비례세율이 적용되고 주주 개인 단계에서는 배당소득에 대한 과세를 하지 않았다. 반면 그 이외의 개인소득에 대하여는 누진세율이 적용되었다. 이상의 점들을 모아 보면 최초의 법인세제는 법인의제설에 입각하였다고 할 수 있다. 다만 개인의 배당소득에 대하여는 누진세율이 적용되지 않았다는 점에서 법인의제설의 입장이 일관된 것은 아니었다.[209]

나. 1905년 일본소득세법 개정

1905년 소득세법 개정시 법인소득이 갑과 을로 나뉘었다. 주주 21명 이상의 주식회사 및 사원 21명 이상의 주식합자회사인 법인의 소득은 갑소득에 속하여 비례세율이 적용되었고, 그 이외의 법인의 소득은 을소득에 속하여 초과누진세율이 적용되었다. 친족 등에 의하여 조직된 합명회사, 합자회사, 주주 또는 사원이 소수인 주식회사 또는 주식합자회사의 소득은 그 대부분이 주주 등의 소득 대부분을 차지하므로 개인소득과 다른 세율을 적용할 필요가 없다는 것이 그 이유였다. 이런 개정은 법인의제설적인 인식이 강하게 반영된 것이다. 현실적인 이유도 있었다. 당시 일본은 러일전쟁의 전비를 조달하기 위하여 증세를 하였는데 그로 인하여 세부담의 불공평이 발생하자 이를 경감하기 위한 목적도 있었던 것이다.[210]

다. 1913년 일본소득세법 개정

1913년 소득세법 개정시 정부위원이던 스가와라미치요시(菅原通敬)는 법인

---

207) 1898년(메이지 31년) 12월 13일 제국의회 중의원 소득세법개정법률안심사특별위원회 속기록 제1호, 8면.

208) 1899년(메이지 32년) 1월 31일 제13회 제국의회 중의원 의사속기록 제22호, 272면.

209) 鈴木一水(주196), 87면.

210) 大蔵省 編, 「明治大正財政史: 第6巻」, 財政経済学会, 1937, 1004면; 鈴木一水(주196), 87면.

의제설의 입장에서 "법인에 과세하는 목적은 개인에 대한 소득세 징수의 번잡을 피하고 그 편의를 위한 것에 불과하다"[211]고 진술하여 법인의제설적인 입장을 전제하면서도 개인사업과 회사 간에 과세상의 불공평이 발생하지 않도록 하기 위하여 합명회사 및 합자회사에 대하여 누진세율을 적용하고, 주식회사는 개인사업과 달리 법률에 의하여 특별한 편의를 부여받고 있으므로 주식회사에 대하여 개인보다 높은 비례세율을 채택하였다고 설명하고 있다.[212] 이 설명은 법인실재설에 입각한 것이었다. 이때 스가와라미치요시(菅原通敬)는 합명회사, 합자회사에 대하여 누진세율을 적용하는 이유를 설명하면서 외국의 입법례로서 프로이센법을 들고 있다.[213] 즉 이 시기에 일본 정부가 법인실재설적 입장을 취한 배경에는 독일세법의 영향이 있었음을 짐작할 수 있다.

라. 1920년 일본소득세법 개정

1920년 소득세법 개정시에는 법인을 독립된 납세의무자로 하여 그 독자적인 담세력에 과세하는 방향으로 개정이 이루어졌다. 즉, 대장대신 타카하시코레키요(高橋是清)는 "법인도 법인으로서의 인격을 갖추고 있으므로 상응하는 과세가 되어야 한다"[214]라고 설명하여 개정안은 법인실재설에 입각하여 마련되었다는 점을 밝히고 있다.[215]

첫째, 법인의 초과소득에 초과누진세율을 적용하고 동시에 법인의 수취배당금을 익금산입하였다.

둘째, 개인의 수취배당소득을 제3종소득으로 과세하면서도 수취배당금의 40퍼센트를 소득공제하여 회사와 개인 간 중복과세를 완화하려고 하였다.

셋째, 개인의 배당소득과세에 대응하여 법인의 유보소득도 과세하는 것으

---

211) 1913년(타이쇼우 2년) 3월 18일 제30회 제국의회 중의원 소득세법중개정법률안 외 2건 위원회의록 제4회, 26면.

212) 1913년(타이쇼우 2년) 3월 18일 제30회 제국의회 중의원 소득세법중개정법률안 외 2건 위원회의록 제4회, 26면. 이는 앞서 본 특권설의 입장이다.

213) 1913년(타이쇼우 2년) 3월 12일 제30회 제국의회 중의원 소득세법중개정법률안 외 2건 위원회의록 제2회, 8면; 1913년(타이쇼우 2년) 3월 17일 제30회 제국의회 중의원 소득세법중개정법률안 위원회의록 제3회, 13면.

214) 1920년(타이쇼우 9년) 7월 7일 제43회 제국의회 중의원 소득세법개정법률안 외 5건 위원회의록 제2회, 17면.

215) 鈴木一水(주196), 88면.

로 하였다. 개인의 배당소득에 대하여 과세하면 법인이 배당을 하지 않고 소득을 유보하는 것을 막기 위한 것이다.

첫째 개정사항은 법인실재설의 논리에 따른 것이지만, 둘째, 셋째 개정사항은 오히려 법인의제설의 논리와 가깝다.

마. 1926년 일본소득세법 개정

법인의 초과소득에 대한 초과누진세율 적용이 유지되면서 동시에 동족회사의 유보소득금액 중 일정액을 초과하는 부분에 대하여 누진세율에 의하여 세를 가산하였다. 전자는 법인실재설에, 후자는 법인의제설에 부합하는 제도이다.[216]

바. 1940년 일본법인세법 제정

1940년 일본법인세법이 소득세법으로부터 분리되어 제정되었을 때, 개인의 배당소득은 분류소득세를, 임원의 상여에는 종합소득세를 각각 과세하였다. 그 당시 정부위원이었던 오오야한지로우(大矢半次郎)는 "법인은 독립된 기업체이고 개인과는 분리된 존재이므로 과세상으로도 완전히 독립된 영업주체로서 보이는 색채가 강해졌다"고 하여 법인실재설에 입각한 설명을 하였다.[217] 위 오오야한지로우는 1920년 주주에 대하여 배당소득을 과세하면서부터 법인을 주주로부터 독립된 존재로 인식하기 시작하였고, 1940년 개정시 주주의 수취배당소득에 대하여 배당이자소득으로서 과세하게 되었으므로 더더욱 법인의 독립성을 강하게 인정하는 태도를 취한 것이라고 부연하고 있다.[218] 또한 그는 다음과 같이 설명하고 있다.

「… 영국에서는 법인이나 개인이나 동일한 과세방식을 적용하고 있으나, 영국에서는 결국 법인에 대해 과세하는 것은 법인의 독립성을 인정하지 않고 개인이 납입해야 할 것을 원천으로 과세합니다. … 이번 개정안에서도 만일 영국처럼 개인이나 법인이나 동일하게 분류소득세를 과세한다고 하면 법인의 독립성은 매우 희박해질 것으로 생각되지만, 개정안처럼 이것을 따로 떼어서 법

---

216) 鈴木一水(주196), 88면.

217) 1940년(쇼와 15년) 3월 19일 제75회 제국의회 귀족원 소득세법개정법률안특별위원회 의사속기록 제2호, 3면, 정부위원 오오야한지로우(大矢半次郎)의 진술부분.

218) 위 의사속기록, 3면, 정부위원 오오야한지로우(大矢半次郎)의 진술부분.

인에 대해 특별한 과세를 하되 법인으로부터 받는 배당 및 중역상여에 대해서는 개인에게는 별개로 또는 보통의 분류소득세, 종합소득세를 과세하는 방침을 취하고 있는 이상 저는 오히려 이번 개정안이 미우라(三浦)씨가 말씀하신 법인의 독립성을 강하게 그려낸 것이라고 생각합니다. …」[219)]

위 진술을 보면 적어도 일본 정부의 입장에서는 법인실재설의 논리를 갖고 1940년 일본법인세법의 제정에 임했다는 점을 확인할 수 있다.

또한 이때의 개정으로 누진세율구조를 취하는 법인임시이득세도 도입되었다. 앞서 본 바와 같이 누진세율구조는 법인실재설의 입장에 부합하는 제도이다.[220)]

3. 일본법인세제상 법인본질론의 비교법적 검토

일본이 1899년 처음 법인소득과세를 개시하였을 때부터 1920년 소득세법 개정 이전까지는 법인세의 세율로 비례세율이 적용되었고, 수취배당금 익금불산입제도가 채택되었으며 개인의 배당소득에는 과세하지 않았으므로 이론적으로 법인의제설에 부합하는 제도였다고 할 수 있다. 특히 수취배당금에 대한 이중과세 문제와 관련하여 이론적으로 법인의제설을 취하면 조정이 필요하다고 보는 것이 필연적임에 반하여 법인실재설을 취하면 문제가 되지 않는다고 보아야 할 것이기 때문이다. 그러나 1920년 개정에 의하여 누진세율이 일반화되고 수취배당금 익금산입, 개인의 배당소득에 대한 과세[221)] 등이 이루어지게 되어 법인실재설적인 입장으로 전환하였고 1940년 일본법인세법 제정시에도 그 입장이 유지된다. 이처럼 일본이 1920년 개정시에 법인실재설적 입장으로 전환한 것은 시기적으로 독일이 1920년 독일법인세법을 제정한 것과 겹쳐진다. 독일은 1920년 독일법인세법을 제정할 때 법인실재설적 입장에 입각해 있었다고 평가된다. 그 입법이유서에 따르면 법인은 자연인과 달리 자본의 확장 가능성이 매우 높고 신용능력이 현저하게 강화되는 등 독자적으로 조세를 부담할 수 있는

---

219) 위 의사속기록, 13~14면, 정부위원 오오야 한지로우(大矢半次郎)의 진술부분.

220) 鈴木一水(주196), 88면. 물론 현실적으로 전비조달을 위한 증세의 필요성이 컸다는 점도 무시할 수 없다.

221) 1920년 소득세법은 배당소득의 40퍼센트, 1937년 소득세법은 배당소득의 20퍼센트 공제를 각각 인정하였고, 1940년 소득세법은 공제를 폐지하였다. 鈴木一水(주196), 90면.

지위가 법에 의하여 부여되고 있다는 점을 들고 있기 때문이다.222) 독일법인세법은 그 이후로도 대체로 법인실재설적 관점을 유지하여 왔다고 할 수 있다. 다만 법인실재설적 입장이라고는 해도 일본의 경우처럼 민법상의 논의를 그대로 세법에 도입한 차원은 아니다.

일본이 법인실재설적 입장을 벗어난 것은 1950년 일본법인세법 개정시였다. 당시의 개정은 초과소득 및 청산소득에 대한 과세의 폐지, 적립금에 대한 이자부가세의 창설 등을 주요 골자로 하는 것이었다. 이는 법인의제설에 입각하여 균일세율, 배당공제 및 이자부가세의 3가지 요소를 법인세의 기본 메커니즘으로 제시한 슈프(Shoup) 권고에 따른 것이었다. 그러나 그 이후의 세제 개정 시에는 다시 법인실재설적인 요소가 가미되었다.223)

결국 우리 법인세법 제정 당시 계수의 모델이 된 일본법인세법은 법인실재설적 관점에 입각해 있었고 그 관점의 출발점은 1920년 제정된 독일법인세법이었던 것으로 보인다.

Ⅳ. 개별 제도의 측면

법인세법상의 개별 제도 측면에서는 독일법인세제와의 연관관계가 확인되

222) 1920년 입법이유서 S. 14~15. 그러나 경제적으로는 제1차 세계대전 후의 군수예상 증대가 그 이유라고 한다. 武田隆二(주10), 71면.

223) 大蔵省財政史室 編, 「昭和財政史－終戦から講和まで－第８巻」, 東洋経済新報社, 1977, 55면, 60면, 449면; 鈴木一水(주196), 88~89면; 林大造(주201), 48~58면. 한편 위 슈프 권고에는 "법인은 단순히 개인의 집합으로서 주어진 사업을 수행하기 위하여 형성된 것이다(a corporation is but a particular kind of aggregation of individuals, formed for the purpose of carrying on a given business)"라는 구절과 "만일 모든 법인이 모든 소득을 배당의 형식으로 분배한다면 그리고 모든 납세의무자가 배당소득을 완전하게 신고한다면 문제가 없을 것이다. 법인의 소득이 각 주주의 소득으로써 완전하게 측정된다면 법인에 대하여 과세를 할 경우가 없을 것이다(If all corporations distributed their entire earnings immediately in the form of dividends, and if all taxpayers reported their dividends completely, there would be no problem. There would be no occasion for any tax on the corporation at all as long as the earnings of the corporation were being fully assessed in the hands of the respective stockholders)"라는 구절이 있는데, 일본에서는 위 구절을 근거로 슈프 권고가 법인의제설적인 입장을 취한 것으로 이해한다. 鈴木一水(주196), 94면; シャウプ使節団, 「シャウプ使節団日本税制報告書」, 日本税理士会連合会出版局, 1979, 74~75면.

는 것은 1920년 일본소득세법 개정시에 신설된 동족회사 행위계산부인규정과 법인초과소득과세제도이다. 이에 관하여는 관계되는 부분에서 상술하였으므로 여기서 되풀이하지 않는다.

V. 입법형식의 측면

1940년 일본법인세법 제정 당시 정부위원이었던 오오야한지로우(大矢半次郎)는 “세계 각국의 사례를 보더라도 소득세는 법인과 개인에게 공통으로 부과하거나 입법적으로 구분하여 부과하고 있지만 대체로 법인에 대하여는 초과누진과세를 하지 않고 개인에게는 초과누진과세를 하고 있다”라고 설명하고 있는데,[224] 당시 입법적으로 법인세를 소득세로부터 분리시켜서 과세하고 있던 나라는 독일이 유일하였다. 일본의 학계에서도 1940년 세제개혁을 1920년 독일의 조세개혁을 모범으로 하여 현대적 국세체계를 정립한 것으로 이해하고 있다.[225]

나아가 오오야한지로우는 영국의 법인세제에 관하여는 “영국에 있어서는 법인도 개인과 마찬가지로 과세하지만 영국에서의 법인과세라고 하는 것은 법인의 독립성을 인정하지 않고 개인이 납부할 것을 법인에게 원천과세한다는 취지”라고 설명하면서 만일 영국식으로 개인, 법인 모두 분류소득세를 과세하면 법인의 독립성은 지극히 희박하게 될 것이므로 개정안에서는 양자를 분리하고 법인은 별도로 과세하며 법인으로부터 수취한 배당 및 임원상여에 대하여 개인에게 개별적으로 분류소득세, 종합소득세를 과세하도록 하여 법인의 독립성이 강하게 드러나도록 하였다고 진술하였다.[226]

결국 일본이 법인세법을 독립입법의 형식으로 제정하였다는 것은 제정 일본법인세법이 1940년대까지도 독일법인세제로부터 계속적 영향을 받았다는 점을 시사하는 것이라고 하겠다.

---

224) 1940년(쇼와 15년) 3월 19일 제75회 제국의회 귀족원 소득세법개정법률안특별위원회 의사속기록 제2호, 3면.

225) 宮本憲一/鶴田広巳, 「所得税の理論と思想」, 税務経理協会, 2001, 199면; 神野直彦, 「システム改革の政治経済学」, 岩波書店, 1998, 78면.

226) 1940년(쇼와 15년) 3월 19일 제75회 제국의회 귀족원 소득세법개정법률안특별위원회 의사속기록 제2호, 13~14면.

제 9 장

결 론

CHAPTER 09 결 론

우리 법인세법은 1949년에 제정된 이래로 수차례의 개정을 겪었으나 그 기본적인 틀에서는 동일성이 유지되고 있다. 우리 제정 법인세법은 1940년 제정 일본법인세법을 전범(典範)으로 한 것이라는 점은 두 법을 나란히 두고 보면 직관적으로 알 수 있다. 따라서 이 글에서는 일본법인세법이 어떻게 성립하였가의 문제와 그 속에 녹아 있는 계수법적 요소를 중점적으로 검토하였다.

저자가 일본법인세법의 성립과정, 곧 우리 법인세법의 성립과정과 그 안에서 발견되는 계수법적 요소를 탐구하고자 한 것은 그 작업을 통해서 향후 우리 법인세법의 비교법적인 연구방향을 찾을 수 있을 것이라고 보았기 때문이다.

그 결과를 정리하면 일본이 1887년 소득세법을 제정할 당시에는 독일－프로이센적 영향이 압도적이었다. 그 이후 일본소득세법 개정과정에서는 영국법적 요소가 일부 침투하였다. 독일과 영국의 소득세제는 그 당시에 세계를 선도하던 법제로 보아도 무방할 것인데 일본은 그 성과물을 압축적으로 받아들였던 것이다. 그 후 1920년 독일이 법인세법을 독립입법의 형식으로 제정할 때 일본도 법인세제를 큰 폭으로 개정하였다. 일본소득세법의 제정시만큼 뚜렷하지는 않지만 이때에도 독일법인세제의 영향은 비교적 분명하다. 그 후 일본은 1940년 일본법인세법을 제정함으로써 독일법인세법과 나란히 독립된 법인세법을 가진 나라가 되었다.

그렇다면 일본법인세법에 투영된 독일법인세법의 영향력은 어느 정도인가? 저자는 그 판단의 척도로서 일단 법인과세소득의 계산구조, 법인본질론, 개별제도의 측면, 입법형식이라는 네 가지 측면을 고려하였다.

우선 법인과세소득의 계산구조라는 측면에서 보면 처음의 틀은 독일세제로부터 빌려온 것이지만 구체적인 계산규정의 발달단계에서는 일본세법의 독자성 — 긍정적이건 부정적이건 — 이 두드러진다. 그 이유는 일본이 확정결산주의를 채택하였음에도 일본상법상의 회계규정이 정교하지 못했고 세무회계와 상호영향을 주고 받는 재무회계분야에서 영미(英美)적 요소의 영향도 적지 않았기 때문이라고 생각된다.

다음으로 법인본질론의 측면에서 일본법인세제는 당초 법인의제설적 관념하에 지배되었으나 1920년 독일법인세법 제정시 독일이 법인실재설적 입장에서 법인세법을 규율한 이래로 법인실재설적 입장을 취한 것으로 보인다. 다만 시기적인 중첩성 이외에 직접적인 연결고리는 찾기 어렵다.

셋째, 개별 제도의 측면에서는 일본소득세법 개정시에 신설된 동족회사 행위계산부인규정과 법인초과소득과세제도에서 독일법인세제의 영향을 확인할 수 있다.

마지막으로 입법형식의 측면에서 독일법인세제의 영향력이 두드러진 것은 부인하기 어렵다.

이상에서의 논의를 정리하면 일본이 처음 법인세제를 출범시킬 당시에는 독일법인세제의 영향하에 있었지만 그 이후부터는 구조적 차원을 논외로 한다면 독일법인세법상의 개별 규정은 대체로 구체적인 영향을 미치지 못하였고 일본 세법의 독자적인 발전이 이어졌다고 할 수 있다.[1)] 구조적인 차원에서는 법인세제의 실체법인 일본의 회사법이 독일회사법의 지속적인 영향권하에 있었기 때문에 일본의 법인세제도 그 틀을 벗어나기는 어려웠던 것이라고 생각된다.

저자는 이런 결론으로부터 다음과 같은 현실적인 시사점을 얻을 수 있다고 생각한다. 즉 법인세법에 관한 비교법적 연구를 수행하는 과정에서 1949년 우리 법인세법 제정 당시부터 존재하였던 규정에 관하여 입법자의 입법의도를 정확하게 파악하려면 그 당시 일본의 법인세법 문헌은 물론이고 가급적 그 당시의 독일법인세법 문헌에 대하여도 충분한 검토가 이루어져야 한다는 점이다. 우리 법인세법상의 제도로서 그 뿌리를 1949년 제정 법인세법에 두고 있는 것

1) 이는 일본법제사의 일반적인 특징인 듯하다. 이를 쇄국적 발전이라고 표현하는 이도 있다. 杉本泰治, 「法律の翻訳—アメリカ法と日本語の危険な関係」, 勁草書房, 1997, ii면.

은 결국 독일법인세제가 일본법인세제를 거쳐서 투영된 것일 가능성이 높기 때문이다. 이 경우 현행 제도의 뿌리가 되는 과거 독일법인세제의 입법의도에 관한 연구가 충분하지 않다면 그 제도의 취지나 존재의의에 관하여 정확한 이해를 하기 어려울 것으로 생각된다.

부 록

독일회사세법 초안

Entwurf eines Gesellschaftssteuergesetzes

(Preußischen Hauses der Abgeordneten, Drucksachen Nr. 14, 1909, S. 572~580)

§ 1

Der Gesellschaftssteuer unterliegen

1. Aktiengesellschaften und Kommanditgesellschaften auf Aktien,
2. Berggewerkschaften,
3. diejenigen eingetragenen Genossenschaften, deren Geschäftsbetrieb über den Kreis ihrer Mitglieder hinausgeht,
4. Vereine, einschließlich eingetragener Genossenschäften, zum gemeinsamen Einkaufe von Lebens- oder hauswirtschaftlichen Bedürfnissen im großen und Absatz im kleinen, auch wenn ihr Geschäftsbetrieb nicht über den Kreis ihrer Mitglieder hinausgeht,

sofern diese Vereinigungen (Nr 1 bis 4)

a) in Preußen ihren Sitz haben,

oder

b) in Preußen Grundeigentum besitzen oder Gewerbe- oder Handelsanlagen oder sonstige gewerbliche Betriebsstätten unterhalten.

§ 2

Steuerpflichtig ist der Betriebsgewinn, der sich aus den nach handelsrechtlichen Grundsätzen aufgestellten und von den zuständigen Organen genehmigten Jahresabschlüssen ergibt, mit folgenden Maßgaben:

1. Als Teil des steuerpflichtigen Gewinns gelten auch die zur Tilgung von Schulden oder des Grundkapitals, zur Verbesserung oder Geschäftserweiterung, sowie zur Ansammlung von Vermögen (Reservefonds) aus den Betriebseinnahmen

verwandten Beträge.

2. Nicht als steuerpflichtiger Gewinn gelten:
   a) die auf Grund der Jahresabschlüsse an Mitglieder des Vorstandes oder des Aufsichtsrats, an Angestellte oder Arbeiter als Entgelt für ihre Tätigkeit, gleichviel unter welcher Bezeichnung, gezahlten Tantiemen und Gratifikationen,
   b) Zuwendungen für Unterstützungs−, Pensions− und für wohltätige oder gemeinnützige Zwecke,
   c) bei Kommanditgesellschaften auf Aktien derjenige Teil des Gewinns, der an Persönlich haftende Gesellschafter für ihre nicht auf das Grundkapital gemachten Einlagen oder als Tantieme verteilt wird.
3. Bei steuerpflichtigen Vereinigungen, welche nicht Handelsbücher im Sinne des Handelsgesetzbuchs führen, gilt als steuerpflichtiger Gewinn der Überschuß der Betriebseinnahmen über die Betriebsausgaben. Die Bestimmungen 1 und 2 a und b finden entsprechende Anwendung.
4. Bei Berggewerkschaften sind Abschreibungen für Substanzverminderung nur bis zur Höhe von 3% des Verkaufswerts der jährlichen Förderung zulässig.

§ 3

Bei den im § 1 zu b genannten Vereinigungen ist steuerpflichtig nur derjenige Teil des Gewinns (§ 2), welcher auf den Grundbesitz und Betrieb in Preußen entfällt.

Unterhalten steuerpflichtige Vereinigungen, welche in Preußen ihren Sitz haben, in einem anderen Bundesstaat oder in einem deutschen Schutzgebiete Gewerbe− oder Handelsanlagen oder sonstige gewerbliche Betriebsstätten oder haben sie daselbst Grundbesitz, so bleibt derjenige Teil ihres Gewinns (§ 2), der auf diesen außerpreußischen Betrieb oder Grundbesitz entfällt, steuerfrei.

§ 4

Die Veranlagung erfolgt nach dem durchschnittlichen Ergebnisse der drei der Veranlagung unmittelbar vorangegangenen Geschäftsjahre, und wenn das Unternehmen noch nicht so lange besteht, nach dem Durchschnitte der kürzeren Zeit, für welche Geschäftsabschlüsse vorliegen.

Maßgebend ist für jede steuerpflichtige Vereinigung das von ihr angenommene

Wirtschafts— (Betriebs—) jahr.

Als der Veranlagung unmittelbar vorangegangen gilt das letzte Betriebsjahr, dessen Ergebnisse zur Zeit der Veranlagung (Steuererklärung) festgestellt werden können.

§ 5

1. Die Gesellschaftssteuer beträgt jährlich:

 2% des steuerpflichtigen Gewinns (§ 2) bei einem Gewinne von nicht mehr als einem,

 3% des steuerpflichtigen Gewinns (§ 2) bei einem Gewinne von mehr als einem, aber nicht mehr als 2,

 3½% des steuerpflichtigen Gewinns (§ 2) bei einem Gewinne von mehr als 2, aber nicht mehr als 3,

 4% des steuerpflichtigen Gewinns (§ 2) bei einem Gewinne von mehr als 3, aber nicht mehr als 4,

 4½% des steuerpflichtigen Gewinns (§ 2) bei einem Gewinne von mehr als 4, aber nicht mehr als 5,

 5% des steuerpflichtigen Gewinns (§ 2) bei einem Gewinne von mehr als 5, aber nicht mehr als 6 Prozent des Grundkapitals.

Übersteigt der steuerpflichtige Gewinn (§ 2) 6% des Grundkapitals, so erhöht sich der Steuersatz mit jedem vollen Prozent mehr um je ⅕% bis auf höchstens 7⅖% des Gewinns.

Bei den im § 1 Nr 3 und 4 genannten Vereinigungen beträgt, sofern die Vereine zu 4 nicht Aktiengesellschaften aber Kommanditgesellschaften auf Aktien sind, die Steuer höchstens 5% des Gewinns.

2. Als Grundkapital gilt:

 a) bei Aktiengesellschaften und Kommanditgesellschäften auf Aktien das eingezahlte Aktienkapital, wie es aus der Bilanz ersichtlich ist,

 b) bei Vereinen und eingetragenen Genossenschaften die Summe der eingezahlten Gechäftsanteile der Mitglieder,

 c) bei Berggewerkschaften die Summe derjenigen Gewerkenbeiträge, die für Erwerb, Anlage, Einrichtung und Erweiterung des im Betriebe befindlichen Bergwerks entrichtet sind. Mangels Nachweises der vor dem April 1909 entrichteten Beiträge tritt an deren Stelle der bei der erstmaligen Veranlagung durch Schätzung zu ermittelnde Anschaffungswert der zurzeit betriebsfähigen Anlagen, zuzüglich des nachgewiesenen, vor dem 1. April 1909 gezahlten Erwerbspreises für das Grubenfeld, abzüglich der zur Einrichtung, Anlage und Erweiterung des Bergwerks vor dem 1. April 1909 aufgenommenen Schulden.

3. Die sich ergebenden, nicht auf volle Mark lautenden Steuerbeträge werden bei dem Betrage von 50 Pf und weniger nach unten, bei dem Betrage von mehr als 50 Pf nach oben auf den nächsten vollen Markbetrag abgerundet.

§ 6

Die steuerpflichtigen Vereinigungen sind auf die jährlich durch öffentliche Bekanntmachung ergehende Aufforderung zur Abgabe einer Steuererklärung verpflichtet. Die Steuererklärung ist innerhalb der auf mindestens zwei Wochen zu bemessenden Frist nach dem vom Finanzminister vorgeschriebenen, kostenlos zu verabfolgenden Formulare bei dem Vorsitzenden der Einkommensteuer—Veranlagungskommission schriftlich oder zu Protokoll unter der Versicherung abzugeben, daß die Angaben nach bestem Wissen und Gewissen gemacht sind.

Die Vereinigungen sind außerdem verpflichtet, ihre Geschäftsberichte und Jahresabschlüsse, sowie die darauf bezüglichen Beschlüsse der Generalversammlungen nach der näheren Bestimmung des Finanzministers alljährlich dem Vorsitzenden der Veranlagungskommission einzureichen.

§ 7

Die Veranlagung erfolgt an dem Orte, wo die steuerpflichtige Vereinigung in Preußen ihren Sitz hat.

In den Fällen des § 1b erfolgt die Veranlagung an dem Orte, wo der Grundbesitz bezw. die gewerbliche oder Handelsanlage oder die Betriebsstätte liegt oder der bei der Steuerverwaltung etwa bestellte Vertreter seinen Wohnsitz hat.

Die bezüglich des Veranlagungsorts weiter erforderlichen Anordnungen erläßt der Finanzminister.

§ 8

Die Veranlagung erfolgt für jedes Rechnungs–(Steuer–)jahr durch die Einkommensteuer–Veranlagungskommission.

Gegen das Ergebnis der Veranlagung steht sowohl dem Vorsitzenden der Veranlagungskommission wie dem Steuerpflichtigen das Rechtsmittel der Berufung an die Einkommenfteuer–Berufungskommission, gegen die Entscheidung der letzteren sowohl dem Vorsitzenden der Berufungskommission wie dem Steuerpflichtigen das Rechtsmittel der Beschwerde an das Oberverwaltungsgericht zu.

§ 9

Die Steuerpflicht tritt erst ein, wenn ein das Vorhandensein eines Betriebsgewinns ergebender Abschluß der steuerpflichtigen Vereinigung vorliegt; die Veranlagung geschieht alsdann von dem Beginne des Monats ab, der auf den Zeitraum folgt, für welchen dieser Abschluß gemacht ist.

Die Steuerpflicht erlischt, wenn eine steuerpflichtige Vereinigung zu bestehen aufhört oder eine der Voraussetzungen wegfällt, an welche die Steuerpflicht nach § 1 geknüpft ist. Sie endigt alsdann mit dem Ablaufe des Monats, in welchem die Vereinigung aufhört zu bestehen oder die Voraussetzung weggefallen ist.

Der Vorsitzende der Einkommensteuer–Veranlagungskommission bestimmt den Zeitpunkt der Zu– oder Abgangstellung, bei Zugangstellungen an Stelle der Veranlagungskommisston auch den zu entrichtenden Steuersatz. Auf seine Aufforderung ist die in Zugang kommende Vereinigung zu der Abgabe einer Steuererklärung verpflichtet. Wegen des sonstigen Verfahrens in Zugangsfällen und wegen der Rechtsmittel finden im übrigen die Vorschriften der §8 6, 7, 8 und 10 Anwendung.

§ 10

Nachstehende Paragraphen des Einkommensteuergesetzes:

29 bis 31, 36, 38 bis 42, 44, 47 bis 60, 67 bus 69, 71 bis 78, 83 bis 87

finden auf die Gesellschaftssteuer entsprechende Anwendung.

§ 11

Soweit nach den geltenden gesetzlichen Bestimmungen bei der Aufbringung und

Verteilung öffentlicher Lasten oder für die Teilnahme an öffentlichen Rechten das Einkommen oder die Staatseinkommensteuer gesellschaftssteuerpflichtiger Vereinigungen in Betracht kommt, gelten als deren Einkommen drei Vierteile des zur Gesellschaftssteuer veranlagten Gewinns und als deren Einkommensteuer der diesem Gewinnanteil entsprechende Staatsgesellschaftssteuersatz.

Insbesondere ist daher mit der nach Abs. 1 sich ergebenden Maßgabe die Staatsgesellschaftssteuer in der gleichen Weise und mit dem gleichen Prozentsatze zu der Kommunalsteuer heranzuziehen wie die Staatseinkommensteuer. Mit derselben Maßgabe ist ihr Soll bei der Verteilung der Kreissteuern und der Volksschullasten auf die Gemeinden und Gutsbezirke sowie bei der Verteilung des Steuerbedarfes auf die verschiedenen Steuerarten (§§ 54 slg. des Kommunalabgabengesetzes, § 9 des Kreis- und Provinzialabgabengesetzes) als ein Teil des Einkommensteuersolls zu behandeln; die Vorschriften in den §§ 25, 26 und 30 des Kreis- und Provinzialabgabengesetzes finden auf die Gesellschaftssteuer entsprechende Anwendung.

Der Gemeindebesteuerung nach § 33 Nr 3 des Kommunalabgabengesetzes unterliegen drei Vierteile des zur Staatsgesellschaftssteuer veranlagten Gewinns. Erstreckt sich das Unternehmen einer gesellschaftssteuerpflichtigen Vereinigung über mehrere Gemeinden (Gutsbezirke), so finden behufs Verteilung des Gewinns auf die einzelnen Gemeinden (Gutsbezirke) die Vorschriften in § 47 Abs. 1, § 48, § 48a und § 52 des Kommunalabgabengesetzes sinngemäß Anwendung.

Desgleichen sind die Bestimmungen in den §§ 36, 37 desselben Gesetzes hinsichtlich der Gemeindebesteuerung der gesellschaftssteuerpflichtigen Vereinigungen entsprechend anzuwenden.

§ 12

Die Ausführung dieses Gesetzes wird dein Finanzminister, die des § 11 dem Minister des Innern und dem Finanzminister übertragen.

Das Gesetz kommt zunächst bei der Veranlagung für 1909 zur Anwendung.

참고문헌

1. 국내문헌

국세청, 「세정100년약사」, 국세청, 1996.

국회사무처, 「대한민국 법률안연혁집」 제5권, 국회사무처, 1992.

김옥근, 「일제하 조선재정사논고」, 일조각, 1994.

김완석/정지선, 「소득세법」, 제19판, 광교이택스, 2013.

김용갑, "세제개혁의 진전", 동아일보, 1949. 6. 6.

김원주, "한국 조세법제의 발전방향", 「한국조세법학의 어제·오늘·내일」, 문연 김원주 교수 정년기념논문집 간행위원회, 2000.

김을성, 「현행 법인세법의 개요」, 대한세제연구회, 1951.

김현동, "세법상 무형자산에 관한 규정의 문제점과 개선방안에 관한 연구", 연세대학교 대학원 박사학위논문, 2011.

송쌍종, "조세실체법의 회고와 전망", 「한국 법학 50년－과거·현재·미래」, 한국법학교수회, 1998.

신규환, "한국전쟁 후 UN 왈드 박사의 '한국 세제에 관한 보고와 건의'에 관한 연구", 「조세사학연구」 창간호, 2015. 11.

신동운, "제정형법의 성립경위", 「형사법연구」 제20호, 2003.

양창수, "민법전의 제정과정에 관한 연구", 「법학」 제90호, 1992.

이창희, 「세법강의」, 제12판, 박영사, 2014.

이태로/한만수, 「조세법강의」, 신정10판, 박영사, 2014.

이흥재, "노동법제정의 특징과 전진한의 역할", 「법학」 제153호, 2009.

임승순, 「조세법」, 2014년판, 박영사, 2014.

재무부, 「재정금융의 회고」, 재무부, 1958.

정덕주, "일제 강점기 세제의 전개 과정에 관한 연구－식민지배 정착을 위한 세제 변화를 중심으로－", 「세무학연구」 제23권 제4호, 2006.

정래길, "세제개혁의 제문제①", 동아일보, 1949. 1. 16.

______, "세제개혁의 관견(상)", 동아일보, 1948. 11. 24.

______, "세제개혁의 관견(하)", 동아일보, 1948. 11. 26.
정재규, "상법의 제정과정 및 외국법의 계수", 「법학연구」 제10권, 2004.
차병권, 「조세개론」, 제2전정판, 박영사, 1984.
한국조세연구원, 「한국 조세정책 50년(제4권·법인세 자료집)」, 한국조세연구원, 1997.
황남석, "자본거래와 손익거래: 개념과 한계", 「상사법연구」 제35권 제1호, 2016.
______, "일본의 1899년 소득세법 개정에 관한 연구", 「세무와 회계연구」 제2권 제1호, 2013.
______, "법인세법상 이익처분에 의한 상여금의 손금불산입 재고", 「조세법연구」 제19권 제2호, 2013.
______, "일본의 소득세법 제정과정에 관한 소고", 「세무학연구」 제33권 제3호, 2013.
______, "법인세법의 성립과정 연구 서설", 「계간 세무사」 2012년 가을호, 2012.
______, "세법상 준비금에 관한 고찰", 「조세법연구」 제18권 제3호, 2012.

2. 일본문헌

高橋誠, "初期所得税制の形成と構造－日本所得税制史その一", 「経済志林」26巻 1号, 1958.
高橋志朗, 「わが国税務会計の発達とシャウプ勧告」, 同文館出版, 2011.
______, "わが国税務会計発達史の研究(上)", 東北学院大学論集「経済学」 135号, 1997.
高木勝一, 「日本所得税発達史」, ぎょうせい, 2007.
高寺貞男, 「明治減価償却史の研究」, 未来社, 1974.
高寺貞男/醍醐聡, 「大企業会計史の研究」, 同文館出版, 1979.
高田正淳 編, 「テキストブック会計学 (6): 税務会計」, 有斐閣, 1984.
関口健一郎, 「改正所得税法要義」, 巌松堂書店, 1916.
堀口和哉. "法人課税の創設と所得計算の発展", 「国学院経済学」, 第47巻 第3·4号, 1999.
______, "明治32年の所得税法改正の立法的沿革", 「税大論叢」 28号, 1997.
国税庁税務大学校研究部 (編), 「明治前期所得税法令類集」, 国税庁税務大学校研究部, 1988.
磯部喜久男, "創設所得税法概説", 「税大論叢」 30号, 1998.
吉国二郎, 「法人税法: 理論篇」, 昭和45年版, 財経詳報社, 1970.
______, 「法人税法」, 財経詳報社, 1965.
吉牟田勲, 「日本租税史の変遷」, ジェイ·アイ·エス, 1995.
金子宏, 「租税法」, 第17版, 弘文堂, 2012.

内閣記録局 編,「法規分類大典」, 第1編 第41, 1891.

大間知啓輔, "日本の独立課税型の法人所得税 1920~49年(1)－高橋是清と1920年の法人所得税の改革－",「熊本学園大学経済論集」第15巻　第１・２号, 2008.

大村巍, "会計思考の発展と所得計算論争－大正年代の論争を中心として－",「税大論叢」11号, 1977.

大審院,「大審院民事判決録」第8集 第5巻, 東京法学院, 1896.

大蔵省主税局 編,「所得税百年史」, 大蔵省主税局, 1988.

大蔵省 編,「明治大正財政史」第13編　外地財政(上), 財政経済学会, 1939.

______,「明治大正財政史」第６巻(內國稅 上), 財政経済学会, 1937.

大蔵省財政史室 編,「昭和財政史－終戦から講和まで－第８巻」, 東洋経済新報社, 1977.

渡邊善蔵,「所得税法資本利子税法釈義」, 自治館, 1927.

藤沢弘,「税制はどう改まるか: 現行法との比較解説」, 清水書店, 1939,

鈴木保雄 等,「最新会社税務精説」, 賢文館, 1938.

鈴木一水,「税務会計分析—税務計画と税務計算の統合」, 森山書店, 2013.

鈴木章,「法人税制の研究」, 光陽出版社, 2003.

ロエスレル,「ロエスレル氏起稿商法草案: 上」, 司法省, 1884.

林健久,「日本における租税国家の成立」, 東京大学出版会, 1965.

林大造, "我国法人税制における擬制説と実在説",「税経通信」第11巻 第3号, 1956,

明治財政史編纂会 編,「明治財政史」第６巻 租税(2), 丸善, 1904.

木村弘之亮, "シャウプ法人税構想における資金調達誘引措置", 日本租税研究協会 編,「シャウプ勧告とわが国の税制」, 日本租税研究協会, 1983.

武本宗重郎,「実務参考 所得税法詳解」, 帝国税務調査会, 1919.

______,「改正所得税法釈義」, 同文館, 1913.

武田隆二, "利益処分法の淵源としての三ッ割法",「会計制度の展開」, 千倉書房, 1986.

______, "王子製紙の利益処分案の変遷",「会計制度の展開」, 千倉書房, 1986.

______, "法人税創設期の課税所得計算の特徴",「税務会計研究の現代的課題」, 第一法規, 1995.

武田昌輔, 確定決算基準主義",「企業会計」51巻 1号, 1999.

______,「立法趣旨 法人税法の解釈」, 5訂版, 財経詳報社, 1993.

______, 税務会計の史的発展とその現代的意義",「税務会計研究」第1号, 1990.

シャウプ使節団,「シャウプ使節団日本税制報告書」, 日本税理士会連合会出版局, 1979.

山本洋/織井喜義, "創成期の所得税制叢考",「税大論叢」20号, 1990.

杉本泰治,「法律の翻訳ーアメリカ法と日本語の危険な関係」, 勁草書房, 1997.
相京溥士, "法人課税規定の変遷と法人税法22条4項の解釈",「税法学」566号, 2011.
上林敬次郎,「所得税法講義」, 松江税務調査会, 1901, 68면.
汐見三郎/柏井象雄/佐伯玄洞/伊藤武夫,「各国所得税制論」, 有斐閣, 1934.
雪岡重喜,「所得税·法人税制度史草稿 : 調査資料」, 大蔵省主税局調査課, 1955.
小林俊昭, "「シェアー簿記会計学原理」の歴史的展開ー日本商法および税法が継受した原理ー",「長野経済短期大学論叢」第42号, 2005.
小松芳明. "米英税法上の法人擬制説と実在説",「税経通信」11巻 3号, 1956.
松尾俊彦, "明治期におけるわが国の商法会計制度に関する一考察",「呉女子短期大学紀要」9号, 1995, 82면.
水野忠恒,「租税法」第5版, 2011, 311면.
松本烝治,「商法原論」第1巻, 東京法学院大学, 1905.
松田金一郎,「朝鮮所得税令釋義」, 朝鮮財務協會京畿道支部, 1925.
______,「改訂 朝鮮所得税令精義」, 朝鮮財務協會, 1941.
寺山時二,「朝鮮所得税令精義」, 朝鮮財務協會, 1935.
市川深, "税法の基本的性格", 河合信雄 編,「現代企業税制批判」, 增補版, 1975.
新井益太郎, "わが国法人課税の歴史的変遷: 上",「政治経済論叢」第8巻 第3号, 1959.
安藤英義,「商法会計制度論」, 国元書房, 1985.
牛米努, "明治20年所得税法導入の歴史的考察",「税大論叢」56号, 2007.
長谷川忠,「近代税務会計論」, 5訂版, ダイヤモンド社, 1975.
畑山紀, "富岡税務会計学の形成·応用の過程と発展方向", 富岡幸雄博士古稀記念論文集編集委員会,「税務会計研究の現代的課題」, 第一法規, 1995.
田中二郎,「租税法」, 第3版, 有斐閣, 1990.
田中章介, "わが国商法上の財産評価問題の遡及的考察",「鳥取環境大学紀要」1号, 2003.
中村継男,「改正法人所得税法詳解」, 東京税務二課会, 1920.
井上久弥, "確定決算主義見直し論の吟味",「企業会計」45巻 8号, 1993.
牛米努, "明治20年所得税法導入の歴史的考察",「税大論叢」56号, 2007.
佐橋義金,「税務会計の歴史的展開」, 제2판, 法律文化社, 1978.
清永敬次, "税法における同族会社の行為計算の否認規定(1)ー大正12年所得税法及び大正15年所得税法ー",「法学論叢」72巻 1号, 1962.
忠佐市, "「確定決算主義の原則と法第 22 条第 4 項」",「税経通信」34巻 11号, 1979.
______, "プレ税務会計史(未定稿)(2)",「商学集志」45巻 1号, 1975.

______, “プレ税務会計史(未定稿)(1)”, 「商学集志」 44巻 1号, 1974.

______, “擬制説·実在説の発想批判”, 「産業經理」, 27巻 7号, 1964.

______, “法人税の課税根拠の素描”, 「會計」 64(6), 1953.

片岡政一, 「会社税法の詳解」, 文精社, 1943.

______, 「税法上の損益」, 第一書房, 1938.

______, 「税務会計原理」, 文精社, 1935.

______, 「税務會計」, 森山書店, 1932,

坪谷善四郎 외, 「日本商法註釈: 上」, 博文館, 1890.

品川芳宣, 「課税所得と企業利益」, 税務研究会出版局, 1982.

河合信雄, “戦後会計制度の展開”, 河合信雄/寺島平, 「戦後企業会計制度の展開」, 法律文化社, 1983.

3. 독일문헌

Desens, Marc, Das Halbeinkünfteverfahren, 2004.

Evers, R., Kommentar zum KStG 1925, 2.Aufl., 1926.

Herrmann, Carl/Heuer, Gerhard/Raupach, Arndt, EStG/KStG Kommentar, 21.Aufl., 2013.

Jäger, Birgit/Lang, Friedbert, Körperschaftsteuer, 18.Aufl., 2009.

Mathiak, Walter, Das preussische Einkommensteuergesetz von 1891 im Rahmen der Miquelschen Steuerreform 1891/93, 2011.

Potthast, Thilo, Die Entwicklung der Körperschaftsteuer von den Vorformen bis zur Unternehmenssteuerreform 2001, 2007.

Ruppe, Hans Georg, Die Steuerliche Doppelbelastung der Körperschaftsgewinne, 1967.

4. 영미문헌

Reams(ed.), Bernard D., *Internal Revenue Acts of the United States 1909~1950 Legislative Histories, Laws, and Administrative Documents*, Vol. 12, 1979.

Bank, Steven A., *Anglo-American Corporate Taxation*, 2011.

Daunton, Martin, *Trusting Leviathan: The Politics of Taxation in Britain*, 1799~1914, 2001.

______, *Just Taxes: The Politics of Taxation in Britain, 1914~1979*, 2002.

Dowell, Stephen, *A history of taxation and taxes in England Vol. III*, 1888.

Emory, Meade, “The Early English Income Tax: a Heritage for the contemporary”,

American Journal of Legal History 9 (1965).

Farnsworth, Albert, *Addington, Author of Modern Income Tax*, 1951.

Harris, Peter A., *Corporation/Shareholder Income Taxation and Allocating Taxing Rights Between Countries: A Comparison of Imputations Systems*, 1996.

Hope-Jones, Arthur, *Income Tax in the Napoleonic Wars*, 1939.

Réamonn, Seán, *The Philosophy of the Corporate Tax*, 1970.

Seligman, Edwin R. A., *The Income Tax: A Study of the History, Theory, and Practice of Income Taxation at Home and Abroad*, 1911.

Shehab, Fakhri, Progressive Taxation: *A Study in the Development of the Progressive Principle in the British Income Tax*, 1953.

Spaulding, Harrison B., *The Income Tax in Great Britain and the United States*, 1927.

찾아보기

기타

[저자 약력]

황 남 석

서울대학교 법과대학 졸업
서울대학교 대학원 법학과 졸업(법학석사: 상법)
서울시립대학교 세무전문대학원 졸업(세무학박사: 조세법)
법무법인 화현 변호사(사법연수원 제29기)
성신여자대학교 법학과 전임강사
現 경희대학교 법학전문대학원 교수(상법 및 세법 담당)

주요 저서 및 논문
「민사법사례형연습」(共著, 피앤씨미디어, 2017)
「법인세법론」(共著, 제17판, 삼일인포마인, 2017)
「회사분할과세론」(한국학술정보, 2011)
"조세법률주의의 역사적 계보" 등 상법 및 세법 분야 논문 40여편

우리 법인세법의 성립과정 연구

초판인쇄 2017년 4월 15일
초판발행 2017년 4월 20일

지은이 황남석
펴낸이 김중용

총괄기획 박노일 · 최준규
편 집 심성보 · 김인숙

펴낸곳 마인드탭 MIND TAP
경기도 파주시 책향기로 441, 1004동 1004호(동패동, 책향기마을)
등록 제406-2014-000093호
전 화 070)7550-3758 팩 스 02)718-8554
홈페이지 www.mindtap.co.kr 이메일 pnc@pncmedia.co.kr
ISBN 979-11-86672-49-5 93360

※ 마인드탭은 피앤씨미디어의 자매 브랜드입니다.

정 가 25,000원